東洋古典譯註叢書 203

出土文獻 補註

# 譯註 說文解字注 3

【015. 小部】-【030. 此部】

著者 許愼 注 段玉裁

책임번역 李忠九
공동번역 金奎璇 成嘡濟 林在完 趙成德
책임연구 元勇準
공동연구 金正男 金 赫 朴載福

전통문화연구회

**飜譯委員**

企劃編輯　東洋古典飜譯編輯委員會
飜譯研究管理　南賢熙
責任飜譯　李忠九
共同飜譯　金奎璇 成㬢濟 林在完 趙成德
責任研究　元勇準
共同研究　金正男 金　赫 朴載福
潤　文　南賢熙
校　訂　朴相水
出　版　白俊哲
裝　幀　김진디자인

**圖書管理**

事業管理　白漢基
企劃管理　金康潤
弘報管理　李和春
普　及　徐源英
古典情報化　安成守

**東洋古典飜譯編輯委員會**

委員長　宋載卲
委　員　金慶浩 柳浚弼 李東哲 張元泰 田好根 河元洙

**任　員**

顧　問　琴章泰 宋載卲 沈在箕 安炳周 李龍兌 李澤徽
鄭愚相 鄭太鉉 趙富英 崔大權
理事長　李啓晃
會　長　朴洪植
副會長　金千式 宋丙大 李戊澈 金　炫
管理理事　白漢基
理　事　金東柱 金炳愛 金昌辰 朴錫興 朴勝珠 徐形來
宋基采 沈慶昊 安秉杰 吳圭根 李建一 李光虎
李英姬 李仁皓 李忠九 張元泰 全廣鎭 田好根
趙源喆 河元洙 韓熙喆 咸明淑 許敬震 許鎬九
監　事　崔鐘文 元周用

# 東洋古典譯註叢書를 발간하면서

우리의 古典國譯事業은 민족문화 진흥의 기초사업으로 1960년대부터 政府 支援으로 古文獻 現代化 작업을 추진하여 많은 成果를 거두었다. 당시 이 사업 추진의 先行課題로 東洋古典이라 일컬어지는 중국의 基本古典을 먼저 飜譯하여야 한다는 學界의 주장이 있었음에도 불구하고 우리 고전이 아니라는 일부의 偏狹한 視角과 財政 事情 등으로 인하여 배제되어 왔다.

전통적으로 중국의 기본고전은 우리 歷史와 함께 숨쉬며 각종 교육기관의 敎科書로 활용됨은 물론이고 지식인들의 必讀書가 되어 왔으며, 우리 文化의 基底에 자리잡고 거의 모든 방면의 體系와 根幹을 형성하여 왔다. 그래서 학문연구의 기본서 역할을 해 왔을 뿐만 아니라 오늘날에도 우리의 國學徒 및 東洋學 硏究者들에게 같은 역할을 하고 있음은 주지의 사실이다. 그럼에도 불구하고 中國古典은 우리 것이 아니라 하여 專門機關의 飜譯對象에 포함하지 않음으로써, 대부분 原典에서의 직접 번역이 아닌 重譯이나 拔萃譯의 방식이 주를 이루면서 敎養水準으로 出版되어 왔다.

오늘날 東洋 三國 중에서 우리의 東洋學 연구가 가장 부진한 이유는, 東洋基本古典에 대한 폭넓은 이해의 부족과 漢文古典 讀解力의 저하에 기인함을 우리는 솔직히 인정하여야 한다. 따라서 이들 중국고전에 대한 신뢰할 만한 國譯이 이루어지는 것이 한국학 연구를 촉진시키는 시급한 先行課題라 할 수 있다.

이에 韓國學 및 東洋學의 연구와 古典現代化의 基盤構築을 위해서는, 전문기관으로 하여금 동양고전을 단기간에 각 분야의 專門 硏究者와 漢學者가 상호 협동하여 연구번역하여 飜譯의 傳統性과 效率性, 硏究의 專門性을 높일 수 있도록 政策的 配慮가 있어야 한다.

이에 本會에서는 元老 및 中堅 漢學者와 斯界의 專攻者로 하여금 協同硏究飜譯하여 공부하는 사람들이 믿고 引用하거나 깊이 있는 註釋 등을 활용할 수 있게 하고, 知識人들의 敎養을 증진시켜 줄 수 있는 東洋古典의 國譯書 간행을 지속적으로 추진해 왔다. 근래에 다행히 이 사업에 대하여 각계 지도층의 폭넓은 이해와 지원에 힘입어 2001년도부터 國庫補助를 받아 東洋古典譯註叢書를 간행하게 되었다. 이를 계기로 우리 先學의 註釋과 見解를 반영하는 등 국역사업의 內實을 기하게 되었음을 이 자리를 빌어 衷心으로 감사드리며, 아울러 國譯에 參與하신 관계자 여러분의 勞苦에 깊은 謝意를 표한다.

끝으로 우리의 이러한 작업은 오랜 역사 위에 축적된 先賢들의 業績과 現代學問을 이어주는 튼튼한 架橋와 礎石이 되어 진정한 韓國學과 東洋學 발전에 기여할 것을 굳게 믿으며, 21세기를 우리 文化의 世紀로 열어 가는 밑거름이 되도록 우리의 力量을 本 事業에 경주하고자 한다. 江湖諸賢의 부단한 관심과 지원을 기대해 마지않는다.

社團法人 傳統文化硏究會 理事長 李啓晃

# 凡 例

1. 본서는 ≪譯註 說文解字注≫의 제3책이다.
2. 본서는 段玉裁의 ≪說文解字注≫(上海古籍出版社, 1995. 7次 印刷)를 底本으로 삼았다.
3. 본서는 원전의 傳統性과 번역의 現代性을 구현하기 위해 노력하였다.
4. 標題字는 原本의 小篆을 제시하고, 頭註로 底本에 기재된 楷書는 ( ) 속에 제시하였다. 그리고 〔 〕 속에 訓과 音을 제시하였다.
5. 標題字 앞에 卷數, 部首番號, 문자일련번호를 제시하여 색인 등에 편리하게 하였다. 표제자와 함께 그 예를 보이면 다음과 같다.

| **03-015-0668** 小 (小) 〔작을/**소**〕 補 |
|---|

**03**은 3권이고, **015**는 15번째 부수이고, **0668**은 글자 전체의 순서가 668번임을 나타낸다.

字源 解說이 부록으로 추가되는 글자는 훈음 뒤에 補로 표시하였다.

6. 原文은 字解 설명을 중심으로 구성되어 독자들의 이해도를 높이기 위해 懸吐하지 않고 본회의 기준에 따른 標點으로 처리하였다.
7. '从'자는 '……을 따르다'로 해석하였는데, 이는 '해당 部首에 從屬되다'는 의미로 쓰이는 文字學 용어이다.

| '시작'이다. 一을 따르고 兀(올)은 소리이다.<br>始也. 从一, 兀聲 |
|---|

8. 段玉裁 注는 ≪說文解字≫ 原文에 '①, ②……'로 표시하고 그 아래에 번역문과 원문을 제시하였다.
9. 讀音이 특수하거나 僻字인 경우에는 ( ) 속에 音價를 달아주었다.
10. 飜譯은 原意에 충실하고, 이해가 어려운 부분은 補充譯과 意譯을 하였다.
11. 用語 등에 대한 설명이 필요할 경우 註釋, 間註, 脚註를 달았다.

12. 飜譯文은 한글과 漢字를 混用하였으며, 맞춤법과 띄어쓰기는 한글 맞춤법과 표준어 규정을 따르는 것을 원칙으로 하였다.
13. 校勘은 원문의 衍字, 誤字, 脫字, 倒文 등을 대상으로 하였다.
14. 주요한 글자는 出土文獻 자료를 補註를 달아 해설하였다.
15. 본서의 校勘에 사용된 符號는 다음과 같다.

( )〔 〕: (저본의 誤字)〔교감한 正字〕

〔 〕: 저본의 脫字 보충

( ): 저본의 衍字 삭제

16. 본서에 사용된 주요 符號는 다음과 같다.

“ ”: 對話, 각종 引用

‘ ’: “ ” 안에서 再引用, 强調

「 」: ‘ ’ 안에서 再引用, 强調

( ): 원문에서는 讀音이 다른 글자나 僻字의 音
번역문에서 간단한 間注

〔 〕: 번역문의 이해를 돕기 위한 原文의 漢字나 句節
譯註에서 인용한 原文
疏에서 설명 대상으로 제시한 經이나 傳의 단어나 구절

≪ ≫: 書名이나 典據

〈 〉: 篇章名, 作品名, 補充譯

- -: 原注를 표기한 句節

# 目 次

**【027. 止部】**

出土文獻 補註

# 譯註 說文解字注 3

【015. 小部】-【030. 此部】

第3卷

說文解字注 第2篇 上

金壇段玉裁注

# 【015. 小部】

## 03-015-0668 小 (小) 〔작을/소〕 補

'사물이 작다'이다. 八을 따랐으니, ㅣ이 보이자 곧 나누어지는 것이다.[1)] 小에 속하는 글자는 모두 小를 따랐다.

**物之微也. 从八, ㅣ見而分之.**① **凡小之屬皆从小.**

① 八은 '나누다'는 뜻이다. '나누는 모양'을 본떴기 때문에 八을 따르고〔从八〕 '나누다'는 뜻이라고 풀이하였다. ㅣ이 '보이자마자 곧바로 나누다'는 뜻이니, 會意이다. 온전한 큰 물건〔棞物〕을 나누면 작아진다. 私와 兆의 반절이다. 제2部에 있다.
八, 別也. 象分別之形, 故解从八爲分之. ㅣ才見而輒分之, 會意也. 凡棞物分之則小. 私兆切. 二部.

## 03-015-0669 少 (少) 〔적을/소〕 補

'많지 않다'이다. 小를 따르고 丿(별)이 소리이다.[2)]

**不多也.**① **从小, 丿聲.**②

---

1) 八을……것이다 : ≪六書尋源≫에서는 "이 글자가 ㅣ을 따른 것은 바로 물건의 1개이고, 八을 따른 것은 八은 '나눈다'는 뜻이니, 물건 1개를 나누므로 작게 된다.〔此从ㅣ 卽物之一个也 从八 八分也 物惟一个而分之 故爲微小也〕"라고 하여, 1개를 나누므로 작게 된다고 하였다.

2) 小를……소리이다 : ≪六書尋源≫에서는 "이 글자가 小를 따르고 八의 생략형을 따랐으니 작은〔小〕 것이 또다시 나뉘어 반쪽이 된 것이다.〔此从小从八省 則小者 又分爲半體也〕"라고 하여, 회의로 설명하고 ≪說文≫의 "从小 丿聲"의 형성을 취하지 않았다.

① 많지 않다면 작은 것이다. 그러므로 옛날에 少와 小는 互訓하고 통용되었다.
不多則小, 故古少小互訓通用.

② ノ은 오른쪽에서 왼쪽으로 구부러진 것이며〔右戾〕,[3] 房과 密, 匹과 蔑 두 가지 반절이고, 또 於와 小의 반절이다. 살펴보건대, 앞의 두 반절이 옳은 듯하다. 少의 形聲은 대체로 古音의 雙聲에서 〈音을〉 구한 것이다. 書와 沼의 반절이다. 제2部에 있다.
ノ, 右戾也. 房密·匹蔑二切. 又於小切. 按上二切近是. 少之形聲, 蓋於古雙聲求之. 書沼切. 二部.

## 03-015-0670  (尐)〔적을/**절**〕

'적다'이다. 小를 따르고 乀(불)이 소리이다. 輟(철)과 같이 읽는다.

**少也.**① **从小, 乀聲.**② **讀若輟.**③

① ≪方言≫에 "尐은 杪(초)이니, '작다'는 뜻이다."라고 하였다. ≪孟子≫ 〈告子 下〉에 "힘이 한 마리의 작은〔尐〕 병아리를 감당할 수 없다."라고 하였는데, 趙岐 注에 '尐'을 '小'라고 하였으니,[4] ≪方言≫과 같다. 孫宣公[5]의 ≪孟子音義≫에서 제대로 파악하였으니,[6] 〈尐이 지금의 ≪孟子≫에〉 '匹'로 되어 있는 것은 잘못이다.

髟部에 "⿱髟截(제)는 '묶은 머리털이 작다'는 뜻이다."라고 하였다. ≪廣韻≫ 入聲 16 屑韻에 "〈⿰麥蔑은〉 ⿰麥蔑尐(멸절)이니, '작다'는 뜻이다."라고 하였다. ≪方言≫의 "懱爵(멸작)"에 대한 郭璞 注에 "懱截(멸절)을 말한다."라고 하였는데, 懱截이 곧 '⿰麥蔑尐'이다.

---

3) 右戾 : ノ部의 "ノ 又(右)戾也"에 대한 段玉裁 注에 "戾는 구부러진 것이니, '右戾'는 오른쪽에서 왼쪽으로 구부러진 것이다.〔戾者 曲也 右戾者 自右而曲於左也〕"라고 하였다.

4) 趙岐……하였으니 : 趙岐 注에 "어떤 사람이 '나의 힘이 한 마리의 작은 병아리를 감당할 수 없다.'고 말한다.〔人言我力不能勝一小雛〕"로 되어 있다.

5) 孫宣公 : 宋나라 孫奭(962~1033)을 가리킨다. 宣公의 宣은 시호이고, 公은 존칭이다. 그는 자가 宗古이고, 經學에 조예가 깊었으며, 翰林學士와 太子少傅를 지냈다. 저서로 ≪孟子音義≫, ≪崇祀錄≫, ≪五服制度≫, ≪五經節解≫ 등이 있다.

6) 孟子音義에서……파악하였으니 : 孫奭의 ≪孟子音義≫ 下의 "匹雛"에 "丁公著는 〈匹雛를〉 疋雛로 쓰고, '살펴보건대, 注에 「疋雛는 작은〔小〕 병아리이다.」라고 하여, 바로 疋을 「작다」로 풀이하였다. 그리고 訓詁와 여러 책에서는 疋을 耦(짝/우)로 풀이하고 小(작을/소)로도 풀이하였으나, 〈이에 대한〉 글이 없다. ≪方言≫에는 「尐은 『작다』이다」라고 하였다. 音節이 대체로 「疋」자와 서로 비슷하여, 후인들이 잘못 轉寫하였을 뿐이다.〔丁(公著)作疋雛 云 案 注云 疋雛 小雛也 卽疋訓小而詁訓及諸書疋訓耦訓小無文 今案 方言 尐 小也 音節 蓋與疋字相似 後人傳寫誤耳〕'라고 하였다."라고 하였다. 요컨대, '尐'자가 '疋'자와 비슷하여 疋로 잘못 쓰고 또 匹로 쓰게 되었다는 것이다.

方言曰, "尐, 杪, 小也." 孟子"力不能勝一尐雛." 趙注"尐爲小." 與方言同. 孫宣公音義得之, 作匹者非. 髟部曰, "鬣, 束髮尐小也." 廣韻十六屑曰, "䉶尐, 小也." 方言"㦙爵", 注"言㦙䉶也." 㦙䉶卽䉶尐.

② ㇏은 왼쪽에서 오른쪽으로 구부러진 것이다.

㇏, 左戾也.

③ 子와 結의 반절이다. 제5部에 있다. 지금 俗語에서 小를 말할 때, 종종 '子와 結의 반절 音으로 말한다.

子結切. 十五部. 今俗語說小, 往往言子結切之音.

小部에서 다룬 표제자는 3자이다.

文三

## 【016. 八部】

### 03-016-0671 (八)〔나눌/팔〕補

'나누다'이다. 나뉘어 서로 등지고 있는 모양을 본떴다.[1] 八에 속하는 글자는 모두 八을 따랐다.

**別也.**① **象分別相背之形. 凡八之屬, 皆从八.**②

① 이는 雙聲과 疊韻으로 그 뜻을 해설한 것이다. 지금 江蘇省과 浙江省의 俗語에 물건을 남에게 주는 것을 '八'이라고 말하니, 남에게 주었다면 물건을 나눈 것이다.
此以雙聲疊韻說其義. 今江浙俗語以物與人謂之八, 與人則分別矣.

② 博과 拔의 반절이다. 古音은 제11部에 있다.
博拔切. 古音在十一部.

### 03-016-0672 (分)〔나눌/분〕補

'나누다'이다.[2] 八·刀를 따랐으니, 칼로 물건을 나누는 것이다.

**別也. 从八刀,**① **刀巳分別物也.**②

① 會意이다.
會意.

② 이는 '刀를 따랐다'는 뜻을 풀이한 것이다. 甫와 文의 반절이다. 제13部에 있다.

---

1) 나뉘어……본떴다 : ≪六書尋源≫에서는 "왼쪽이 ノ(왼쪽으로 삐침/별)을 따르고 오른쪽이 ㇏(오른쪽으로 삐침/불)을 따라서, 나뉘어 서로 등지고 있음을 말한다.〔蓋謂其左从ノ右从㇏而分別相背也〕"라고 하여, ノ과 ㇏의 등진 모양을 구체적으로 제시하였다.

2) 나누다이다 : ≪六書尋源≫에서는 "이 '分'자의 풀이를 '나누다', '찢다', '가르다'라고 하는 것은 '八'자와 互訓이고, 또 풀이를 '주다', '부여하다', '베풀다'라고 하는 것은 모두 轉換된 의미이고, 또 풀이를 '막히다'라고 하는 것은 곧 '분리되어 서로 등지다'는 뜻이다.〔此訓別也裂也判也者 互訓八字 又訓與也賦也施也者 皆轉義也 又訓隔也者 卽分離相背之義也〕"라고 하여, 여러 가지 의미로 인신되는 뜻을 설명하였다.

此釋从刀之意也. 甫文切. 十三部.

## 03-016-0673 𠦪(尒)〔말이 반드시 그러할, 이와 같을, 뿐/이〕補

'말이 반드시 그러하다'이다. 丨·八을 따랐다. 八은 '기운이 분산됨'을 본뜬 것이다. 入聲이다.

**詈之必然也.**① **从丨八. 八象氣之分散.**② **入聲.**③

① 詈는 지금 詞로 쓰는데, ≪說文≫의 字形은 본래 詈로 되어 있다. 尒는 '이와 같다〔如此〕'는 뜻이다. 후세에 대부분 '爾'자로 '尒'자를 대신하였다. 대체로 果爾(과연 그러하다), 不爾(그렇지 않다), 云爾(이와 같다, ……라고 한다), 莞爾(빙그레 웃는 모양), 鏗爾(쟁그랑), 卓爾(우뚝), 鼎鼎爾(너무 느린 모양),[3] 猶猶爾(빠르지도 느리지도 않은 모양), 聊復爾耳(당분간 그대로 두다),[4] 故人心尙爾(친구의 마음은 아직도 예전 그대로다)[5]라는 말의 〈'爾'자는,〉 모두 "이와 같다.〔如此〕"로 풀이한다.

또한 이것을 단지 '여기에〔此〕'로 풀이한 경우가 있는데, 예컨대 ≪春秋公羊傳≫의 '焉爾'를 '여기에서〔於此〕'라고 한 것[6]과, ≪孟子≫ 〈盡心 下〉의 "그런데도 여기에 아무도 들은 자가 없으니, 그렇다면 또한 아무도 들은 사람이 없겠구나.〔然而無乎爾 則亦無有乎爾〕"가 이것이다. 어조사로서 '耳(뿐/이)'의 뜻으로 쓰일 경우에는 爾와 전혀 다르니, ≪三國志≫ 〈魏書 崔琰傳〉의 "여자를 낳을 뿐이다.〔生女耳〕"가 이것이다. 여기의 '耳'는 '而已(뿐)'란 뜻이다.

근래에 사람들이 '爾'와 '耳'를 구분하지 않으니, 예컨대 ≪論語≫ 〈雍也〉에 "너는 인재를 얻었느냐.〔女得人焉爾乎〕"라고 하였는데, 〈여기의 '焉爾'를〉 唐 石經에서는 잘못하여 '焉耳'라 하였고, ≪詩經≫ 〈陳風 墓門〉의 鄭玄 箋[7]에 "매화나무가 스스로를 선하거

---

3) 鼎鼎爾 : ≪禮記≫ 〈檀弓 上〉에 "너무 빨리하면 촌스럽고, 너무 느리게 하면 소인의 행위가 되니, 군자는 빠르지도 느리지도 않고 알맞게 한다.〔故騷騷爾則野 鼎鼎爾則小人 君子蓋猶猶爾〕"라고 하였다.

4) 聊復爾耳 : ≪世說新語≫ 〈任誕〉에 "〈阮仲容이〉 대답하기를 '속됨을 면할 수 없다면, 당분간 그대로 두라.'라고 하였다.〔答曰 未能免俗 聊復爾耳〕"라고 하였다.

5) 故人心尙爾 : ≪文選≫ 권29 〈古詩〉 19수 18에 "서로 만 여리를 떨어져 있어도, 친구의 마음은 아직도 예전 그대로이다.〔相去萬餘里 故人心尙爾〕"라고 하였다.

6) 焉爾를……것 : ≪春秋公羊傳≫ 隱公 2년의 "여기에서 시작하다.〔托始焉爾〕"에 대한 何休 解詁에 "'焉爾'는 '於是'와 같다.〔焉爾猶於是也〕"라고 하였다. '於是'는 '於此'와 같은 뜻이다.

7) 鄭玄 箋 : ≪詩經≫ 〈陳風 墓門〉의 "墓門에 있는 매화나무에 부엉이가 모여 앉았네.〔墓門有梅 有鴞萃止〕"에 대한 鄭玄 箋을 가리킨다. 이 箋에 "매화나무가 스스로를 선하거나 악하게

나 악하게 만들 뿐이다.〔梅之樹善惡自爾〕"라고 하였는데, 〈여기의 '善惡自爾'를〉 宋本에서는 잘못하여 '善惡自耳'라고 한 것이 모두 이것이다.

古書에 쓰인 '尒'자를 식견이 얕은 사람들이 글자를 '爾'로 대부분 고쳤다. 예컨대, 手部에서 ≪論語≫ 〈先進〉의 "鏗尒[8](쟁그랑)"와 ≪周禮≫ 〈考工記〉의 "뾰족하게 깎다.〔掔尒〕"[9]를 인용하였는데, 小徐本(徐鍇의 ≪說文解字繫傳≫)에는 잘못이 없는 것이 이러한 사례이다.

詈, 今作詞, 說文字體本作詈. 尒之言如此也. 後世多以爾字爲之. 凡曰果爾·不爾·云爾·莞爾·鏗爾·卓爾·鼎鼎爾·猶猶爾·聊復爾耳·故人心尙爾, 皆訓如此. 亦有單訓此者, 如公羊"焉爾"之爲於此, 孟子"然而無乎爾, 則亦(有)〔無有〕[10]乎爾."是也. 語助有用耳者, 與爾絶殊, 三國志云 "生女耳." 是也. 耳之言而已也. 近人爾·耳不分, 如論語女得人焉爾乎, 唐石經譌爲焉耳. 詩陳風箋"梅之樹善惡自爾." 宋本譌爲善惡自耳, 皆是也. 古書尒字, 淺人多改爲爾. 如手部引論語"鏗尒", 考工記"掔尒", 小徐本不誤, 是也.

② '丨·八을 따랐다'는 것은 '小'자와 대동소이하다.

从丨八, 與小同異.

③ 今本에는 이 두 글자〔入聲〕가 없다. 上文(今本의 해설문)에 "入·丨·八을 따랐다."[11]라고 되어 있는데, 여기서는 ≪古今韻會擧要≫에 인용된 徐鍇本에 따라 바로잡았다. 入聲은 제7部에 있으나, 尒가 제15部와 16部의 사이에 있는 것은 雙聲에서 뜻을 구한 것이다. 兒와 氏의 반절이다.[12]

---

만들 뿐이니, 다만 부엉이가 매화나무에 모여 앉아 울기만 해도, 사람들은 이를 싫어하고, 매화나무가 이로 인하여 악해지는 것이다.〔梅之樹善惡自爾 徒以鴞集其上而鳴 人則惡之 樹因惡矣〕"라고 하였다.

8) 鏗尒 : ≪論語≫ 〈先進〉에는 "쟁그랑 소리를 내며 瑟을 바닥에 놓고 일어나〔鏗爾舍瑟而作〕"라고 하여, '鏗爾'로 되어 있다.

9) 掔尒 : ≪周禮≫ 〈考工記〉에는 "바퀴살을 바라보면, 뾰족하게 깎아 가늘게 하고자 한다.〔望其輻 欲其掔爾而纖也〕"라고 하여, '掔爾'로 되어 있다.

10) (有)〔無有〕 : 저본에는 '有'로 되어 있으나, ≪孟子注疏≫에 의거하여 '無有'로 바로잡았다.

11) 入……따랐다 : ≪說文解字詁林≫의 〈繫傳〉, 〈義證〉, 〈句讀〉 등에 "从入丨八"로 되어 있다.

12) 入聲은……반절이다 : '入聲'은 ≪六書音韻表≫의 제7부에 속해 있다. 그리고 '尒聲'은 본래 ≪六書音韻表≫ 제2표인 〈古十七部諧聲表〉의 제15部에 있었는데, 뒤에 漢나라 사람들이 尒를 雙聲이 되는 '邇'와 연결시켜 제16부에 넣었다는 뜻이다. 즉 ≪육서음운표≫의 제4표인 〈詩經韻分十七部表〉 제15부 '古本音'의 '邇'자 해설에 "爾聲은 이 部(제15부)에 있다.…… 지금은 紙韻(제16부)로 들어갔다. 대체로 尒聲은 '尒'자는 漢나라 사람들이 제16부에 넣어 놓고 썼다.〔爾聲在此部……今入紙 凡尒聲字漢人入十六部用〕라고 하였고, ≪설문해자≫의 '邇'자에 대한 단옥재 주에서도 "≪시경≫ 300편에서는 제15부에 있었는데, 漢나라 사람들이 제16부에 두었다.〔三百篇在十五部 漢人在十六部〕"라고 하였다. 반절 '兒'와 '氏'는 모두 ≪六書音韻表≫ 제16부에 속해 있는데, 두 자가 모두 日聲母이므로 雙聲이다.

今本無此二字. 上文作“从入丨八.” 此依韻會所引小徐本訂正. 入聲在七部, 而尒在十五・十六部間者, 於雙聲求之也. 兒氏切.

## 03-016-0674 曾(曾)〔말이 펴질, 일찍이, 이에, 바로, 더할/증〕補

'말이 펴지다(나오다)'이다. 八을 따르고 曰을 따랐다. 囱(창)이 소리이다.[13)]

**詞之舒也.**① 从八, 从曰.② 囱聲.③

① 曰部에 "朁(참)은 '일찍이'이다."라고 하였다. ≪詩經≫ 〈大雅 民勞〉에 "일찍이 명백한 형벌을 두려워하지 않았다.〔朁不畏明〕"라고 하였고, ≪詩經≫ 〈小雅 十月之交〉에 "어찌 일찍이 도덕을 행하여 異變을 그치게 하지 않았는가.〔胡朁莫懲〕"라고 하였는데, 毛亨傳과 鄭玄 箋에서 모두 "朁은 '일찍이'의 뜻이다."라고 하였다.

살펴보건대, 曾이란 말은 '乃'(바로, 이에, 곧)이다. ≪詩經≫ 〈大雅 正月〉의 "바로 이것을 생각하지 않는구나.〔曾是不意〕", ≪詩經≫ 〈大雅 蕩〉의 "이에 자리에 있고, 이에 政事를 맡고 있도다.〔曾是在位 曾是在服〕"와 "바로 법을 따르지 않아〔曾是莫聽〕", ≪論語≫ 〈爲政〉의 "바로 이를 孝라고 하겠느냐.〔曾是以爲孝乎〕", ≪論語≫ 〈八佾〉의 "곧 태산이 林放만 못하다고 생각하느냐.〔曾謂泰山不如林放乎〕", ≪孟子≫ 〈公孫丑 上〉의 "네가 어찌 바로 나를 管仲에 비하느냐.〔爾何曾比予於管仲〕"는 모두 〈'曾'을〉 '乃'의 뜻으로 풀이하면 語氣(語勢)에 들어맞는다.' 〈이에 대한〉 ≪孟子≫의 趙岐 注에 "何曾은 '何乃(어찌 ……할 수 있겠는가)'와 같다."라고 한 것이 이러한 경우이다. 이 때문에 朁의 뜻을 풀이하여 '曾'이라고 하는 것이니, "朁不畏明"이란 '바로 명백한 〈명을〉 두려워하지 않는다.'는 뜻이다. ≪論語≫의 "曾是以爲孝乎"에 대한 皇侃[14)] 疏에 "曾은 '일찍이〔嘗〕'의 뜻과 같다."라고 하였으니, '일찍이 이를 효라고 하였던가.〔嘗是以爲孝乎〕'라는 뜻이 되며, 〈曾은〉 절대로 語氣(語氣詞)가 아니다.

대체로 '曾'자는 옛날에 '乃'의 뜻으로 풀이하였고, 子와 登의 반절이다. 그런데 후대에는 '曾經(일찍이)'의 뜻으로 쓰고 '才와 登'의 반절로 읽는데, 이는 지금의 뜻 지금의 音이지, 옛날의 뜻과 옛날의 音이 아니다.

---

13) 말이……소리이다 : ≪六書尋源≫에서는 "사람의 호흡하는 기운은 구멍으로부터 나와서 마침내 분산하여 올라가기 때문에 이 '曾'자는 曰을 따르고 위에 囱을 따르고 또 위에 八을 따라서 풀이를 '말이 펴지다'라고 하였다.〔凡人呼吸之氣 从窗孔而出 終乃分散上騰 故此从曰上从囱 又上从八 而訓詞之舒也〕"라고 하여, 會意로 설명하고 ≪說文≫의 形聲을 따르지 않았다.

14) 皇侃 : 488~545. 梁나라의 경학자이다. 吳郡 사람으로 이름을 偘으로도 쓴다. 員外散騎侍郎을 지냈으며, 저서로 ≪論語義疏≫, ≪禮記義疏≫가 있다.

'曾祖'와 '曾孫'의 경우는 '增益하여 첩첩이 쌓다.〔增益層絫〕'라는 뜻을 취하였으니, 그렇다면 曾과 層은 모두 〈같은 뜻으로〉 읽어야 한다.

曰部曰, "朁, 曾也." 詩"朁不畏明", "胡朁[15]莫懲." 毛鄭皆曰, "朁, 曾也." 按曾之言乃也. 詩"曾是不意." "曾是在位, 曾是在服." "曾是莫聽." 論語"曾是以爲孝乎." "曾謂泰山不如林放乎." 孟子"爾何曾比予於管仲." 皆訓爲乃則合語氣. 趙注孟子曰, "何曾猶何乃也." 是也. 是以朁訓爲曾, "朁不畏明"者, 乃不畏明也. 皇侃論語疏曰, "曾猶嘗也." 嘗是以爲孝乎, 絶非語氣. 蓋曾字古訓乃, 子登切. 後世用爲曾經之義, 讀才登切, 此今義今音, 非古義古音也. 至如曾祖・曾孫, 取增益層絫之意, 則曾・層皆可讀矣.

② "从八(八을 따랐다.)"은 또한 '기운이 분산되는 모양'을 본뜬 것이다.

从八者, 亦象氣之分散.

③ 囮은 囱(창)의 古文이다.[16] 囱은 제9部에 있으니, 이것이 合韻의 이치이다. 昨과 棱의 반절이고, 제6部에 있다. 昨은 作이 되어야 한다.

囮者, 囱古文. 囱在九部, 此合韻之理也. 昨棱切. 六部. 昨當爲作.

## 03-016-0675 尚(尙)〔더할, 바랄, 높일/상〕補

'더하다'이다. '바라다'이다. 八을 따르고 向(향)이 소리이다.

**曾也.**① **庶幾也.**② 从八,③ **向聲.**④

① 尙이라는 말은 또한 '펴다'는 뜻이므로, 尙을 '曾'이라고 풀이하였다. '曾'은 '겹치다'는 뜻이고, '尙'은 '높이다'는 뜻이니, 모두 '쌓고 포개어 더 높게 하다'는 뜻이다. 의미도 서로 통한다.

尙之詈亦舒, 故釋尙爲曾. 曾, 重也. 尙, 上也. 皆積絫加高之意. 義亦相通也.

② ≪爾雅≫〈釋言〉에 "庶幾는 '바라다'는 뜻이다."라고 하였다.

釋言曰 庶幾, 尙也.

③ 〈'八'자는〉 또한 '기운이 흩어지는 모양'을 본떴다.

亦象氣之分散.

④ 時와 亮의 반절이다. 제10部에 있다.

時亮切. 十部.

15) 朁 : 저본에는 '朁'으로 되어 있으나, ≪毛詩正義≫에는 '憯'으로 되어 있다.

16) 囮은……古文이다 : ≪字彙≫ 〈口部〉에 "囮은 囱의 古字이다.〔囮 古囱字〕"라고 하였다.

## 03-016-0676 𠔉(㒸)〔뜻을 따르를/수〕補

'뜻을 따르다'이다. 八을 따르고 豕(시)가 소리이다.

从意也.① 从八,② 豕聲.③

① 从은 '서로 들어주는 것'이다. 㒸는 '〈말하는 대로〉 듣고 따르는 뜻'이다. 司部에 "䛐는 마음속 생각을 말로 밖으로 표현하는 것이다."라고 하였다. ≪說文≫ 전체의 해설에서 '䛐'라고 말하기도 하고, '意'라고 말하기도 하면서, 뜻이 뒤섞여 나타난다. "뜻을 따른다.〔从意〕"라고 말하면, 㒸가 말〔䛐〕을 따르는 것임을 알 수 있다. "반드시 그러한 것을 나타내는 말〔䛐之必然〕"[17]이라고 하면 尒(이)가 '반드시 그러한 뜻'임을 알 수 있다. '따르다〔隨从〕에 해당하는 글자는 㒸가 되어야 한다. 후대에는 모두 遂를 㒸로 풀이하였다.

从, 相聽也. 㒸者, 聽从之意. 司部曰, "䛐者, 意內而言外也." 凡全書說解, 或言䛐, 或言意, 義或錯見. 言从意, 則知㒸者从䛐也. 言䛐之必然, 則知尒者必然意也. 隨从字當作㒸. 後世, 皆以遂爲㒸矣.

② 따르는 바가 있으면 등지는 바가 있으므로, 八을 따른 것이다.

有所从則有所背, 故從八.

③ 豕는 제16部에 있고 㒸와 遂는 제15部에 있으니, 合韻이 가장 가깝기 때문이다. 徐와 醉의 반절이다.

豕在十六部, 㒸・遂在十五部, 合韻冣近也. 徐醉切.

## 03-016-0677 詹(詹)〔말 많을/첨〕補

'말이 많다'이다. 言을 따르고 八을 따르며 产(첨)을 따랐다.

多言也.① 从言, 从八,② 从产.③

① ≪莊子≫〈齊物論〉에 "작은 말은 수다스럽다.〕"라고 하였다.

莊子曰, "小言詹詹."

② 많기 때문에 나눌 수 있다.

多故可分.

③ 이〔从产〕는 '产이 소리이다.〔产聲〕'로 되어야 한다. 식견이 얕은 사람이 고친 것이다. 厂部에 "屋梠(지붕의 처마/옥려)를 秦나라에서는 '楣(미)'라 하고, 齊나라에서는 '产'이라

---

17) 반드시……말〔䛐之必然〕: '尒(03-016-0673)'자의 해설에 나오는 구절이다.

한다."라고 하였다. 木部에 "屋櫋聯(지붕의 처마/옥면련)을 秦나라에서는 '楣'라 하고, 齊나라에서는 '檐(첨)'이라 하고, 楚나라에서는 '梠'라고 한다."라고 하였다. 产과 檐은 글자가 같고 音이 같다. 詹은 产이 소리이고, 職과 廉의 반절이며, 제8部에 있다.

此當作产聲. 淺人所改也. 厂部曰, "屋梠, 秦謂之楣, 齊謂之产." 木部曰, "屋櫋聯, 秦謂之楣, 齊謂之檐, 楚謂之梠." 产與檐同字同音. 詹, 产聲. 職廉切. 八部.

## 03-016-0678 (介)〔경계, 사이, 의지할, 도울/개〕補

'경계'이다. 人을 따르고 八을 따랐다.

畫也.① 从人, 从八.②

① 畫部에 "畫(획)은 '경계'이다."라고 하였다. 살펴보건대, '畍也'는 본래 '介也'로 써야 한다. 介와 畫은 互訓한다. 田部의 '畍'자는 대체로 후인이 보탠 것이다.[18] 介와 畍는 古今字이다. 경계를 나누면 반드시 사이〔閒〕가 있기 때문에 介를 또 '閒'으로 풀이한다. ≪儀禮≫ 〈士冠禮〉의 擯介[19]와 ≪春秋左氏傳≫ 文公 6년의 "남의 총애에 의지함〔介人之寵〕"에 쓰인 '介'자는 모두 引伸된 뜻이다. 한 사람은 '介特'[20]이라 하고, 두 사람은 '閒介'라고 한다.

畫部曰, "畫, 畍也." 按畍也當是本作介也. 介與畫互訓. 田部畍字蓋後人增之耳. 介·畍古今字. 分介則必有閒, 故介又訓閒. 禮擯介·左傳"介人之寵", 皆其引伸之義也. 一則云介特, 兩則云閒介.

② 사람이 각각 나눈 바를 지키는 것이다. 이는 ≪古今韻會擧要≫에 인용된 ≪說文≫의 글을 따랐다. 古와 拜의 반절이고, 제15部에 있다.

人各守其所分也. 此依韻會所引. 古拜切. 十五部.

## 03-016-0679 (仌)〔나눌/별, 조짐/조〕補

'나누다'이다. 중첩된 八을 따랐다. ≪孝經說≫에 "그러므로 위와 아래로 나눔이

---

18) 田部의……것이다 : 今本 ≪說文≫의 표제자에는 '畍'자가 없다.

19) 儀禮……擯介 : ≪儀禮≫ 〈士冠禮〉의 "擯者가 기한을 청한다.〔擯者請期〕"에 대한 鄭玄 注에 "擯者는 禮를 돕는 일을 맡은 사람이다. 주인측 사람을 '擯(빈)'이라 하고 손님측 사람을 '介'라 한다.〔擯者 有司佐禮者 在主人曰擯 在客曰介〕"라고 하였다.

20) 介特 : 혼자 사는 사람을 가리킨다. ≪春秋左氏傳≫ 昭公 14년에 "늙고 병든 노인을 봉양하고, 介特을 수용하다.〔養老疾 收介特〕"에 대한 杜預 注에 "介特은 單身으로 사는 백성이다.〔單身民也〕"라고 하였다.

있는 것이다."라고 하였다.

**分也.① 从重八.② 孝經說曰③ "故上下有別".④**

① 이는 바로 지금의 '兆'자이다. ≪廣韻≫ 上聲 30 小韻에 "兆는 治와 小의 반절이다."라고 하였으며, ≪說文≫에 "'나누는 것〔分也〕'이다."라는 말을 인용하였다. 여기서 孫愐[21] 이전에는 八八가 바로 兆였음을 증명할 수 있다. 또 ≪廣韻≫ 上聲 三十 小韻에 "兆는 거북의 껍데기를 지져 갈라진 것이다. ≪文字指歸≫에 나온다."라고 하였다.

≪文字指歸≫는 曹憲[22]이 지은 책이다. 여기서 孫愐 이전에는 卜部에 '兆'자와 '𠧞'자가 없었다는 것을 증명할 수 있다. 顧野王의 ≪玉篇≫ 八部에 𠔁가 있고, '兵과 列의 반절'이라고 하였으며, 卜部의 뒤에 兆部가 나오는데 또 "𠧞는 兆와 같다."라고 하였다.[23] 여기서 顧野王이 처음에는 八八가 바로 '兆'자라고 말하지 않았다는 것을 증명할 수 있다.

虞翻은 ≪尙書≫ 〈堯典〉의 "三苗를 나누어 등지고 살게 하였다.〔分北三苗〕"를 해설하여 "北(배)는 옛날의 '別'자이다."라고 하였는데,[24] 그가 〈무엇을〉 근거하였는지 모르겠다. 요컨대 겹쳐있는 八의 '八八'자와는 관련이 없으니, 어쩌면 希馮(고야왕의 字)이 처음으로 억지로 끌어다 붙여 잘못된 것인가. ≪說文≫를 연구하는 자들이 卜部에 𠧞를 더 보태어 小篆이라고 하고 兆를 古文이라고 하였다. 그리고 八八자에 더 보태기를 "八은 '나누다'의 뜻이며, 또한 소리이기도 하다. 兵과 列의 반절이다."라고 하여, 그것(八八)이 '兆'자가 아님을 증명하였다. 그러나 ≪說文≫의 면모가 전혀 아니다. 八八가 "중복된 八을 따랐다"는 것은 '심하게 나누어지다'는 뜻이니, 거북의 껍데기가 불에 타서 갈라진 모양이 그 가운데 하나이다. 일반적으로 말하는 朕과 兆는, 朕은 배〔舟〕의 이음매와 같고 兆은 거북껍데기가 〈불에〉 갈라진 모양과 같은 것이다.[25]

此卽今之兆字也. 廣韻"兆, 治小切." 引說文"分也." 此可證孫愐以前八八卽兆矣. 又云 "𠧞, 灼

---

21) 孫愐 : ?~?. 唐나라 사람으로 天寶 연간에 陳州司法을 지냈다. 音韻學에 정통하여 隋나라 陸法言의 ≪切韻≫을 重刊하여 글자 수를 더해 ≪唐韻≫을 지었으나, 原本은 일실되었다.

22) 曹憲 : ?~?. 隋나라 말 唐나라 초기의 학자로 문자학과 훈고학에 정통하였다. 삼국시대 魏나라 張揖이 지은 ≪廣雅≫에 注를 달았고, 저서로 ≪文選音義≫, ≪文字指歸≫가 있다.

23) 八部에……하였다 : ≪玉篇≫ 八部 502에 "𠔁은 補와 徹의 반절이고, '나누다'의 뜻이다.〔𠔁 補徹切 分也〕"라 하였고, ≪玉篇≫ 兆部 278에 "兆는 除와 矯의 반절이고……𠧞는 위(兆)와 같다.〔兆 除矯切……𠧞 同上〕"라고 하였다.

24) 虞翻은……하였는데 : 〈虞翻傳〉의 裴松之 注에 인용된 〈虞翻別傳〉에 보인다.

25) 일반적으로……것이다 : ≪說文解字≫ 卜部의 '𠧞'자에 대한 段玉裁 注에 "按凡曰朕兆者 朕者如舟之縫 兆者如龜之坼"라는 해설에 의거하여 풀이하였다.

龜坼也. 出文字指歸.” 文字指歸者曹憲所作. 此可證孫愐以前卜部無兆・㸬字矣. 顧野王玉篇八部有𠔁, 兵列切. 卜部之後出兆部, 又云 “㸬同兆.” 此可證顧氏始不謂𠔁卽兆字矣. 虞翻說尙書“分北三苗”云 “北, 古別字.” 不知其所本. 要與重八之𠔁無涉, 豈𢁉[26]馮始牽合而岐誤與. 治說文者乃於卜部增㸬爲小篆, 兆爲古文. 於𠔁下增之云 “八, 別也, 亦聲. 兵列切.” 以證其非兆字. 而說文之面目全非矣. 𠔁“从重八”者, 分之甚也, 龜兆其一也. 凡言朕・兆者, 如舟之縫・如龜之坼.

② 이(从重八) 아래에 있던 ‘八別也亦聲’ 다섯 글자를 지워버렸다. 會意이다. 治와 小의 반절이다. 제2部에 있다. 楚金(徐鍇의 字)은 “어떤 本에는 音이 兆로 되어 있다.”라고 하였다. 살펴보건대, 이는 옛사람의 해설을 이어받은 것이다.

此下刪[27]“八別也亦聲”五字. 會意. 治小切. 二部. 楚金云 “或本音兆.” 按此相承古說也.

③ ≪孝經說≫은 ≪孝經緯≫이다. 鄭玄이 經에 注를 달 때 緯書를 인용하고 또한 ‘某經說’이라고 하였다. ≪鄭志≫[28]의 〈荅張逸〉에 “注를 달 때에 〈내가〉 법망에 걸려 있던 중이라 秘書(天子의 藏書)를 인용하기를 꺼렸다. 그래서 인용한 여러 圖讖들을 모두 ‘說’이라고 하였다.”라고 하였다.

孝經說者, 孝經緯也. 後鄭注經引緯 亦曰某經說. 鄭志荅張逸曰, “當爲注時, 時在文網中, 嫌引秘書. 故諸所牽圖讖, 皆謂之說.”

④ 이(故上下有別)는 緯書를 인용하여 字形의 ‘八이 겹쳐 있는 뜻’을 설명한 것이다. 위로 나뉘고 아래로 나뉘면 두 개의 ‘八’자가 된다. ≪集韻≫에서는 이를 고쳐 “위와 아래로 ‘𠔁’자가 있다.”라고 하였으니, 잘못이다.

此引緯說字形重八之意也. 上別下別則二八矣. 集韻改爲“上下有𠔁.” 非也.

## 03-016-0680  (公) 〔공평하게 나눌/공〕 補

‘공평하게 나누다’이다. 八・厶(사)를 따랐다. 八은 ‘등지다’와 같다. 韓非子는 “사사로움〔厶〕을 등지는 것이 ‘公’이다.”라고 하였다.

**平分也. 从八厶.① 八猶背也.② 韓非曰, “背厶爲公.”③**

① ‘八厶’는 ‘사사로움을 등지는 것’이다. 今本에는 “八을 따르고 厶를 따랐다.〔从八从厶〕”라고 하였는데, 대체로 이와 같은 ‘从’자는 모두 식견이 얕은 자가 보탠 것이다.

“八厶”, 背私也. 今本“从八从厶.” 凡此等从字, 皆淺人所增.

---

26) 𢁉 : ≪字彙≫ 〈巾部〉에 “𢁉는 希와 같다.〔𢁉 同希〕”라고 하였다.

27) 刪 : ≪類篇≫ 〈刀部〉에 “刪는 ‘삭제하다’이다.〔刪 削也〕”라고 하였다.

28) 鄭志 : 중국 삼국시대 鄭玄의 손자 鄭小同이 鄭玄과 그 문인들의 문답을 기록한 책이다.

② ≪尙書≫ 〈虞書 堯典〉의 "三苗[29]를 〈선한 부류와 악한 부류로〉 나누어 서로 등지고 살게 하였다.〔分北三苗〕"[30]에 대한 鄭玄 注에 "北(배)는 '분별하다'의 뜻과 같다."[31]라고 한 말은, ≪吳語≫의 韋昭[32] 注에 "北는 옛날의 '背'자이다."라고 한 말[33]로 증명할 수 있다. 그렇다면 許愼과 鄭玄의 말이 정말로 서로 뜻을 드러내 밝힌 것이며, '분별하다〔分別之〕'는 바로 '서로 어그러져 등지게 하다〔相儛背〕'의 뜻이니, 그 뜻이 서로 따라서 서로 보완되는 것이다.

그러므로 許愼은 "八은 '등지다'는 뜻이다."라고 말하지 않고 "'등지다'는 뜻과 같다." 라고 말하였고, 鄭玄은 "北는 '분별하다'의 뜻이다"라고 말하지 않고 "'분별하다'의 뜻과 같다."라고 말한 것이다. 대체로 옛날에 訓故(訓詁)를 할 때에 '……와 같다〔猶〕'를 말한 것을 여기에서 볼 수 있다. 古와 紅의 반절이고, 제9部에 있다.

鄭注堯典"分北三苗." 云 "北猶別也." 證以韋昭吳語注云 "北, 古之背字." 然則許鄭之語, 正互相發明, 分別之乃相儛背, 其義相因相足. 故許不云 "八, 背也," 而云"猶背." 鄭不云"北, 別也," 而云 "猶別." 凡古訓故之言猶者視此. 古紅切. 九部.

③ ≪韓非子≫ 〈五蠹〉에 "倉頡이 글자를 만들 때에, 자신에게 이익이 돌아오도록 하는 것을 '私'라고 말하고, 사사로움을 등지는 것을 '公'이라고 말한다."라고 하였다. 자신에게 이익이 돌아오도록 하는 것을 '厶'라고 하는 것은 六書 중에 指事에 해당하고, 八厶를 '公'이라고 하는 것은 六書 중에 會意에 해당한다.

五蠹篇"倉頡之作書也, 自環者謂之私, 背私者謂之公." 自環爲厶, 六書之指事也. 八厶爲公, 六書之會意也.

## 03-016-0681  (必) 〔표준, 반드시 그러할/**필**〕 補

'표준'이다. 八·弋을 따랐다. 八(팔)은 또한 소리이다.

**分極也.**① 从八弋.② **八亦聲.**③

---

29) 三苗 : 중국의 堯舜시대에 江·淮·荊州에 거주하던 蠻族의 이름으로, 四凶의 하나이다.

30) 尙書……分北三苗 : "分北三苗"가 ≪尙書正義≫에는 〈堯典〉에 실려 있지 않고 〈舜典〉에 보인다.

31) 鄭玄……같다 : ≪三國志≫ 〈虞翻傳〉의 裵松之 注에 인용된 〈虞翻別傳〉에 보인다.

32) 韋昭 : 204~273. 삼국시대 吳나라 사람으로 字가 弘嗣이다. ≪吳書≫의 편찬을 주도하였고, 저서로 ≪孝經注≫, ≪論語注≫, ≪國語注≫ 등이 있다.

33) 吳語의……말 : ≪吳語≫의 "오나라 군대가 크게 패배하여 달아났다.〔吳師大北〕"에 대한 韋昭 注에 "軍이 패배하여 달아나는 것을 北라 한다. 北는 옛날의 '背'자이다.〔軍敗奔走曰北 背 古之背字〕"라고 하였다.

① 極은 '표준〔準〕'과 같다. 木部의 棟과 極 두 글자는 互訓하고,[34] '橦'자 해설에 "지붕〔帳〕의 용마루〔極〕이다."라고 하였다. 대체로 높은 곳을 '極'이라고 이르며, 푯말을 세운 것이 나눌 때의 표준이 되기 때문에 '표준〔分極〕'이라고 한 것이다. 인신하여 '말이 반드시 그러하다.'는 뜻으로 쓰인다.

極猶準也. 木部棟·極二字互訓, 橦字下云 "帳極也." 凡高處謂之極, 立表爲分判之準, 故云'分極' 引伸爲詈之必然.

② 말뚝을 박아 〈경계를〉 나누는 것이다. 弋은 今字에 杙으로 쓴다.[35]

樹臬而分也. 弋, 今字作杙.

③ 八은 각 판본에 弋으로 잘못되어 있어, 지금 바로잡았다. 옛날에는 八과 必을 동일하게 읽었다.[36] 卑와 吉의 반절이고, 제12部에 있다.

八, 各本誤弋, 今正. 古八與必同讀也. 卑吉切. 十二部.

## 03-016-0682 余 (余) 〔말이 나올, 나, 자신/여〕 補

'말이 〈입에서〉 나오다'이다. 八을 따랐고, 舍의 생략형이 소리이다.

**語之舒也.**① 从八,② **舍省聲.**③

① '語'가 ≪匡謬正俗≫에 인용된 ≪說文≫의 글에는 '詈'로 되어 있다. ≪春秋左氏傳≫ 僖公 9년에 "小白인 내〔余〕가 감히 天子의 命[37]을 따르고, 〈堂 아래로〉 내려가 절하지 않는다."라고 하였으니, 이것(余)이 바로 '느슨한 어기를 나타내는 말'이다. 亏部에 "亏(우)는 於(어조사)이다. 어기가 느슨한 모양을 본떴다."[38]라고 하였다. 그렇다면 余와 亏는 字形이 다르지만 音義가 같다. ≪爾雅≫ 〈釋詁〉에 "余는 '나〔我〕'이다. 余는 '자신

34) 木部의……互訓하고 : ≪說文≫ 木部에 "棟 極也"라 하였고, "極 棟也"라고 하였다. 이에 대한 段玉裁 注에 "極은 지붕의 가장 높은 곳이다.〔極者 謂屋至高之處〕"라고 하였다.

35) 弋은……쓴다 : ≪玉篇≫ 弋部에 "弋은 '橜(말뚝)'이니, 물건을 구획짓는 것이다. 지금은 '杙'으로 쓴다.〔弋 橜也 所以挂物也 今作杙〕"라고 하였다.

36) 八과……읽었다 : 八은 必과 같이 '읽는다'는 뜻이다. 玉部 '玐'자의 段玉裁 注에 "대체로 '讀與某同'라고 말한 것은, 또한 곧 '某와 같이 읽는다.'는 뜻이다.〔凡言讀與某同者 亦卽讀若某也〕"라고 하였다.

37) 天子의 命 : 당시에 천자가 제사지낸 고기를 齊나라 군주인 소백에게 하사하면서 '小白은 나이가 많아서 우대하여 작위를 한 등급 올려주니, 堂 아래로 내려가 절하지 말게 하라'고 내린 명을 가리킨다.(≪春秋左氏傳≫ 僖公 9년)

38) 亏部에……본떴다 : ≪說文解字≫ '亏'자의 "象氣之舒亏 从丂从一"에 대한 段玉裁 注에 "一은 그 기운이 평평해진 것이다. 기운이 나와서 평평해진 것이 곧 '舒亏'이다.〔一者 其氣平也 氣出而平 則舒亏矣〕"라고 하였다.

〔身〕'이다."라고 하였는데, 孫炎은 "여유롭고 침착한 자신〔身〕이다."라고 하였다. 그렇다면 余의 引伸된 뜻이 '나〔我〕'이다.

≪詩經≫과 ≪尙書≫에서는 予를 쓰고 余를 쓰지 않았고, ≪春秋左氏傳≫에서는 余를 쓰고 予를 쓰지 않았다. ≪禮記≫ 〈曲禮 下〉에 "〈天子가〉 제후의 朝會를 받고, 벼슬자리를 나누어 주며 政事를 맡기고 일을 맡길 때에는 〈천자인 자신을〉 '나 한 사람〔予一人〕'이라고 말한다."라고 하였는데, 鄭玄 注에 "≪儀禮≫ 〈覲禮〉에 '伯父께서 진실로 오셨으니, 나 한사람〔余一人〕이 기뻐한다.'라고 하였다. 余와 予는 古今字이다."라고 하였다.

일반적으로 말하는 '古今字'란 주로 音이 같은 것을 이르는데, 옛날에는 저 글자를 쓰고 지금은 이 글자를 써서 글자가 다른 것이다. 예컨대 ≪儀禮≫ 〈覲禮〉의 古文에서 '余一人'이라고 쓰고 ≪禮記≫ 〈曲禮〉에서 '予一人'이라고 쓴 것과 같다. 余와 予는 본래 字形이 다르고 의미도 다르므로, 予와 余가 본래 바로 동일한 字形임을 말하는 것이 아니다. 顔師古의 ≪匡謬正俗≫에서는 이러한 뜻을 알지 못하고, 또 予는 上聲으로 余는 平聲으로 분별하였으며, 또 古音에서는 평성과 상성이 심하게 구분되지는 않는다는 점을 알지 못하였으므로, 거듭 어긋나고 거듭 잘못되게 한 것이다. ≪儀禮漢讀攷≫[39]에서 이를 바로잡은 것이 자세하다.

語, 匡謬正俗引作詈. 左氏傳"小白余敢貪天子之命, 無下拜." 此正詈之舒. 亏部曰, "亏, 於也. 象气之舒亏." 然則余・亏異字而同音義. 釋詁云 "余, 我也. 余, 身也." 孫炎曰, "余, 舒遲之身也." 然則余之引伸訓爲我. 詩書用予不用余, 左傳用余不用予. 曲禮下篇"朝諸侯, 分職, 授政, 任功, 曰予一人." 注云 "覲禮曰'伯父寔來, 余一人嘉之.' 余・予古今字." 凡言古今字者, 主謂同音, 而古用彼今用此異字. 若禮經古文用余一人, 禮記用予一人. 余・予本異字異義, 非謂予・余本卽一字也. 顔師古匡謬正俗不達斯恉, 且又以予上聲・余平聲爲分別, 又不知古音平上不甚區分, 重悂貤繆. 儀禮漢讀攷糾之詳矣.

② 〈八은〉 '기운이 흩어지는 모양'을 본뜬 것이다.

象气之分散.

③ 以와 諸의 반절이다. 제5부에 있다.

以諸切. 五部.

## 03-016-0683 (叙)[40] 〔느릴, 천천히/여〕

'두 개의 余'이다. 余(여)와 같이 읽는다.

---

39) 儀禮漢讀攷 : 段玉裁의 저서이다.

40) 叙 : 朱駿聲의 ≪通訓定聲≫에 "叙는 余의 籒文이다.〔叙 卽余之籒文〕"라고 하였다. ≪玉篇≫ 八部에 "叙는 余와 같다.〔叙 同余〕"라고 하였다.

**二余也. 讀與余同.①**

① 제5部에 있다. 살펴보건대, ≪周易≫ 困卦 九四爻辭의 "來徐徐(느리게 오다)"의 '徐徐'를 子夏는 '荼荼'로 쓰고, 王肅[41]은 '余余'로 썼는데, 모두 '느리다'는 뜻이다. 許愼이 絫의 字形만 말하고 그 뜻을 말하지 않았으므로, 이를 거론하여 보충하였다.
五部. 按易困九四"來徐徐", 子夏作荼荼, 王肅作余余, 皆舒意也. 許言絫之形, 未言其義, 擧此以補之.

八部에서 다룬 표제자는 12자이다. 重文은 1자이다.

**文十二,① 重一.②**

①〈十二는〉'十三'이라고 해야 한다.
當云十三.

② 살펴보건대, 이 두 글자(重一)는 잘못된 衍文이다. '絫'자의 音義는 '余'와 동일하다. 그러나 바로 '余'자는 아니다. 생각건대 絫가 두 개의 余를 따랐다면, ≪說文≫의 규례로 볼 때 당연히 余를 구별하여 동일한 部로 배열했을 것이다. 上篇 蓐 部의 '蓐'자와 '薅'자가 茻部로 들어가지 않은 것이 그 예이다. 혹 덜거나 합한 경우가 있는 듯하다.
按此二字誤衍. 絫之音義同余. 非卽余字也. 惟絫从二余. 則說文之例當別余爲一部. 上篇蓐·薅不入茻部是也. 容有省倂矣.

---

41) 王肅 : 195~256. 삼국시대 魏나라의 經學家이다. 자가 子雍이고 시호는 景侯이며, 벼슬은 散騎常侍를 지냈다. ≪尙書≫, ≪詩經≫, ≪論語≫, ≪三禮≫, ≪春秋左氏傳≫에 注釋을 냈고, ≪孔子家語≫에 注를 달았다.

# 【017. 釆部】

## 03-017-0684 釆(釆)〔변별할/변〕補【重文 1】

'변별하다'이다. '짐승의 발톱으로 분별함'을 본떴다. 釆에 속하는 글자는 모두 釆을 따랐다. 辨(변)과 같이 읽는다. 乎(乎)은 釆의 古文이다.

**辨別也. 象獸指爪分別也.①  凡釆之屬皆从釆. 讀若辨.② 乎, 古文釆.③**

① 倉頡은 새와 짐승의 발자국과 굽의 자취를 보고 흔적이 서로 구별된다는 것을 알고, 마침내 書契(文字)를 만들었으니, '釆'자가 짐승들의 발톱이 구별되는 모양을 취한 것이다.

倉頡見鳥獸蹏迒之迹, 知文理之可相別異也, 遂造書契, 釆字取獸指爪分別之形.

② 蒲와 莧의 반절이다. 제14部에 있다.

蒲莧切. 十四部.

③ 惠棟이 "≪尙書≫의 平章과 平秩[1]의 '平'자는 모두 '乎'이 되어야 한다. 古文의 平(㸚)과 서로 비슷하여 잘못 쓴 것이다."라고 하였다.[2] 살펴보건대, 이는 억측이므로 따를 수가 없다.

惠氏棟云 "尙書平章平秩, 平字皆當作乎, 與古文平相似而誤." 按此肊測不可從.

## 03-017-0685 番(番)〔짐승 발/번〕補【重文 2】

'짐승의 발'을 '番'이라고 한다. 釆을 따르고, 田은 그 발바닥을 본뜬 것이다. 蹞(蹞)은 番의 或體이니 足을 따르고 煩을 따랐다. 𠀠(𠀠)은 番의 古文이다.

**獸足謂之番. 从釆, 田象其掌.① 蹞, 番或从足从煩.② 𠀠, 古文番.③**

---

1) 平章과 平秩 : '平章'은 '辨別하여 명백하게 밝히다'는 뜻이다. ≪尙書≫ 〈堯典〉에 "百官을 平章한다.〔平章百姓〕"라고 하였다. '平秩'은 耕作의 순서를 분별함을 이른다. ≪尙書≫ 〈堯典〉에 "耕作을 平秩한다.〔平秩東作〕"라고 하였다.

2) 惠棟이……하였다 : 惠棟의 ≪九經古義≫ 〈尙書 上〉와 ≪讀說文記≫ 1에 보인다.

① 〈番의〉 아래(田)는 발바닥을 본뜨고 위(釆)는 발톱을 본떴으니, 이는 象形이 된다. 그런데 許愼의 생각에, 먼저 '釆'자가 있었고 그 뒤에 釆을 따르고, 그 모양(발바닥)을 본뜬 것으로 여겼다면, 獨體象形이 아니고 合體象形이 된다. 附와 袁의 반절이다. 제14部에 있다.

下象掌, 上象指爪, 是爲象形. 許意先有釆字, 乃後从釆而象其形, 則非獨體之象形, 而爲合體之象形也. 附袁切. 十四部.

② 이는 形聲이다.

此形聲也.

③ 살펴보건대, ≪楚辭≫ 〈九歌 湘夫人〉에 "향기로운 산초를 펼쳐놓아 마루를 꾸민다.〔䊩芳椒兮成堂〕"라고 하였는데, 王逸 注에 "堂 위에 향기로운 산초〔香椒〕를 펼쳐놓는 것이다."라고 하였다. '䊩'이 어떤 본에는 播(파)로 되어 있다. 丁度[3]와 洪興祖[4]는 모두 "䊩은 播의 古字이다."[5]라고 하였다. 살펴보건대, 播는 番을 소리로 삼는다. 이 屈原의 작품에서는 番이 '播'의 뜻으로 가차하였다.

按九歌"䊩芳椒兮成堂." 王注"布香椒於堂上也." 䊩, 一作播. 丁度·洪興祖皆云 "䊩, 古播字." 按播以番爲聲. 此屈賦假番爲播也.

## 03-017-0686 㝯(宷)〔살필/심〕 補 【重文 1】

'살피다'이다. '자세히 살필 줄 아는 것'이다. 宀·釆을 따랐다. 審(審)은 宷의 篆文이며 番을 따랐다.

**悉也. 知宷諦也.**① 从宀釆.② 審, **篆文**宷从番.③

① 諦는 ≪廣韻≫에 인용된 ≪說文解字≫의 글에는 諟(체)로 되어 있으니,[6] 옛날에는 동

3) 丁度 : 990~1053. 宋나라 사람으로, 자는 公雅이고 시호는 文簡이다. 觀文殿學士 등을 지냈으며, 훈고학에 정통했다. 저서로 ≪禮部韻略≫, ≪集韻≫, ≪釋文互注≫, ≪武經總要≫, ≪邇英聖覽≫ 등이 있다.

4) 洪興祖 : 1090~1155. 南宋 사람으로, 자는 慶善, 호는 練塘이다. 太常博士·饒州知州 등을 지냈다. 저서로 ≪周易通義≫, ≪論語說≫, ≪左氏通解≫, ≪楚辭補注≫, ≪楚辭考異≫ 등이 있다.

5) 䊩은……古字이다 : 이와 관련된 말이 丁度의 ≪集韻≫ 去聲 三十九過에는 있으나, 洪興祖의 ≪楚辭補注≫에는 보이지 않는다.

6) 諟(체)로……있으니 : 諟가 諦의 뜻으로 가차되었다는 뜻이다. 즉 ≪廣韻≫ 上聲 四十七寑韻에 "宷는 說文에는 悉로, '자세히 살필 줄 알다'는 뜻이다.〔宷 說文曰悉也 知宷諟也〕"라고 한 것을 말한다.

일한 韻部로 假借한 것이다.
諦, 廣韻引作諟, 古同部假借也.

② 徐鍇는 "宀은 '덮다'는 뜻이고, 釆은 '변별하다'는 뜻이니, '잘 포용하고 덮어주며 매우 각별하게 대하다'는 뜻이다."라고 하였다. 살펴보건대, 이는 覈(핵)자가 '襾(아)'를 따르고 敫(약)이 소리이며 뜻이 같다. 式과 荏의 반절이다. 제7部에 있다.
鍇曰, "宀, 覆也. 釆, 別也. 能包覆而深別之也." 按此與覈字从襾敫同意. 式荏切. 七部.

③ 그렇다면, 宷은 古文이면서 籒文이다. 篆文(審)을 宷보다 앞에 두지 않은 것은 部首인 '釆'자를 따랐기 때문이다.
然則宷, 古文籒文也. 不先篆文者, 从部首也.

## 03-017-0687 (悉)〔상세히 살펴 모두 알/실〕補【重文 1】

'상세히 살펴 모두 알다'이다. 心·釆을 따랐다. (恖)은 悉의 古文이다.

**詳盡也. 从心釆.**① , **古文悉.**②

① 會意이다. 息과 七의 반절이고, 제12部에 있다.
會意. 息七切. 十二部.

② 이 글자 또한 會意이다. 心·囧(경)을 따랐다. 囧은 '창문사이로 밝게 비치는 것'이다.
此亦會意. 从心囧. 囧者, 窗牖麗廔闓明也.

## 03-017-0688 (釋)〔풀이할/역〕補

'풀이하다'이다. 釆을 따랐다. 釆은 분별함을 취한 것이다. 睪(역)의 소리를 따랐다.[7)]

**解也.**① 从釆. 釆, **取其分別. 从睪聲.**②

① ≪廣韻≫ 入聲 二十二 昔韻의 〈'釋'자 해설〉에 "버리다〔捨〕, 풀다〔解〕, 흩어지다〔散〕, 사라지다〔消〕, 폐지하다〔廢〕, 복종하다〔服〕"라고 하였는데, 살펴보건대, 사실은 한 글자의 '解'자로 이들을 포함시킬 수 있다.

---

7) 풀이하다이다……따랐다 : ≪六書尋源≫에서는 "사물의 이치를 풀이하는 것은 당연히 온갖 짐승의 발자취를 자세히 분별하듯이 해야 하고 또 온갖 사물의 기색을 잘 살피듯이 해야 하기 때문에 이 '釋'자는 釆를 따르고 睪을 따라서 풀이를 '풀이하다'라고 하였다.〔凡解釋事理者 當如詳辨百獸之足跡 又如善伺百物之气色 故此从釆从睪而訓解也〕"라고 하여, 會意로 설명하고 ≪說文≫의 形聲을 따르지 않았다.

廣韻曰, "捨也, 解也, 散也, 消也, 廢也, 服也." 按其實一解字足以包之.

② ≪禮記≫ 〈冬官 考工記〉에서는 澤을 釋의 뜻으로 썼고,[8] ≪史記≫에서는 醳(역)을 釋의 뜻으로 썼으니,[9] 모두 同聲으로 假借한 것이다. 古音은 제5部에 있다. 音이 변한 것은 ≪廣韻≫의 入聲 二十二 昔韻에 있고 "施와 隻의 반절이다."라고 한 것이 이것이다. 徐鉉이 인용한 ≪唐韻≫에는 '賞과 職의 반절'로 되어 있다.

考工記以澤爲釋, 史記以醳爲釋, 皆同聲假借也. 古音在五部. 音轉則廣韻在二十二昔, "施隻切." 是也. 徐鉉所引唐韻賞職切.

釆部에서 다룬 표제자는 5자이고, 重文은 5자이다.

**文五, 重五.**①

① 徐鍇本에는 '重四'로 되어 있는데, 지금 간행본에는 이를 고쳐 '重五'로 썼다.

鍇本作重四, 今刊本改作重五.

8) 澤을……썼고 : ≪周禮≫ 〈冬官 考工記〉에 "물은 엉길 때가 있고 풀릴 때가 있다.〔水有時以凝 有時以澤〕"라고 하였는데, 이에 대한 ≪經典釋文≫ 〈周禮音義〉에 "澤은 音이 亦(역)이다. 李軌는 音을 釋이라고 하였다.〔澤 音亦 李音釋〕"라고 하였다.

9) 醳(역)을……썼으니 : ≪史記≫ 〈張儀傳〉에 "함께 張儀를 붙잡아 수백 대의 매질을 하였으나 不服하였으므로 그를 풀어주었다.〔共執張儀 掠笞數百 不服 醳之〕"라고 하였는데, 裵駰의 〈集解〉에 "音이 釋이다."라고 하였고, 司馬貞의 〈索隱〉에 "醳은 釋의 古字이다."라고 하였다.

# 【018. 半部】

## 03-018-0689 (半)〔물건의 가운데를 나눌/반〕補

'물건의 가운데를 나누다'이다. 八을 따르고 牛를 따랐다. 牛는 큰 동물이므로 나눌 만하다. 半에 속하는 글자는 모두 半을 따랐다.

**物中分也. 从八, 从牛. 牛爲物大, 可目分也.**① **凡半之屬皆从半.**②

① 그러므로 牛를 취하였으니, 會意이다.
故取牛, 會意.

② 博과 幔의 반절이고, 제14部에 있다.
博幔切. 十四部.

## 03-018-0690 (胖)〔절반의 몸체, 넓적한 고기 조각/반〕

'절반의 몸체'이다. 일설에는 '넓적한 고기 조각〔廣肉〕'이라고 한다. 肉·半을 따랐으며, 半(반)은 또한 소리이다.

**半體也.**① **一曰廣肉.**② **从肉半, 半亦聲.**③

① 각 판본에는 "半體肉也(절반을 나눈 희생의 고기이다.)"로 되어 있는데, 지금 玄應의 ≪衆經音義≫ 권2에 인용된 ≪說文解字≫의 글에 의거하여 바로잡았다. ≪周禮≫ 〈天官 腊人〉의 鄭玄 注[1]에 "鄭大夫(鄭興)는 '胖은 判(나눌/판)과 같이 읽는다.'라고 하였다. 杜子春은 胖을 版(널빤지/판)과 같이 읽었다. 또 '膴(무)와 胖을 모두 척추 양쪽의 등뼈에 붙은 살〔夾脊肉〕이라고 한다.'라고 하였다. 또 '禮家들은 胖을 「절반의 몸체」라고 한다.' 라고 하였다. 내가 생각하기에 胖은 대체로 脯와 같지만 〈맛이〉 비리다. 胖이란 말은 '조각〔片〕'이라는 뜻이니, '고기를 나눈다'는 뜻이다."라고 하였다. 살펴보건대, 許愼은 禮家의 해설을 쓴 것이다.

---

1) 鄭玄 注 : ≪周禮≫ 〈天官 腊人〉의 "脯·膴·胖를 올린다.〔薦脯膴胖〕"에 대한 鄭玄 注를 가리킨다.

各本"半體肉也" 今依玄應訂. 周官經腊人注曰, "鄭大夫云 '胖, 讀爲判.' 杜子春讀胖爲版. 又云 '膴・胖, 皆謂夾脊肉.' 又云 '禮家以胖爲半體.' 玄謂胖宜如脯而腥. 胖之言片也, 析肉意也." 按許用禮家說.

② 이는 별도의 다른 뜻이다. 胖이란 말은 '般'의 뜻이다. 般은 '크다'는 뜻이다. ≪大學≫ 傳 6章에 "마음이 넓어지면 몸체가 커진다."라고 하였는데, 이는 引伸된 뜻이다.
此別一義. 胖之言般也. 般, 大也. 大學"心廣體胖." 其引伸之義也.

③ 普와 半의 반절이다. 제14部에 있다.
普半切. 十四部.

## 03-018-0691 𢅆 (叛) 〔절반이 뒤집힐/반〕

'절반이 뒤집히다'이다. 半・反을 따랐으며, 半(반)은 또한 소리이다.

**半反也.**① **从半反, 半亦聲.**②

① 反은 '뒤집히는 것'이다. 反은 전체가 뒤집힌 것이고, 叛은 절반이 뒤집힌 것이다. 半・反으로 叛을 풀이한 것은 是・少로 尟(선)을 풀이한 것과 같다.
反, 覆也. 反者叛之全, 叛者反之半. 以半反釋叛, 如以是少釋尟.

② 살펴보건대, 각 판본에 "半也 从半 反聲"이라고 한 것은, 옮겨 적는 자가 빠뜨린 글자가 많은 것이다. 薄과 半의 반절이다. 제14部에 있다. 옛날에는 대부분 畔이 叛의 뜻으로 가차되었다.
按各本云 "半也. 从半反聲." 轉寫者多奪字耳. 薄半切. 十四部. 古多假畔爲叛.

半部에서 다룬 표제자는 3자이다.

文三.

# 【019. 牛部】

## 03-019-0692 𠂀 (牛) 〔일삼을, 다스릴, 소/우〕 補

'일삼다'이고, '다스리다(결을 가르다)'이다. '두 개의 뿔과 하나의 머리, 어깨와 꼬리의 모양'을 본떴다.[1] 牛에 속하는 글자는 모두 牛를 따랐다.

**事也, 理也,① 象角頭三封尾之形也.② 凡牛之屬皆从牛.**

① '事也'는 자기의 일에 잘 종사함을 이르니, 소가 밭가는 일을 감당하는 것이다. '理也'는 결〔文理〕대로 가를 수 있음을 이르니, 庖丁이 소를 잡을 때 "자연적으로 생긴 결을 따라 뼈와 살이 만나는 큰 틈새에 칼을 넣어 가르고 커다란 공간에서 칼을 움직인다."[2]라는 것이다.

牛·事·理 세 글자는 똑같이 古音 제1部에 있다.[3] 이는 "羊은 '상서롭다〔祥〕'는 뜻이다."[4]·"馬는 '노하다〔怒〕'는 뜻이고, '용맹스럽다〔武〕'는 뜻이다."[5]와 동일한 사례이다. 본래 식견이 얕은 사람이 이러한 뜻을 알지 못하고, 이를 고쳐 "큰 희생〔大牲〕이다. 牛는 件이다. 件은 일을 맡아 다스리다."라고 한 것은,[6] '吳'자 해설에서 "姓이다. 또한

---

1) 일삼다이고……본떴다 : ≪六書尋源≫에서는 "이 '牛'자는 두 개의 뿔, 네 개의 다리 그리고 머리와 꼬리의 모양을 본떴다. 그러나 두 개의 뿔과 두 개의 앞다리의 선이 합해져서 '屮(풀/철)'자가 된 것은 풀〔艸〕을 먹는 뜻을 겸한 것이다. 또 牛는 몰아가면 반드시 앞에 있고 끌어가면 반드시 뒤에 있는데 그대가 앞뒤에서 살펴보면 오직 두 개의 뿔과 두 개의 다리일 뿐이니 犬 자와 '豸(긴 척추 짐승/치)'자가 다만 두 개 다리만 본떠서 옆에서 본 것을 취한 뜻과 동일한 예가 된다.〔此字象二角四足及頭尾之形 然二角與前二足之線相併 而作屮字者 兼食艸之義也 且牛者必驅之則在前 牽之則在後 君於其前後視之 則惟是二角二足而已也 與犬豸字之只象二足 取其傍視之義 爲一例也〕"라고 하여, 보다 자세하게 설명하였다.

2) 庖丁이……움직인다 : ≪莊子≫〈養生主〉 제2장에 보이는 구절이다.

3) 牛……있다 : 표제자인 '牛'의 뜻을 동일한 部에 있는 '事'자와 '理'자를 가져다 疊韻으로 풀이했다는 뜻이다.

4) 羊은……뜻이다 : ≪說文≫ 羊部의 "羊 祥也"에 대한 段玉裁 注에 "〈羊은〉 祥과 疊韻이다.〔疊韻〕"라고 하였다.

5) 馬는……뜻이다 : ≪說文≫ 馬部의 "馬 怒也武也"에 대한 段玉裁 注에 "疊韻으로 풀이한 것이다.〔以疊韻爲訓〕"라고 하였다.

郡이다."라는 말을 함부로 보탠 것[7]과 동일한 오류이다.

事也者, 謂能事其事也, 牛任耕. 理也者, 謂其文理可分析也, 庖丁解牛, 依乎天理, 批大郤, 道大窾. 牛・事・理三字同在古音第一部. 此與"羊, 祥也."・"馬, 怒也, 武也." 一例. 自淺人不知此義, 乃改之云"大牲也. 牛, 件也. 件, 事理也." 與吳字下妄增之曰"姓也, 亦郡也." 同一紕繆.

② '角頭三'은 '위쪽의 세 갈래는 두 뿔과 하나의 대가리를 본뜬 것을 합하면 셋이 됨'을 이른다. '牛(牛)'자는 〈두〉 뿔과 〈하나의〉 머리를 본뜬 것으로 합하면 셋이 되고, '馬(馬)'자는 〈네〉 다리와 〈하나의〉 꼬리를 합하면 다섯이 된다. 封(封)은 가운데 획이 〈산봉우리가 같은 모양인 것을〉 이르며, 봉분 모양〔封〕을 본뜬 것이다. 封은 어깨뼈가 무덤처럼 솟은 부분이다. 글자를 또한 '犎(봉)'으로도 쓴다. 尾(尾)는 곧게 아래로 드리운 곧은 획을 이르며, 꼬리를 본뜬 것이다. 양〔羊〕・돼지〔豕〕・말〔馬〕・코끼리〔象〕는 모두 네 개의 다리를 본떴다. 소〔牛〕는 다리를 생략한 것으로 잘 생각하면 알 수 있다. 語와 求의 반절이다. 古音은 疑(의)와 같이 읽는다.

'角頭三'者, 謂上三歧者象兩角與頭爲三也. 牛角與頭而三, 馬足與尾而五. 封者, 謂中畫, 象封也. 封者, 肩甲墳起之處. 字亦作犎. 尾者, 謂直畫下垂, 像尾也. 羊・豕・馬・象, 皆像其四足. 牛略之者, 可思而得也. 語求切. 古音讀如疑.

## 03-019-0693 牡 (牡) 〔수컷/모〕 補

'짐승의 수컷'이다. 牛를 따르고 土(토)가 소리이다.[8]

**畜父也. 从牛, 土聲.**①

① 살펴보건대, "土가 소리이다.〔土聲〕"를 疊韻과 雙聲에서 찾는 것은 모두 옳지 않다. 대체로 '土를 따랐다.〔从土〕'가 마땅하니, 土(토)가 물〔水〕의 수컷〔牡〕이 되는 뜻[9]을 취했

---

6) 큰……것은 : ≪說文≫ 牛部의 "牛 事也 理也"라고 한 것이 ≪說文繫傳≫, ≪說文校錄≫, ≪說文校議≫ 등 다른 판본에는 "牛 大牲也 牛件也 件 事理也"로 되어 있음을 이른다.

7) 吳자……것 : ≪說文≫ 夨部의 "吳 大言也"에 대한 段玉裁 注에 "'大言' 앞에 각 판본에는 '姓也 亦郡也 一曰吳' 8자가 있는데, 이는 망령된 사람이 보탠 것이다. 그래서 지금 삭제하여 바로잡았다.〔大言之上 各本有姓也亦郡也一曰吳八字 乃妄人所增 今刪正〕"라고 한 것을 이른다.

8) 牛를……소리이다 : ≪六書溯源≫에서는 "짐승은 수컷보다 큰 것이 없으므로, 이 '牡'자는 牛를 따르고 土를 따라서 土의 두터운 뜻을 취하였다.〔凡獸畜莫大於雄者 故此从牛从土 而取土厚之義〕"라고 하여, 會意로 설명하고 ≪說文≫의 形聲을 따르지 않았다.

9) 土(토)가……뜻 : ≪三國志≫ 魏書 二 〈文帝紀 第二〉 黃初 원년 12월의 "무오일에 文帝가 낙

기 때문이다. 혹자는 "土(토)는 士(사)가 되어야 하니, 士(사)는 '남자〔夫〕'라는 뜻이다. 之韻과 尤韻의 音이 합해진 것은 가장 가깝기 때문이다."[10]라고 말하였다. 士(사)를 따르면 회의 겸 형성이 된다. 莫와 厚의 반절이고, 古音은 제3部에 있다.

按土聲求之疊韻雙聲, 皆非是. 蓋當是从土, 取土爲水牡之意. 或曰 土當作士, 士者, 夫也. 之韻・尤韻合音冣近. 从士則爲會意兼形聲. 莫厚切. 古音在三部.

## 03-019-0694 犅(犅)〔수소/강〕補

'수컷 소'이다. 牛를 따르고 岡(강)이 소리이다.

特也.① 从牛, 岡聲.②

① 今本에는 〈'特也'가〉 '特牛也'로 되어 있는데, ≪詩經正義≫[11]에 의거하여 바로잡았다. ≪春秋公羊傳≫ 文公 13년에 "魯나라에서 周公에게 제사를 지내는데, 어떤 소를 희생으로 삼았는가. 周公은 흰 수소〔白牡〕를 쓰고, 魯公은 붉은 수소〔騂犅〕를 쓰고, 여러 公은 순색〔純色〕의 소를 쓰지 않았다."라고 하였는데, 何休 注에 "붉은 수소〔騂犅〕는 등마루가 붉은 것이다."라고 하였다.

살펴보건대, ≪說文≫에서 '岡'을 '산마루〔山脊〕'라고 풀이하였기 때문에 何休가 '犅'을 '소의 등마루〔牛脊〕'라고 말한 것이다. 다만 ≪毛詩≫에는 〈犅이〉 바로 剛으로 되어 있다. 許愼이 犅을 해설할 때 特과 같다고 한 것은 何休와 다르다.

今本作'特牛也', 依詩正義訂. 公羊傳曰, "魯祭周公, 何以爲牲. 周公用白牡, 魯公用騂犅, 羣公不毛." 何休云 "騂犅, 赤脊." 按說文岡訓山脊, 故何謂犅爲牛脊. 但毛詩祇作剛. 許說犅同特, 與何異.

② 또한 '剛의 생략형을 따랐다'고 말할 수 있다. 會意이다. 古와 郞의 반절이다. 제10部

---

양에 갔다.〔戊午帝如洛陽〕"에 대한 裵松之 注에 "≪魏略≫에 漢나라는 火德에 해당한다. 火는 水를 꺼리기 때문에 '洛'자에서 水(氵)를 없애고 隹를 더하여, 雒으로 고쳤다. 魏나라는 五行의 位次에서 土에 해당한다. 土는 水의 수컷이다. 水는 土를 얻어야 흘러가고 土는 水를 만나야 부드러워진다. 그러므로 隹를 없애고 水를 더하여 '雒'자를 洛으로 바꾸었다. 〔魏略曰 漢火行也 火忌水 故洛去水 而加隹 魏於行次爲土 土 水之牡也 水得土而流 土得水而柔 故除隹加水變雒爲洛〕"라고 하였다.

10) 之韻과……때문이다 : 王國維(1877~1927)의 ≪觀堂集林≫ 권6에 "古音인 士는 之部에 있고 牡는 尤部에 있다. 之・尤 두 部는 音이 가장 서로 가깝다. 牡가 士聲을 따르니, 형성 겸 회의이다. 士(사)는 남자의 칭호이다.〔古音士在之部 牡在尤部 之尤二部 音最相近 牡从士聲 形聲兼會意也 士者 男子之稱〕"라는 말이 보인다.

11) 詩經正義 : ≪詩經≫ 〈魯頌 閟宮〉의 "周公의 犧牲인 흰 황소와 魯公의 희생인 붉은 황소〔白牡騂剛〕"에 대해 "≪說文≫에 '犅은 수소이다.'라고 하였다.〔說文云 犅 特也〕"라고 하였다.

에 있다.
亦可云从剛省. 會意. 古郎切. 十部.

## 03-019-0695 (特)〔수소/특〕補

'수컷 소'이다. 牛를 따르고 寺(시)가 소리이다.

**特牛也.**① **从牛, 寺聲.**②

① 徐鉉本에 "朴特은 '수소'이다."라고 하였다. 살펴보건대, ≪楚辭≫ 〈天問〉에 "어떻게 저 큰 소〔朴牛〕를 얻었을까."라고 하였는데, 洪興祖는 ≪楚辭補注≫에서 ≪說文≫을 인용하여 "特牛는 '수소'이다."라고 하였으니, 朴特을 말한 것이 모두 徐鍇本과 다르다.
대체로 '朴特'을 말한 것은 바로 ≪說文≫에 注를 낸 사람의 말인데, 徐鉉本에서 고쳐 위로 옮겨놓았을 뿐이다. 王逸과 張揖은 모두 "朴은 '큰 것'이다."라고 하였다. ≪玉篇≫에서는 樸을 '수소'라고 풀이하였다. ≪廣韻≫에서는 樸을 '거세하지 않은 소'라고 풀이하였다. 이는 옛날에 朴特이란 말이 있었기 때문에 樸자를 만든 것이다.
特은 본래 牡(수컷)으로 풀이하였는데, 陽數는 홀수이니, 引伸하여 대체로 單獨(단 하나)이란 말로 쓰인다. 一이 一과 합쳐지면 짝수가 되기 때문에, ≪詩經≫ 〈鄘風 柏舟〉에 "실로 나의 짝이니〔實維我特〕"라고 하였고, ≪詩經≫ 〈小雅 我行其野〉에 "그대의 새 짝을 찾는다〔求爾新特〕"라고 하였는데, 毛亨 傳에 "特은 '짝〔匹〕'이다."라고 하였다.
鉉本云 "朴特, 牛父也." 按天問"焉得夫朴牛." 洪氏引說文"特牛, 牛父也." 言其朴特, 皆與鍇本異. 蓋言其朴特, 乃注說文者語, 鉉本改竄上移耳. 王逸·張揖皆云 "朴, 大也." 玉篇樸訓特牛. 廣韻樸訓牛未劇. 此因古有朴特之語而製樸字. 特本訓牡, 陽數奇, 引伸之爲凡單獨之偁. 一與一爲耦, 故"實維我特", "求爾新特", 毛云 "特, 匹也."

② 徒와 得의 반절이다. 제1部에 있다. 〈特은〉 또한 犆으로도 쓴다.[12)]
徒得切. 一部. 亦作犆.

## 03-019-0696 (牝)〔가축 암컷/빈〕補

'가축의 암컷'이다. 牛를 따르고 匕(비)가 소리이다. ≪周易≫ **離卦**에 "암소〔牝牛〕를 기르는 것이 길하다."라고 하였다.

**畜母也. 从牛, 匕聲.**① **易曰, "畜牝牛, 吉."**②

12) 犆으로도 쓴다 : ≪玉篇≫ 牛部에 "犆은 特과 같다.〔犆同特〕"라고 하였다.

① 毗와 忍의 반절이다. 古音은 제15部에 있다. 經典의 옛날 音에서 대부분 "扶와 死의 반절이다."라고 한 것이 이것(匕)이다.
毗忍切. 古音在十五部. 經典舊音多云 "扶死反." 是也.

② ≪周易≫ 離卦의 말이다. 牝은 대체로 '짐승의 암컷'이란 칭호로 쓰이는데, 암소〔牝牛〕가 가장 길하기 때문에 글자가 牛를 따르는 것이다. 살펴보건대, 徐鍇本에 '牝'자의 표제자가 없는데 이는 스스로 빼버린 것이고, 麀(우)자의 해설에 "牝의 생략형을 따랐다."라고 하였으니, '牝'자가 없는 것이 아니다.
離卦辭也. 牝爲凡畜母之偁, 而牝牛取吉, 故其字从牛也. 按鍇本無牝篆, 自是奪去耳. 麀字下曰, "从牝省." 則非無牝字也.

## 03-019-0697  (犢)〔송아지/독〕

'송아지'이다. 牛를 따랐고, 賣(육)이 소리이다.

**牛子也.**① **从牛, 賣聲.**②

① ≪爾雅≫ 〈釋畜〉에 보인다.[13]
見釋畜.
② 徒와 谷의 반절이다. 제3部에 있다.
徒谷切. 三部.

## 03-019-0698  (犻)〔두 살 된 소/패〕

'두 살 된 소'이다. 牛를 따르고 朩(빈·배)가 소리이다.

**二歲牛.**① **从牛, 朩聲.**②

① 犻자는 ≪爾雅≫ 〈釋畜〉에 보이는데, "소의 몸체가 장대한 것이다."라고 하였다.[14] 許愼은 "두 살 된 소이다."라고 하였다. 살펴보건대, 犙(삼)자는 參을 따랐기 때문에 '세 살 된 소'라 하고, 牭(사)자는 四를 따랐기 때문에 '네 살 된 소'라고 한다. 그렇다면 '𤚩(사)'자는 貳를 따랐으니 '두 살 된 소'라고 해야 할 것이다. 그런데 〈許愼은〉 "𤚩는

13) 爾雅……보인다 : ≪爾雅≫ 〈釋畜〉에 "소의 새끼가 '犢'이다.〔其子 犢〕"라고 하였다.

14) 犻자는……하였다 : ≪爾雅≫ 〈釋畜〉에 "몸체가 장대한 것이 '牬(패)'이다.〔體長 牬〕"라고 하였다. 여기에는 犻자가 '牬'자로 되어 있고, ≪五經文字≫에서 인용한 ≪爾雅≫에는 𤘽(두 살 된 소/패)로 되어 있다.

'牭'자의 籒文이다."라고 하였다.[15] 二와 四는 이미 숫자가 같지 않고, 또 四의 籒文은 亖로 되어 있으니, 牭의 籒文은 '⿰牛亖'가 되어야 한다. 대체로 이렇게 어그러지게 된 것은 옮겨 적는 과정에서 빠뜨려서 잘못된 것이다.

예컨대 鼎部의 鼏(경)과 鼏(멱), 馬部의 驀(여)와 䮾(악), 衣部의 袗(진)과 袀(균)은 지금 모두 그중에 한 글자를 빠뜨렸으니,[16] 〈이것이〉 그 명확한 증거이다. 마땅히 글자를 바꾸어 "犺는 '소의 몸체가 장대한 것'이다. ⿰牛貳는 '두 살 된 소'이다. 犙은 '세 살 된 소'이다. 牭는 '네 살 된 소'이다. ⿰牛亖는 '牭의 籒文'이다."라고 한다면, 읽을 만 할 것이다. 그러나 증거 없이 멋대로 할 수 있는 것은 아니다.

犺字見爾雅釋畜, "牛體長也". 許君則曰, "二歲牛." 按犙字从參, 故爲三歲牛, 牭字从四, 故爲四歲牛. 則⿰牛貳字从貳, 當爲二歲牛矣. 而謂"⿰牛貳爲籒文牭字. 二・四旣不同數, 且四之籒文作亖, 則牭之籒文當作⿰牛亖. 凡此乖剌, 當由轉寫脫繆. 如鼎部鼏・鼏, 馬部驀・䮾, 衣部袗・袀, 今皆奪其一, 其明證也. 宜易之曰 犺, 牛體長也. ⿰牛貳, 二歲牛. 犙, 三歲牛. 牭. 四歲牛. ⿰牛亖, 籒文牭, 則可讀矣. 而非可無徵專輒也.

② 博과 蓋의 반절이다. 제15部에 있다.
博蓋切. 十五部.

## 03-019-0699  (犙) 〔세 살 된 소/**삼**〕

'세 살 된 소'이다. 牛를 따르고 參(삼)이 소리이다.

**三歲牛. 从牛, 參聲.** ①

① 穌와 含의 반절이다. 古音은 제7部에 있다.
穌含切. 古音在七部.

## 03-019-0700  (牭) 〔네 살 된 소/**사**〕【重文 1】

'네 살 된 소'이다. 牛・四를 따랐으며, 四(사)는 또한 소리이다. ⿰牛貳(⿰牛貳)는 牭의 籒文이니, 貳를 따랐다.

**四歲牛. 从牛四, 四亦聲.** ① ⿰牛貳, **籒文牭从貳.** ②

---

15) ⿰牛貳는……하였다 : '牭'자(03-019-0700)의 해설을 참조.

16) 鼎部의……빠뜨렸으니 : 이들은 각각 1畫씩 차이가 나는 글자들인데 획이 적은 글자는 많은 글자에서 1획을 빠뜨렸다는 설명이다.

① 息과 利의 반절이다. 제15部에 있다.
息利切. 十五部.

② 살펴보건대, 徐鍇本에는 이 뒤에 '仁至反' 세 글자가 있는데, 〈이는〉 13편 '二'자의 反切語와 같다. 실재로 朱翺는 '𤚍는 '牭'자이다.'라고 말하지 않고, '𤚍'는 바로 '두 살 된 소를 뜻하는 正字이다.'라고 말하였다. 아마도 徐鍇本은 본래 잘못이 없는데, 後人이 徐鉉本을 써서 고칠 때 朱翺의 반절음[17]을 삭제하지 않은 듯하다. ≪龍龕手鑑≫[18]은 ≪玉篇≫을 인용하여 直과 利의 반절이라고 하였다. ≪玉篇≫을 지은 顧野王[19]도 〈𤚍는〉 '牭의 籒文이다.'라고 말하지 않았다.
按鍇本此下有'仁至反'三字, 與十三篇二字反語同. 是朱翺不謂𤚍卽牭字, 而謂𤚍乃二歲牛之正字也. 疑鍇本本不誤, 後人用鉉本改之, 未刪朱氏切音耳. 龍龕手鑑引玉篇直利反. 顧野王亦不云籒文牭.

## 03-019-0701  (犗) 〔거세한 소/개〕

'거세한 소'이다. 牛를 따르고 害(해)가 소리이다.

騬牛也.① 从牛, 害聲.②

① 馬部에 "騬(승)은 '거세한 말'이다."라고 하였는데, 지금의 '騸馬(거세한 말/선마)'를 이른다.
馬部曰, "騬, 犗馬也." 謂今之騸馬.

② 古와 拜의 반절이다. 제15部에 있다.
古拜切. 十五部.

## 03-019-0702 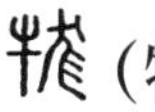 (牻) 〔얼룩소/방〕

'흰색과 검은색의 털이 섞여 있는 소'이다. 牛를 따르고 尨(방)이 소리이다.

白黑襍毛牛.① 从牛, 尨聲.②

---

17) 朱翺의 반절음 : 徐鍇本, 즉 徐鍇가 지은 ≪說文解字繫傳≫에 朱翺의 反切이 수록되어 있기 때문에 '朱翺의 반절음'을 거론한 것이다. 朱翺는 五代 때 사람으로, 南唐에서 벼슬하여 秘書省校書郎을 지냈다.

18) 龍龕手鑑 : 遼나라 승려 行均이 편찬한 字典으로, 모두 4권이다. ≪說文解字≫, ≪玉篇≫ 등에서 26,430여자의 한자를 뽑아 부수에 따라 분류하였다. ≪龍龕手鏡≫이라고도 한다.

19) 顧野王 : 519~581. 南朝 梁・陳나라 때의 경학자이다. 字는 希馮이다. 文字와 詁訓에 정통하여 고금문자의 형체와 훈고를 고증한 ≪玉篇≫을 찬술하였다.(≪陳書≫ 〈顧野王列傳〉)

① 옛날에는 '잡색으로 순수하지 않은 것'을 '尨'이라고 하였는데, 또한 '駹'으로도 쓴다. 古文에서는 가차하여 〈'얼룩얼룩하다'는 뜻의 글자를〉 '龍'으로 쓰는데, 또한 '蒙'으로도 쓴다. ≪周易≫ 〈說卦傳〉, ≪毛詩≫ 〈小戎〉, ≪周禮≫의 〈地官 牧人〉·〈春官 巾車〉·〈考工記 玉人〉에서 모두 증명할 수 있다.[20] 牻의 뜻을 '흰색과 검은색의 털이 섞여 있는 것'이라고 하였으니, 그렇다면 대체로 '잡색으로서 순색이 아닌 것'을 말할 때도 '牻'자를 쓸 수 있는 것이다.
古謂襍色不純爲尨, 亦作駹. 古文假作龍, 亦作蒙. 周易說卦傳·毛詩小戎·周禮牧人巾車玉人, 皆可證也. 牻訓爲白黑襍毛, 然則凡謂襍色不純, 亦可用牻字.

② 이는 形聲으로서 會意를 포함하고 있다. 莫와 江의 반절이다. 古音은 제9部에 있다.
此以形聲包會意. 莫江切. 古音在九部.

## 03-019-0703 犆 (犆)〔얼룩소/량〕

'얼룩소'이다. 牛를 따르고 京(경)이 소리이다. ≪春秋左氏傳≫에 "牻椋(얼룩소/방량)"이라고 하였다.

**牻牛也. 从牛, 京聲.**① **春秋傳曰**, "牻椋."②

① 呂와 張의 반절이다. 제10部에 있다.
呂張切. 十部.

② ≪春秋左氏傳≫ 閔公 2년 조에는 본래 '尨·涼'으로 되어 있다. 대체로 許愼이 이를 인용하여 이 두 글자가 尨(얼룩/방)을 따르고 京을 따른다는 사실을 증명한 것이다. 京은 涼(얼룩/량)의 생략형이다. 牻과 椋이 같은 뜻을 가진 것은 것은 尨과 涼이 같은 뜻을 가진 이치와 서로 비슷한 경우이다. 옮겨 적을 때 잘못하여 "春秋傳曰牻椋"이라고 한

---

20) 周易……있다 : ≪周易≫ 〈說卦傳〉에 "震은 雷가 되고, 龍이 된다.〔震爲雷 爲龍〕"에 대한 釋文에 "爲龍의 龍은 如字이다. 虞翻과 干寶는 '駹'으로 썼다. 虞翻은 '푸른색〔蒼色〕'이라 하였고, 干寶는 '雜色'이라고 하였다.〔爲龍 如字 虞干作駹 虞云倉色 干云 雜色〕"라고 하였다. ≪周易≫ 〈說卦傳〉에 "駹은 蒼色이다. 震은 東方이기 때문에 '駹'이라 한다. 옛날에는 龍으로 읽었다.〔駹 蒼色 震東方 故爲駹 舊讀作龍〕"라 하고, 또 "鄭康成(鄭玄)이 '龍은 尨과 같이 읽는다. 해가 뜰 때의 색깔이 섞여 있는 뜻을 취하였다.'라고 하였다.〔鄭康成曰 龍讀爲尨 取日出時色雜也〕"라고 하였다. ≪周禮≫ 〈牧人〉의 "尨을 쓰는 것이 좋다.〔用尨可也〕"에 대한 鄭玄 注에 "尨은 龍이 되어야 한다. 杜子春이 '龍은 「尨」으로 써야 한다. 尨은 잡색으로 순수하지 않은 것을 이른다.'라고 하였다.〔尨作龍 杜子春云……龍當爲尨 尨謂雜色不純〕"라고 하였다. ≪周禮≫ 〈巾車〉의 "龍勒"에 대한 鄭玄 注에 "龍 駹也"라 하였고, ≪周禮≫ 〈玉人〉의 "上公은 龍을 쓴다.〔上公用龍〕"에 대한 鄭玄 注에 "鄭司農(鄭衆)이 '……龍은 尨이 되어야 한다. 尨은 雜色을 이른다.'라고 하였다.〔鄭司農云……龍當爲尨 尨謂雜色〕"라고 하였다.

것이니, 뜻이 전혀 통하지 않는다.
閔二年傳, 本作尨涼. 蓋許引之證此二字所以从尨从京也. 京者, 涼之省也. 牻・犅同義, 如尨・涼一理相似. 傳寫誤爲"春秋傳曰牻犅", 殊不可通.

## 03-019-0704 (犡) 〔등이 흰 소/려〕

'등이 흰 소'이다. 牛를 따르고 厲(려)가 소리이다.

**牛白脊也. 从牛, 厲聲.**①

① 洛과 帶의 반절이다. 제15部에 있다.
洛帶切. 十五部.

## 03-019-0705 (犊) 〔호랑이 무늬 누렁소/도〕

'호랑이 무늬가 있는 누렁소'이다. 牛를 따르고 余(도)가 소리이다. 塗(도)와 같이 읽는다.

**黃牛虎文. 从牛, 余聲. 讀若塗.**①

① 塗는 涂(도)가 되어야 한다. 同과 都의 반절이다. 제5部에 있다.
塗當作涂. 同都切. 五部.

## 03-019-0706 (犖) 〔얼룩소/락〕

'얼룩소'이다. 牛를 따르고 勞의 생략형이 소리이다.

**駁牛也.**① **从牛, 勞省聲.**②

① 말의 색깔이 순수하지 않은 것을 駁(박)이라 한다. 駁과 犖은 韻部가 같고 疊韻 관계이다. ≪廣雅≫ 牛屬의 "郭犫(곽구)"와 '丁犖"을 桓譚[21]의 ≪新論≫에는 "郭椒(좋은 소/곽초)"와 "丁櫟(좋은 소/정력)"이라고 하였다. 犫와 椒, 犖과 櫟은 모두 韻이 같다.
馬色不純曰駁. 駁・犖同部疊韻. 廣雅牛屬"郭犫"・"丁犖", 桓譚新論作"郭椒"・"丁櫟". 犫・

---

21) 桓譚 : B.C. 24~A.D. 56. 後漢의 사상가로 자는 君山이다. 五經에 밝았고 古學을 좋아하여 劉歆과 楊雄에게서 배웠다. 저서로 ≪新論≫ 29편이 있으나 현재 전하지 않는다.

椒, 犖・櫟, 皆同韻也.

② 呂와 角의 반절이다. 古音은 遼(료)와 같이 읽는다. 제2部에 있다. ≪史記≫ 〈天官書〉에 "이러한 일들은 〈天象의 드러남이〉 犖犖하면서 큰 이변들이다."의 '犖犖'은 '드물고 매우 적은 것'을 이른다.[22] 또한 '매우 뛰어나다〔卓犖〕', '유별나게 뛰어나다〔超絶〕'의 뜻이다.

呂角切. 古音讀如遼. 在二部. 天官書"此其犖犖大者" 謂寥寥甚少者也. 又卓犖, 超絶也.

## 03-019-0707 𤘽 (㸹) 〔등이 흰 소/**렬**〕

'등이 흰 소'이다. 牛를 따르고 寽(렬)이 소리이다.

**牛白脊也.**① **从牛, 寽聲.**②

① 소가 등만 흰색이라면 이 또한 얼룩소 종류이다. ≪廣韻≫에 "㸹은 ≪字林≫에 나온다."[23]라 하고, ≪說文≫에 나온다고 말하지 않은 것은 어째서인가.

牛惟脊白, 是亦駁屬. 廣韻曰, "㸹, 出字林." 不言出說文, 何也.

② 力과 輟의 반절이다. 제15部에 있다.

力輟切. 十五部.

## 03-019-0708 𤘽 (抨) 〔별 무늬 얼룩소/**평**〕

'별 무늬 얼룩이 있는 소'이다. 牛를 따르고 平(평)이 소리이다.

**牛駁如星.**① **从牛, 平聲.**②

① 얼룩무늬가 점점 늘어선 별과 같은 것이다.

駁文似星點.

② 普와 耕의 반절이다. 제11部에 있다.

普耕切. 十一部.

---

22) 犖犖은……이른다 : 段玉裁의 설명과는 달리, 司馬貞 〈索隱〉에는 "犖犖은 '大事가 분명한 모양'이다.〔犖犖 大事分明也〕"라고 하였다.

23) 㸹은……나온다 : ≪廣韻≫ 入聲 十七 薛韻에 "㸹은 '등이 흰 소'이다. ≪字林≫에 나온다.〔㸹 白牛脊 出字林〕"라고 하였다.

## 03-019-0709  (犥)〔얼룩소/표〕

'흰 색이 드러나는 누런 소'이다. 牛를 따르고 麃(표)가 소리이다.

**牛黃白色.**① 从牛, 麃聲.②

① 흰색이 드러나는 누런 말을 '驃(표)'라고 한다. 票와 麃는 소리가 같다. 그렇다면 犥는 '흰색이 드러나는 누런 소'이다. ≪禮記≫ 〈內則〉에 "새가 깃털 색깔이 바래다."라고 한 것도 흰색이 드러남을 이른 것이다.
黃馬發白色曰驃. 票・麃同聲. 然則犥者, 黃牛發白色也. 內則"鳥皫色." 亦謂發白色.

② 補와 嬌의 반절이다. 제2部에 있다.
補嬌切. 二部.

## 03-019-0710  (犉)〔입술이 검은 누런 소/순・윤〕

'입술이 검은 누런 소'이다. 牛를 따르고 臺(순)이 소리이다. ≪詩經≫ 〈小雅 無羊〉에 "입술이 검은 누런 소〔犉〕가 90마리로다."라고 하였다.

**黃牛黑脣也.**① 从牛, 臺聲.② 詩曰, "九十其犉."③

① ≪爾雅≫ 〈釋畜〉에 "입술이 검은 소가 '犉'이다."라고 하였고, ≪詩經≫ 〈小雅 無羊〉의 毛亨 傳에 "누런 소가 입술이 검은 것을 '犉'이라 한다."라고 하였다.[24] 살펴보건대, ≪爾雅≫에서 '누런 소〔黃牛〕'라고 말하지 않은 것은 소는 황색으로 正色을 삼기 때문이다. 대체로 무슨 색깔인지 말하지 않은 것은 모두 누런 소〔黃牛〕를 이른다.
釋畜云 "黑脣犉." 毛傳云 "黃牛黑脣曰犉." 按爾雅不言黃牛者, 牛以黃爲正色. 凡不言何色, 皆謂黃牛也.

② 如와 勻의 반절이다. 제13部에 있다.
如勻切. 十三部.

③ ≪詩經≫ 〈小雅 無羊〉에 보인다.
見小雅.

---

24) 毛亨……하였다 : ≪詩經≫ 〈小雅 無羊〉의 "九十其犉"에 대한 毛亨 傳과, ≪詩經≫ 〈周頌 良耜〉의 "이 입술이 검은 누런 수컷의 소를 잡으니〔殺時犉牡〕"에 대한 모형 전에서 "黃牛黑脣曰犉"이라 하였다.

## 03-019-0711 (㹊)〔흰 소/악〕

'흰 소'이다. 牛를 따르고 隺(학)이 소리이다.

**白牛也.**① 从牛, 隺聲.②

① 白部에 "皠(학)은 '새 가운데 흰 새'이다."라고 하였는데, 皠은 㹊과 소리도 같고 뜻도 같다.
白部曰, "皠, 鳥之白也." 此同聲同義.

② 五와 角의 반절이다. 古音은 제2部에 있다. 堯(요)와 같이 읽는다.
五角切. 古音在二部. 讀如堯.

## 03-019-0712 (㹔)〔등이 긴 소/강〕

'등이 긴 소'이다. 牛를 따르고 畺(강)이 소리이다.

**牛長脊.**① 从牛, 畺聲.②

① ≪廣韻≫ 下平聲 十 陽韻에 "㹔은 '등이 긴 소'이다. 일설에는 '등이 흰 소'라고 한다.〔一曰 白脊牛〕"라고 하였다. 살펴보건대, '一曰白脊牛' 다섯 글자는 아마도 ≪說文≫에서 나온 듯한데, 지금은 일실되었다.
廣韻 "㹔, 牛長脊. 一曰白脊牛." 按一曰五字, 疑亦出說文, 今佚.

② 居와 良의 반절이다. 제10部에 있다.
居良切. 十部.

## 03-019-0713 (㹎)〔소가 느리게 갈/도〕

'소가 천천히 가다'이다. 牛를 따르고 叜(도)가 소리이다. 滔(매끄러울/도)와 같이 읽는다.

**牛徐行也.**① 从牛. 叜聲. 讀若滔.②

① 민간에서는 '느린 모습〔舒遲〕'을 일러 '㹎㹎'라고 한다.
俗謂舒遲曰, 㹎㹎.

② 土와 刀의 반절이다. 제2部에 있다. 살펴보건대, 舀를 聲符로 하는 글자가 周나라 때

에는 尤部와 幽部에 있었으나, 漢나라 때에는 이미 讀音이 蕭部와 豪部[25]에 들어가 있었다. 그러므로 許愼이 "犪는 滔(도)와 같이 읽는다."라고 한 것이다.

土刀切. 二部. 按舀聲字, 周時在尤·幽部, 漢時已讀入蕭·豪部, 故許云 "犪, 讀若滔也."

## 03-019-0714 犫 (犫) 〔소가 숨 쉬는 소리, 소 이름/주〕

'소가 숨 쉬는 소리'이다. 牛를 따르고 讎(수)가 소리이다. 일설에는 '소의 이름'이라고 한다.

**牛息聲.① 从牛, 讎聲.② 一曰牛名.③**

① 心部에 "息은 '숨쉬다'이다."라고 하였다.
心部曰, "息, 喘也."

② 赤과 周의 반절이다. 제3部에 있다. 살펴보건대, 지금 판본에는 모두 '犨'로 되어 있는데, 雔(수)가 소리이다. 그런데 ≪經典釋文≫과 唐石經에는 '犫'로 되어 있고, ≪玉篇≫과 ≪廣韻≫에는[26] 모두 '犫'로 되어 있고 "犨와 같다."라고 하였다. ≪五經文字≫에 또 "犫가 犨로 되어 있는 것은 잘못이다."라고 하였다.

대체로 唐나라 이전 ≪說文≫을 근거로 한 책들은 言을 따르지 않은 것이 없다. 대체로 形聲은 대부분 會意를 겸한다. 讎가 言을 따르기 때문에 '소가 숨 쉬는 소리'를 뜻하는 글자가 言을 따르는 것이다. 徐鍇本과 徐鉉本에는 모두 잘못되어 있어, 지금 바로잡았다.

赤周切. 三部. 按今本皆作犨, 雔聲. 而經典釋文·唐石經作犫, 玉篇·廣韻皆作犫, 云 "犨同." 五經文字且云 "犫作犨, 訛." 蓋唐以前所據說文無不从言者. 凡形聲多兼會意. 讎从言, 故牛息聲之字从之. 鍇·鉉本, 皆誤也, 今正.

③ 이는 별도의 다른 뜻이다. ≪廣韻≫과 ≪龍龕手鑑≫에 모두 "흰 색의 소이다."라고 하였고 "晉나라 大夫 郤犫이다."라고 하였는데, 무슨 뜻을 취한 것인지 모르겠다. ≪初學記≫에는 '名'이 '鳴'으로 되어 있다.
此別一義. 廣韻·手鑑, 皆云 "白色牛." "晉大夫郤犫." 不知取何義也. 初學記名作鳴.

---

25) 尤部와……豪部 : 〈古十七部諧聲表〉 六書音均表二에는 제1部에 尤聲이 있고 제3部에 幽聲이 있으며, 〈今韻古分十七部表〉 六書音均表一에는 尤와 幽가 제3부에 있고, 蕭와 豪는 제2部에 있다.

26) 玉篇과 廣韻에는 : ≪玉篇≫은 牛部 三百五十八에 있고, ≪廣韻≫은 下平 十八尤에 보인다.

## 03-019-0715 (牟)〔소가 울/**모**〕補

'소가 울다'이다. 牛를 따랐다. (모)는 그 소리가 입에서 나오는 모양을 본떴다.

**牛鳴也. 从牛. , 象其聲气从口出.**[①]

① 이 글자는 合體象形이다. 牟는 芈(양이 울/미)와 〈운다는〉 뜻이 같다. 韓愈의 詩 〈征蜀聯句〉에 "살찐 소를 때리니 소리 내어 울도다."라고 하였고, 柳宗元의 〈牛賦〉에 "소가 소리 내어 우니, 黃鐘(六律 중의 첫 번째임)의 음이 목에 가득하도다."라고 하였다. 莫과 浮의 반절이다. 제3部에 있다.

此合體象形. 與芈同意. 韓愈詩曰, "椎肥牛呼牟." 柳宗元賦曰, "牟然而鳴, 黃鍾滿脰." 莫浮切. 三部.

## 03-019-0716 (犍)〔희생을 기를/**산**〕

'畜犍(휵산)'이니, '희생을 기르다'이다. 牛를 따르고 產(산)이 소리이다.

**畜犍, 畜牲也.**[①] **从牛, 產聲.**[②]

① ≪廣韻≫[27]과 ≪龍龕手鑑≫에 의거하여 바로잡았다. ≪春秋左氏傳≫과 ≪禮記≫ 〈內則〉에 "이름에는 畜牲의 이름을 쓰지 않는다."라고 하였다.[28]

依廣韻·手鑑訂. 左傳·內則, 皆云 "名子不以畜牲."

② 所와 簡의 반절이다. 제14部에 있다.

所簡切. 十四部.

## 03-019-0717 (牲)〔희생으로 쓸 온전한 소/**생**〕補

'〈제사에 쓸 몸체에 흠이 없는〉 온전한 소'이다. 牛를 따르고 生(생)이 소리이다.[29]

---

27) 廣韻 : ≪廣韻≫ 上聲 二十六 產韻에 "犍 畜犍 畜牲"이라고 하였다.

28) 春秋左氏傳……하였다 : ≪春秋左氏傳≫ 桓公 6년에 "不以畜牲"이라고 하였는데, 杜預 注에 "畜牲은 여섯 가지 가축이다.〔畜牲 六畜〕"라고 하였다. ≪禮記≫ 〈內則〉에는 "不以畜牲"이란 구절이 없고, 〈曲禮 上〉의 孔穎達 疏에 보인다.

29) 牛를……소리이다 : ≪六書尋源≫에서는 "이 '牲'자는 산 채로 제사에 올리는 뜻이므로 生을 따랐다.〔此乃生薦之義 故从生也〕"라고 하여, 會意로 설명하고 ≪說文≫의 形聲을 따르지 않았다.

**牛完全也.**① **从牛, 生聲.**②

① 인신하여 대체로 '가축'의 호칭으로 쓴다. ≪周禮≫ 〈天官 庖人〉의 鄭玄 注[30]에 "기르기 시작할 때는 '畜'이라 하고, 장차 〈제사에〉 희생으로 쓸 때는 '牲'이라 한다."라고 하였다. 살펴보건대, ≪春秋左氏傳≫ 成公 7년에 "생쥐가 郊祭에 희생으로 올릴 소의 뿔을 갉아 먹었다."와 같은 경우는 온전한 소가 아니다.

引伸爲凡畜之偁. 周禮庖人注"始養之曰畜, 將用之曰牲." 按如"鼷鼠食郊牛角." 則非完全.

② 所와 庚의 반절이다. 제11部에 있다.

所庚切. 十一部.

## 03-019-0718  (牷) 〔희생으로 쓰는 순색의 소/전〕

'털빛이 순색인 소'이다. ≪周禮≫ 〈地官 牧人〉에 "제사에 희생으로 쓸 순색의 소〔牷牲〕를 바친다."라고 하였다. 牛를 따르고 全(전)이 소리이다.

**牛純色.**① **禮**② **"祭祀牷牲."**③ **从牛, 全聲.**④

① ≪周禮≫ 〈地官 牧人〉의 鄭玄 注[31]에 "鄭衆이 '牷은 「순색」이다.'라고 하였다."라고 하였다. 살펴보건대, ≪周禮≫ 〈地官 牧人〉에 "대체로 四時의 제사에 바치는 희생은 순색의 소를 쓰고, 外祭와 毁事[32]에는 잡색의 소를 쓴다."라고 하여, 잡색〔尨〕과 순색〔牷〕을 상대적으로 거론하였으니, 그렇다면 牷이 순색임을 알 수 있다. 鄭衆이 注에서 牷을 '순색'이라고 풀이하였으므로, 許愼이 이를 근거로 삼은 것이다. 鄭玄은 犧를 "털이 순색이다."라고 하고, 牷을 "몸체가 온전하게 갖추어진 것이다."라고 하였으니,[33] 許愼

---

30) 鄭玄 注 : ≪周禮≫ 〈天官 庖人〉의 "庖人은 六畜·六獸·六禽을 공급하는 것을 관장한다.〔庖人掌共六畜六獸六禽〕"에 대한 鄭玄 注를 가리킨다.

31) 鄭玄 注 : ≪周禮≫ 〈地官 牧人〉의 "牧人은 여섯 가지 희생의 사육을 관장하여, 제사에 희생으로 쓸 순색의 소〔牲牷〕를 공급한다.〔牧人 掌牧六牲而阜蕃其物 以共祭祀之牲牷〕"에 대한 鄭玄 注를 가리킨다.

32) 外祭와 毁事 : ≪周禮≫ 〈地官 牧人〉의 鄭玄 注에 "外祭는 表貉(사냥하거나 출정할 때 표지를 세워서 神에게 제사함/표마)를 하거나 왕이 행차할 때 지나치는 山川에 제사 지내는 일을 이르고……毁는 〈犧牲의 배를〉 가르고 〈몸을〉 쪼개어 제사를 지내 재앙을 제거하는 일을 이른다.〔外祭謂表貉及王行所過山川……毁謂副辜侯禳毁除殃咎之屬〕"라고 하였다.

33) 鄭玄은……하였으니 : ≪周禮≫ 〈地官 牧人〉의 "以共祭祀之牲牷"에 대한 鄭玄 注에 "鄭司農(鄭衆)은 '牷은 「순수한 것」이다.'라고 하였는데, 내 생각에 牷은 몸체가 온전하게 갖추어진 것이다.〔鄭司農云 牷 純也 玄謂牷體完具〕"라고 하였다. 또 같은 곳의 "제사에는 犧牲을 바친다.〔凡祭祀 共其犧牲〕"에 대한 鄭玄 注에 "犧牲은 毛羽가 완전히 갖추어진 것이다.

과 다르다.

牧人注"鄭司農曰 '牷, 純也.'" 按"凡時事之牲用牷物, 凡外祭毁事用尨." 以尨與牷對擧, 則牷爲純色可知也. 大鄭注釋牷爲純也, 爲許所本. 後鄭則訓犧爲"純毛"牷爲"體完具" 與許異.

② 〈'禮'자〉 앞에 '周'자가 빠졌다.

上脫周字.

③ 이는 ≪周禮≫ 〈地官 牧人〉의 "제사에 희생으로 쓸 순색의 소〔牲牷〕를 〈공급한다.〉"는 글을 인용한 것이다. ≪古今韻會擧要≫에 의거하여 보충하였다.

此是引牧人"祭祀之牲牷" 依韻會補.

④ 疾과 緣의 반절이다. 제14部에 있다.

疾緣切. 十四部.

## 03-019-0719 (牽)〔이끌/견〕 補

'당겨서 앞으로 〈끌고〉 가다'이다. 牛를 따르고 冂는 소를 끄는 고삐를 본뜬 것이며 玄(현)이 소리이다.

**引而前也.**① 从牛, **冂象引牛之縻也, 玄聲.**②

① 牽과 引은 疊韻이다. 引伸하여 소를 끄는 기구를 '牽'이라 한다. ≪周禮≫ 〈地官 牛人〉에서 '牽徬'34)이라 한 것이 이것이다. 犧牲 중에 날고기를 '餼', 살아있는 것을 '牽'이라고 한다. 또 '연관되다'는 뜻의 말을 '牽'이라 한다.

牽引疊韻. 引伸之, 輓牛之具曰牽. 牛人牽徬是也. 牲, 腥曰餼, 生曰牽. 又凡聯貫之詈曰牽.

② 苦와 堅의 반절이다. 제12部에 있다.

苦堅切. 十二部.

## 03-019-0720 (牿)〔우리/곡〕

'소와 말의 우리'이다. 牛를 따르고 告(곡)이 소리이다. ≪尙書≫ 〈周書 粊(費)誓〉에 "지금 소와 말을 넣을 우리를 만든다."라고 하였다.

**牛馬牢也.** 从牛, 告聲.① **周書曰, "今惟牿牛馬."**②

① 古와 屋의 반절이다. 제3部에 있다.

---

〔犧牲 毛羽完具也〕"라고 하였다. "犧를 '털이 순색이다.'라고 한 말"은 자세하지 않다.

34) 牽徬 : 짐수레를 끌고 갈 때 앞에 있는 소를 '牽', 옆에 있는 소를 '徬'이라고 한다.

古屋切. 三部.

② ≪尚書≫ 〈周書 粊誓〉에 "지금 우리에 가둔 牛馬를 크게 방목하려고 한다."라고 하였다. 徐鉉・徐鍇本에는 모두 '淫舍' 2자가 없는데, 요즈음 간행본에는 함부로 추가하였다. 이것은 許愼이 우연히 2자를 빠뜨린 것이지 許愼이 의거한 ≪尚書≫에 2자가 없다는 것은 아니다. 우리에 가둔 牛馬를 대거 방목했기 때문에 덫과 함정을 설치하여 우마를 상하게 해서는 안 된다고 명령을 내린 것이다. 만약 牛馬가 우리 속에 있다면 덫과 함정으로 어떻게 상하게 할 수가 있겠는가. ≪周易≫ 大畜卦 六四爻辭에 "僮牛之牿"[35]라고 하였다. 許愼과 九家는 告,[36] 鄭玄은 梏, 劉表・陸績은 角이라고[37] 하였으며 牢(우리/뢰)로 풀이하지 않았다.

粊誓 "今惟淫舍牿牛馬." 大小徐本, 皆無淫舍二字, 今刊本妄增之. 此許偶遺二字, 非必許所據尚書少二字也. 惟大放牿牢之牛馬, 故令無以擭穽傷牛馬. 若牛馬在牢中, 擭穽安得傷之. 周易 "僮牛之牿." 許及九家作告, 鄭作梏, 劉・陸作角, 不訓牢也.

## 03-019-0721  (牢) 〔우리/뢰〕 補

'우리'이다. '소와 말을 기르는 우리'이다. 牛와 冬의 생략형을 따랐다. 사방을 둘러싼 모습을 취하였다.

**閑也.**① **養牛馬圈也.**② **从牛冬省. 取其四周**帀.③

① '也'자는 지금 보충한다.

也字今補.

② ≪周禮≫ 〈地官 充人〉의 鄭玄 注에서 "牢는 '우리'이다. 반드시 우리가 있는 것은 짐승

35) 僮牛之牿 : 〈사람을 들이받지 못하도록〉 사나운 소〔僮牛〕에 橫木을 가로대는 것을 이른다. 여기서는 첫째의 의미로 하였다. 牿은 학자에 따라 '告', 또는 '梏'이라고 한다.

36) 許愼과……告 : ≪經典釋文≫ 〈周易音義〉 〈大畜〉에 나오는 僮牛之牿의 牿에 대하여 "九家에는 '告'라고 되어 있고 說文도 같다.〔九家作告 說文同〕"라고 하였다. 九家는 ≪九家易≫을 말한다. 後漢의 학자인 京房, 馬融, 鄭玄, 宋衷, 虞翻, 陸績, 姚信, 翟子玄, 荀爽 등 9인이 연구한 易說을 말한다. 荀爽이 이들의 易說을 모아 ≪九家易≫ 10권을 만들었다고 한다. ≪荀爽九家集注≫라고도 한다.

37) 劉表……角이라고 : ≪經典釋文≫ 〈周易音義〉 大畜卦에 나오는 僮牛之牿의 '牿'에 대하여 "劉表는 '牿이라는 말은 角이다.'라고 하였고, 陸績은 '牿은 角이 되어야 한다.'라고 하였다.〔劉云牿之言角也 陸云牿當作角〕"라고 하였다. 劉表(142~208)는 後漢의 학자로, 자가 景升이다. 荊州刺史를 역임하였으며, 저서로 ≪周易章句≫ ≪五經章句≫ 등이 있다. 陸績(188~219)은 후한의 학자로, 자가 公紀이다. ≪周易≫에 정통하여 注釋을 남겼고, 저서로 ≪渾天圖≫가 있다.

이 들이받거나 무는 것을 방지하기 위해서이다."라고 하였다. 犧牲을 牢에 묶어두므로 犧牲을 '牢'라고 한다. 예컨대 ≪尙書≫ 〈周書 粊誓〉에서 소와 말을 호칭하여 '牿'이라고 하고, ≪周禮≫에서 犧牲을 호칭하여 '牽'이라고 하는 것과 같다.

充人注曰, "牢, 閑也. 必有閑者, 防禽獸觸齧." 牲繫於牢, 故牲謂之牢, 如粊[38)]誓呼牛馬爲牿, 禮呼牲爲牽也.

③ 古文 冬(𠔚)의 생략형을 따랐다. 冬은 '完固하다'는 뜻을 취하였고, 또 사방을 둘러싼 모습을 취하였다. 인신하여 견고해서 무엇으로도 깨뜨릴 수 없다는 뜻이 되었다. 魯와 刀의 반절이다. 古音은 제3部에 있다.

从古文冬省也. 冬取完固之意, 亦取四周象形. 引伸之爲牢不可破. 魯刀切. 古音在三部.

## 03-019-0722  (犓) 〔소에게 꼴을 먹일/추〕

'우리 속의 소에게 꼴을 먹이다'이다. 牛·芻를 따르고 芻(추)가 또한 소리이다. ≪春秋國語≫[39)]〈楚語〉에 "犓豢이 몇 마리인가."라고 하였다.

**曰芻**莝**養圈牛也.**① **从牛芻, 芻亦聲.**② **春秋國語曰,** "犓豢**幾何.**"③

① 今本에는 莝가 '莖'으로 잘못되어 있고, '圈'자가 탈락되었는데 ≪文選≫ 〈七發〉의 李善 注에 의거하여 바로잡았다. 莝는 '베어 놓은 꼴'이다. ≪孟子≫ 〈告子 上〉의 趙岐 注에서 "풀을 먹여 기르는 〈짐승을〉 '芻', 곡식을 먹여 기르는 〈짐승을〉 '豢'이라고 한다."라고 하였다. ≪國語≫ 〈楚語〉 韋昭 注에서 "풀을 먹는 〈짐승을〉 '芻', 곡식을 먹는 〈짐승을〉 '豢'이라고 한다."라고 하였다. 孫奭의 ≪孟子正義≫ 〈告子 上〉에서 ≪說文≫을 인용하여 "牛馬를 '芻', 犬豕를 '豢'이라고 한다."라고 하였는데, 지금의 ≪說文≫에는 이 말이 없다. 經傳에 보이는 '犓豢'은 지금 모두 '芻豢'으로 되어 있다.

今本莝誤莖, 脫圈字. 依文選注訂. 莝, 斬芻也. 趙岐注孟子曰, "艸生曰芻, 穀養曰豢." 韋注國語曰, "艸食曰芻, 穀食曰豢." 孟子正義引說文"牛馬曰芻, 犬豕曰豢." 今說文無此語. 經傳犓豢字, 今皆作芻豢.

② 測과 愚의 반절이다. 古音은 제4部에 있다.

測愚切. 古音在四部.

③ ≪國語≫ 〈楚語〉에 보인다.

見楚語.

---

38) 粊 : '費'와 통한다.

39) 春秋國語 : 許愼은 ≪國語≫를 ≪春秋國語≫라고 표현하였다.

## 03-019-0723  (犪)〔소 길들일/요〕

'소를 온순하게 하다'이다. 牛를 따르고 夒(노)가 소리이다.

**牛柔謹也.**① 从牛, 夒聲.②

① ≪玉篇≫에 "≪尙書≫ 〈虞書 皐陶謨〉의 '유순하면서 굳세다〔犪而毅〕'라고 할 때의 '犪'자가 이와 같다."라고 하였다. 살펴보건대, 馴擾의 '擾'자는 犪가 되어야 한다. 隷書에는 '犪'로 되어 있다. ≪廣雅≫에 "犪는 '유순하다', '선하다'는 뜻이다."라고 하였다.
王篇曰, "尙書 '犪而毅'字如此." 按凡馴擾字當作此. 隷作犪. 廣雅 "犪, 柔也, 善也."

② 而와 沼의 반절이다. 古音은 제3部에 있다. 살펴보건대, 여기서는 탐욕스런 짐승인 夒(노)를 소리로 하였다. ≪爾雅≫ 〈釋畜〉의 郭璞 注에 "犪牛(몸집이 큰 야생 소/요우)"는 뿔이 있는 夔(전설상의 짐승/기)를 소리로 하였다. 陸德明은 오인하여 夒와 夔를 같은 글자로 여겼다.
而沼切. 古音在三部. 按此以貪獸之夒爲聲. 爾雅注 "犪牛", 以有角之夔爲聲. 陸德明誤爲一字.

## 03-019-0724  (犕)〔말과 소에 안장을 얹힐/비〕

≪周易≫ 〈繫辭傳 下〉에 "소와 말에 안장을 얹고 타다."라고 하였다. 牛를 따르고 葡(비)가 소리이다.

**易曰, "犕牛乘馬."**① 从牛, 葡聲.②

① 이 글자는 革部의 鞁(피)와 뜻이 같다. 鞁는 수레와 馬具를 갖추는 것이다.[40] 그러므로 ≪玉篇≫에 "犕는 '服'이다. 안장을 거마에 얹는 것이다."라고 하였다.
此蓋與革部之鞁同義. 鞁, 車駕具也. 故玉篇云 "犕, 服也. 以鞍裝馬也."

② ≪周易≫ 〈繫辭傳 下〉에는 지금 '犕牛乘馬'의 '犕'자가 '服'으로 되어 있다. 古音 𠬝聲·葡聲은 모두 제1部에 있다. 그러므로 服·犕는 모두 扶와 逼의 반절이다. 車駕牛馬의 '駕'자는 '犕'자가 되어야 한다. 服으로 되어 있는 것은 가차일 따름이다. ≪春秋左氏傳≫ 僖公 24년에 "왕이 鄭나라에 伯服을 사신으로 보내어 滑나라를 공격하지 말라고 요청하였다.[41] ≪史記≫ 〈鄭世家〉에는 伯服이 "伯犕"[42]로 되어 있다. ≪後漢書≫ 〈皇甫嵩

40) 鞁는……것이다 : 원문은 "鞁 車駕具也"인데, 3편 하 革部 '鞁'자에 보인다.

41) 왕이……요청하였다 : 해당 문장의 앞내용은 다음과 같다. "鄭公子士와 洩堵兪彌가 군대를 거느리고 가서 滑나라를 토벌하고자 하였다.〔鄭公子士 洩堵兪彌帥師伐滑〕"라고 하였다.

傳〉에 "義眞(皇甫崇의 字)이 馬具를 갖추지 않으려는가.〔義眞犕未乎〕"라고 하였다. ≪北史≫ 〈陽尼列傳〉에 "魏收가 陽休之를 조롱하면서 義眞이 馬具를 갖추지 않았다.〔義眞服未〕"라고 하였는데, 바로 '服'자로 되어 있다. 이는 犕와 服을 통용하였다는 증거이다. 今韻에 犕는 平과 秘의 반절이다.

穀辭今作服. 古音𠬝聲・葡聲, 同在第一部. 故服・犕, 皆扶逼反. 以車駕牛馬之字當作犕, 作服者假借耳. 左傳"王使伯服如鄭請滑." 史記鄭世家作"伯犕." 後漢書皇甫嵩傳"義眞犕未乎." 北史"魏收嘲陽休之, 義眞服未." 正作服字. 此皆通用之證也. 今韻犕, 平秘切.

## 03-019-0725 犂 (犂)〔밭갈/리・려〕

'밭을 갈다'이다. 牛를 따르고 黎(려)가 소리이다.

**耕也.① 从牛, 黎聲.②**

① ≪山海經≫ 〈海內經〉에서는 "后稷의 손자인 叔均이 처음으로 牛耕을 하였다."라고 하였다. 郭璞 注에 "처음으로 소를 이용하여 밭을 갈았다."라고 하였다. 살펴보건대, 耒部의 '耕'자에서 耕을 '밭갈다〔犂〕'라고 풀이하였다. 이것은 犂・耕 2자가 互訓(轉注)이며, 모두 밭을 가는 농기구를 가리킨다. 지금 사람들이 두 가지로 구별하는 것은 잘못이다.

≪史記≫ 〈仲尼弟子列傳〉에 "冉耕의 자는 伯牛이다. 司馬耕의 자는 子牛이다."라고 하였다. ≪論語≫ 〈顏淵〉에 보이는 "司馬牛"에 대한 孔安國 注에서는 "宋나라의 司馬犁이다."라고 하였다. 이것으로 司馬牛의 이름이 耕, 일명 '犁'임을 증명할 수 있다. 대개 비로소 사람의 힘으로 경작하는 것을 '耕'이라 하고, 소를 이용하여 경작하는 것을 '犁'라고 한다. 그 후에는 교차해서 부르게 되었다.

山海經曰, "后稷之孫曰叔均, 是始作牛耕." 郭傳"始用牛犁也." 按耒部耕訓犂. 是犂・耕二字互訓, 皆謂田器. 今人分別, 誤也. 仲尼弟子列傳 "冉耕, 字伯牛. 司馬耕, 字子牛." 論語 "司馬牛." 孔注曰, "宋司馬犁也." 此可證司馬牛名耕, 一名犁也. 蓋其始人耕者謂之耕, 牛耕者謂之犁. 其後互名之.

② 郎과 奚의 반절이다. 제15部에 있다. 민간에서는 생략하여 犁로도 쓴다. ≪論語≫ 〈雍也〉에 "犁牛(얼룩소/이우)의 새끼"라고 하였다. 皇侃[43] 注에 "犁는 음이 '貍'이다. 貍는 얼룩무늬이다."라고 하였다. 張參[44]이 "犁는 洛과 西의 반절이다. ≪論語≫ 〈雍

42) 伯犕 : 司馬貞의 ≪史記索隱≫에는 "백비는 '백복'이다.〔伯犕 卽伯服也〕"라고 하였다. 백복(?~?)은 春秋時代 周나라 大夫를 이른다.

43) 皇侃 : 488~545. 南朝 梁나라의 학자이다. 저서로 ≪論語義疏≫가 있다.

也〉에서 貍를 가차하여 力와 之의 반절이다."라고 하였다. 張參은 犂가 貍를 가차하여 얼룩무늬가 되었다고 말한 것이다. 犂와 貍는 부수는 다르지만 서로 가차하니, ≪爾雅≫ 〈釋畜〉에서 騋牝(키 큰 암말/래빈)을 풀이하여 '驪牝(여빈)'이라고 한 것과 같다.

郎奚切. 十五部. 俗省作犂. 論語"犂牛之子." 皇注"犂音貍, 貍, 襍文也." 張參曰, "犂, 洛西反. 論語借以爲力之反." 張謂借犂爲貍文也. 犂貍異部而相借, 如爾雅釋騋牝爲驪牝.

## 03-019-0726 犕 (犕)〔양쪽에서 밭갈, 땅 갈아 씨 뿌릴/비〕

'양쪽에서 밭을 갈다'이다. 牛를 따르고 非(비)가 소리이다. 일설에는 '땅을 갈아 씨를 뿌리다'라고 한다. 匪(비)와 같이 읽는다.

**兩壁耕也.**① **从牛, 非聲.**② **一曰覆耕穜也.**③ **讀若匪**④

① 壁은 辟이 되어야 한다. 辟은 '곁〔旁側〕'이라는 말이다. ≪春秋左氏傳≫ 莊公 21년에 "鄭伯이 闕[45]의 서쪽에서 왕을 접대하였다."라고 하였는데, 服虔이 "西辟은 '서쪽〔西偏〕'이다."라고 하였다. 兩辟耕은 같은 논에서 소 두 마리로 밭을 갈 때 한 마리는 동쪽으로 가고 한 마리는 서쪽에서 오는 것을 의미한다. 여기의 '耕'자는 사람과 소를 기준으로 말하였으니, ≪說文≫ 木部의 '楎'자에서 "여섯 갈래 쟁기〔六叉犂〕"라고 하면서 농기구를 기준으로 말한 것과는 다르다.

壁當作辟. 辟是旁側之語. 莊廿一年左傳 "鄭伯享王于闕西辟." 服虔云 "西辟, 西偏也." 兩辟耕謂一田中兩牛耕, 一从東往, 一从西來也. 此耕字自人牛言之, 與木部"六(叉)〔叉〕[46] 犂"自器言之不同.

② 이 글자는 形聲이면서 會意를 포함한다. 非部의 '非'자에 대해 "非는 '飛'자 아래의 날개를 따랐다. 서로 등지고 있는 모양을 취하였다."라고 하였다. 非와 尾의 반절이다. 제15部에 있다. ≪廣韻≫에는 去聲에 배치했다.

此形聲包會意. 非"从飛下翄. 取其相背." 非尾切. 十五部. 廣韻入去聲.

③ 이것은 별도의 다른 뜻이지만 듣지 못하였다.

此別一義, 未聞.

---

44) 張參 : ?~?. 唐나라의 학자이다. 저서로 ≪五經文字≫가 있다.

45) 闕 : 궁궐 바깥에 높이 솟은 건축물이다. '觀'・'象魏'라고도 한다.

46) (叉)〔叉〕: 저본에는 叉로 되어 있으나, ≪說文≫ 木部 '楎'자에 "六叉犂"라고 된 것에 의거하여 '叉'로 바로잡았다.

## 03-019-0727  (𤛓) 〔새끼를 못 낳는 소와 양/**도**〕

'새끼를 낳지 못하는 소와 양'이다. 牛를 따르고 𠷎(수)가 소리이다. 糗糧(구량)의 糗(구)와 같이 읽는다.

**牛羊無子也. 从牛, 𠷎聲. 讀若糗糧之糗.**①

① 糗糧(마른 양식/구량)은 ≪尙書≫ 〈周書 費誓〉에 보인다. 徒와 刀의 반절이다. 古音은 제3部에 있다.
糗糧見粊誓. 徒刀切. 古音在三部.

## 03-019-0728  (牴) 〔부딪칠/**저**〕

'부딪치다'이다. 牛를 따르고 氐(저)가 소리이다.

**觸也.**① **从牛, 氐聲.**②

① ≪說文≫ 角部의 '觸'자에서 "觸은 '牴'이다."라고 하였다. 또한 '抵'·'觝'로도 쓴다.
角部曰, "觸, 牴也." 亦作抵觝.

② 都와 禮의 반절이다. 제15部에 있다.
都禮切. 十五部.

## 03-019-0729  (㸤) 〔소가 발로 밟을/**위**〕

'소가 발로 밟다'이다. 牛를 따르고 衛(위)가 소리이다.

**牛踶㸤也.**① **从牛, 衛聲.**②

① ≪廣韻≫에 "踶㸤(제위)는 '소가 발을 뻗는 것'이다."라고 하였다. 살펴보건대, 展足 2자는 곧 '蹍'자의 오자이다. 蹍은 跈(밟을/전)과 같다. 足部의 '踶'자에서 "踶는 '躗'이다."라고 하였다. 㸤와 躗는 互訓이다. 踶㸤는 '踐蹋(천답)'과 같다.
廣韻曰, "踶㸤, 牛展足." 按展足二字, 乃蹍字之誤. 蹍同跈. 足部曰, "踶者, 躗也." 㸤與躗互訓. 踶㸤猶踐蹋也.

② 于와 歲의 반절이다. 제15部에 있다.
于歲切. 十五部.

## 03-019-0730 (掔)〔소 끌리지 않을, 큰 모습/견〕

'소가 사나워 끌어도 따라오지 않다'이다. 牛·臤을 따랐다. 臤(간)이 또한 소리이다. 일설에는 '큰 모습'이라고 한다. 賢(현)과 같이 읽는다.

**牛很不从牽也. 从牛臤.**① **臤亦聲.**② **一曰大皃.**③ **讀若賢.**

① 臤은 堅이다. 그러므로 牛·臤를 따랐다. 會意이다.
臤者, 堅也. 故从牛臤, 會意.
② 喫과 善의 반절이다. 古音은 제12部에 있다.
喫善切. 古音在十二部.
③ 별도의 다른 뜻이다.
別一義.

## 03-019-0731 (牼)〔소 무릎 아래 뼈/경〕

'소 무릎 아래 뼈'이다. 牛를 따르고 巠(경)이 소리이다. ≪春秋左氏傳≫ 哀公 14년에 "宋나라 司馬牼의 字는 '牛'이다."라고 하였다.

**牛厀下骨也.**① **从牛, 巠聲.**② **春秋傳"宋司馬牼字牛."**③

① '소 정강이'이다. 脛은 骹(정강이/교)이다.
牛脛也. 脛者, 骹也.
② 口와 莖의 반절이다. 제11部에 있다.
口莖切. 十一部.
③ 살펴보건대, ≪史記≫ 〈仲尼弟子列傳〉에 "宋나라 司馬耕의 字는 '子牛'이다."라고 하였다. ≪春秋左氏傳≫ 哀公 14년에 司馬牛를 두 번 썼지만 그 이름을 일컫지 않았다. 許愼이 말한 "司馬牼"은 아마도 "司馬耕"이 아니겠는가. 이외에도 昭公 20년·21년에도 宋나라에 "華牼"이 있다고 하였고, ≪孟子≫ 〈告子 下〉에 "宋牼"이라고 적혀 있지만, 그 字를 전하지 않았다.
按仲尼弟子列傳 "宋司馬耕字〔子〕[47]牛." 左傳哀十四年, 兩書司馬牛, 不偁其名. 許云 "司馬牼", 豈卽"司馬耕與". 外此昭廿年·廿一年宋有"華牼", 孟子書有"宋牼", 皆不傳其字.

---

47)〔子〕: 저본에는 '子'가 없으나, 裵駰(南朝 宋)의 ≪史記集解≫에 의거하여 보충하였다.

## 03-019-0732 䞅 (牸)〔소 혓 병/금〕

'소 혀에 생긴 병'이다. 牛를 따르고 今(금)이 소리이다.

**牛舌病也.**① 从牛, **今聲.**②

① ≪廣韻≫에는 "소 혀 아래 병이다."라고 하였다. 혀에 병이 생기면 입을 다물고 소리를 내지 못한다. 또한 𦧄으로도 쓴다.
廣韻作 "牛舌下病." 舌病則噤閉不成聲, 亦作𦧄.

② 巨와 禁의 반절이다. 제7部에 있다.
巨禁切. 七部.

## 03-019-0733 犀 (犀)〔변방 밖 소/서〕 補

'변방에 있는 소'이다. 뿔 하나는 코에 있고, 뿔 하나는 정수리에 있다. 돼지와 비슷하다. 牛를 따르고 尾(미)가 소리이다.

徼**外牛.**① **一角在鼻, 一角在頂.**② 佀豕.③ 从牛, **尾聲.**④

① 各本에는 〈徼外 앞에〉 '南'자가 있지만 지금은 ≪古今韻會擧要≫에 의거하였다. ≪國語≫ 〈楚語〉에 "巴지역과 浦지역의 犀(무소/서)·犛(검정소/리)·兕(외뿔소/시)·象(코끼리/상)의 〈뿔과 象牙를〉 모두 〈장신구로〉 만들어 쓸 수 있을 것입니다."라고 하였다. ≪後漢書≫ 〈章帝紀〉에 "蠻夷에서 生犀(살아 있는 무소/생서)와 白雉(흰 꿩/백치)를 헌납했다."라고 하였다.
各本有南字, 今依韻會. 楚語曰, "巴浦之犀·犛·兕·象, 其可盡乎." 後漢章帝紀"蠻夷獻生犀·白雉."

② ≪爾雅≫ 〈釋獸〉, ≪山海經≫ 〈南山經〉의 郭璞 注와 劉欣期[48]의 ≪交州記≫에는 모두 "뿔이 3개가 있는데, 하나는 정수리 위에 있고, 하나는 이마 위에 있으며, 하나는 코 위에 있다. 코 위에 있는 뿔은 짧고 작다."라고 하였다.
　살펴보건대, ≪國語≫ 〈鄭語〉에 "角犀는 〈이마가 튀어나온 모습을 이르고,〉 豐盈은 〈아래턱이 풍만한 모습이다.〉"라고 하였다. ≪孟子≫ 〈盡心 下〉 趙岐 注에 "이마의 튀어나온 부분을 땅에 닿도록 숙인다."라고 하였다. ≪戰國策≫ 〈中山策〉에 "眉目·準頞(콧마루/준알)·權衡(양뺨과 눈썹/권형)·犀角(툭 튀어나온 이마/서각)·偃月(반달 같은 모습/언월)"이라고 하였다. 이것은 모두 코에서 정수리까지 풍만한 것을 말하는데, 예컨

48) 劉欣期 : ?～?. 晉의 학자이다. 저서로 ≪交州記≫가 있다.

대 觀相書에 "伏犀骨이 튀어나와 정수리가 튀어나왔다."라고 하였다.

爾雅・山海經郭注, 劉欣期交州記, 皆云 "有三角, 一在頂上, 一在額上, 一在鼻上, 鼻上角短小." 按(晉)〔鄭〕[49]語 "角犀豐盈." 孟子注 "額角犀厥地." 戰國策"眉目・準頞・權衡・犀角・偃月." 此皆謂人自鼻至頂豐滿, 如相書所云 "伏犀貫頂也."

③ ≪爾雅≫ 〈釋獸〉에 보인다. 劉欣期가 ≪交州記≫에서 "털은 돼지와 같고 머리는 말과 같다."라고 하였고, ≪山海經≫ 〈南山經〉의 郭璞 注에서 "생긴 것은 물소와 비슷하고 머리는 돼지와 같다."라고 하였다. 설명이 각각 다르다.

見釋獸. 劉欣期云 "其毛如豕, 頭如馬." 郭璞云 "形似水牛, 豬頭." 說各不同也.

④ 先과 稽의 반절이다. 제15部에 있다.

先稽切. 十五部.

## 03-019-0734  (牣) 〔가득할/인〕

'牣은 가득하다'이다. 牛를 따르고 刃(인)이 소리이다. ≪詩經≫ 〈大雅 靈臺〉에 "아, 물고기가 가득히 뛰노는구나."라고 하였다.

牣.① **滿也.**② **从牛, 刃聲.**③ **詩曰, "於牣魚躍."**④

① 중복되는 글자인데 다 산삭하지 못한 것이다.

此複字刪之未盡者.

② ≪詩經≫ 〈大雅 靈臺〉의 毛亨 傳에 보인다.

見大雅毛傳.

③ 而와 震의 반절이다. 古音은 제13部에 있다.

而震切. 古音在十三部.

④ 於(오)는 如字[50]이다.

於如字.

## 03-019-0735  (物) 〔만물/물〕 補

'**萬物**'이다. 소는 큰 동물이다. 天地의 수는 牽牛에서 시작된다. 그러므로 牛를 따르고 勿(물)이 소리이다.[51]

---

49) (晉)〔鄭〕: 저본에는 '晉'으로 되어 있으나, 今本 ≪國語≫에 의거하여 '鄭'으로 바로잡았다.

50) 如字 : 한 글자에 둘 이상의 음이나 뜻이 있을 경우, 본래의 음과 뜻으로 읽거나 해석하라는 것이다. 여기서는 '오'라고 읽으라는 것이다.

**萬物也. 牛爲大物.① 天地之數, 起於牽牛.② 故从牛, 勿聲.③**

① 소는 동물 중에 몸집이 크다. 그러므로 物은 牛를 따랐으니 半과 뜻이 같다.[52]
牛爲物之大者, 故物从牛, 與半同意.

② 戴震(淸)이 ≪原象≫에서 "周나라 사람은 斗宿와 牽牛(牛宿)를 시작으로 삼아 星紀[53]라고 명명하였다. 주나라 이전에는 日月의 운행이 斗宿와 牽牛에서 시작하지 않았다."라고 하였다. 살펴보건대, 許愼이 物이 牛를 따른 까닭을 설명하였으니, 또한 그 의미를 넓힌 것이 이와 같다.
戴先生原象曰, "周人以斗・牽牛爲紀首, 命曰星紀. 自周而上, 日月之行, 不起於斗・牽牛也." 按許說物从牛之故, 又廣其義如此.

③ 文과 弗의 반절이다. 제15部에 있다.
文弗切. 十五部.

## 03-019-0736  (犧) 〔희생/희〕 補

'宗廟의 犧牲'이다. 牛를 따르고 羲(희)가 소리이다. 賈侍中[54]이 "이 글자는 古字가 아니다."라고 설명하였다.

**宗廟之牲也.① 从牛, 羲聲.② 賈侍中說, ③ 此非古字.④**

① ≪詩經≫ 〈魯頌 閟宮〉에 "붉은 희생으로 제향한다."라고 하였는데, 毛亨 傳에 "犧는 '純'이다."라고 하였다. ≪禮記≫ 〈曲禮 下〉에 "천자는 〈제향할 때〉 犧牛를 사용한다."라고 하였는데, 鄭玄 注에 "犧는 '純毛'이다."라고 하였다. ≪周禮≫ 〈地官 牧人〉에 "제사를 지낼 때 희생을 바친다."라고 하였는데, 鄭玄 注에 "犧牲은 毛羽가 완전히 갖추

---

51) 牛를……소리이다 : ≪六書尋源≫에서는 "물건이 큰 것은 소만한 것이 없고 털이 많은 것도 소만한 것이 없기 때문에 이 '物'자는 牛를 따르고 勿을 따랐다.〔物之大者莫如牛 而毛多者亦莫如牛 故此从牛从勿〕"라고 하여, 會意로 설명하고 ≪說文≫의 形聲을 따르지 않았다.

52) 半과……같다 : ≪說文≫ 半部 '半'자의 설명에 "물건을 가운데 나누는 것이다. 소는 큰 동물이므로 나눌 수 있다.〔物中分也 牛爲物大 可以分也〕"라고 하였다. 소를 동물 중에 몸집이 크며, 소를 반으로 나눈 것도 역시 '크다'는 의미로 이해된다.

53) 星紀 : 천체를 열둘로 나누어 '十二次'라고 하는데, 그 중의 하나이다. 十二次는 星紀・玄枵・娵訾・降婁・大梁・實沈・鶉首・鶉火・鶉尾・壽星・大火・析木이다. 星紀에 斗宿와 牽牛(牛宿)가 위치한다. 斗宿와 牽牛(牛宿)는 천체 28수 중의 북방칠수인 斗・牛・女・虛・危・室・壁의 斗宿와 牛宿이다.

54) 賈侍中 : 賈逵(30~101)를 말한다. 後漢의 학자로 자는 景伯이다. 저서로 ≪左氏傳解詁≫, ≪國語解詁≫ 등이 있다.

어진 것이다."라고 하였다. ≪尙書≫ 〈微子〉의 僞孔傳[55]에 "색이 순수한 犧牲을 '犧'라 하고, 몸체가 완전한 犧牲을 '牷'이라고 한다."[56]라고 하였다. ≪春秋左氏傳≫ 桓公 6년의 杜預 注에 또 "牷은 純色이고 완전하다."[57]라고 하였다. 犧를 설명한 것이 모두 許愼과 다르다.

魯頌 "享以騂犧." 毛傳 "犧, 純也." 曲禮 "天子以犧牛." 鄭云 "犧, 純毛也." 牧人 "祭祀, 共其犧牲." 鄭云 "犧牲, 毛羽完具也." 僞孔注微子云 "色純曰犧, 體完曰牷." 杜注左傳又云 "牷, 純色完全也." 說犧, 皆與許異.

② 許와 羈의 반절이다. 古音은 제17部에 있다.

許羈切. 古音在十七部.

③ 다른 사람은 모두 이름을 불렀는데 유독 賈逵는 관직으로 부른 것은 스승으로 존중했기 때문이다.

他皆偁名, 獨賈逵偁官者, 尊其師也.

④ ≪詩經≫ 〈魯頌 閟宮〉의 毛亨 傳에 "犧尊[58]에는 훨훨 나는 모양의 봉황 장식이 있다."라고 하였다. ≪禮記≫ 〈明堂位〉의 鄭玄 注에 "犧尊은 훨훨 나는 봉황을 그려 장식한다."라고 하였다. ≪鄭(注)〔志〕≫[59]에서 鄭玄이 張逸에게 "尊에 봉황을 그린 그림을 새기는 데 그 모습이 훨훨 나는 듯 하므로 沙라고 한다."라고 하였다.

살펴보건대, 沙・娑・羲 3자의 古音은 모두 제17部에 있다. 犧牲・犧尊은 대체로 본래는 '羲'자를 가차한 것인데 漢나라 사람들이 좌측에 牛를 추가하였다. 그러므로 賈逵는 "古字가 아니다."라고 하였고, 許愼은 牛部 끝에 배열한 것이다.

魯頌毛傳曰, "犧尊有沙羽飾也." 明堂位注曰, "犧尊以沙羽爲畫飾." 鄭(注)〔志〕[60]荅張逸

55) 僞孔傳 : 漢나라 때에 孔安國이 정리했다는 ≪古文尙書≫를 말한다. 일명 ≪孔氏傳≫, ≪僞孔傳≫, ≪僞古文尙書≫라고도 한다. ≪尙書≫는 현재도 ≪今文尙書≫와 ≪古文尙書≫로 나뉘어 논란이 많다. ≪今文尙書≫는 伏生이 전했다는 29편이다. 孔安國이 정리했다는 ≪古文尙書≫는 晉나라 梅賾이 헌상했다고 기록되어 있지만 누군가에 의해 僞造된 것이라고 한다. 惠棟의 ≪古文尙書考≫, 閻若璩의 ≪古文尙書疏證≫, 茶山 丁若鏞의 ≪梅氏尙書≫에 자세히 보인다. 〈微子〉는 ≪今文尙書≫와 ≪古文尙書≫에 모두 들어 있다.

56) 색이……한다 : ≪尙書≫ 〈微子〉의 "지금 은나라 백성이 天神과 地神에 바치는 犧牲을 훔쳤다.〔今殷民 乃攘竊神祇之犧牷牲〕"에 대한 孔安國 傳이다. 牲에 대해서는 "소・양・돼지를 '牲'이라고 한다.〔牛羊豕曰牲〕"라고 하였다.

57) 牷은……완전하다 : ≪春秋左氏傳≫ 桓公 6년에 "桓公이 '내가 제사에 올리는 犧牲의 색깔이 純色이고 완전하며 살이 쪘다.〔公曰 吾牲牷肥腯〕'라고 하였다."라고 한 구절에서 牷에 대한 杜預의 注이다.

58) 犧尊 : 酒器인데 두 가지 설이 있는데, 첫째는 전체 모양이 소 형태라는 설과, 둘째는 배 부분에 소 모양을 새긴 것이라는 설이다.

59) 鄭(注)〔志〕 : 孔穎達의 ≪禮記正義≫에 인용된 글인데 ≪鄭志≫로 되어 있다. ≪鄭志≫는 鄭玄의 손자인 鄭小同이 편찬한 책이다.

曰, "刻畫鳳皇之象於尊, 其形婆娑然, 故曰沙." 按沙・娑・羲古音三字同在十七部. 犧牲・犧尊, 葢本衹假羲爲之, 漢人乃加牛旁, 故賈云"非古字." 許則諸部末.

牛部에서 다룬 표제어는 45자이고, 重文은 1자이다.

**文四十五,**① **重一.**②

① 徐鍇本은 44자이다.
鍇四十四.

② 牛部에서 글자를 배열한 순서이다. 대체로 질서정연하여 깊이 검토해 볼 만하다.
此部列字次第. 大致井井可玩.

60) (注)〔志〕: 저본에는 '注'로 되어 있으나, 孔穎達의 ≪禮記正義≫ 〈明堂位〉에 의거하여 '志'로 바로잡았다.

# 【020. 犛部】

## 03-020-0737  (犛)〔털이 긴 소/리〕補

'西南夷 지역의 털이 긴 소(야크)'이다. 牛을 따르고 𠩺(리)가 소리이다. 犛에 속하는 글자는 모두 犛를 따른다.

**西南夷長髦牛也.① 从牛, 𠩺聲.② 凡犛之屬皆从犛.③**

① 지금 四川 雅州府 淸谿縣 大相嶺 바깥에 '旄牛'라는 地名이 있는데 〈그곳에서〉 旄牛가 생산된다. 그리고 淸谿縣의 남쪽에서 寧遠府까지, 서쪽에서 打箭鑪까지는 옛날 西南夷 지역으로 모두 旄牛가 생산된다. ≪山海經≫ 〈北山經〉의 郭璞 注에 "등 · 무릎 · 턱밑 · 꼬리에 모두 긴 털이 있다."라고 하였다. 뿔이 작고 몸은 순흑색이다. 그 지역 풍속에 〈잡아서〉 요리해 먹기도 하고 꼬리는 말려서 먼지털이로 쓰기도 한다.

許愼이 '長髦'라고 한 것은 등 · 무릎 · 턱밑 · 꼬리에 긴 털이 있음을 말한다. 아래 글 '氂'자는 꼬리만을 말한 것이다. 이 소의 이름은 '犛牛(이우)'이고 음은 貍와 같다. ≪國語≫ 〈楚語〉에 "巴지역과 浦지역의 무소와 털이 긴 소"라고 하였다. 司馬相如의 〈上林賦〉에 "獑(용) · 旄(모) · 貘(맥) · 犛(리)[1]이다."라고 하였는데 긴 털이 있기 때문이다.

그래서 ≪史記≫ 〈西南夷傳〉에서 "髦牛"라고 하였는데 그 꼬리 때문에 이름을 '氂'라고 한 것이다. 그래서 ≪周禮≫ 〈春官 樂師〉의 鄭衆 注에 "氂牛"라고 말하였는데 긴 털로 깃발을 꾸밀 수 있기 때문이다. 그래서 ≪禮記≫의 注 · ≪爾雅≫의 注 · ≪山海經≫ 〈北山經〉 · 〈上林賦〉의 注 · ≪漢書≫ 〈西南夷傳〉에서 모두 "旄牛"라고 한 것이다. 氂 · 髦 · 旄 3자는 音이 같다. 이런 이유로 犛를 毛와 같이 읽는 것은 잘못이다. 〈上林賦〉에 의거하면 旄와 犛는 다른 동물이다. ≪山海經≫ 〈中山經〉에 "荊山에는 犛牛가 많다."라고 하였는데, 郭璞 注에 "旄牛에 속하는 종류이다."라고 하였다.

今四川雅州府淸谿縣大相嶺之外有地名旄牛, 產旄牛. 而淸谿縣南抵寧遠府, 西抵打箭鑪, 古西南夷之地, 皆產旄牛. 如郭(樸)〔璞〕[2]注山海經所云"背 · 厀及胡 · 尾, 皆有長毛者." 小角, 其體純黑. 土俗用爲菜, 其尾腊之可爲拂子. 云長髦者, 謂背 · 厀 · 胡 · 尾, 皆有長毛.

---

1) 獑(용)……犛(리) : 모두 짐승의 이름이다.

2) (樸)〔璞〕 : 저본에는 '樸'으로 되어 있으나, 문맥을 살펴 '璞'으로 바로잡았다.

下文氂字, 乃專謂尾也. 此牛名犛牛, 音如貍. 楚語"巴浦之犀犛." 上林賦 "獑旄貘犛." 以其長髦也. 故史記西南夷傳謂之"髦牛", 以其尾名氂也. 故周禮樂師注謂之"氂牛", 以氂可飾旄也. 故禮注·爾雅注·北山經·上林賦注·漢書西南夷傳, 皆謂之"旄牛". 氂·髦·旄三字音同. 因之讀犛如毛, 非也. 據上林賦則旄·犛異物. 中山經"荊山多犛牛." 郭曰, "旄牛屬."

② 里와 之의 반절이다. 제1部에 있다. 살펴보건대, 犛는 里와 之의 반절이고, 氂는 莫과 交의 반절이다. 徐氏가 ≪唐韻≫을 사용한 것은 틀리지 않았는데, 俗本에서 잘못하여 바꾸어 놓았다.

里之切. 一部. 按犛切里之, 氂切莫交. 徐用唐韻不誤, 而俗本誤易之.

## 03-020-0738  (氂) 〔털 긴 犛牛 꼬리/모〕

'털이 긴 犛牛(야크)의 꼬리'이다. 犛의 생략형을 따르고, 毛를 따랐다.

**犛牛尾也.**① **从犛省, 从毛.**②

① 대체로 經典에서 "干旄[3]·建旄[4]·設旄[5]·右秉白旄[6]·羽旄齒革[7]·干戚羽旄."[8]라고 하였다. 지금의 글자 가운데 간혹 毛로 잘못 쓴 것도 있다. 古注에서 모두 "旄牛의 '꼬리'이다."라고 하였다. 旄牛는 '犛牛(리우)'이다. 犛牛의 꼬리를 '氂'라고 부른다. 氂로 幢(기/당)을 만든 것을 '旄'라고 한다. 이로 인하여 氂를 호칭하여 '旄'라고 하니, 대체로 "기 꼭대기에 旄를 꽂는다.〔注旄干首〕"[9]라고 한 것이 이것이다. 犛牛를 '旄牛'라고 부르니, 대체로 "旄牛의 '꼬리'이다."라고 한 것이 이것이다.

凡經云 "干旄·建旄·設旄·右秉白旄·羽旄齒革·干戚羽旄." 今字或有誤作毛者. 古注皆

---

3) 干旄 : 犛牛 꼬리털로 장식한 旗를 이른다. ≪詩經≫ 〈鄘風 干旄〉에 "펄럭이는 간모, 浚邑의 교외에 있다.〔孑孑干旄 在浚之郊〕"라고 하였다.

4) 建旄 : 旄는 旄牛(犛牛) 꼬리털로 장식한 기를 이른다. ≪詩經≫ 〈小雅 出車〉에 "저 旄를 세운다.〔建彼旄矣〕"라고 하였다.

5) 設旄 : ≪詩經≫ 〈小雅 車攻車〉에 "조를 세우고 모를 설치하다.〔建旐設旄〕"라고 하였다. 旐는 거북이와 뱀을 그린 旗이다.

6) 右秉白旄 : ≪尙書≫ 〈周書 牧誓〉에 "왼손에 황월을 쥐고, 오른손에 백모를 잡았다.〔左仗黃鉞 右秉白旄〕"라고 하였다.

7) 羽旄齒革 : 꿩 깃·犛牛 꼬리털·상아·무소 가죽을 말한다.(≪國語≫ 〈晉語〉)

8) 干戚羽旄 : 방패·도끼·꿩 깃·犛牛 꼬리털이다. 모두 樂舞할 때 사용한다.(≪禮記≫ 〈樂記〉)

9) 기……꽂는다〔注旄干首〕 : ≪詩經≫ 〈鄘風 干旄〉에 "펄럭이는 간모, 浚邑의 교외에 있다.〔孑孑干旄 在浚之郊〕"라는 구절에 대한 毛亨 傳에 "孑孑은 干旄의 모습이다. 기 꼭대기에 旄를 꽂는다.〔孑孑干旄之貌 注旄於干首〕"라고 하였다.

云 "旄牛尾也." 旄牛卽犛牛. 犛牛之尾名氂. 以氂爲幢曰旄. 因之呼氂爲旄, 凡云 "注旄干首者"是也. 呼犛牛爲旄牛, 凡云 "旄牛尾者"是也.

② 莫과 交의 반절이다. 제2部에 있다. 살펴보건대, ≪周禮≫ 〈春官 樂師〉의 "모무가 있다.〔有旄舞〕"라는 구절에 대해 陸德明의 ≪經典釋文≫ 〈周禮音義〉에서 "氂는 舊音이 '毛' 이다.〔氂 舊音毛〕"[10]라고 하였다. 다만 許愼은 '毛 또한 소리이다.〔毛亦聲〕'라고 말하지 않았다. 그리고 ≪春秋左氏傳≫ 襄公 23년의 "晏氂(제나라 대부)"가 ≪國語≫ 〈魯語〉에는 "晏萊"로 되어 있다. ≪後漢書≫ 〈岑彭列傳 岑熙〉에 魏郡의 사람들이 태수 岑熙를 칭송하면서 노래하기를 "개가 짖을 만큼 놀랄 일이 없어 발바닥에 긴 털이 자랐다.〔狗吠不驚 足下生氂〕"라고 하였는데, 여기의 氂는 災·時·玆 세 글자와 더불어 韻이 되니,[11] 그렇다면 犛의 생략형은 또한 소리이며 犛는 제1部에 있다.
莫交切. 二部. 按周禮樂師音義"氂, 舊音毛." 但許不言毛亦聲. 而左傳"晏氂", 外傳作"晏萊." 後漢書魏郡輿人歌岑熙, "狗吠不驚, 足下生氂." 與災·時·玆三字韻, 則是犛省亦聲, 在弟一部也.

## 03-020-0739 𣯔(斄)〔뻣뻣하면서 고불고불한 털/래·리〕補 【重文1】

'뻣뻣하면서 고불고불한 털'이다. 이것을 옷에 넣어 부풀어 오르게 할 수 있다. 犛의 생략형을 따르고 來(래)가 소리이다. 庲(厑)는 斄의 古文이니, 생략형이다.

**彊曲毛也.① 可曰箸起衣.② 从犛省, 來聲.③ 庲古文斄省.**

① 也는 ≪廣韻≫에 의거하여 보충하였다.[12]
也依廣韻補.

② 箸는 褚와 같으니, 옷 속에 실이나 기타 모직물을 넣는 것이다. ≪前漢書≫ 〈王莽傳〉

---

10) 氂의……毛이다〔氂 舊音毛〕: ≪周禮≫ 〈春官 樂師〉의 "모무가 있다.〔有旄舞〕"라는 구절에 대하여 鄭衆이 "모무는 犛牛의 꼬리털로 가지고 지휘를 한다.〔旄舞者 犛牛之尾〕"라고 하였다. 鄭衆이 말한 犛牛에, 陸德明이 "氂 舊音毛"라고 한 것이다.

11) 後漢書……되니 : ≪後漢書≫ 〈岑彭列傳 岑熙〉에 "우리에게 도둑이 있었는데 잠군이 그를 토벌해 주었고, 우리에게 간악한 관리가 있었는데 잠군이 그를 막아 주었네. 개가 짖을 만큼 놀랄 일이 없어 발바닥에 긴 털이 자랐다네. 실컷 먹고 배를 두드리니 흉재를 어찌 알리오. 나는 나의 생을 기뻐하노니 유독 이런 좋은 시대를 만났다네. 아름답다 잠군이여 아, 아름답도다.〔我有枳棘 岑君伐之 我有蟊賊 岑君遏之 狗吠不驚 足下生氂 含哺鼓腹 焉知凶災 我喜我生 獨丁斯時 美矣岑君 於戲休玆〕"라고 하였다. 이 문장에서 氂·災·時·玆는 韻에 해당하는 글자이다.

12) 也는……보충하였다 : ≪廣韻≫ 平聲上 七之에 보인다.

에 "氂를 옷 속에 넣는다."라고 하였다. 顔師古가 "뻣뻣하고 고불고불한 털을 '氂'라고 한다. 솜옷 속에 넣어서 옷이 부풀어 오르도록 하는 것이다."라고 하였다. 살펴보건대, 여기의 氂는 모두 '犛'의 오자이다. 劉屈氂[13] 또한 屈犛가 되어야 한다. 屈犛는 '뻣뻣하고 고불고불한 털'을 말한다.

箸同褚, 裝衣也. 王莽傳"以氂裝衣." 師古曰, "毛之彊曲者曰氂. 以裝褚衣, 令其張起也." 按此氂, 皆犛之誤. 劉屈氂亦當本作屈犛. 屈犛謂彊曲毛也.

③ 洛과 哀의 반절이다. 舊音은 力과 之의 반절이다. 제1部에 있다.
洛哀切. 舊音力之切. 一部.

犛部에서 다룬 표제자는 3자이고, 重文은 1자이다.

**文三, 重一.**

13) 劉屈氂 : ?~B.C. 90. 前漢의 丞相으로 漢 武帝의 조카이다. ≪前漢書≫에 〈劉屈氂傳〉이 있다.

# 【021. 告部】

## 03-021-0740 𠮂(告)〔알릴/고〕補

‘소가 사람을 들이받아 뿔에 橫木을 대어 사람에게 알리는 것’이다. 口를 따르고 牛를 따랐다. ≪周易≫ 大畜卦 六四爻辭에 “사나운 소에 橫木을 가로댄다.”라고 하였다. 대체로 告에 속하는 글자는 모두 告를 따른다.

**牛觸人, 角箸橫木, 所目告人也. 从口, 从牛.**① **易曰, “僮牛之告.”**② **凡告之屬皆从告.**

① 許愼의 설명대로라면 告는 楅衡(소 뿔에 가로 댄 나무/복형)이다. 소 뿔에 사람의 입〔口〕을 더하여 會意字가 되었다. 그러나 소와 사람의 입은 같은 몸체가 아니다. 牛와 口를 합하여 글자를 만들었으니 〈‘사람을 들이받지 못하도록 쇠뿔에 가로대어 묶은 나무’라는〉 告의 의미가 보이지 않는다. 또 告의 字形 속에 木이 없으면 告의 의미가 드러나지 않는다. 또 許愼의 말대로라면 口를 사용한 적이 없으니, 告는 口를 사용하지 않을 수 있는 것이다.[1] 어떻게 일반적으로 ‘告’자의 의미를 나타낼 것인가.

내(단옥재)가 생각하건대, 이는 許愼이 “童牛之告”에 따라 왜곡되게 해설한 것이지 글자의 뜻을 설명한 것은 아니다. 그러므로 木部의 ‘楅’자 해설에 ‘告’자와 함께 轉注라고 하지 않았다.[2] ‘告’자는 마땅히 口部에 넣어 “口를 따르고 牛가 소리이다.”라고 해야 한다. 牛는 入聲으로 하면 玉으로도 읽을 수 있다.

≪廣韻≫의 入聲 2번째 沃에 “윗사람에게 알리는 것을 ‘告’, 아랫사람에게 말하는 것을 ‘誥’라 한다.”라고 하였다. 古와 沃의 반절이다. 제3부에 있다. 음이 바뀌어 古와 到의 반절이 되었다.

○ 또 汪龍[3]이 “여기는 ‘嚳’자 때문에 告部를 세운 것이다.”라고 하였는데, 나도 진실로 그렇게 생각한다. 嚳(곡)은 斆(가르칠/효)의 생략형을 따랐다. 斆 또한 ‘가르친다’는 뜻이

---

1) 告는……것이다 : ‘告’자를 口部로 편입하지 않고 단독으로 告部를 세운 것을 말한다.

2) 木部의……않았다 : ≪說文≫ 〈木部〉에 “나무로 제약하는 것이다.〔目木有所偪束也〕”라고 하였다.

3) 汪龍 : ?~?. 淸나라 학자로 자는 辰叔이다. ≪詩經≫에 정통하였으며, 저서로 ≪毛詩異義≫가 있다.

다. 가르쳐야 하므로 급하게 알려주는 것이다. 告는 또 소리이다. 그렇다면 斆部를 세워 여기에 嚳을 소속시켜야지 〈'嚳'자를 소속시키려고〉 告部를 두어서는 안 된다.

如許說則告卽楅衡也. 於牛之角寓人之口爲會意. 然牛與人口非一體. 牛口爲文, 未見告義. 且字形中無木, 則告意未顯. 且如所云, 是未嘗用口, 是告可不用口也. 何以爲一切告字見義哉. 愚謂此許因"童牛之告"而曲爲之說, 非字意. 故木部楅下不與此爲轉注. 此字當入口部. "从口, 牛聲". 牛可入聲讀玉也. 廣韻"告上曰告, 發下曰誥." 古沃切. 三部. 音轉古到切. ○ 又汪氏龍曰, "此因嚳字, 故立告部." 愚謂誠然. 嚳从斆省. 斆亦教也. 教之故急急告之, 告亦聲. 然則當立斆部, 嚳屬焉, 不當有告部.

② ≪周易≫ 大畜卦 六四爻辭에 보인다. 僮牛는 '사나운 소'이다. 告는 ≪九家易≫에는 같은 글자로 되어 있고, 王弼은 牿으로 썼다.

大畜爻辭. 僮牛, 僮昏之牛也. 告, 九家同, 王弼作牿.

## 03-021-0741 𠳬 (嚳) 〔매우 급하게 알릴/곡〕

'매우 급하게 알리다'이다. 告를 따르고 學의 생략형이 소리이다.

**急告之甚也.**① 从告, **學省聲.**②

① 急告는 告急과 같다. 매우 급하게 알리므로 급하고 또 급하다고 말한 것이다. 승려 玄應은 ≪衆經音義≫에서 "嚳은 酷과 音義가 모두 같다."라고 하였다. 살펴보건대, ≪白虎通≫ 〈號〉에 "帝嚳이라고 이르는 것은 무엇 때문인가. 嚳은 '極'이다."[4)]라고 하였다. 教令을 窮極하는 것인데, 窮極은 急告의 引伸된 뜻이다.

急告猶告急也. 告急之甚, 謂急而又急也. 釋玄應說"嚳與酷音義皆同." 按白虎通云 "謂之帝嚳者, 何也. 嚳者, 極也." 教令窮極也. 窮極, 卽急告引伸之義.

② 苦와 沃의 반절이다. 제3部에 있다.

苦沃切. 三部.

告部에서 다룬 표제자는 2자이다.

文二.

---

4) 帝嚳이라고……極이다 : 저본의 인용문 다음에 ≪白虎通≫ 〈號〉에 "道德을 시행하여 끝까지 추구하는 것을 말한다.〔言其能施行窮極道德也〕"라고 하여 窮極의 대상이 道德임을 구체적으로 밝혔다.

# 【022. 口部】

## 03-022-0742 (口) 〔입/구〕 補

‘사람이 말하고 먹는 부분’이다. 象形이다.[1] 口에 속하는 글자는 모두 口를 따랐다.

**人所㠯言食也.① 象形.② 凡口之屬皆从口.③**

① 말을 하고 먹는 것은 입이 하는 두 가지 큰 일이다. 舌部에 또 “입은 말하고 맛을 구별하는 것이다.”라고 하였다. ≪周易≫ 頤卦䷚ 〈象傳〉에 “君子는 頤를 본받아 언어를 신중히 하고 음식을 절제한다.”라고 하였다.
言語飮食者, 口之兩大耑. 舌下亦曰, “口, 所以言別味也.” 頤象傳曰, “君子以愼言語, 節飮食.”

② 苦와 厚의 반절이다. 제4部에 있다.
苦厚切. 四部.

## 03-022-0743 (噭) 〔입, 부르짖을/교〕

‘입’이다. 口를 따르고 敫(교)가 소리이다. 일설에는 噭는 ‘부르짖다’라고 하였다.

**口也.① 从口, 敫聲.② 一曰噭, 呼也.③**

① 口가 俗本에 吼로 잘못되어 있는데 지금 바로 잡는다. ≪史記≫와 ≪漢書≫ 〈貨殖傳〉에 모두 “馬蹄噭千”[2]이라고 하였다. 徐廣[3]이 “噭는 말의 八髎(말의 엉덩이 뼈/팔료)이

---

1) 象形이다 : ≪六書尋源≫에서는 “이 ‘口’자의 小篆은 凵(입벌릴/감)을 따른데다 더하여 ‘一’의 횡선을 따라서 반드시 좌우 종선에 접착시킨 것은 바로 입을 지키기를 병처럼 해야 하는 뜻이다. 두 개 종선이 반드시 밖으로 노출된 것은 두 입술의 모양을 본뜬 것이다.〔此字之篆 从凵加从一橫線 而必接著於左右縱線者 卽守口如甁之義也 二縱線必露出於外者 象兩脣之形也〕” 라고 하여, 口를 凵과 一로 나누어 분석하고 그 모양을 종횡으로 설명하였다.

2) 馬蹄噭千 : 200마리의 말을 이르는 말이다. 蹄는 ‘발굽’, 噭는 ‘입’이다. 말 한 필에 발굽이 넷, 입이 하나이다. ≪史記≫ 〈貨殖傳〉에는 “馬蹄躈千”으로 되어 있다.

3) 徐廣 : 352~425. 晉나라의 학자이며, 저서로 ≪史記音義≫가 있다.

다."[4]라고 하였다. 小顔[5]이 ≪漢書≫ 〈貨殖傳〉 注에 "噭는 '입'이다. 발굽과 입을 모두 합쳐 1,000이면 말 200필이 된다."라고 하였다.

살펴보건대, 噭를 口로 풀이한 것은 반드시 ≪說文≫에 근거한 것이다. ≪說文≫에는 口를 부수로 세웠다. 아래의 '噭·噣·喙·吻'자는 모두 '口'자와 轉注로 서로 이어져 있으니 이것이 ≪說文≫의 규례이다.

服虔의 ≪通俗文≫·張揖의 ≪埤倉≫에서 모두 "尻骨(고골)을 '八髎'라고 한다."라고 하였다. 오직 ≪史記≫에서만 '「噭」자는 口를 따른다.'라고 하였으므로 徐廣이 八髎로 풀이한 것이다. 尻를 또한 '口'라고 말할 수 있다. 各本 ≪史記≫에서는 '躈'로 되어 있는데 誤字이다. 噭와 竅(규)는 音義가 서로 같다. 俗本 ≪說文≫에 '吼'자로 되어 있는 것은 '孔'자가 '口'자의 편방에 있는 것으로 인식했기 때문이며 잘못 합쳐 1자가 된 것이다.

口俗本譌吼, 今正. 史·漢貨殖傳皆云 "馬蹄噭千." 徐廣曰, "噭, 馬八髎也." 小顔云 "噭, 口也. 蹄與口共千則爲馬二百也." 按以口釋噭, 此必本說文. 說文以口建首. 下噭·噣·喙·吻字, 皆與口字轉注相接, 此全書之例也. 通俗文·埤倉, 皆曰, "尻骨謂之八髎." 惟史記噭字从口, 故徐以八髎釋之. 尻亦得謂之口也. 各本史記作躈, 乃誤字耳. 噭與竅音義相同. 俗本說文作吼者, 蓋或識孔字於口字之旁, 因誤併爲一字.

② 徐廣은 苦와 弔의 반절이라고 하였다.[6] 小顔(顔師古)은 江과 弔, 口와 釣로 두 가지 반절이라고 하였는데, ≪唐韻≫은 古와 弔의 반절이라고 하였다. 제2部에 있다.

徐廣苦弔反. 小顔江弔, 口釣二反, 唐韻古弔切. 二部.

③ 이것은 별도의 다른 뜻이다. 呼는 嘑가 되어야 하니 글자가 잘못된 것이다. 嘑는 號이다. ≪禮記≫ 〈曲禮 上〉에 "남에게 대답할 때는 큰 소리를 내어서는 안 된다.〔毋噭應〕"라고 하였는데, 鄭玄 注에 "噭는 '큰 소리를 내는 것'이다."라고 하였다. 呼는 嘑가 되어야 하는데 민간에서 통용해서 쓴 것일 뿐이다. ≪春秋公羊傳≫ 昭公 25년에 "昭公이 이에 噭然히 곡하였다."라고 하였는데 何休 注에 "噭然은 '곡하면서 소리를 내는 모습'이다."라고 하였다. ≪經典釋文≫ 〈禮記音義〉와 ≪경전석문≫ 〈春秋公羊傳音義〉에서는 〈噭에 대하여〉 모두 "古와 弔의 반절이다."라고 하였다.

此別一義. 呼當作嘑, 字之誤也. 嘑, 號也. 曲禮"毋噭應." 鄭曰, "噭, 號呼之聲也." 呼亦當作嘑, 俗寫通用耳. 昭卄五年公羊傳曰, "昭公於是噭然而哭." 注"噭然, 哭聲皃." 釋文皆"古弔反."

---

4) 噭는……八髎(말의 엉덩이 뼈/팔료)이다 : 徐廣은 ≪史記≫ 〈貨殖傳〉 "馬蹄躈千"의 '躈'자에 대하여 '八髎'라고 하였다.

5) 小顔 : 唐나라 학자 顔師古(581~645)를 말한다. ≪漢書≫를 상세하게 주석하였으며, 저서로 ≪匡謬正俗≫이 있다.

6) 徐廣은……하였다 : 徐廣은 ≪史記≫ 〈貨殖傳〉 "馬蹄躈千"의 '躈'자에 대하여 苦와 吊의 반절이라고 하였다.

## 03-022-0744  (噣)〔부리/주〕

‘부리’이다. 口를 따르고 蜀(촉)이 소리이다.

**喙也.① 从口, 蜀聲.②**

① ≪詩經≫ 〈曹風 候人〉에 “그 부리를 적시지 않는다.〔不濡其咮〕”라고 하였는데, 毛亨 傳에 “咮는 ‘부리’이다.”라고 하였다. ≪玉篇≫에서는 ‘不濡其噣’을 인용하였다. 咮·噣 두 글자는 音義가 같으며 朱聲·蜀聲은 같은 部에 있다.[7] 또한 噣는 注를 가차하여 사용하기도 한다.[8] ≪爾雅≫ 〈釋天〉에 ‘咮星’[9]이라고 하였는데, ≪史記≫ 〈天官書〉와 ≪周禮≫ 〈冬官 考工記 輈人〉 注에는 ‘注’로 되어 있는 것이[10] 이것이다. 또한 ‘啄’으로도 쓴다. ≪詩經≫ 〈大雅 韓奕〉의 “고삐를 가죽으로 하고 멍에를 쇠로 하다.〔鞗革金厄〕”에 대하여 毛亨 傳에는 “厄은 烏噣(멍에/오주)”라고 하였다. 厄은 軶(멍에/액)과 같다. 烏噣가 ≪釋名≫과 ≪小爾雅≫에는 ‘烏啄’이라고 되어 있다.

曹風“不濡其咮.” 毛曰, “咮, 喙也.” 玉篇引不濡其噣. 咮·噣二同, 朱聲·蜀聲同部也. 亦假借作注, 爾雅咮星, 史記·考工記注作注是也. 亦作啄. 詩韓奕傳“厄, 烏噣也.” 厄同軶. 烏噣, 釋名·小爾雅作烏啄.

② 陟과 救의 반절이다. 제3部에 있다.

陟救切. 三部.

## 03-022-0745  (喙)〔짐승 입/훼〕

‘짐승 입’이다. 口를 따르고 彖(단)이 소리이다.

**口也.① 从口, 彖聲.②**

① ≪周易≫ 〈說卦傳〉에 “입이 검은 짐승이 된다.”라고 하였다. ≪春秋左氏傳≫ 昭公 4년

---

7) 朱聲……있다 : 〈古十七部諧聲表〉에 蜀聲은 3부, 朱聲은 4부에 있다.

8) 噣는……한다 : 噣가 ‘부리’라는 본뜻이 있지만 注(별자리 柳宿)를 가차하여 ‘별자리’의 의미로 쓰인다는 것이다.

9) 爾雅……咮星 : ≪爾雅≫ 〈釋天〉에서 咮星에 대하여 “咮를 柳宿이라고 한다.〔咮謂之柳〕”라고 하였다. 柳宿는 남방칠수(井·鬼·柳·星·張·翼·軫) 가운데 세 번째이다.

10) 注로……것이 : ≪史記≫ 〈天官書〉에 “柳爲鳥注”라고 되어 있는데 司馬貞의 ≪史記索隱≫에서 “注는 ‘咮’라고 한다.”라고 하였다. ≪周禮≫ 〈冬官 考工記 輈人〉에 “끌채가 注星 모양이면 편리하다〔輈注則利〕”에서 鄭玄 注에 “끌채가 구부러진 것으로 모양이 注星과 같다.〔輈之揉者 形如注星〕”라고 하였다.

에 "눈은 우묵하고 입은 돼지와 같다."라고 하였다. 假借하여 '매우 困苦하다'의 뜻이 되었다.[11] ≪廣韻≫에서는 "昆夷(오랑캐/곤이)가 매우 곤고하다.〔昆夷㙊矣〕"를 인용하였는데,[12] 지금의 ≪詩經≫에는 㙊(훼)가 喙로 되어 있다.[13] ≪方言≫의 郭璞 注에 ≪國語≫ 〈晉語〉의 "余病㱇"를 인용하였는데,[14] 지금의 ≪國語≫ 〈晉語〉에는 "내가 병들고 기운이 떨어졌다〔余病喙〕"[15]로 되어 있다. 郭璞 注에 "지금 江東에서는 極을 '㱇(훼)'라고 한다."라고 하였다. 또한 㙊로도 쓴다.

說卦傳"爲黔喙." 左傳"深目而豭喙." 叚借爲困極之義. 廣韻引"昆夷㙊矣." 今詩作喙矣. 郭注方言引外傳"余病㱇"矣. 今外傳作"余病喙". 郭云 "江東呼極爲㱇." 亦作㙊.

② 許와 穢의 반절이다. 제15部에 있다. 彖聲은 제14部에 있는데 合韻이다.

許穢切. 十五部. 彖聲在十四部, 合韻也.

## 03-022-0746  (吻) 〔입술/문〕 【重文 1】

'입술'이다. 口를 따르고 勿(물)이 소리이다. (脗)은 吻의 或體이니, 肉을 따르고 昏을 따랐다.

**口邊也.① 从口, 勿聲.② 吻或, 从肉从昏.③**

① ≪禮記≫ 〈曲禮 上〉의 鄭玄 注에 "입술을 '咡(이)'라고 한다.〔口旁曰咡〕"[16]라고 하였으며, ≪廣雅≫에 "咡를 '吻'이라고 한다."라고 하였다. ≪周禮≫ 〈冬官 考工記 梓人〉에 "예리한 부리에 갈라진 입술〔銳喙決吻〕"이라고 하였는데 鄭玄 注에 "吻은 口腃(입술/구

11) 假借하여……되었다 : 喙는 '짐승의 입'이 본뜻인데, 㙊 또는 㱇을 가차하여 '매우 困苦하다'는 뜻이 된 것을 말한다.

12) 廣韻에서는……인용하였는데 : ≪廣韻≫ 去聲 20 癈에 "㙊는 매우 困苦하다는 뜻이다. ≪詩經≫ 〈大雅 緜〉에 '昆夷가 매우 困苦하다.'라고 하였다. 판본에 따라 喙로 되어 있다.〔㙊 困極也 詩云昆夷㙊矣 本亦作喙〕"라고 하였다. 바로 아래에 있는 '㱇'자에서는 "上同"이라고 하였다.

13) 지금의……있다 : ≪詩經≫ 〈大雅 緜〉에 "混夷가 달아나는데 매우 곤고하다〔混夷駾矣 維其喙矣〕"라고 하였다. 毛亨 傳에 "喙는 곤고하다.〔喙 困也〕"라고 하였다.

14) 郭璞……인용하였는데 : 揚雄의 ≪方言≫에 "㱇은 '피로하다'이다.〔㱇 倦也〕"라고 한 구절에 대하여 郭璞 注에 "지금 江東에서는 極을 '㱇'이라고 한다. 음은 喙이다. ≪國語≫ 〈晉語〉에 '나는 병들고 피로하다'〔今江東呼極爲㱇 音喙 外傳曰 余病㱇矣〕"라고 하였다.

15) 余病喙 : ≪國語≫ 〈晉語〉의 喙에 대하여 韋昭는 "기운이 떨어진 모양〔短氣貌〕"이라고 하였다.

16) 입술을……한다〔口旁曰咡〕 : ≪禮記≫ 〈曲禮 上〉의 "어른이 마치 허리에 칼을 차는 것처럼 어린이를 끼고 어린이의 입 가까이에다 말하다.〔負劍辟咡詔之〕"라는 구절에서 咡에 대한 鄭玄 注이다.

귀)이다."라고 하였다.

≪釋名≫ 〈釋形體〉에 "입술은 음식물이 나가는 것을 막고, 침이 흐르는 것을 닦고, 혀를 말 수 있다."라고 하였다.

曲禮注云 "口旁曰咡." 廣雅云 "咡謂之吻." 考工記"銳喙決吻." 鄭曰 "吻, 口腃也." 釋名曰, "吻, 免也, 抆也, 卷也."

② 武과 粉의 반절이다. 제13部에 있다. 勿聲이 제15部에 있으며 合韻이다.

武粉切. 十三部. 勿聲在十五部, 合韻也.

③ 昏이 소리이다. 대체로 昏은 모두 氏를 따르고 民을 따르지 않는다. 글자 또한 脗·脗으로도 쓰지만 모두 𦙶의 속자이다. 대체로 '脗合'이라고 말할 때는 〈𦙶을〉 써야 한다.

昏聲也. 凡昏, 皆从氏, 不从民. 字亦作脗, 作脗. 皆𦙶之俗也. 凡言脗合, 當用此.

## 03-022-0747 (嚨)〔목구멍/롱〕 補

'목구멍'이다. 口를 따르고 龍(룡)이 소리이다.

**喉也.**① **从口, 龍聲.**②

① ≪爾雅≫ 〈釋鳥〉에 "亢은 '새 목구멍'이다."라고 하였다. 郭璞 注에 "喉嚨(목구멍/후롱)이다."라고 하였다.

釋鳥曰, "亢, 鳥嚨." 郭曰, "謂喉嚨."[17)]

② 盧와 紅의 반절이다. 제9部에 있다.

盧紅切. 九部.

## 03-022-0748 (喉)〔목구멍/후〕

'목구멍'이다. 口를 따르고 侯(후)가 소리이다.

**咽也. 从口, 侯聲.**①

① 乎와 鉤의 반절이다. 제4部에 있다.

乎鉤切. 四部.

---

17) 謂喉嚨 : 今本 ≪爾雅≫ 郭璞 注에는 "嚨은 목구멍이다. 亢은 목구멍이다.〔嚨謂喉嚨 亢卽咽〕"라고 되어 있다.

## 03-022-0749 (噲)〔목구멍, 마실/쾌〕

'목구멍'이다. 口를 따르고 會(회)가 소리이다. 혹은 快(쾌)와 같이 읽는다. 일설에 噲는 嚵(마시다/참)이라고 하였다.

**咽也.**① **从口, 會聲. 或讀若快**② **一曰噲, 嚵也.**③

① 噲는 '모인다'는 뜻이다. 聲氣가 모이는 곳이다.
噲者. 會也. 聲氣所會也.

② 苦와 夬의 반절이다. 제15部에 있다. ≪詩經≫ 〈小雅 斯干〉에 "대낮은 밝고 환하다."라고 하였다. 鄭玄 箋에는 "噲噲는 快快(밝고 환하다/쾌쾌)와 같다."라고 하였는데 同音假借라고 여긴 것이다. 盧文弨[18]가 "≪淮南子≫ 〈精神訓〉에 '기분 좋게 누워 있다.〔噲然得臥〕', ≪宋書≫ 〈樂志〉에 '吳나라의 鼓吹曲이 퍼지니 우리 임금 즐거운 일이 많다.〔吳鼓吹曲 我皇多噲事〕'라고 하였는데, 噲는 모두 快와 〈音義가〉 같다."라고 하였다.
苦夬切. 十五部. 小雅"噲噲其正." 箋云 "噲噲猶快快也." 謂同音假借. 盧氏文弨云 "淮南精神訓, '噲然得臥.' 宋書樂志'吳鼓吹曲, 我皇多噲事.' 皆與快同."

③ 이것은 별도의 다른 뜻이다. 噲 또한 중복으로 나오는 글자이다. 대체로 '一曰'의 아래에 本字를 중복해서 거론하는 경우가 많은데, 俗本에 '嚵噲'라고 되어 있는 것은 잘못이다. ≪集韻≫에는 "一曰嚵也"로 되어 있다.[19]
此別一義. 噲亦複擧字也. 凡一曰之下多複擧本字, 俗本作嚵噲也, 非. 集韻作一曰嚵也.

## 03-022-0750 (呑)〔목구멍/탄〕

'목구멍'이다. 口를 따르고 天(천)이 소리이다.

**咽也.**① **从口, 天聲.**②

① 지금 사람들은 呑과 吐를 상대적으로 거론하고 있다. 여기에 의거하면 咽喉의 본래 이름이 呑으로, 세속에서 '喉呑'이라고 하는 것이 이것이다. 喉의 본래 이름이 '咽'인 것과 같으며 平聲이다. 지금 사람들은 아래의 '咽'자(03-022-0751)로 여기며 一과 見의 반절이다.
今人以呑吐對擧. 據此則咽喉本名呑. 俗云喉呑是也. 猶之喉本名咽. 平聲. 今人以爲下咽字, 一見切.

---

18) 盧文弨 : 1717~1795. 淸나라 학자로 자가 召弓이고 호가 磯漁이다. 段玉裁와 교유하였으며 평생 서책 교정을 즐겼다. 저서로 ≪群書拾補≫, ≪廣雅注≫, ≪鍾山札記≫가 있다.

19) 集韻에는……있다 : ≪集韻≫ 去聲 17 夬에 보인다.

② 土와 根의 반절이다. 古音은 제12部에 있다.
土根切. 古音在十二部.

## 03-022-0751 (咽)〔목구멍/인〕

'목구멍'이다. 口를 따르고 因(인)이 소리이다.

嗌也.① 从口, 因聲.②

① 咽은 因이다. 음식물이 목구멍을 통해서 오르내리는 것을 말한다.
咽者, 因也. 言食因於是以上下也.
② 烏와 前의 반절이다. 제12部에 있다.
烏前切. 十二部.

## 03-022-0752 (嗌)〔목구멍/익〕補【重文 1】

'목구멍'이다. 口를 따르고 益(익)이 소리이다. 𦣻(𦣻)는 嗌의 籒文인데, 윗부분은 口를 본떴고 아래는 頸脈의 무늬를 본떴다.

**咽也.① 从口, 益聲.② 𦣻(𦣻)籒文嗌, 上象口, 下象頸脈理也.③**

① 嗌은 扼(움켜쥐다)이다. 중요한 곳을 움켜쥐는 것이다. 咽・嗌은 雙聲이다. ≪漢書≫〈武五子傳〉에 "昌邑王이 목구멍이 아프다.〔昌邑王嗌痛〕"[20]라고 하였다. ≪爾雅≫〈釋畜〉의 郭璞 注에 "江東에서는 咽을 '嗌'이라고 한다."[21]라고 하였다.
嗌者, 扼也. 扼要之處也. 咽・嗌雙聲. 漢書昌邑王嗌痛. 爾雅注云 "江東名咽爲嗌."
② 伊와 昔의 반절이다. 제16部에 있다.
伊昔切. 十六部.
③ 이 글자는 象形字로 亢과 대략 같다.[22] ≪漢書≫〈百官公卿表〉에 "𦣻은 짐의 虞(산림을

---

20) 昌邑王이……아프다〔昌邑王嗌痛〕: 顔師古 注에는 "嗌은 '喉咽'이다. 음은 益이다.〔嗌喉咽也 音益〕"라고 하였다.

21) 江東에서는……한다〔江東名咽爲嗌〕: 今本 ≪爾雅≫에는 嗌이 齸으로 되어 있다. ≪爾雅≫〈釋畜〉의 "麋鹿이 새김질하는 것을 '齸'이라고 한다.〔麋鹿曰齸〕"에 대한 郭璞 注에 "江東名咽爲齸"이라고 하였다.

22) 亢과……같다 : 10편下 亢部에 "亢은 머리와 목의 모양을 본뜬 것이다.〔亢 象頭頸形〕"라고 하였다.

담당하는 장관/우)가 된다."라고 하였다. 應劭는 "𦳝은 伯益이다."라고 하였고, 顔師古는 "𦳝은 益의 古字이다."라고 하였다.

살펴보건대, 이는 籒文 嗌이 益을 假借한 것이다. 예컨대 〈九歌〉에서 古文 番가 播를 假借한 경우와 같다. 趙宋시대의 ≪古文尙書≫에는 益이 𦳝으로 되어 있는데, 이것은 ≪漢書≫ 〈百官公卿表〉에 의거한 것이다.

此象形字, 與亢略同. 漢百官公卿表曰, "𦳝作朕虞." 應劭曰, "𦳝, 伯益也." 師古曰, "𦳝, 古益字也." 按此假借籒文嗌爲益. 如九歌假借古文番爲播也. 趙宋時古文尙書益作𦳝, 此本諸漢表耳.

○ 또 살펴보건대, 대체로 項·領·頸·亢(목/항)·胡(목/호)라고 말한 것은 몸의 바깥쪽을 기준으로 말한 것이다. 嚨·喉·噲·吞·咽·嗌이라고 말한 것은 몸의 안쪽을 기준으로 말한 것이다. 그러므로 모두 口를 따랐으니, 입으로 들어가기 때문이다.

又按, 凡言項領頸亢胡者, 自外言之. 言嚨喉噲吞咽嗌者, 自內言之. 故皆从口, 自口而入也.

## 03-022-0753  (喗) 〔큰 입/운〕

'큰 입'이다. 口를 따르고 軍(군)이 소리이다.

**大口也. 从口, 軍聲.**①

① 牛와 殞의 반절이다. 제13部에 있다.
牛殞切. 十三部.

## 03-022-0754  (哆) 〔입 벌릴/차〕

'입을 벌리다'이다. 口를 따르고 多(다)가 소리이다.

**張口也.**① **从口, 多聲.**②

① ≪詩經≫ 〈小雅 巷伯〉에 "입을 크게 벌린다."라고 하였는데, 毛亨 傳에 "哆는 '큰 모습'이다."라고 하였다.
小雅"哆兮侈兮." 毛曰, "哆, 大皃."

② 승려 玄應이 ≪說文≫을 두 차례 인용하면서 殆와 可의 반절이라고 하였는데, 이는 ≪說文音隱≫[23]에 근거한 것이다. ≪唐韻≫에 丁과 可의 반절이라고 하였다. 제17部

23) 說文音隱 : 저자 미상의 ≪說文解字≫ 주석서이다. ≪隋書≫ 〈經籍志〉에 "≪說文音隱≫ 4권〔說文音隱 四卷〕"이라고 되어 있다.

에 있다.
釋玄應兩引說文殆可切, 此本音隱. 唐韻丁可切. 十七部.

## 03-022-0755  (呱) 〔어린아이 울음소리/고〕

'어린아이 울음소리'이다. 口를 따르고 瓜(과)가 소리이다. ≪詩經≫ 〈大雅 生民〉에 "어린 后稷이 우는 소리이다."라고 하였다.

**小兒嗁聲.**① **从口, 瓜聲.**② **詩曰, "后稷呱矣."**③

① ≪尙書≫ 〈咎繇謨〉에 "啓가 우렁찬 소리로 울었다."라고 하였다.
咎繇謨"啓呱呱而泣."
② 古와 乎의 반절이다. 제5部에 있다.
古乎切. 五部.
③ ≪詩經≫ 〈大雅 生民〉에 보인다.
大雅.

## 03-022-0756  (啾) 〔어린아이 소리/추〕

'어린아이 소리'이다. 口를 따르고 秋(추)가 소리이다.

**小兒聲也.**① **从口, 秋聲.**②

① ≪倉頡篇≫에 "啾는 '무리지어 내는 소리'이다."라고 하였다. ≪禮記≫ 〈三年問〉에 "잠시 동안 새가 지저귀었다."라고 하였는데, 이것은 噍가 啾를 가차한 것이다.[24]
倉頡篇"啾, 衆聲也." 三年問"啁噍之頃." 此假噍爲啾也.
② 卽과 由의 반절이다. 제3部에 있다.
卽由切. 三部.

## 03-022-0757  (喤) 〔어린아이 소리/황〕

'어린아이 소리'이다. 口를 따르고 皇(황)이 소리이다. ≪詩經≫ 〈小雅 斯干〉에 "어린아이 우는 소리 우렁차다."라고 하였다.

---

24) 噍가……것이다 : 噍(초)는 '씹다'가 본뜻인데, 啾를 가차한 것이다.

**小兒聲.**① **从口, 皇聲.**② **詩曰, "其泣**喤喤."③

① 啾는 '어린아이의 작은 소리'를 말하고, 喤은 '어린아이의 큰 소리'를 말한다. 예컨대 ≪離騷≫에 "옥 방울이 딸랑딸랑 울린다.", ≪詩經≫ 〈周頌 集競〉에 "종소리와 북소리 우렁차다.", ≪詩經≫ 〈周頌 有瞽〉에 "우렁찬 그 소리이다."라고 한 것과 같으니, 작은 소리와 큰 소리를 널리 말한 것이다.
啾謂小兒小聲, 喤謂小兒大聲也. 如離騷"鳴玉鑾之啾啾.", 詩"鍾鼓喤喤, 喤喤厥聲." 則泛謂小聲大聲.

② 乎와 光의 반절이다. 제10部에 있다.
乎光切. 十部.

## 03-022-0758 咺(咺) 〔아이 울음 그치지 않을/**훤**〕

'朝鮮에서는 아이 울음이 그치지 않는 것을 「咺」이다.'라고 한다. 口를 따르고 亘(선)이 소리이다.

**朝鮮謂兒泣不止曰**咺.① **从口, 亘聲.**②

① ≪方言≫에 "咺은 '痛'이다. 슬피 울면서 그치지 않은 것을 '咺'이라 한다. 朝鮮의 洌水 지역에서는 어린아이가 울면서 그치지 않는 것을 '咺'이라고 한다."라고 하였다.
方言"咺, 痛也. 凡哀泣而不止曰咺. 朝鮮洌水之閒, 少兒泣而不止曰咺."

② 이것은 ≪古今韻會擧要≫에 의거하였다. 況과 晩의 반절이다. 제14部에 있다.
此依韻會. 況晩切. 十四部.

## 03-022-0759 唴(唴) 〔아이 울음 그치지 않을/**강**〕

'秦나라와 晉나라에서는 아이 울음이 그치지 않는 것을 「唴」이다.'라고 한다. 口를 따르고 羌(강)이 소리이다.

**秦晉謂兒泣不止曰**唴.① **从口, 羌聲.**②

① ≪方言≫에 "函谷關 서쪽과 秦나라와 晉나라에서는 大人과 어린이가 울음을 그치지 않는 것을 '唴'이라고 하고, 심하게 哭을 하여 목소리가 나오지 않는 것도 역시 '唴'이라고 한다. 平原지역에서는 심하게 울어 소리를 내지 못하는 것을 '唴哴'이라고 한다."라고 하였다.

方言"自關而西，秦晉之閒，凡大人少兒泣而不止謂之咷，哭極音絶亦謂之咷．平原謂啼極無聲謂之咷哴."

② 丘와 尙의 반절이다. 제10部에 있다.
丘尙切. 十部.

## 03-022-0760  (咷)〔아이 울음 그치지 않을/도〕

'楚나라에서는 아이 울음이 그치지 않는 것을 「噭咷」이다.'라고 한다. 口를 따르고 兆(조)가 소리이다.

**楚謂兒泣不止曰**噭咷.[①] **从口，兆聲.**[②]

① ≪方言≫에 "楚나라에서는 '噭咷'라고 한다."라고 하였다. 살펴보건대, '噭'자는 위에 보인다.[25)]
方言 "楚謂之噭咷." 按噭字見上.

② 徒와 刀의 반절이다. 제2部에 있다.
徒刀切. 二部.

## 03-022-0761  (喑)〔아이 울음 그치지 않을/음〕

'宋나라와 齊나라에서는 아이 울음이 그치지 않는 것을 「喑」이다.'라고 한다. 口를 따르고 音(음)이 소리이다.

**宋齊謂兒泣不止曰**喑.[①] **从口，音聲.**[②]

① ≪方言≫에 "齊나라와 宋나라에서는 '喑'이라고 하고 혹은 '惄'이라고 한다."라고 하였다. 살펴보건대, 喑이란 말은 瘖(벙어리/음)인데, 너무 울어 소리가 나지 않는 것을 말한다.
方言"齊宋之閒謂之喑，或謂之惄." 按喑之言瘖也，謂啼極無聲.

② 於와 今의 반절이다. 제7部에 있다.
於今切. 七部.

---

25) 噭자는……보인다 : 03-022-0743에 '噭'자가 있다.

## 03-022-0762 (嶷)〔어린아이 영리할/억〕

'어린아이가 영리하다'이다. 口를 따르고 疑(의)가 소리이다. ≪詩經≫〈大雅 生民〉에 "어린아이가 영리하다."라고 하였다.

**小兒有知也.**① **从口, 疑聲.**② **詩曰, "克岐克嶷."**

① ≪詩經≫〈大雅 生民〉에 "克岐克嶷"라고 하였는데, 毛亨 傳에 "岐는 '뜻을 아는 것'이고, 嶷은 '인식하는 것'이다."라고 하였다. 살펴보건대, 세상 사람이 '嶷'자를 몰랐기 때문에 앞의 '岐'자를 이어받아서 山을 좌편방에 둔 것을 따르도록 했을 뿐이다.[26] ≪淮南子≫ 高誘 注에 "軫艴의 艴은 '克岐克嶷'의 '嶷'자와 같이 읽는다."라고 하였다. ≪太玄經≫에는 儗로 되어 있고, ≪太玄經釋文≫[27]에 "儗은 牛와 力의 반절이다."라고 하였다. 또 음이 擬인데, '헤아려서 식별하다'는 뜻이다.

大雅"克岐克嶷." 毛曰"岐, 知意也, 嶷, 識也." 按此由俗人不識嶷字, 蒙上岐字改从山旁耳. 高注淮南曰, "軫艴之艴, 讀如克岐克嶷之嶷." 太玄作儗. 釋文儗牛力切. 又音擬. 擬然有所識別也.

② 魚와 力의 반절이다. 제1部에 있다.

魚力切. 一部.

## 03-022-0763 (咳)〔어린아이 웃을/해〕【重文 1】

'어린아이가 웃다'이다. 口를 따르고 亥(해)가 소리이다. (孩)는 咳의 古文으로 子를 따랐다.

**小兒笑也.**① **从口, 亥聲.**② **(孩)古文咳, 从子.**③

① ≪禮記≫〈內則〉에 "어린아이가 웃을 때 이름을 지어준다."라고 하니, 어린아이가 웃음을 지을 때 이름을 짓기 때문이다.

內則云 "孩而名之." 爲作小兒笑而名之也.

② 戶와 來의 반절이다. 제1部에 있다.

戶來切. 一部.

---

26) 岐자를……뿐이다 : 嶷자의 좌측 口를 山으로 고쳤다는 의미인데, 현재 사용하고 있는 '嶷'자는 山이 좌편방에 있지 않고 위에 있다.

27) 太玄經釋文 : 宋 仁宗 때의 관료이자 학자인 林瑀의 저서이다. ≪周易≫에 정통하였으며, 저서로 ≪太玄經注≫ 등이 있다.

③ ≪禮記≫ 〈內則〉과 ≪孟子≫ 〈盡心 上〉의 〈"孩提之童"에서〉 모두 이 글자인 〈'孩'자로〉 되어 있다. 살펴보건대, 亥部에 亥의 古文은 가 있으니 우측은 古文 亥가 되어야 한다. 그런데 또한 를 따른 것은 亥 또한 古文이기 때문이다. 史趙의 말에서 알 수 있다.[28]
內則孟子, 皆作此字. 按亥部有古文, 則右當作古文亥. 而亦从者, 亥亦古文也. 於史趙之言知之.

## 03-022-0764 (嗛)〔입에 음식을 머금고 있을/**겸**〕

'입에 음식을 머금고 있다'이다. 口를 따르고 兼(겸)이 소리이다.

**口有所銜也.**① **从口, 兼聲.**②

① ≪大戴禮記≫ 〈夏小正〉에 "田鼠는 嗛鼠(들쥐/겸서)이다."라고 하였으며, ≪爾雅≫ 〈釋獸〉에는 "鼸鼠(겸서)"로 되어 있고, 古本에는 또한 嗛으로 되어 있다. 그러므로 孫叔然(孫炎)이 "嗛은 '뺨으로 먹이를 감싸고 있는 것'이다."라고 하였다. ≪廣韻≫에 "嗛은 '원숭이가 음식을 저장하는 곳'인 〈볼주머니〉이다.〔嗛 蝯藏食處也〕"[29]라고 하였다. 嗛鼠는 뺨에 음식을 모아두는데, 사람이 음식을 먹는 것이 이와 비슷하다. 그러므로 頰車를 혹 '鼸車'라고도 한다.

嗛은 銜(원한 품을/함)자를 假借하는데, 예를 들면 ≪史記≫ 〈佞幸傳〉에 "태후가 이 때문에 韓嫣(한언)에게 원한을 품었다."라고 한 것이 이것이다. 또한 嗛은 歉(부족할/겸)자를 假借하는데 ≪國語≫ 〈晉語〉에 商나라가 쇠약하자 銘文에 "부족한 음식", "부족한 덕행이다."라고 한 것이 이것이다. 또한 嗛은 謙(겸손할/겸)자를 假借하는데, 예를 들면 ≪周易≫ 謙卦䷎의 子夏 注[30]와 ≪漢書≫ 〈藝文志〉에서 謙卦의 '謙'자를 嗛으로 쓴 것이 이것이다.

≪漢書≫ 〈藝文志〉에 "≪周易≫ 謙卦의 겸손함에 부합되니 한 번 겸손하면 네 가지가 이익이 된다."라고 하였다. 아래 구절을 轉寫할 때 '嗛'자를 言을 따르는 '謙'자로 써서[31] 마침내 異說이 증가하였다.

---

28) 史趙의……있다 : ≪春秋左氏傳≫ 襄公 30년에 "史趙(晉나라 太史)가 '「亥」자는 二획으로 머리를 만들고 六획으로 몸을 만들었다.'라고 하였다.〔史趙曰 亥有二首六身〕"라고 하였다.

29) 嗛은……볼주머니이다〔嗛 蝯藏食處也〕 : ≪廣韻≫ 上聲 51 嗛에는 "嗛 猿藏食處"라고 하여, 蝯이 猿으로 되어 있다.

30) 周易……注 : ≪經典釋文≫ 〈周易音義〉의 謙卦에 "子夏는 嗛으로 쓰고, 이르기를 嗛은 '겸손하다'는 뜻이다.〔子夏作嗛 云嗛謙也〕"라고 하였다.

31) 아래……써서 : 지금의 ≪漢書≫ 〈藝文志〉에는 "易之嗛嗛 一謙而四益"라고 되어 있으며, 顔師古 注에 "'嗛'자는 謙과 같다.〔嗛字與謙同〕"라고 하였다.

夏小正曰, "田鼠者, 嗛鼠也." 爾雅"鼸鼠", 古本亦作嗛. 故孫叔然云 "嗛者, 頰裹也." 廣韻曰, "嗛, 蝯藏食處也." 嗛鼠食積於頰, 人食似之. 故頰車, 或曰鼸車. 假借爲銜字, 如佞幸傳"大后由此嗛韓嫣."是也. 亦假借爲歉字, 商銘"嗛嗛之食", "嗛嗛之德"是也. 亦假借爲謙字, 如子夏周易・漢藝文志謙卦作嗛是也. 志云 "合於易之嗛嗛, 一嗛而四益." 轉寫下句从言, 遂滋異說.

② 戶와 監의 반절이다. 古音은 대개 제7部에 있다.
戶監切. 古音蓋在七部.

## 03-022-0765 (咀) 〔맛볼/저〕

'맛보다'이다. 口를 따르고 且(저)가 소리이다.

**含味也.**[①] **从口, 且聲.**[②]

① 〈입에〉 머금고 맛을 보는 것이다. 대체로 湯劑, 술, 고약의 옛 처방전에는 모두 "㕮咀" 라고 하였다. ≪廣韻≫의 〈上聲〉 9번째인 麌의 〈咀에〉 "㕮咀는 嚼(씹을/작)이다."라고 하였다. 살펴보건대, 㕮는 '哺'이다. 옛날에 父와 甫는 通用되었는데, 후대 사람은 같은 의미의 글자라는 것을 몰랐다. 含味 위에 哺咀 2자가 있어야 할 것 같다.
含而味之. 凡湯酒膏藥舊方, 皆云 "㕮咀." 廣韻九麌云 "㕮咀, 嚼也." 按㕮卽哺字. 古父・甫通用, 後人不知爲一字矣. 含味之上, 似當有哺咀二字.

② 慈와 呂의 반절이다. 제5部에 있다.
慈呂切. 五部.

## 03-022-0766 (啜) 〔맛볼, 부리/철〕

'맛보다'이다. 口를 따르고 叕(철)이 소리이다, 일설에서 '부리'라고 한다.

**嘗也.**[①] **从口, 叕聲.**[②] **一曰喙也.**[③]

① ≪孟子≫ 〈離婁 上〉에 "하는 일 없이 먹고 마시기만 하는 것이다."라고 하였다.
孟子"徒餔啜也."

② 昌과 說의 반절이다. 제15部에 있다.
昌說切. 十五部.

③ 이것은 별도의 다른 뜻이다.
此別一義.

## 03-022-0767 (嗺)〔씹을/집〕

'씹다'이다. 口를 따르고 集(집)이 소리이다. 集(집)과 같이 읽는다.

**嚼也.**① **从口, 集聲. 讀若集.**②

① 也는 皃가 되어야 한다.
也當作皃.

② 雧을 생략하여 集으로 썼다.[32] 子와 入의 반절이다. 제7部에 있다.
雧省作集. 子入切. 七部.

## 03-022-0768 (嚌)〔맛볼/제〕

'맛보다'이다. 口를 따르고 齊(제)가 소리이다. ≪尙書≫ 〈周書 顧命〉에 "태보가 술잔을 받아 음복하는데 고수레하고 이빨에 살짝 댄다."라고 하였다.

**嘗也.**① **从口, 齊聲.**② **周書曰, "大保受同, 祭嚌."**③

① ≪儀禮≫에 보인다.[33]
見儀禮.

② 在와 詣의 반절이다. 제15部에 있다.
在詣切. 十五部.

③ ≪尙書≫ 〈周書 顧命〉 글이다. ≪儀禮≫ 〈鄕飮酒禮〉와 〈鄕射禮〉에 "허파를 맛보고 술을 맛본다."라고 여러 차례 말하였다. ≪尙書≫ 〈周書 顧命〉에 의거하면 술이 이빨에 닿는 것 또한 '嚌'라고 이른다.
顧命文. 儀禮多言"嚌肺啐酒." 據周書則酒至齒亦云嚌也.

## 03-022-0769 (噍)〔씹을/초〕【重文 1】

'씹다'이다. 口를 따르고 焦(초)가 소리이다. 嚼(嚼)은 噍의 或體이니 爵을 따랐다.

---

32) 雧을……썼다 : ≪說文≫ 雥部에 "雧은 나무 위에 뭇 새가 있는 것이다. 集은 雧을 생략한 것이다.〔雧 羣鳥在木上也 集 雧或省〕"라고 하였다.

33) 儀禮에 보인다 : ≪儀禮≫ 〈鄕飮酒禮〉와 〈鄕射禮〉에 "왼손을 위로 들어 〈허파를〉 맛본다.〔尙左手 嚌之〕"에서 鄭玄 注에 "嚌는 '맛보는 것'이다.〔嚌 嘗也〕"라고 하였다.

**齧也.** ① **从口, 焦聲.** ② **嚼噍或从爵.** ③

① ≪禮記≫ 〈少儀〉에 "군자를 모시고 먹을 때는 조금씩 먹으면서 빨리 먹고 자주 씹는다." 라고 하였다. 살펴보건대, '數噍'에서 구두를 끊어야 하며, 이른바 '자주 한다'는 것이다.
少儀 "侍食於君子, 小飯而亟之, 數噍." 按數噍句絕, 所謂亟之也.

② 才와 肖의 반절이다. 제2部에 있다. 옛날에는 平聲으로 읽었는데[34] 예를 들면 "한 잔 먹고 다시 한 잔 더 먹어야지. 금년에는 그렇다 치더라도 내년에는 상황이 더욱 어려워진다."[35]라고 한 것이 이것이다.
才肖切. 二部. 古讀平聲, 如"嚼復嚼, 今年尙可, 後年饒"是也.

③ 옛날에 焦와 爵은 같은 韻部이고 같은 音이었다. ≪唐韻≫에 噍는 才와 笑의 반절이고 嚼은 才와 爵의 반절이라고 구분하였다. 지금 북쪽의 音은 去聲이고 남쪽의 音은 入聲이다.
古焦爵同部同音. 唐韻乃分噍切才笑, 嚼切才爵矣. 今北音去聲, 南音入聲.

## 03-022-0770 (吮) 〔입으로 빨/연〕

'입으로 빨다'이다. 口를 따르고 允(윤)이 소리이다.

**欶也.** ① **从口, 允聲.** ②

① 欠部에 "欶은 '입으로 빨다'이다."라고 하였다.
欠部云 "欶, 吮也."

② 徂와 沇의 반절이다. 제14部에 있다.
徂沇切. 十四部.

## 03-022-0771 (啐) 〔조금 마실/설〕

'조금 마시다'이다. 口를 따르고 率(솔)이 소리이다. 㕯(쇄)와 같이 읽는다.

**小歠也.** ① **从口, 率聲. 讀若㕯.** ②

---

34) 옛날에는……읽었는데 : 平聲으로 읽으면 嚼의 의미로 사용된다는 뜻이다.

35) 한……어려워진다 : ≪後漢書≫ 〈五行志〉에 보인다. 당시 도성의 '童謠'라고 하였다. 嚼復嚼은 당시 술을 권하는 말로 사용되었다. 後年饒의 饒가 지금의 ≪後漢書≫ 〈五行志〉에는 鐃로 되어 있고, 어떤 곳에는 '譊', 또는 '磽'로 되어 있다. 淸나라 학자 姚之駰의 ≪後漢書補逸≫에 "後年磽는 陳蕃과 竇武 등이 처형되어 천하가 크게 무너진다는 것이다.〔後年磽者 陳蕃竇武等誅 天下大壞也〕"라고 하였다.

① ≪儀禮≫ 〈士冠禮〉의 "단술을 맛보다.〔啐醴〕"의 鄭玄 注에 "古文 啐은 '呼'이다."라고 하였다. 살펴보건대, 呼와 啐은 音義가 모두 현격히 차이가 나니 확실히 誤字이다. 당연히 古文 啐은 唪의 오자이다. 예컨대 古文 酳이 酌(조금 마실/인)으로 되어 있는 것과 같다. 지금의 ≪禮記≫에는 酌이 모두 '酌'으로 잘못되어 있다.
士冠禮注曰, "古文啐爲呼." 按呼與啐, 音義皆隔, 必是誤字. 當是古文啐爲唪之誤, 如古文酳作酌. 今禮酌, 皆誤酌也.

② 所와 劣의 반절이다. 제15部에 있다.
所劣切. 十五部.

## 03-022-0772  (嚵)〔조금 마실, 부리/참〕

'조금 마시다'이다. 口를 따르고 毚(참)이 소리이다. 일설에는 '부리'라고도 한다.

**小唪也. 从口, 毚聲.**[①] **一曰喙也.**[②]

① 士와 咸의 반절이다. 제8部에 있다.
士咸切. 八部.

② 이것은 별도의 하나의 뜻이다.
此別一義.

## 03-022-0773  (簭)〔물어뜯을/서〕 補

'먹다', '부리'이다. 口를 따르고 簭(서)가 소리이다.

啗**也. 喙也.**[①] 从口, 簭聲.[②]

① '喙'자 앞에 '一曰' 2자가 있어야 한다. 〈喙가〉 各本에는 '噬'로 되어 있는데 지금 바로잡았다. ≪說文≫에 簭는 있고 筮가 없는데, 筮는 隸變으로 諧聲(形聲)으로 사용됨은 합당하지 않다. ≪周禮≫ 〈冬官 考工記 梓人〉의 "움켜 죽이고 물어뜯기도 한다."라는 글에 바로 簭로 되어 있는 것은 簭聲을 따르고 吅을 생략한 것이다. 또 ≪周禮≫의 '卜筮'의 '筮'자가 모두 '簭'로 되어 있는데, 이것은 假借이다.
喙上當有'一曰'二字. 各本作噬, 今正. 說文有簭無筮, 則筮者隸變, 不當爲用諧聲. 周禮梓人"攫殺援簭." 正作簭, 从簭聲而省吅也. 又周禮卜筮字, 皆作簭, 此則假借也.

② 時와 制의 반절이다. 제15部에 있다. 살펴보건대, ≪詩經≫ 〈唐風 有杕之杜〉에 "때마침 나에게 온다."라고 하였는데, 毛亨 傳에 "噬는 逮(미칠/체)이다."라고 하였다. 이는

噬가 逮의 뜻으로 假借되었음을 말한다. ≪爾雅≫ 〈釋言〉에는 遾로 되어 있고, ≪方言≫에는 또한 '噬'로 되어 있다.
時制切. 十五部. 按詩"噬肯適我", 毛曰, "噬, 逮也." 此謂噬爲逮之假借也. 釋言作遾, 方言亦作噬.

## 03-022-0774 (啗)〔먹을/**담**〕

'먹다'이다. 口를 따르고 臽(함)이 소리이다. 含(함)과 같이 읽는다.

**食也**. 从口, **臽聲**.① **讀與含同**.②

① 徒와 濫의 반절이다. 제8部에 있다.
徒濫切. 八部.
② 지금의 음과는 다르다.
與今音異.

## 03-022-0775 (嘰)〔조금 먹을/**기**〕

'조금 먹다'이다. 口를 따르고 幾(기)가 소리이다.

**小食也**.① 从口, **幾聲**.②

① 司馬相如의 〈大人賦〉에 "꽃을 조금 먹는다."라고 하였다. 살펴보건대, 皀部(급부)의 '旣'자 해설에 "조금 먹는 것이다."라고 하였다. 嘰와 旣는 音義가 모두 같으나 字形은 각각의 글자이다. ≪禮記≫ 〈玉藻〉에 "禨를 올리다."라고 하였고, ≪禮記≫ 〈少儀〉의 鄭玄 注에 "목욕을 하고 나서 마시는 술을 '禨'라고 한다."라고 하였다. 두 곳의 禨는 모두 '嘰'가 되어야 한다.
大人賦曰, "嘰瓊華." 按皀部有旣字, 云"小食也." 嘰與旣音義, 皆同而各字. 玉藻"進禨." 少儀注曰"已沐飮曰禨." 皆當作此嘰.
② 居와 衣의 반절이다. 제15部에 있다.
居衣切. 十五部.

## 03-022-0776 (哺)〔음식을 씹는 모양/**박**〕

'음식을 씹는 모양'이다. 口를 따르고 尃(부)가 소리이다.

噍皃.① **从口, 尃聲.**②

① 살펴보건대, 승려 玄應의 ≪衆經音義≫에 ≪說文≫을 세 번 인용하였는데[36] 모두 "噂噪은 '음식을 씹는 모양'이다."라고 하였고, ≪廣韻≫ 入聲의 19 鐸에 나오는 噂과 26 緝에 나오는 噪에서 모두 "噂噪은 '음식을 씹는 모양'이다."라고 하였고, 승려 行均의 ≪龍龕手鑑≫에 인용된 것도 같다. ≪說文≫ 古本은 噂자를 앞에 두고 "噂噪은 '음식을 씹는 모양'이다."라고 하였고, '噪'자를 그다음에 두어 "噂噪이다."라고 했을 것이다. 지금 噂자와 噪자가 두 곳에 나뉘어 배열되었고 噂噪이란 말이 없는 것은, 대개 口部에 탈자나 오자가 많기 때문이다.
按釋玄應書三引說文, 皆云"噂噪, 噍皃也." 廣韻十九鐸卄六緝, 皆云"噂噪, 噍皃." 釋行均書同. 說文古本當先噂字, 云"噂噪, 噍皃也." 次噪字, 云"噂噪也." 今噂字噪字廁兩處, 無噂噪之語, 蓋口部脫誤多矣.

② 補와 各의 반절이다. 제5部에 있다.
補各切. 五部.

## 03-022-0777 (含)〔음식 머금을/**함**〕補

'입에 음식을 머금고 있다'이다. 口를 따르고 今(금)이 소리이다.

嗛**也. 从口, 今聲.**①

① 胡와 男의 반절이다. 古音은 제7部에 있다. ≪漢書≫ 〈禮樂志〉에 "吟青黃"[37]라고 하였는데 吟을 含으로 보았다.
胡男切. 古音在七部. 禮樂志"吟青黃" 以吟爲含.

## 03-022-0778 (哺)〔씹어 먹을/**포**〕

'씹어 먹다'이다. 口를 따르고 甫(포)가 소리이다.

**哺咀也.**① 从口, **甫聲.**②

① 哺와 咀는 대체로 疊韻字이다. 승려 玄應이 ≪淮南子≫의 許愼 注에 "哺는 입속에서 음

---

36) 세 번 인용하였는데 : ≪衆經音義≫ 15권, 16권, 19권에 인용되었다.

37) 吟青黃 : 사계절 음악을 노래하다. ≪漢書≫ 〈禮樂志〉에 顔師古가 "吟은 歌誦이다. 青皇은 사계절의 음악이다.〔吟 歌誦也 青黃 四時之樂也〕"라고 하였다.

식을 씹는 것이다."라는 글을 인용하였고, 또 ≪字林≫의 "哺咀는 '먹다'의 뜻이다."라는 글을 인용하였다. 대체로 음식물을 입에 머금고 새끼에게 먹이는 것을 '哺'라고 한다. ≪爾雅≫ 〈釋鳥〉에 "〈어미새가〉 낳고 〈먹이를 가져다〉 먹이는 것이 鷇(어미새가 먹이를 먹여 주는 어린 새/구)이다."라고 하였다.

哺咀蓋疊韻字. 釋玄應引許淮南注曰, "哺, 口中嚼食也." 又引字林"哺咀, 食也." 凡含物以飼曰哺. 爾雅"生哺, 鷇."

② 薄과 故의 반절이다. 제5部에 있다.

薄故切. 五部.

## 03-022-0779 味 (味) 〔맛있는 음식/미〕 補

'맛있는 음식'이다. 口를 따르고 未(미)가 소리이다.[38)]

**滋味也.**① **从口, 未聲.**②

① 滋는 '많다'는 뜻이다.

滋言多也.

② 無와 沸의 반절이다. 제15部에 있다.

無沸切. 十五部.

## 03-022-0780 嚛 (嚛) 〔매울/혹〕

'음식이 맵다'이다. 口를 따르고 樂(악)이 소리이다.

**食辛嚛也.**① **从口, 樂聲.**②

① 嚛은 辛螫[39)]을 말한다. 火部의 '熮'자 해설에서 ≪逸周書≫의 "맛이 맵기는 하지만 대단하지는〔熮〕 않다."라는 말을 인용하였고, ≪呂氏春秋≫ 〈本味〉에서는 "맛이 맵기는 하지만 강하지〔烈〕 않다."라고 하였는데, 嚛·熮·烈은 같은 뜻이다. ≪玉篇≫에 "伊尹

---

38) 口를……소리이다 : ≪六書尋源≫에서는 "味는 약간 맛봄을 말하므로, 未를 따른 것은 잠시〔姑且〕, 未熟의 뜻을 겸하였다.〔蓋味者 少嘗之謂也 故其从未者 兼姑且未熟之義〕"라고 하여, 會意로 설명하고 ≪說文≫의 形聲을 따르지 않았다.

39) 辛螫 : 매우 독성이 강한 독을 말하는데, 여기서는 맛이 맵다는 것을 비유하였다. ≪詩經≫ 〈周頌 小毖〉에 "벌을 건드리지 말라. 스스로 센 독을 구하는 것이다.〔莫予荓蜂 自求辛螫〕"라고 하였다.

이 '시지만 맵지는 않다.'"라고 하였다.

이것이 옛날 ≪伊尹書≫[40] 가운데 겨우 지금 남아 있는 글이다. 酸은 아마도 辛이 되어야 한다. 맵지만 강렬하지 않은 것은 ≪呂氏春秋≫ 〈本味〉의 "맵기는 하지만 강렬하지 않다."는 것이다.

嗾謂辛螫. 火部引周書"味辛而不熮." 呂覽本味"味辛而不烈." 嗾與熮烈同義. 玉篇云 "伊尹曰 '酸而不嗾.'" 此古伊尹書之僅存者. 酸疑當作辛. 辛而不嗾, 卽本味之"辛而不烈"也.

② 火와 沃의 반절이다. 古音은 제2部에 있다.

火沃切. 古音在二部.

## 03-022-0781 ([illegible]) 〔입에 음식 가득할/촯〕

'입에 음식이 가득하다'이다. 口를 따르고 窡(촬)이 소리이다.

**口滿食. 从口, 窡聲.**①

① 丁과 滑의 반절이다. 제15部에 있다.

丁滑切. 十五部.

## 03-022-0782 (噫) 〔트림할/애〕

'배가 불러 숨을 쉬다'이다. 口를 따르고 意(의)가 소리이다.

**飽出息也.**① **从口, 意聲.**②

① 각 판본에는 飽食으로 되어 있지만 지금 ≪玉篇≫과 ≪衆經音義≫에 따라 바로잡았다. 息은 코로 숨을 쉬는 것이다. ≪禮記≫ 〈內則〉에 "부모나 시부모가 계신 곳에는 감히 구역질하고 트림하지 않는다."라고 하였다. ≪莊子≫ 〈齊物論〉에 "大自然이 숨을 내뿜는 것을 바람이라고 한다."라고 하였다. ≪黃帝內經靈樞經≫에 "五藏(心·肝·脾·肺·腎)의 작용 중에서 심장은 호흡을 주관한다."라고 하였다.

살펴보건대, '噫'자는 또한 饐로도 쓰는데 ≪廣雅≫에 보인다. ≪玉篇≫과 ≪廣韻≫에는 於와 北, 烏와 克의 두 가지 반절로 되어 있다. ≪淮南子≫의 高誘 注[41]에 "垓는

---

40) 伊尹書 : 殷나라 재상 伊尹이 남겼다는 책이다. ≪玉函山房輯佚書≫에 1권이 수록되어 있다.

41) 淮南子……注 : ≪淮南子≫ 〈俶眞訓〉에 "경계가 없는 집을 설치하다.〔設於無垓坫之宇〕"에 대한 高誘 注에 '垓坫은 垠堮(경계, 한계/은악)이다.'라고 하였다. 段玉裁가 한 말은 보이지 않는다.

사람이 음식을 너무 많이 먹으면 '트림〔下垓〕할 것을 생각한다.'라고 할 때의 垓와 같이 읽는다."라고 하였는데, '以思下垓之垓'는 '以息上餩之餩'의 잘못이다. 高誘 注는 마음에 가득한 울분을 말한 것이 많아 또한 이처럼 말한 것이다.

各本作飽食, 今依玉篇・衆經音義訂. 息, 鼻息也. 內則"在父母舅姑之所, 不敢噦噫." 莊子"大塊噫氣, 其名曰風." 靈樞經曰, "五藏氣心主噫." 按噫字亦作餩, 見廣雅・玉篇廣韻, 於北烏克二反. 高注淮南書曰, "垓讀如人飲食太多, 以思下垓之垓." 以思下垓之垓, 乃以息上餩之餩之誤. 高注多言心中滿該, 亦謂此也.

② 於와 介의 반절이다. 古音은 제1部에 있다. ≪論語≫ 〈先進〉에 "공자가 말하기를 '아, 하늘이 나를 망하게 하는구나.'"라고 하였고, ≪詩經≫ 鄭玄 注에 "아, 이 皇父"42), "아, 저 명철한 부인"43)이라고 하였는데, 여기의 '噫'는 모두 애통하고 상심하는 소리이다.

於介切. 古音在一部. 論語"子曰, 噫天喪予." 鄭氏毛詩"噫此皇父." "噫厥哲婦." 皆爲有所痛傷之聲.

## 03-022-0783 嘽 (嘽) 〔헐떡일, 기쁠/탄〕

'숨을 헐떡이다'이다. 일설에는 '기쁘다'라고 하였다. 口를 따르고 單(단)이 소리이다. ≪詩經≫ 〈小雅 四牡〉에 "헐떡거리며 달리는 검은 갈기의 흰 말이다."라고 하였다.

**喘息也.**① **一曰喜也.**② **从口, 單聲.**③ **詩曰, "嘽嘽駱馬."**④

① ≪詩經≫ 〈小雅 四牡〉의 毛亨 傳에 "嘽嘽은 숨을 헐떡이는 것이다. 말이 피로하면 헐떡인다."라고 하였다.

小雅傳曰, "嘽嘽, 喘息也. 馬勞則喘息."

② ≪禮記≫ 〈樂記〉에 "즐거운 마음을 느끼는 자는 그 소리가 여유롭고 느리다."고 하였는데, 鄭玄의 注에 "嘽은 '여유 있는 모습'이다."라고 하였다.

樂記"其樂心感者, 其聲嘽以緩." 注"嘽, 寬綽皃."

③ 他와 干의 반절이다. 제14部에 있다.

他干切. 十四部.

---

42) 아……皇父 : ≪詩經≫ 〈小雅 十月之交〉에 "抑此皇父"에서, 鄭玄 注에 "抑이라는 말은 '噫'를 假借한 것이다. 아, 이 황보〔抑之言噫 噫是皇父〕"라고 하였다. '皇父'는 周 幽王의 卿士이다.

43) 아……부인 : ≪詩經≫ 〈大雅 瞻卬〉에 "아, 저 명철한 부인이, 올빼미가 되고 부엉이가 되었다.〔懿厥哲婦 爲梟爲鴟〕"라고 하였다. 명철한 부인은 周 幽王의 애첩인 褒姒를 말한다. 鄭玄 注에 "懿에는 애통하고 상심하는 소리가 있다.〔懿有所痛傷之聲也〕"라고 하였다. 孔穎達 疏에 "懿와 噫는 자형은 다르지만 音義가 같다.〔懿與噫 字雖異 音義同〕"라고 하였다.

④ 앞의 '숨을 헐떡이다'의 뜻을 증명하였다.
證前一義.

## 03-022-0784 (唾)〔침/타〕【重文 1】

'침'이다. 口를 따르고 垂(수)가 소리이다. (涶)는 唾의 或體이니 水를 따랐다.

**口液也.**[①] 从口, **垂聲.**[②] **唾或从水.**[③]

① ≪禮記≫ 〈曲禮〉에 "음식을 사양할 때 침을 뱉지 않는다."라고 하였고, ≪禮記≫ 〈內則〉에 "감히 침을 뱉거나 코를 풀지 않는다."라고 하였다.
曲禮"讓食不唾." 內則"不敢唾洟."

② 湯과 臥의 반절이다. 제17部에 있다.
湯臥切. 十七部.

## 03-022-0785 (咦)〔크게 숨 내쉴/이〕

'南陽에서는 크게 숨을 내쉬는 것을 「咦」이다'라고 하였다. 口를 따르고 夷(이)가 소리이다.

**南陽謂大呼曰**咦.[①] 从口, **夷聲.**[②]

① 呼는 '날숨'이다. 大呼는 '크게 숨을 쉬는 것'이다.
呼, 外息也. 大呼, 大息也.

② 以와 之의 반절이다. 古音은 제6脂에 있다.[44)]
以之切. 古音在六脂.

## 03-022-0786 (呬)〔숨 쉴/희〕

'東夷는 숨 쉬는 것을 「呬」이다'라고 하였다. 口를 따르고 四(사)가 소리이다. ≪詩經≫ 〈大雅 緜〉에 "犬夷가 숨만 쉬고 있다."라고 하였다.

---

44) 古音은……있다 : ≪廣韻≫의 上平 六脂에 夷와 咦가 속해 있고, 이 六脂는 〈古十七部諧聲表〉의 제15부에 있다.

**東夷謂息爲呬.**① **从口, 四聲.**② **詩曰, "犬夷呬矣."**③

① ≪方言≫에 "呬는 '숨 쉬는 것'이다. 東齊[45]에서는 '呬'라고 한다."라고 하였고, ≪爾雅≫〈釋詁〉 郭璞 注에 또한 "지금 동제에서, 숨 쉬는 것을 '呬'라고 한다."라고 하였다. 아마도 許愼이 ≪方言≫을 따랐다면 東夷는 東齊가 되어야 하니 글자가 잘못된 것이다.
方言"呬, 息也. 東齊曰呬." 釋詁郭注亦云 "今東齊謂息爲呬." 疑許襲方言, 東夷當作東齊, 字之誤也.

② 虛와 器의 반절이다. 제15部에 있다. 살펴보건대, ≪詩經≫〈大雅 假樂〉에 "백성들이 휴식하고 있다.〔民之攸塈〕"라고 하였다. 毛亨 傳에 "塈은 '息'이다."라고 하였지만, 塈를 '息'으로 풀이하면 안 된다. 이는 바로 塈가 呬를 假借한 것이기 때문이다. ≪爾雅≫〈釋詁〉에 "呬는 '息'이다."라고 하였다. 某氏는 ≪詩經≫의 "民之攸呬"를 인용하였는데, 대개 三家詩[46]에는 呬로 되어 있고, 毛詩에는 塈로 되어 있다.

≪說文≫ 尸部에 '屓(희)'자가 있고, 鼻部에 '齂(희)'자가 있는데, 모두 '臥息(누워서 숨 쉬다)'의 뜻을 가지고 있으며 또한 모두 虛와 器의 반절이다. 대체로 옛날에는 休息은 鼻息(코로 숨쉬다)과 같은 뜻이었다.
虛器切. 十五部. 按大雅"民之攸塈." 毛曰, "塈, 息也." 塈不訓息. 此正謂塈卽呬之假借. 爾雅"呬, 息也." 某氏引詩"民之攸呬." 蓋三家詩作呬, 毛詩作塈. 說文尸部有屓字, 鼻部有齂字, 皆臥息也, 亦皆虛器切. 凡古休息與鼻息同義.

③ ≪詩經≫〈大雅 緜〉에 "곤이가 달아나 오직 숨만 쉬고 있다.〔混夷駾矣 維其喙矣〕"에서 두 구를 합하여 한 구〔混夷喙矣〕로 만든 것인데, 日部의 '昌'자 해설의 "東方昌矣"[47]를 인용한 것과 비슷하다. 混이 犬으로 되어 있고, 喙가 呬로 되어 있는 것은〔犬夷呬矣〕 대개 三家詩를 사용했기 때문이다.

馬部 '駾'자 해설에 "昆夷駾矣"를 인용한 것은 毛詩이다. 毛亨 傳에 "喙는 '困'이다."[48]라고 하였고, ≪方言≫에서 "餯(식)·喙·呬는 '息'이다."라고 하였다.

살펴보건대, 사람이 편안한 것과 매우 피곤한 것은 모두 숨 쉬는 데서 증명된다. 그러므로 〈假樂〉과 〈緜〉의 呬는 뜻은 다르지만 함께 일컬어져도 상관 없고,[49] 喙와 呬는

---

45) 東齊 : 춘추시대 齊나라를 이른다. 周나라의 동쪽에 있어서 이르는 말이다.

46) 三家詩 : 漢代에 ≪詩經≫을 전승해 온 三家로, 轅固生이 해설한 ≪齊詩≫, 申培가 해설한 ≪魯詩≫, 韓嬰이 해설한 ≪韓詩≫이다. 모두 없어지고 ≪韓詩≫만 일부 남아 있고, ≪毛詩≫가 널리 퍼졌다.

47) 東方昌矣 : ≪詩經≫〈齊風 鷄鳴〉에 "동방이 밝아지니 조정에 이미 신하들이 많다.〔東方明矣 朝旣昌矣〕"라고 하였다. 여기에서 두 구를 합쳐 '東方昌矣' 한 구로 만들었다는 것이다.

48) 喙는 困이다 : ≪詩經≫〈大雅 緜〉의 "維其喙矣"의 喙에 대한 주석이다.

49) 假樂과……없고 : 〈假樂〉에서는 呬가 '휴식'의 의미로, 〈緜〉에서는 呬가 '숨만 쉬다'는 의미로 사용된 것을 말한다.

글자는 다르지만 같은 뜻으로 쓰는 것도 상관 없다.

大雅"混夷駾矣, 維其喙矣." 合二句爲一句, 與日部引東方昌矣相似. 混作犬, 喙作呬, 蓋亦用三家詩. 馬部引昆夷駾矣, 則毛詩也. 毛云 "喙, 困也." 方言"餽・喙・呬, 息也." 按人之安寧與困極, 皆驗諸息. 故假樂・綿之呬, 不嫌異義同偁. 喙與呬, 不嫌異字同義.

## 03-022-0787 (喘)〔숨찰/천〕補

'숨을 쉬는 것이 빠르다'이다. 口를 따르고 耑(단)이 소리이다.

**疾息也.**① **从口, 耑聲.**②

① 이것은 구분해서 말한 것이다. 心部의 '息'자 해설에 "숨을 쉬는 것이다."라고 한 것은 통틀어서 말한 것이다.
此分別言之. 息下曰, "喘也", 渾言之也.

② 昌과 沇의 반절이다. 제14部에 있다.
昌沇切. 十四部.

## 03-022-0788 (呼)〔날숨/호〕

'숨을 내쉬다'이다. 口를 따르고 乎(호)가 소리이다.

**外息也.**① **从口, 乎聲.**②

① 外息은 '숨을 바깥으로 내쉬는 것'이다.
外息, 出其息也.

② 荒과 烏의 반절이다. 제5部에 있다. 지금 사람들이 呼를 號嘑와 評召의 글자로 쓰는 것은 잘못이다.
荒烏切. 五部. 今人用此爲號嘑・評召字, 非也.

## 03-022-0789 (吸)〔들숨/흡〕

'숨을 들이마시다'이다. 口를 따르고 及(급)이 소리이다.

**內息也.**① **从口, 及聲.**②

① 內息은 '들숨'이다.
內息, 納其息也.
② 許와 及의 반절이다. 제7部에 있다.
許及切. 七部.

## 03-022-0790 (噓)〔불/허〕

'불다'이다. 口를 따르고 虛(허)가 소리이다.

**吹也. 从口, 虛聲.**①

① 朽와 居의 반절이다. 제5部에 있다.
朽居切. 五部.

## 03-022-0791 (吹)〔불/취〕 補

'불다'이다. 口・欠을 따랐다.

**噓也. 从口欠.**①

① 하품하면 기운이 나간다. 會意이다. 昌과 垂의 반절이다. 古音은 제17部에 있다.
口欠則气出. 會意. 昌垂切. 古音在十七部.

## 03-022-0792 (喟)〔크게 한숨 쉴/위〕 補 【重文 1】

'크게 한숨 쉬다'이다. 口를 따르고 胃(위)가 소리이다. 嘳(嘳)는 喟의 或體이니 貴를 따랐다.

**大息也.**① **从口, 胃聲.**② **嘳喟或从貴.**③

① ≪論語≫에 두 번이나 "喟然歎曰"[50]을 말하였는데 '크게 한숨 쉬며 탄식하다'는 뜻이다. 何晏이 "喟然은 '탄식하는 소리'이다."라고 하였는데, 매우 옳지 않다.
論語兩云"喟然歎曰", 謂大息而吟歎也. 何晏云 "喟然, 歎聲也." 殊非是.

---

50) 喟然歎曰 : ≪論語≫ 〈子罕〉과 〈先進〉에 보인다.

② 丘와 貴의 반절이다. 제15部에 있다.
丘貴切. 十五部.

③ 胃聲과 貴聲은 同部(제15部)에 있다.
胃貴聲同部.

## 03-022-0793 (啍) 〔말투/톤〕

'말투'이다. 口를 따르고 𦎧(순)이 소리이다. ≪詩經≫ 〈王風 大車〉에 "큰 수레가 느리게 간다."라고 하였다.

**口气也. 从口, 𦎧聲.**① **詩曰, "大車**啍啍."②

① 他와 昆의 반절이다. 제13部에 있다.
他昆切. 十三部.

② ≪詩經≫ 〈王風 大車〉의 "大車啍啍"에 대하여 毛亨 傳에 "啍啍은 '느린 모습'이다."라고 하였다. 살펴보건대, 啍은 '말투가 느린 것'을 말한다. 그러므로 引伸되어 '느린 모습'이라는 뜻으로 사용되었다.
王風, 毛云 "啍啍, 重遲之皃." 按啍言口气之緩, 故引伸以爲重遲之皃.

## 03-022-0794 (嚏) 〔재체기할/체〕

'기운을 풀어내다'이다. 口를 따르고 疐(체)가 소리이다.

**悟解**气**也.**① **从口, 疐聲.**②

① '기운을 풀어내다'는 것은 '欠'자 해설에 "입을 벌려 기운을 풀어내는 것이다."라고 한 것이 이것이다. 悟는 '覺'의 뜻이니 인신하여 '解散하다'는 뜻으로 사용되었다.[51] ≪通俗文≫에 "입을 벌려 기운을 움직이는 것을 '欠㰦(흠거)'라고 한다."라고 하였다. ≪周易≫ 解卦䷧의 "百果와 草木의 껍질이 터진다."에 대한 鄭玄 注에 "皆는 사람이 倦解(게으르고 풀어지다/권해)의 解(해)와 같이 읽어야 한다."라고 하였고, ≪方言≫의 "蛤解(도마뱀의 일종/합해)"의 〈解에 대하여〉 郭璞 注에는 "解는 '解悟'라고 할 때의 解와 같이 읽어야 한다."라고 하였는데 모두 옳다. 許愼의 뜻은 嚏와 欠이 異音同義라고 본 것이다.

---

51) 悟은……사용되었다 : '欠'자 해설에 "悟 覺也" 바로 뒤에 "引伸하여 '解散하다'는 뜻이 되었다.〔引伸爲解散之意〕"라고 하였다.

내(段玉裁)가 살펴보건대, 嚔의 의미에 대한 許愼의 설명은 옳지 않으니 굳이 따르지 않아도 된다. 嚔는 ≪禮記≫ 〈月令〉과 ≪禮記≫ 〈內則〉에 각각 1번씩 보인다.[52) ≪詩經≫ 〈邶風 終風〉의 "생각하면 재채기가 난다〔願言則疐〕"[53)라고 하였는데, 鄭玄箋에는 "疐는 '감히 嚔咳(재채기/체해)를 하지 않는다.'는 嚔와 같이 읽어야 한다. 요즈음에 세상 사람들이 재채기를 하면 '누가 내 말을 하고 있다.'라고 하는데, 이는 옛날부터 내려오던 말이다."라고 하였다.

≪禮記≫ 〈月令〉에 "백성들 대다수가 콧물을 흘리고 재채기를 한다.〔民多鼽嚔〕"라고 하였는데, 코가 막혀 재채기를 방해함을 이른다. ≪說文≫ '嚏'자(03-022-0870) 해설에 "일설에는 皷(鼓)鼻(재채기/고비)라고 한다."라고 하였다. 그리고 許愼이 嚔를 欠으로 풀이한 것은[54) 단지 '嚔'자가 口를 따르고 鼻를 따르지 않았기 때문이다. ≪禮記≫ 〈內則〉의 "〈부모 앞에서는〉 嚔(재채기)를 하지 않는다."라는 말을 생각지도 않고 또 "〈부모 앞에서는〉 欠(하품)을 하지 않는다."라고 말하였으니, 嚔와 欠은 두 가지 일이 명백하다.

≪黃帝內經素問≫ 〈宣明五氣〉에 五藏(心・肝・脾・肺・腎)의 기운이 일으키는 질병을 설명하면서 "腎臟이 欠(하품)을 하고 嚔(재채기)를 한다."라고 하였으니, 또한 두 가지 일로 분리한 것이다. 만약 嚔가 欠이라고 한다면 ≪禮記≫ 〈內則〉과 ≪黃帝內經素問≫을 모두 이해할 수 없게 된다. 嚔의 풀이는 歕鼻(재채기/분비)라고 고치는 것이 타당하다. 입과 코로 동시에 기운이 나가므로 '嚔'자가 口를 따르게 된 까닭이다.

≪詩經≫ 〈邶風 終風〉 "願言則疐"에서, 毛亨 傳에 "疐는 跲(넘어질/겁)이다."라고 하였으며, ≪經典釋文≫ 〈毛詩音義〉에 "疐가 疌으로 되어 있고, 跲이 劫(겁)으로 되어 있다." 본래 古字는 通假字이다. ≪詩經≫ 〈豳風 狼跋〉에 "이리가 자기 꼬리 밟아 넘어졌다.〔載疐其尾〕"를 보면 毛亨 傳에 "疐는 跲이다."라고 하였으니, 疐는 어떤 판본에는 疌로 되어 있으니 증명할 수 있다.

崔靈恩[55)의 ≪毛詩集注≫에는 "劫를 고쳐 㰦(하품할/거)로 하였고, "지금 세상 사람들은 몸이 피곤하면 기지개를 하고 정신이 피곤하면 하품을 한다. 음이 丘와 據의 반절이다."[56)라고 풀이하였다. 이는 대체로 嚔에 대한 許愼의 해석에 부합된다. 그렇지

52) 禮記……보인다 : ≪禮記≫ 〈月令〉에 "백성들 대다수가 콧물을 흘리고 재채기를 한다.〔民多鼽嚔〕", ≪禮記≫ 〈內則〉에 "트림과 재채기〔噫嚔〕"라는 말이 있다.

53) 생각하면……난다〔願言則疐〕 : 今本 ≪詩經≫에는 "願言則嚔"로 되어 있다. 毛亨과 鄭玄이 본 ≪詩經≫에는 疐로 되었음을 알 수 있다.

54) 許愼이……것은 : ≪說文≫ '嚏'자 해설에 '許'자가 추가된 "許釋嚔爲欠"으로 되어 있어 이에 의거하여 번역하였다.

55) 崔靈恩 : ?~?. 南朝 梁나라 사람으로 ≪三禮≫과 ≪三傳≫에 정통하였다. 저서로 ≪毛詩集注≫, ≪集注周禮≫ 등이 있다.

만 허신 자신이 嚏를 해석한 것인지는 모르겠으나 毛亨의 疐 주석을 이해한 것은 아니다. 疐를 '嚏'로 고친 것은 鄭玄에서 시작된다.

許愼은 鄭玄 이전 사람인데 어떻게 鄭玄의 설을 따르고, 毛亨의 설을 바꿀 수 있겠는가. 각 판본에는 "詩曰願言則嚏" 여섯 자가 있는데 休寧 출신의 汪龍이 "후대 사람이 함부로 추가한 것이다."라고 한 것이 이것이다. 지금은 산삭하였다. 배우는 이들은 毛亨과 許愼이 ≪詩經≫에서 본래 '㰦'자에 대한 설명을 하지 않았음을 알 수 있다. 唐石經[57]에 嚏로 되어 있는 것은 鄭玄의 주석을 따른 것이지 毛亨의 주석을 따른 것이 아니다.

悟解气者, 欠字下云 "張口气悟"是也. 悟, 覺也. 解散也. 通俗文曰, "張口運气謂之欠㰦." 鄭注周易"百果艸木, 皆甲坼"曰, "皆, 讀爲人倦解之解." 郭注方言"蛤解"曰, "解, 讀解悟聲之解." 皆是. 許意嚏與欠異音同義. 玉裁按許說嚏義非是, 不必曲徇. 嚏之見於月令・內則者各一. 鄭氏終風箋曰, "疐讀當爲不敢嚏咳之嚏. 今俗人嚏云 '人道我', 此古之遺語也." 月令"民多鼽嚏." 謂鼻塞而妨嚏. 說文嚏下"一曰鼓鼻", 而釋嚏爲欠, 直以其字从口不从鼻故耳. 殊不思內則旣云"不敢嚏", 又云"不敢欠", 其爲二事憭然. 素問說五气所病, "腎爲欠爲嚏", 亦分二事. 倘云嚏卽是欠, 則內則・素問, 皆不可通矣. 故嚏解當改云歕鼻也爲安. 口與鼻同時气出, 此字之所以从口也. 至若詩"願言則疐", 毛傳云 "疐, 跲也." 釋文"疐作疌, 跲作劫." 自是古字通叚. 觀狼跋, 傳"疐, 跲也." 而其疐本又作疌, 可證. 崔靈恩集注乃改劫爲㰦, 訓以"今俗人體倦則伸, 志倦則㰦. 音丘據反." 是蓋以附合許之嚏解. 而不知許自解嚏, 非解毛之疐也. 改疐爲嚏, 自鄭君始. 許在鄭前, 安得从鄭易毛. 各本有"詩曰願言則嚏"六字, 休寧汪氏龍以爲"後人妄增者", 是也, 今刪. 學者可以知毛・許於詩本無㰦說. 唐石經作嚏者, 乃从鄭, 非从毛.

② 都와 計의 반절이다. 古音은 제12部에 있다.
都計切. 古音在十二部.

## 03-022-0795  (嚔) 〔촌사람 말/질〕

'촌사람의 말'이다. 口를 따르고 質(질)이 소리이다.

**野人之言.① 从口, 質聲.②**

---

56) 지금……반절이다 : 崔靈恩의 ≪毛詩集注≫는 逸失되어 전하지 않는다. 인용문은 ≪經典釋文≫〈毛詩音義〉終風의 '劫'자 해설에 '崔云'이라고 한 데서 보인다.

57) 唐石經 : 開成石經・長安石經이라고도 한다. 唐 文宗 太和 7년(833)에 刻石에 착수, 開成 2년(837)에 완성하였다. 三經, 三傳, 三禮와 ≪論語≫, ≪孝敬≫, ≪爾雅≫의 12경을 본문을 楷書와 隷書로 227개의 돌에 새겼다.

① ≪論語≫ 〈雍也〉에 "본바탕이 외적인 모습보다 지나치면 촌스럽게 된다."라고 하였다. 이 글자는 會意 겸 形聲이다.
論語曰, "質勝文則野." 此字會意兼形聲.

② 之와 日의 반절이다. 제12部에 있다.
之日切. 十二部.

## 03-022-0796 (唫) 〔입 다물/금〕

'입을 다물다'이다. 口를 따르고 金(금)이 소리이다.

**口急也. 从口, 金聲.**①

① 巨와 錦의 반절이다. 제7部에 있다.
巨錦切. 七部.

## 03-022-0797 (噤) 〔입 다물/금〕

'입을 다물다'이다. 口를 따르고 禁(금)이 소리이다.

**口閉也.**① **从口, 禁聲.**②

① ≪史記≫ 〈淮陰侯傳〉에 "비록 순임금과 우임금 같은 지혜를 가졌다 하더라도 입을 다물고 말하지 않는다."라고 하였다. 이는 吟이 噤의 뜻으로 假借한 것이다. 吟과 噤은 의미가 서로 비슷하다.
史淮陰侯傳"雖有舜禹之智, 吟而不言." 此假吟爲噤也. 吟噤義相似.

② 巨와 禁의 반절이다. 제7部에 있다.
巨禁切. 七部.

## 03-022-0798 (名) 〔자신의 이름을 부를/명〕 補

'자신의 이름을 부르다'이다. 口·夕을 따랐다. 夕은 '어두운 것'이다. 어두워지면 서로 보지 못하므로 입으로 자신의 이름을 말하는 것이다.

**自命也.**① **从口夕. 夕者, 冥也. 冥不相見,**② **故曰口自名.**③

① ≪禮記≫ 〈祭統〉에 "鼎에 銘이 있다. 銘은 스스로를 이름하는 것이다."라고 하였는데 許愼은 이것을 근거로 하였다. ≪周禮≫ 〈春官 小祝〉의 故書에는 銘으로 되어 있고, 今書에는 名으로 되어 있다.[58] ≪儀禮≫ 〈士喪禮〉의 古文에는 銘으로 되어 있고, 今文에는 모두 名으로 되어 있다.[59]

살펴보건대, 死者의 銘旌은 ≪儀禮≫ 〈士喪禮〉에 "윗부분을 검은 비단으로 하는데 길이는 반 폭이고, 붉은 비단으로 만든 명정의 아랫부분은 길이가 온 폭, 너비가 3촌이다. 명정의 아랫부분에 이름을 쓰기를 '某氏某之柩'라고 쓴다."라고 하였다. 이것이 바로 自名(스스로를 이름하는 것)이다. 器具를 만들 때 銘을 새기는데 또한 先朝의 공덕을 칭송하면서 아래에는 자신의 이름을 드러낸다. 모두 단지 '名'이라고만 해도 이미 충분하니 굳이 '金'자를 偏旁에 추가할 필요는 없다. 그러므로 許愼이 金部에서 '銘'자를 수록하지 않고 ≪周禮≫의 今書[60]와 ≪儀禮≫의 今文[61]을 따른 것이다.

許愼의 생각은 대체로 經傳이 '銘'자는 모두 名이 되어야 한다는 것이다. 鄭玄은 경전을 주석하면서 銘을 刻(새길/각)으로 풀이하였다.[62] 劉熙는 ≪釋名≫ 〈釋言語〉에 "銘은 '名'이다. 공적을 기록하고 이름을 올리는 것이다."라고 하였고, 呂忱은 ≪字林≫에서 "銘은 글을 지어 새기는 것이다."라고 하여, 許愼의 해설을 사용하지 않았다.

祭統曰, "夫鼎有銘. 銘者, 自名也." 此許所本也. 周禮小祝"故書作銘, 今書或作名." 士喪禮古文作銘, 今文, 皆爲名. 按死者之銘, "以緇長半幅, 赬末長終幅, 廣三寸. 書名于末曰, 某氏某之柩." 此正所謂自名. 其作器刻銘, 亦謂稱先祖之德, 著己名於下. 皆祇云名已足, 不必加金旁. 故許君於金部不錄銘字, 从周官今書・禮今文也. 許意凡經傳銘字, 皆當作名矣. 鄭君注經乃釋銘爲刻. 劉熙乃云 "銘, 名也. 記名其功也." 呂忱乃云 "銘, 題勒也." 不用許說.

② 冥은 '어둡다'는 뜻이다.
冥, 幽也.

③ 그러므로 夕・口를 따른 것이니 會意이다. 武와 弁의 반절이다. 제10部에 있다.
故从夕口, 會意. 武弁切. 十部.

---

58) 故書에는……있다 : "볶은 곡식을 진설하고 명정을 설치하다.〔設熬置銘〕"에 대한 鄭玄 注에 "銘 今書或作名"이라고 되어 있다. '故書에는 銘으로 되어 있고'라고 할 때의 古書는 본문 置銘의 '銘'을 말한다.

59) 古文에는……있다 : "명정을 만들다.〔爲銘〕"에 대한 鄭玄 注에 "今文 皆爲名"이라고 되어 있다. '古文에는 銘으로 되어 있고'라고 할 때의 古文은 본문 爲銘의 '銘'을 말한다.

60) 周禮의 今書 : 원문의 '周官'은 ≪周禮≫를 가리킨다. ≪周禮≫ 〈春官 小祝〉의 鄭玄 注에 "銘 今書或作名"을 말한다.

61) 儀禮의 今文 : ≪儀禮≫ 〈士喪禮〉의 鄭玄 注에 "今文 皆爲名"을 말한다.

62) 鄭玄은……풀이하였다 : ≪禮記≫ 〈祭統〉의 "銘者 自名也"의 '銘'자를 "銘은 쓰고 새겨서 일을 기록한 것을 이른다.〔銘謂書之刻之 以識事者也〕"라고 주석하였다.

## 03-022-0799 (吾)〔나/오〕補

'나 자신을 부르는 호칭'이다. 口를 따르고 五(오)가 소리이다.

**我自偁也.**① **从口, 五聲.**②

① 偁이 各本에 '稱'으로 되어 있는 것은 잘못이다. ≪爾雅≫ 〈釋詁〉에 "吾는 '나'이다."라고 하였다.
偁各本作稱, 誤. 釋詁曰, "吾, 我也."

② 五와 乎의 반절이다. 제5部에 있다.
五乎切. 五部.

## 03-022-0800 (哲)〔지혜로울/철〕補 【重文 1】

'지혜롭다'이다. 口를 따르고 𣃔(절)이 소리이다. (悊)은 哲의 或體이니 心을 따랐다. (嚞)은 哲의 古文이니 3개의 吉을 따랐다.

**知也.**① **从口, 𣃔聲.**② **哲或从心.**③ **古文哲, 从三吉.**④

① ≪爾雅≫ 〈釋言〉에 "哲은 지혜로운 것"이라고 하였다. ≪方言≫에 "哲은 지혜로운 것"이라고 하였다. 옛날에 智와 知는 通用되었다.
釋言曰, "哲, 智也." 方言曰, "哲, 知也." 古智知通用.

② 살펴보건대, 折을 따르는 글자는 모두 '도끼로 초목을 자르다.〔斤斷艸〕'가 되어야 한다. 여러 판본의 표제자가 모두 手 편방을 따른 것은 隸書로 표제자를 고친 것이므로 지금 모두 바로잡았다. 陟과 列의 반절이다. 제15部에 있다.
按凡从折之字, 皆當作斤斷艸. 各本篆文, 皆作手旁, 用隸改篆也, 今悉正之. 陟列切. 十五部.

③ ≪古今韻會擧要≫에서 ≪說文≫을 인용하여 "옛날에는 (悊)을 '哲'자로 삼았다."고 하였다. 살펴보건대, 心部 해설에 "悊은 敬(공경하다/경)이다."라고 하였다. 아마도 '공경하다'가 본래 뜻인데 哲로 쓴 것은 假借이다.
韻會引說文"古以此爲哲字." 按心部云 "悊, 敬也." 疑敬是本義, 以爲哲是假借.

④ 생략하여 喆로도 쓴다.
或省之作喆.

## 03-022-0801 (君)〔존귀할/군〕 補 【重文 1】

'존귀하다'이다. 尹・口를 따랐다. 입으로 호령을 내린다. (𠳕)은 君의 고문이니 군주가 자리에 앉아 있는 모습을 본뜬 것이다.

**尊也.① 从尹口.② 口㠯發號.③ (𠳕)古文, 象君坐形.④**

① 이것은 羊이 祥, 門이 聞, 戶가 護, 髮이 拔의 뜻으로 사용되는 것과 같은 예이다.
此羊祥也, 門聞也, 戶護也, 髮拔也之例.

② 尹은 '다스리는 것'이다.
尹, 治也.

③ "口㠯發號"은 ≪古今韻會擧要≫에 의거하였고 다시 口 1자를 보충하였다. 尹 또한 聲符이다.[63] 擧와 云의 반절이다. 제13部에 있다.
此依韻會, 又補一口字. 尹亦聲. 擧云切. 十三部.

④ 徐鍇本에는 로 되어 있다.
小徐本作.

## 03-022-0802 (命)〔명령할/명〕 補

'부리다'이다. 口・令을 따랐다.[64]

**使也. 从口令.①**

① 令은 호령을 내리는 것이고, 군주의 일이다. 군주가 아니지만 입으로 부리는 것 또한 令이다. 그러므로 ≪漢書≫ 〈董仲舒傳〉에 "命이란 하늘이 명령하는 것이다."라고 하였다. 眉와 病의 반절이다. 古音는 제12部에 있다. 令 또한 聲符이다.
令者, 發號也, 君事也. 非君而口使之, 是亦令也. 故曰, "命者, 天之令也." 眉病切. 古音在十二部. 令亦聲.

---

63) 尹……聲符이다 : 君이 會意 겸 形聲이라는 뜻이다.

64) 부리다이다……따랐다 : ≪六書尋源≫에서는 "'命'자는 口를 따르고 令을 따랐는데 口를 따른 뜻이 도리어 우세하므로 이 命은 불과 한 때에 '말로 하는 명령〔口敎〕'이 되어 비록 임금의 命이라도 때로는 받지 않는 경우가 있다. 그러므로 刑法에 違令의 刑律은 있어도 違命의 律은 없다. 律令에 있어서는 비록 軍令이 아니더라도 곧 온 나라 臣民이 함께 遵守해야 할 것이므로 이를 또한 감히 어기는 이가 없는 것은 兵과 刑의 威權이 동일하기 때문이다.〔命字从令加从口 而从口之義反勝 故此不過爲一時口敎 而雖君命亦有時乎不受也 是以刑法有違令之律 而無違命之律也 至如律令 則雖非軍令 而卽擧國臣民之所共遵守者 故此亦莫敢有違之者 蓋兵刑之威權同一故也〕"라고 하여, 命이 令보다 엄격하지 않다고 설명하였다.

## 03-022-0803 (咨) 〔물을/자〕 補

'일을 묻는 것을 「咨」이다'라고 한다. 口를 따르고 次(차)가 소리이다.

**謀事曰咨.**① **从口, 次聲.**②

① ≪春秋左氏傳≫ 襄公 4년에 "善人을 찾아가 〈가르침을 구하는 것을〉 '咨'라고 한다."라고 하였다. 毛亨 傳도 같다.[65)]
左傳曰, "訪問於善爲咨." 毛傳同.

② 卽과 夷의 반절이다. 제15部에 있다.
卽夷切. 十五部.

## 03-022-0804 (召) 〔부를/소〕 補

'부르다'이다. 口를 따르고 刀(도)가 소리이다.

**評也.**① **从口, 刀聲.**②

① 言部에 "評는 '부르다'는 뜻이다."라고 하였다.
言部曰, "評, 召也."

② 直과 少의 반절이다. 제2部에 있다.
直少切. 二部.

## 03-022-0805 (問) 〔물을/문〕 補

'묻다'이다. 口를 따르고 門(문)이 소리이다.

**訊也.**① **从口, 門聲.**②

① 言部에 "訊은 '묻는 것'이다."라고 하였는데 引伸하여 禮의 聘問이 되었다.
言部曰, "訊, 問也." 引伸爲禮之聘問.

② 亾과 運의 반절이다. 제13部에 있다.
亾運切. 十三部.

---

65) 毛亨……같다 : ≪詩經≫ 〈小雅 皇皇者華〉에 "달리고 또 달리며 두루 묻고 또 묻네.〔載馳載驅 周爰咨詢〕"에 대한 毛亨 傳에 "善人을 찾아가 〈가르침을 구하는 것을〉 '咨'라고 한다.〔訪問於善爲咨〕"라고 하였다.

## 03-022-0806 (唯)〔응낙할/유〕補

'응낙하다'이다. 口를 따르고 隹(추)[66]가 소리이다.[67]

**諾也.① 从口, 隹聲.②**

① 이는 통틀어서 말한 것이다. ≪禮記≫ 〈玉藻〉에 "아버지가 명하여 부르시거든 신속하고 공손하게 대답하고 느긋하고 태만하게 대답하지 않는다."고 하였는데, 이것은 구분하여 말한 것이다.[68]
此渾言之. 玉藻曰, "父命呼, 唯而不諾." 析言之也.

② 以와 水의 반절이다. 제15部에 있다.
以水切. 十五部.

## 03-022-0807 (唱)〔이끌/창〕

'이끌다'이다. 口를 따르고 昌(창)이 소리이다.

**導也.① 从口, 昌聲.②**

① ≪詩經≫ 〈鄭風 蘀兮〉에 "임금이 선창하면 신하가 화답한다."라고 하였다.
鄭風曰, "唱予和女."

② 尺과 亮의 반절이다. 제10部에 있다. 옛날에는 대부분 '倡'자를 唱으로 썼다.
尺亮切. 十部. 古多以倡字爲之.

## 03-022-0808 (和)〔호응할/화〕補

'호응하다'이다. 口를 따르고 禾(화)가 소리이다.

---

66) 隹(추) : ≪六書攷≫ 〈動物〉에 "隹는 鍾鼎文에 모두 이 글자를 빌려서 '惟'자로 썼다.〔隹 鍾鼎文 皆借此 爲惟字〕"라고 하였다.

67) 응낙하다이다……소리이다. : ≪六書尋源≫에서는 "이 '唯'자는 공손히 응낙하는 것이어서 進前하는 뜻이므로 隹를 따랐다. 禮에 '唯라 하고 일어난다'라고 한 것이 이것이다.〔此乃敬諾 而進前之義 故从隹 禮云'唯而起'是也〕"라고 하여, 會意로 설명하고 ≪說文≫의 形聲을 따르지 않았다.

68) 이것은……것이다 : ≪說文≫ 口部 '諾'자의 해설에 "唯는 '諾(허락하다)'이다. 唯와 諾은 빠르고 늦은 것으로 구분이 되는데, 합쳐서 말하면 모두 '대답하다'는 뜻이다.〔唯 諾也 唯諾有急緩之別 統言之則皆應也〕"라고 하였다.

**相應也. 从口, 禾聲.**①

① 옛날에 唱和의 和는 去聲으로 읽지 않았다.[69] 戶와 戈의 반절이다. 제17部에 있다.
古唱和字不讀去聲. 戶戈切. 十七部.

## 03-022-0809 (咥) 〔크게 웃을/희〕

'크게 웃다'이다. 口를 따르고 至(지)가 소리이다. ≪詩經≫ 〈衛風 氓〉에 "허허하고 웃는다."라고 하였다.

**大笑也.**① **从口, 至聲.**② **詩曰, "咥其笑矣."**③

① ≪詩經≫ 〈衛風 氓〉 "咥其笑矣"의 咥에 대하여 毛亨 傳에 "허허하고 웃는다."라고 하였다. ≪周易≫ 履卦䷉에 "범의 꼬리를 밟더라도 사람을 물지 않는다."라고 하였고, 馬融은 '咥'자를 "齕(깨물다/흘)"이라고 하였는데, 이는 별도의 다른 뜻이다.
衛風毛傳曰, "咥咥然笑." 周易 "履虎尾, 不咥人." 馬云 "齕也." 此別一義.

② 許와 旣의 반절이다. 또는 直과 結의 반절이다. 古音은 제12部에 있다.
許旣切. 又直結切. 古音在十二部.

## 03-022-0810 (啞) 〔웃을/액〕

'웃다'이다. 口를 따르고 亞(아)가 소리이다. ≪周易≫ 震卦䷲ 象辭에 "웃고 말하면서 허허거린다."라고 하였다.

**笑也.**① **从口, 亞聲.**② **易曰, "笑言啞啞."**③

① 馬融은 "啞啞는 '웃는 소리'이다."라고 하였고, 鄭玄 注에 "즐겁다"라고 하였다.[70]
馬融曰, "啞啞, 笑聲." 鄭云 "樂也."

② 於와 革의 반절이다. 古音은 제5部에 있다. 살펴보건대, ≪字林≫에 "謚(익)은 '웃는 소리'이다. 呼와 益의 반절이다."라고 하였는데 이것은 "笑言啞啞"의 소리와 자형이 모두 변했기 때문에 이렇게 말하는 것이다. 啞는 민간에서는 '벙어리'로 풀이하며 幺와 下의 반절이다.

---

69) 옛날에……않았다 : 지금은 '和答하다'의 和는 去聲으로 읽는다.

70) 馬融은……하였다 : 馬融과 鄭玄 注는 ≪經典釋文≫ 〈周易音義〉 震卦 '啞'자 해설에 보인다.

於革切. 古音在五部. 按字林云 "謚, 笑聲. 呼益反." 此由"笑言啞啞"字音形, 皆變而云然. 啞俗訓爲瘖, 幺下切.

③ ≪周易≫ 震卦 象辭이다.
震卦辭.

## 03-022-0811 (噱) 〔크게 웃을/갹〕

'크게 웃다'이다. 口를 따르고 豦(거)가 소리이다.

**大笑也. 从口, 豦聲.**[①]

① 其와 虐의 반절이다. 제5部에 있다.
其虐切. 五部.

## 03-022-0812 (唏) 〔웃을, 애통할/희〕

'웃다'이다. 口를 따르고 希(희)가 소리이다. 일설에는 "애통하면서 눈물을 흘리지 않고 〈울먹이는〉 것을 '唏'라고 한다."라고 하였다.

**笑也.**[①] **从口, 希聲.**[②] **一曰哀痛不泣曰唏**[③]

① ≪廣雅≫에 "唏唏는 '웃는 것'이다."라고 하였다.
廣雅"唏唏, 笑也."

② ≪古今韻會擧要≫에 의거하여 바로잡았다. 虛와 豈의 반절이다. 제15部에 있다.
依韻會訂. 虛豈切. 十五部.

③ ≪方言≫에 "唏는 '애통한 것'이다. 대체로 애통하면서 눈물을 흘리지 않고 〈울먹이는〉 것을 '唏'라고 한다. 여러 지방 중에서 楚나라 말에서는 哀를 '唏'라고 한다."라고 하였다. ≪史記≫ 〈十二諸侯年表〉에 "紂임금이 상아 젓가락을 만들자 箕子가 슬퍼하였다."라고 하였다.
方言"唏, 痛也. 凡哀而不泣曰唏. 於方則楚言哀曰唏. 十二諸侯年表曰, "紂爲象箸而箕子唏."

## 03-022-0813 (听) 〔웃는 모습/은〕

'웃는 모습'이다. 口를 따르고 斤(근)이 소리이다.

笑皃也.① 从口, 斤聲.②

① 司馬相如의 〈上林賦〉에 "망시공이 껄껄 웃었다."라고 하였다.
司馬相如賦"亾是公, 听然而笑."

② 宜와 引의 반절이다. 古音은 제13部에 있다.
宜引切. 古音十三部.

## 03-022-0814  (呭) 〔말이 많을/예〕

'말이 많다'이다. 口를 따르고 世(세)가 소리이다. ≪詩經≫ 〈大雅 板〉에 "말을 많이 하지 마라."라고 하였다.

多言也.① 从口, 世聲.② 詩曰"無然呭呭."③

① ≪孟子≫ 〈離婁 上〉과 ≪詩經≫ 〈大雅 板〉의 毛亨 傳에서 모두 "泄泄는 沓沓과 같다."라고 하였다. 曰部에 "沓은 말이 많아 시끄러운 것이다."라고 하였다. 言部에서 또 "詍는 말이 많은 것이다."라고 하면서 ≪詩經≫ 〈大雅 板〉의 "無然詍詍"를 인용하였다.
孟子・毛傳, 皆曰, "泄泄猶沓沓也." 曰部云 "沓, 語多沓沓也. 言部又云 "詍, 多言也." 引詩"無然詍詍".

② 余와 制의 반절이다. 제15部에 있다.
余制切. 十五部.

③ 지금의 ≪詩經≫ 〈大雅 板〉에는 "泄泄"로 되어 있다.
大雅今作"泄泄."

## 03-022-0815  (噭) 〔부르짖을/교〕

'부르짖다'이다. 口를 따르고 梟(효)가 소리이다.

聲噭噭也.① 从口, 梟聲.②

① ≪周禮≫ 〈春官 大祝〉[71]의 鄭玄 注에 "祈는 '부르짖다'는 뜻이다. 재앙과 변고가 있기 때문에 소리쳐 부르짖으며 神에게 고하여 복을 구함을 이른다."라고 하였다. 噭를 陸德明은 ≪經典釋文≫ 〈周禮音義〉에서 "音이 '叫'이다."라고 하였다.

71) 周禮……大祝 : "大祝은 여섯 가지 祈禱를 관장하여 人鬼와 天神과 地神이 화협하도록 만든다.〔掌六祈以同鬼神示〕"라는 구절을 말한다.

周禮大祝注"祈, 嘄也. 謂爲有災變, 號呼告神以求福." 嘄, 陸音叫.

② 古와 堯의 반절이다. 제2部에 있다. 살펴보건대, ≪玉篇≫ 口部에 噪은 있지만 噭는 없으며, "噪은 古와 弔의 반절이다. 소리이다."라고 하였다. 이는 嘼를 거꾸로 한 자형의 県을 소리로 한 것으로 곧 '噭'자이다. ≪廣韻≫은 ≪漢書≫ 〈刑法志〉의 県首를 인용하였는데, 지금의 ≪漢書≫ 〈刑法志〉에는 梟首로 되어 있다. ≪漢書≫ 〈地理志〉의 鉅鹿鄡縣(거록교현)이 지금의 ≪說文≫에는 鄡縣(교현)으로 되어 있다. 鄡와 噭는 아마도 학식이 얕은 사람이 고쳤을 것이며, ≪說文≫의 本字가 아니다.

古堯切. 二部. 按玉篇有噪無噭, "噪, 古弔反. 聲也". 此以倒嘼之県爲聲, 卽噭字也. 廣韻引漢刑法志県首, 今志作梟首. 地理志鉅鹿鄡縣, 今說文作鄡縣. 鄡與噭疑, 皆淺人改作, 非許書本字.

## 03-022-0816 (咄)〔서로 말할/돌〕

'서로 말하다'이다. 口를 따르고 出(출)이 소리이다.

**相謂也.**① 从口, 出聲.②

① 서로 말하려고 하여 먼저 상대를 놀라게 하는 말을 이른다. 대체로 咄嗟・咄喈・咄咄怪事[72]라고 말하는 것은 모두 갑자기 서로 놀라는 뜻을 취한 것이다. ≪倉頡篇≫에 "咄은 啐(놀랄/쵀)이다."라고 하였고, ≪說文≫에 "啐는 驚(놀랄/경)이다."라고 하였다. 李善은 曹植의 〈贈白馬王彪〉라는 시[73]를 주석하면서 ≪說文≫의 "咄은 叱(혀를 차는 소리/질)이다."라는 구절을 인용하였다.

謂欲相語而先驚之之詈. 凡言咄嗟・咄喈・咄咄怪事者, 皆取猝乍相驚之意. 倉頡篇曰, "咄, 啐也." 說文"啐, 驚也." 李善注曹植贈彪詩引說文"咄, 叱也."

② 當과 沒의 반절이다. 제15部에 있다.

當沒切. 十五部.

## 03-022-0817 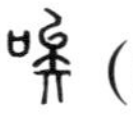(唉)〔응답할/애〕

'응답하다'이다. 口를 따르고 矣(의)가 소리이다. 塵埃의 埃(애)와 같이 읽는다.

72) 咄咄怪事 : 매우 놀라운 괴이한 일. 晉나라 殷浩가 조정에서 쫓겨난 뒤 종일토록 공중에 손으로 뭔가를 쓰곤 하였는데 가만히 살펴보니 "咄咄怪事"라는 네 글자였다는 고사가 전한다.(≪晉書≫ 〈殷浩傳〉)

73) 贈白馬王彪라는 시 : "스스로 살펴보아도 金石이 아니니, 탄식하고 마음이 슬퍼진다.〔自顧非金石 咄喈令心悲〕"라는 구절이다.

**應也.**[①] 从口, 矣聲. 讀若塵埃.[②]

① ≪方言≫에 "欸(애)는 '然(응답할/연)'이다. 南楚에서 然을 말할 때 '欸'라고 하고 혹은 '譽(예)'라고도 한다."라고 하였다. 살펴보건대, ≪廣雅≫에 "欸(대답하는 소리/애)·譽(대답하는 소리/예)·然은 譍(응할/응)이다."라고 한 것은 ≪方言≫에 근거한 것이다. 許愼은 唉를 '응답하다〔應〕'는 뜻으로 풀이하였고, 欠部에서는 欸를 '꾸짖다〔訾〕'로 풀이하였으니 ≪方言≫과 다르다. 대개 唉와 欸는 옛날에 通用되었다. 玄應의 ≪衆經音義≫에는 ≪說文≫을 인용하여 '응답하는 소리이다.〔譍聲也〕'라고 하였다.
方言"欸, 然也. 南楚凡言然者曰欸, 或曰譽." 按廣雅"欸·譽·然, 譍也." 本方言. 許以唉訓應. 欠部欸訓訾, 與方言異. 蓋唉·欸古通用也. 玄應書引作譍聲也.

② 烏와 開의 반절이다. 제1部에 있다.
烏開切. 一部.

## 03-022-0818 𢦏 (哉)〔어기사/재〕補

'말과 말의 사이'이다. 口를 따르고 𢦏(재)가 소리이다.

**言之閒也.**[①] 从口, 𢦏聲.

① ≪爾雅≫〈釋詁〉에 "孔·魄·哉·延·虛·無·之·言은 閒(사이, 간격/간)이다."라고 하였다. 許愼은 분별해서 풀이하기를 "哉는 말과 말의 사이에 들어가는 말이다."라고 하였다. 徐鍇는 "≪春秋左氏傳≫ 昭公 25년의 '멀기도 하다. 멀고도 멀다.〔遠哉遙遙〕'의 哉와 ≪論語≫〈公冶長〉의 '군자답다. 이 사람이여.〔君子哉若人〕'의 哉가 이것이니, 哉는 間隔을 두는 말이다."라고 하였다.
살펴보건대, 徐鍇의 설과 같다면 〈哉는〉 반드시 句中의 '〈말과〉 말의 사이'가 된다는 것이다. 어찌 句末에 〈哉가〉 들어가는 것이 잘못이겠는가? 句中의 '哉'자에 모두 句를 끊을 수 있다. 대체로 두 개의 句 사이를 '閒'이라고 한다. 한 개의 句 끝을 또한 '閒'이라고 하며, 한 개의 句 끝은 두 개 句의 경계이다. 말이 중간에 끊길 때도 대부분 '哉'를 사용한다. 예컨대 哉生明[74]와 같이 初·哉·首·基의 경우에는 哉를 '始(시작할/시)'로 풀이한다.[75] 일반적으로 끝나자마자 곧바로 시작된다.
釋詁"孔·魄·哉·延·虛·無·之·言, 閒也." 許分別釋之曰, "哉爲言之閒." 鍇云 "若左

74) 哉生明 : 매월 3일을 말한다. ≪尙書≫〈武城〉의 "厥四月哉生明"에 대하여 孔安國은 "哉는 시작이다. 밝은 빛이 나기 시작하면 달의 3일이다.〔哉 始也 始生明 月三日〕"라고 하였다.
75) 初……풀이한다 : ≪爾雅≫〈釋詁〉에 보인다.

傳'遠哉遙遙', 論語'君子哉若人'是. 哉爲間隔之詈." 按如鍇說, 則必句中乃爲言之閒, 豈句末者非耶. 句中哉字, 皆可斷句. 凡兩者之際曰閒. 一者之竟亦曰閒, 一之竟卽兩之際也. 言之閒歇, 多用哉字. 若哉生明, 初・哉・首・基, 則又訓哉爲始. 凡竟卽爲始.

② 將과 來의 반절이다. 제1部에 있다.
將來切. 一部.

## 03-022-0819  (噂) 〔수군거릴/준〕

'모여서 이야기하다'이다. 口를 따르고 尊(준)이 소리이다. ≪詩經≫ 〈小雅 十月之交〉에 "면전에서 칭찬하고 뒤에서 미워한다."라고 하였다.

**聚語也.**[①] **从口, 尊聲.**[②] **詩曰, "噂沓背憎."**[③]

① ≪詩經≫ 〈小雅 十月之交〉의 毛亨 傳에 "噂은 '噂噂(여럿이 모여 수군거리는 모양/준준)'과 같고, 沓은 '沓沓(말이 많다/답답)'과 같다."라고 하였다.
小雅傳曰, "噂猶噂噂, 沓猶沓沓."

② 子와 損의 반절이다. 제13部에 있다.
子損切. 十三部.

③ 人部의 '僔'자 해설에서도 ≪詩經≫ 〈小雅 十月之交〉의 "僔沓背憎"를 인용하였다. ≪經典釋文≫ 〈毛詩音義〉에서 "噂이 ≪說文≫에는 僔으로 되어 있다."라고 하였다. ≪五經文字≫[76)]에도 또한 "僔이 ≪詩經≫ 〈小雅 十月之交〉에는 '噂'으로 되어 있다."[77)]라고 하였다. 陸德明과 張參 모두 ≪說文≫에 噂이 있다고 말하지 않았으니 식견이 낮은 사람이 ≪詩經≫에 의거하여 보탠 것임을 알 수 있다.
人部又引詩"僔沓背憎." 詩釋文曰, "噂, 說文作僔." 五經文字亦云 "僔, 詩小雅作噂." 陸・張, 皆不云說文有噂, 則知淺人依詩增也.

## 03-022-0820  (咠) 〔소곤거릴/집〕 補

'소곤거리다'이다. 口・耳를 따랐다. ≪詩經≫ 〈小雅 巷伯〉에 "소곤거리며 왕래하다."라고 하였다.

---

76) 五經文字 : 唐나라 학자 張參이 776년에 편찬한 字書이다. 이 책은 5경의 글자체의 변화와 음과 뜻을 설명하였는데, 모두 3권으로 이루어져 있다.

77) 僔이……있다 : ≪五經文字≫ 人部에 나오는 구절이다.

**聶語也.**① **从口耳.**② **詩曰, "咠咠幡幡."**③

① 耳部에서 "聶은 귀에 가까이 대고 사적으로 소곤거리는 말이다."라고 하였다. 살펴보건대, 聶은 두 귀를 한쪽 귀에 붙인 뜻을 취한 것이고, 咠은 입을 귀에 붙인 것을 취한 것이다.

耳部曰, "聶, 附耳私小語也." 按聶取兩耳附一耳, 咠取口附耳也.

② 七과 入의 반절이다. 제7部에 있다.

七入切. 七部.

③ ≪詩經≫ 〈小雅 巷伯〉 3장에 "귀에 대고 소곤소곤 교묘한 말을 한다."라고 하였고, 4장에 "영악하게 말하면서 왕래하다"라고 하였다. 許愼은 "咠咠翩翩"이라고 인용했어야 하는데 "咠咠幡幡"이라고 한 것은 3・4장을 잘못 합쳐서 하나로 만들었기 때문이다. 咠咠이 今本 ≪詩經≫에는 緝緝으로 되어 있다. 毛亨 傳에 "緝緝은 남을 '헐뜯는 소리'이다."라고 하였다.

巷伯三章"緝緝翩翩", 四章"捷捷幡幡." 許引當云 "咠咠翩翩", 而云 "咠咠幡幡"者, 誤合二章爲一耳. 咠咠, 今詩作緝緝. 毛云 "緝緝, 口舌聲."

## 03-022-0821  (呷) 〔시끄러울/합〕

'시끄럽다'이다. 口를 따르고 甲(갑)이 소리이다.

**吸呷也.**① **从口, 甲聲.**②

① 司馬相如의 〈子虛賦〉에 "옷이 펄럭이며 스치는 소리가 난다."라고 하였다. 張揖은 "翕呷은 '옷이 펄럭이는 것'이다."라고 하였다. 木華의 〈海賦〉[78]에 "여전히 파도가 치고 잔물결은 솟구친다."라고 하였는데, 李善 注에 "呀呷은 '파도가 서로 삼키고 토하는 모양'이다.〔呀呷 波相呑之皃〕"라고 하였다. 左思의 〈吳都賦〉에 "소리가 매우 시끄럽다."라고 하였는데, ≪廣韻≫에 "喤呷은 여러 사람들의 소리이다.〔喤呷 衆聲也〕"[79]라고 하였다.

司馬相如賦曰, "翕呷萃蔡." 張揖曰, "翕呷, 衣起張也." 海賦 "猶尙呀呷, 餘波獨湧." 李善曰, "呀呷, 波相呑之皃." 吳都賦曰, "諠譁喤呷." 廣韻"喤呷, 衆聲也."

---

78) 海賦 : 西晉의 문장가 木華의 저서이다. 木華은 廣川(지금의 河北 景縣) 사람으로 晉 惠帝 때에 활동하였고, 楊駿의 主薄가 되었다. 그의 저서는 〈海賦〉만이 전하며 梁나라 蕭統의 ≪文選≫에 수록되어 있다.

79) 喤呷은……소리이다〔喤呷 衆聲也〕: ≪廣韻≫ 入聲 32狎에는 '也'자가 빠진 "喤呷 衆聲"으로 되어 있다.

② 呼와 甲의 반절이다. 제8部에 있다.
呼甲切. 八部.

## 03-022-0822 (嘒)〔작은 소리/혜〕【重文 1】

'작은 소리'이다. 口를 따르고 彗(혜)가 소리이다. ≪詩經≫〈召南 小星〉에 "작은 소리가 나는 듯한 저 작은 별"이라고 하였다. (嚖)는 嘒의 或體이니 慧를 따랐다.

**小聲也.**① **从口, 彗聲.**② **詩曰, "嘒彼小星."**③ (嚖)〔嘒〕[80] **或从慧.**

① ≪詩經≫〈小雅 小弁〉에 "매미가 맴맴 운다."라고 하였는데, 毛亨 傳에 "嘒嘒는 '소리(의성어)'이다."라고 하였다. 살펴보건대, ≪詩經≫〈商頌 那〉에서 "조화롭게 울려 퍼지는 관악기 소리이다."라고 하였는데, 毛亨 傳에 "嘒嘒는 '조화로운 〈소리〉'이다."라고 하였다.
小雅"鳴蜩嘒嘒." 毛曰, "嘒嘒, 聲也." 按商頌"嘒嘒管聲." 毛曰, "嘒嘒, 和也."
② 呼와 惠의 반절이다. 제15部에 있다.
呼惠切. 十五部.

## 03-022-0823 (嘫)〔응답하는 소리/연〕

'응답하는 소리'이다. 口를 따르고 然(연)이 소리이다.

**語聲也.**① **从口, 然聲.**②

① ≪方言≫에 "欸는 '응답하다'는 뜻이다."라고 하였다. ≪廣雅≫에 "欸·譬·然은 '응답하다〔譍〕'이다."라고 하였다. 살펴보건대, 然은 嘫이니 '응답하는 소리'이다.
方言"欸, 然也." 廣雅"欸·譬·然, 譍也." 按然卽嘫, 應聲也.
② 如와 延의 반절이다. 제14部에 있다.
如延切. 十四部.

## 03-022-0824 (唪)〔크게 웃을/봉〕

'크게 웃다'이다. 口를 따르고 奉(봉)이 소리이다. ≪詩經≫〈大雅 生民〉에 "오이

---

80)〔嘒〕: 저본에는 '嘒'가 없으나, 今本 ≪詩經≫에 의거하여 보충하였다.

덩굴이 무성하여 열매가 많다.〔瓜瓞菶菶〕"의 菶(봉)과 같이 읽는다.

**大笑也.**① **从口, 奉聲. 讀若詩曰, "瓜瓞菶菶."**②

① ≪玉篇≫과 ≪龍龕手鑑≫에는 모두 "큰 소리〔大聲〕"로 되어 있다.
玉篇·手鑑, 皆作大聲.

② 方과 蠓의 반절이다. 제9부에 있다. 살펴보건대, 지금의 ≪詩經≫ 〈大雅 生民〉에는 "瓜瓞唪唪"으로 되어 있는데, 王部와 口部 두 부에서 〈生民〉을 인용한 글에는 모두 "菶菶"로 되어 있다.[81)]
方蠓切. 九部. 按今生民作"瓜瓞唪唪", 而玉·口二部兩引, 皆作"菶菶".

## 03-022-0825 嗔 (嗔)〔왕성한 기운/진〕

'왕성한 기운'이다. 口를 따르고 眞(진)이 소리이다. ≪詩經≫ 〈小雅 采芑〉에 "군대가 개선하면서 북을 성대하게 둥둥 울린다."라고 하였다.

**盛气也.**① **从口, 眞聲.**② **詩曰, "振旅嗔嗔."**③

① 門部에서 "闐은 성대한 모습이다."라고 하였는데, 소리와 뜻이 嗔과 같다. 지금의 ≪詩經≫ 〈小雅 采芑〉에 "振旅闐闐"으로 되어 있는데, 許愼이 근거한 ≪詩經≫에는 "嗔嗔"으로 되어 있다. ≪禮記≫ 〈玉藻〉에 "성대한 기운이 몸에 충만하다.〔盛氣顚實〕"라고 하였는데, 鄭玄 注에 "顚은 闐(전)과 같이 읽는다."라고 하였다. 몸속의 기운을 성대하게 하여 충만하게 하는 것이다. ≪孟子≫ 〈梁惠王 上〉에 "둥둥 북을 울리다.〔塡然鼓之〕"라고 하였는데 소리가 같으면 상호 假借가 할 수 있다. 古音은 陳이다. 지금 민간에서는 嗔을 謓恚(진에)의 '謓'자로 쓴다.
門部曰, "闐, 盛皃." 聲義與此同. 今毛詩"振旅闐闐", 許所據作"嗔嗔." 玉藻"盛氣顚實." 注云 "顚讀爲闐." 盛身中之氣, 使之闐滿. 孟子"塡然鼓之." 是則聲同得相假借也. 古音陳. 今俗以爲謓恚字.

② 待와 年의 반절이다. 제12부에 있다.
待年切. 十二部.

③ ≪詩經≫ 〈小雅 采芑〉에 보인다.
小雅.

---

81) 王部와……있다 : 王部의 '玤'자 해설에 "讀若詩曰 瓜瓞菶菶"이라고 하였으며, 口部 '唪'자 해설에 "讀若詩曰 瓜瓞菶菶"이라고 한 것을 말한다.

## 03-022-0826 (嘌)〔빠를/표〕

‘빠르다’이다. 口를 따르고 票(표)가 소리이다. ≪詩經≫ 〈檜風 匪風〉에 “수레가 빨리 달려서도 아니다.”라고 하였다.

**疾也.① 从口, 票聲.② 詩曰, “匪車嘌兮.”③**

① ≪詩經≫ 〈檜風 匪風〉의 “匪車嘌兮”에 대하여 毛亨 傳에 “嘌嘌는 節度가 없는 것이다.” 라고 하였다. 살펴보건대, 節度가 없다는 것은 곧 上章에서 말한 “빨리 달리니 법도가 없는 수레이다.”[82]라는 것이다.

檜風“匪車嘌兮.” 毛曰, “嘌嘌, 無節度也.” 按無節度者, 卽上章所云“疾驅, 非有道之車也.”

② 撫와 招의 반절이다. 제2部에 있다.

撫招切. 二部.

## 03-022-0827 (嘑)〔큰 소리로 외칠/호〕

‘큰 소리로 외치다’이다. 口를 따르고 虖(호)가 소리이다.

**號也.① 从口, 虖聲.②**

① 号部의 해설에서 “號는 ‘큰 소리로 외치는 것’이다.”라고 하였는데, 이것은 號와 嘑가 轉注이다. ≪周禮≫ 〈春官 鷄人〉에 “鷄人[83]이 밤이 지나 새벽이 되었다고 큰 소리로 백관에게 알린다.〔夜嘑旦以叫百官〕”라고 하였는데 이것이 ‘嘑’자가 겨우 남아 있는 경우이다. 예컨대 ≪周禮≫ 〈秋官 銜枚氏〉에 “큰 소리 치거나, 부르짖거나, 탄식하거나, 우는 것〔叫呼歎鳴〕”[84]의 呼, ≪詩經≫ 〈大雅 蕩〉의 “큰 소리로 외치고 부르짖는다.〔式號式呼〕”의 呼, 여러 책에서 말하는 ‘叫呼’의 ‘呼’자는 모두 ‘嘑’자가 되어야 하며 ‘날숨’이라는 뜻의 ‘呼’자를 사용하여서는 안 된다. 嘑는 간혹 ‘謼’로도 쓴다. 崔靈恩의 ≪毛詩集注≫에는 “式號式謼”로 되어 있다.

号部曰, “號, 嘑也.” 是爲轉注. 雞人夜嘑旦以叫百官, 此嘑字之僅存者也. 若銜枚氏叫呼歎嗚, 大雅“式號式呼”, 以及諸書云叫呼者, 其字皆當作嘑, 不當用外息之字. 嘑或作謼. 崔靈

---

82) 上章에서……수레이다 : 上章은 ≪詩經≫ 〈檜風 匪風〉의 “수레가 빨리 달려서도 아니다〔匪車偈兮〕”라는 구절이다. 毛亨 傳에 “偈偈는 빨리 달리는 것으로 법도가 없는 수레이다.〔偈偈 疾驅 非有道之車也〕”라고 하였다.

83) 鷄人 : 새벽을 알리는 일을 맡은 관리를 이른다.

84) 叫呼歎鳴 : ≪周禮≫ 〈秋官 銜枚氏〉에 “銜枚氏를 시켜 나라 안에서 큰 소리 치거나, 부르짖거나, 탄식하거나, 우는 등의 행위를 금지시켰다.〔令銜枚 禁叫呼歎鳴於國中者〕”라고 하였다.

恩毛詩"式號式謼."

② 荒과 烏의 반절이다. 제5部에 있다.
荒烏切. 五部.

## 03-022-0828 (㗃)〔떠들썩한 소리/육〕

'소리가 떠들썩하다'이다. 口를 따르고 昱(욱)이 소리이다.

**音聲**㗃㗃**然. 从口, 昱聲.**[①]

① 余와 六의 반절이다. 古音은 제7部에 있다.
余六切. 古音在七部.

## 03-022-0829 (嘯)〔휘파람 부는 소리/소〕【重文 1】

'휘파람 부는 소리'이다. 口를 따르고 肅(숙)이 소리이다. (歗)는 嘯의 籒文이니 欠을 따랐다.

**吹聲也.**[①] **从口, 肅聲.**[②] (歗)**籒文嘯, 从欠.**[③]

① ≪詩經≫ 〈召南 江有汜〉의 "휘파람 불다가 노래 부른다〔其嘯也歌〕"의 鄭玄 箋에 "嘯는 입을 오므려 소리를 내는 것이다."라고 하였다.
召南箋曰, "嘯, 蹙口而出聲也."

② 穌와 弔의 반절이다. 古音은 제3部에 있다.
穌弔切. 古音在三部.

③ 欠部에 '歗'자가 거듭 나오며, ≪詩經≫ 〈召南 江有汜〉의 "其歗也謌"를 인용하였다. 지금의 ≪詩經≫ 〈王風 中谷有蓷〉의 "길게 휘파람을 분다.〔條其歗矣〕"에서는 歗로 되어 있다.
欠部重出歗字, 引詩"其歗也謌". 今詩惟"條其歗矣"作歗.

## 03-022-0830 (台)〔기뻐할/이〕補

'기뻐하다'이다. 口를 따르고 㠯(이)가 소리이다.

**說也.**[①] **从口, 㠯聲.**[②]

① 台說은 지금의 '怡悅'이라는 글이다. ≪說文≫에는 怡를 '和(조화롭다)'로 풀이하였고

'悅'자는 없다. ≪今文尙書≫ 〈舜典〉에 "舜임금이 덕이 있는 사람에게 帝位를 양보하자 백성들이 기뻐하지 않았다.〔舜讓于德 不台〕"[85]라고 하였는데, ≪漢書≫ 〈王莽傳〉과 班固의 〈典引〉에 이 글이 보인다.

그리고 ≪史記≫ 〈五帝本紀〉에는 본래 "순임금이 덕이 있는 사람에게 帝位를 양보하자 백성들이 기뻐하지 않았다.〔舜讓于德 不台懌〕"으로 되어 있으며, ≪史記≫ 〈太史公自序〉에 "唐堯가 제위를 양보하자 虞舜이 기뻐하지 않았다. 惠帝가 일찍 죽자 여러 呂氏들이 기뻐하지 않았다."라고 하였는데, 모두 백성들이 기뻐하지 않은 것을 말하는 것이다. ≪古文尙書≫ 〈禹貢〉에 "祗台德先"에 대한 鄭玄 注에 "천자의 덕이 먼저인 것을 공경하고 기뻐하였다."라고 하였다.

台說者, 今之怡悅字. 說文怡訓和, 無悅字. 今文尙書"舜讓于德, 不台." 見漢書王莽傳・班固典引. 而五帝本紀本之作"舜讓于德, 不台懌." 自序曰, "唐堯遜位, 虞舜不台. 惠之早霣, 諸呂不台." 皆謂不爲百姓所悅也. 古文禹貢"祗台德先." 鄭注"敬悅天子之德旣先."

② 与와 之의 반절이다. 제1部에 있다. 살펴보건대, ≪尙書≫ 〈湯誓〉・〈高宗肜日〉・〈西伯戡黎〉에는 모두 "나를 어찌하랴〔如台〕"라고 되어 있으며, ≪史記≫ 〈殷本紀〉에는 모두 "어찌하랴〔柰何〕"로 되어 있다. ≪爾雅≫ 〈釋詁〉에는 台・予를 똑같이 '我'로 풀이하였는데, 이것은 모두 雙聲으로 사용한 것이다. 何・予・台 3자는 雙聲이다.

与之切. 一部. 按湯誓・高宗肜日・西伯戡黎, 皆云"如台", 殷本紀, 皆作"柰何." 釋詁台・予同訓我. 此皆以雙聲爲用. 何・予・台三字雙聲也.

## 03-022-0831 (嗂)〔기뻐할/요〕

'기뻐하다'이다. 口를 따르고 䍃(유)가 소리이다.

喜也. 从口, 䍃聲.①

① 余와 招의 반절이다. 제2部에 있다. 嗂는 舀(유)와 뜻이 서로 가깝다.

余招切. 二部. 此字與舀義相近.

## 03-022-0832 (启)〔열/개〕補

85) 舜임금이……않았다〔舜讓于德 不台〕: 今本 ≪尙書≫ 〈舜典〉에 "舜임금이 덕이 있는 사람에게 사양하고 〈지위를〉 잇지 않았다.〔舜讓于德 不嗣〕"라고 하여, 不台가 '弗嗣'로 되어 있다. 孔安國 傳에는 "자기의 덕이 감당하지 못하여 帝位를 계승할 수 없다고 사양하였다.〔辭讓於德不堪 不能嗣承帝位〕"라고 하였다.

'열다'이다. 戶・口를 따랐다.

**開也.**① **从戶口.**②

① 살펴보건대, 後人이 '啓'자를 '열다〔開〕'는 뜻으로 풀이하면서 启를 없애고 사용하지 않았다. 啓는 '가르치다〔敎〕'는 뜻이다. ≪玉篇≫은 ≪尙書≫ 〈堯典〉의 "맏아들 丹朱가 사리에 통달하다.〔胤子朱启明〕"[86]라는 글을 인용하였고, ≪爾雅≫ 〈釋天〉에는 "明星을 啓明(샛별)이라 한다."라고 하였다.

按後人用啓字訓開, 乃廢启不行矣. 啓, 敎也. 玉篇引堯典"胤子朱启明. 釋天"明星謂之启明."

② 會意이다. 康와 禮의 반절이다. 제15部에 있다. '啓'자를 戶部에 넣지 않은 것은 '口戶'를 '開戶(문을 열다)'의 뜻으로 여겼기 때문이다.

會意. 康禮切. 十五部. 此字不入戶部者, 以口戶爲開戶也.

## 03-022-0833 嗿(嗿)〔소리/탐〕

'소리'이다. 口를 따르고 貪(탐)이 소리이다. ≪詩經≫ 〈周頌 載芟〉에 "쩝쩝대며 들밥을 먹는다."라고 하였다.

**聲也.**① **从口, 貪聲.**② **詩曰, "有嗿其饁."**③

① ≪詩經≫ 〈周頌 載芟〉의 毛亨 傳에 "嗿은 '사람들이 많은 모습'이다."라고 하였다. 살펴보건대, 許愼은 '嗿'자가 口를 따랐다고 여겼으므로 해석이 毛亨 傳과 다르다.

周頌傳曰, "嗿, 衆皃." 按許以字从口, 故釋與毛異.

② 他과 感의 반절이다. 古音은 제7部에 있다.

他感切. 古音在七部.

## 03-022-0834 咸(咸)〔모두/함〕 補

'모두〔皆〕', '모두〔悉〕'이다. 口를 따르고 戌을 따랐다. 戌은 悉(모두)이다.[87]

---

86) 맏아들……통달하다〔胤子朱启明〕: 저본에는 '启明'으로 되어 있으나, 今本 ≪書經≫ 〈堯典〉에는 '啓明'으로 되어 있다.

87) 모두〔皆〕……悉(모두)이다 : ≪六書尋源≫에서는 "建戌(초저녁에 북두칠성 자루가 戌(10시 방향)에 서는 일)의 달은 李秋(음력 9월)인데 이때는 百物이 다 익고 그 맛 또한 입에 맞아 먹을 만하므로 口를 따르고 戌을 따라서 의미를 '皆'이고 '悉'이라고 하였다.〔建戌之月爲季秋 而是時百物皆熟 其味亦適口堪食 故此从戌从口 而訓皆也悉也〕"라고 하여, 百物이 모두

**皆也, 悉也.**[①] **从口, 从戌.**[②] **戌, 悉也.**[③]

① 咸이 '모두〔皆〕'라는 것은 ≪爾雅≫ 〈釋詁〉에 보인다.
咸, 皆也, 見釋詁.

② 會意이다. 胡와 監의 반절이다. 古音은 제7部에 있다.
會意. 胡監切. 古音在七部.

③ 이것이 戌을 따르는 까닭이다. 戌이 悉의 뜻이 되는 것은 同音 假借의 원리이다.
此从戌之故. 戌爲悉者, 同音假借之理.

## 03-022-0835 (呈)〔공평할/정〕 補

'공평하다'이다. 口를 따르고 壬(정)이 소리이다.

**平也.**[①] **从口, 壬聲.**[②]

① 지금의 의미는 '보이다〔示〕', '드러나다〔見〕'이다.
今義云, 示也, 見也.

② 直과 貞의 반절이다. 제11部에 있다. 壬이란 말은 '곧다〔挺〕'는 뜻이다. 그러므로 '공평하다'로 풀이되는 것이다.
直貞切. 十一部. 壬之言挺也, 故訓平.

## 03-022-0836 (右)〔도울/우〕 補

'돕다'이다. 口・又를 따랐다.

**助也. 从口又.**[①]

① 는 손이다. 손이 부족하면 입으로 도우므로 '돕다〔助〕'라고 한 것이다. 요즈음 사람들은 左와 右를 𠂇(왼손/좌)와 又(오른손/우)자로 삼고, 또 佐佑를 만들어 '돕다'는 뜻으로 쓴다. 于와 救의 반절이다. 古音은 제1部에 있다.
者, 手也. 手不足, 以口助之, 故曰助也. 今人以左右爲𠂇又字, 則又製佐佑爲左右字. 于救切. 古音在一部.

---

익는다는 데에서 '모두'의 의미를 설명하였다.

## 03-022-0837 (啻)〔많을, 다스릴/제〕 補

'말이 때때로 많다'이다. 口를 따르고 帝(제)가 소리이다. 일설에는 "啻가 '다스리다〔諟〕'의 뜻이다."라고 하였다. 鞮(제)와 같이 읽는다.

**語時不啻也.**①[88] **从口, 帝聲**② **一曰"啻, 諟也."**③ **讀若鞮**④

① 唐나라 승려 玄應이 ≪倉頡篇≫을 인용하여 "不啻는 '많다'는 뜻이다."라고 하였다. 살펴보건대, 不啻는 '많다'는 말이다. ≪尙書≫ 〈秦誓〉에 "〈사람들이 성인을 찬미하는 많은 말을〉 마치 자기 입에서 나간 것처럼 여기다.〔不啻若自其口出〕"라고 하였고, ≪世說新語≫ 〈假譎〉에 "〈王文度의 동생 阿智는〉 악행이 많다.〔惡乃不啻〕"라고 하였고, ≪玉篇≫에는 "물건을 사고팔 때 '많다〔不啻〕'라고 한다."라고 하였으니, 저잣거리에서 일상적으로 하는 말임을 알 수 있다.

不啻는 楚人이 말하는 '夥頤(대단히 많다/과이)'와 같다. 啻는 翅로도 쓰는데, 支聲과 帝聲은 同部(16部)이기 때문이다. 疒部의 '疧'자 해설에 "병이 많다.〔病不翅〕"라고 하였으며, ≪孟子≫ 〈告子 上〉에 "어찌 먹는 것이 중요할 뿐이겠는가.〔奚翅食重〕"라고 하였다.

玄應引倉頡篇曰, "不啻, 多也." 按不啻者, 多之詈也. 秦誓曰, "不啻若自其口出." 世說新語云 "王文度弟阿智, 惡乃不啻." 玉篇云 "買賣云不啻也." 可知爲市井常談矣. 不啻如楚人言夥頤. 啻亦作翅. 支聲・帝聲同部也. 疒部疧下曰, "病不翅." 孟子曰, "奚翅食重."

② 施와 智의 반절이다. 제16部에 있다.

施智切. 十六部.

③ 言部에 "諟는 '다스리다〔理〕'는 뜻이다."라고 하였다. 또한 諟가 宷(審)諦(살피다/심체)의 뜻으로 사용된다.

言部曰, "諟, 理也." 亦用諟爲宷諦字.

④ 讀若鞮는 아마도 뒤에 한 가지 뜻의 독음을 말한 듯하다.

疑此謂後一義之讀.

## 03-022-0838 吉(吉)〔좋을/길〕 補

'좋다'이다. 士・口를 따랐다.

---

88) 語時不啻也 : 徐灝의 ≪說文段注箋≫에 "語時의 '時'자는 '詞'자로 써야 되니, 글자가 잘못된 것이다.〔時當作詞 字之誤也〕"라고 하였다. "語詞 不啻也"의 의미는 어조사로 쓰이며, '많은 것'이다. 李富孫(淸)의 ≪說文辨字正俗≫에 "時는 마땅히 '詞'의 오자이다.〔時當作詞字之誤也〕"라고 하였다.

善也. 从士口.①

① 居와 質의 반절이다. 제12部에 있다.
居質切. 十二部.

## 03-022-0839 (周)〔주밀할/주〕補【重文 1】

'주밀하다'이다. 用・口를 따랐다. (⿵冂及)는 周의 古文이니 古文의 乁(及)자를 따랐다.

密也.① 从用口.② (⿵冂及)古文周字, 从古文及.③

① 山部에서 "密은 산이 지붕처럼 생긴 것이다."라고 하였는데, 引伸하여 '주도면밀하다'는 뜻이 되었다. ≪春秋左氏傳≫ 昭公 20년에 晏子가 "淸濁・小大・長短・疾徐・哀樂・剛柔・遲速・高下・出入・周疏가 어울려 조화를 이룬다."라고 하였는데, 周(주밀함)과 疏(성김)는 반대의 뜻으로 사용되었다. 또 襄公 27년 봄에 "胥梁帶가 邑을 잃은 諸侯들에게 수레와 병사를 갖추어 오도록 하고 잃었던 땅을 주었는데 반드시 주밀하게 하였다."라고 하였다. 杜預 注에 "周는 '주밀함〔密〕'이다."라고 하였다.
살펴보건대, 忠信을 '周'라고 하였는데, 忠信한 사람은 주밀하지 않음이 없음을 말한다.
密, 山部曰, "山如堂者", 引伸訓爲周致也. 左傳晏子曰, "淸濁・小大・短長・疾徐・哀樂・剛柔・遲速・高下・出入・周疏, 以相濟也." 以周與疏反對. 又襄二十七年, 春, "胥梁帶使諸喪邑者, 具車徒以受地, 必周." 杜(皆)〔預〕[89]云 "周, 密也." 按忠信爲周, 謂忠信之人無不周密者.

② 입을 잘 사용하면 주밀하게 되니 주밀하지 못한 것은 모두 입으로 말미암는다. 職과 畱의 반절이다. 제3部에 있다.
善用其口則密, 不密者, 皆由於口. 職畱切. 三部.

③ 及이란 주도면밀하다는 뜻이다.
及之者, 周至之意.

## 03-022-0840 (唐)〔말 크게 할/당〕補【重文 1】

'말을 크게 하다'이다. 口를 따르고 庚(경)이 소리이다. (啺)는 唐의 古文이니 口・昜을 따랐다.

89) (皆)〔預〕: 저본에는 '皆'로 되어 있으나, ≪春秋左氏傳≫에 의거하여 '預'로 바로잡았다.

**大言也.**① **从口, 庚聲.**② (啺)**古文唐, 从口昜.**

① 引伸하여 '大'라는 뜻이 되었다. 예컨대 ≪尙書≫를 해설하는 사람이 "唐이라는 말은 蕩蕩(광대한 모양/탕탕)하다는 뜻이다."라고 하였는데 ≪論衡≫ 〈正說〉에 보인다.[90] 또 '헛되다〔空〕'의 뜻으로 쓰이니, 예컨대 ≪法化經≫ 〈觀世音菩薩普門品〉에 "복을 헛되이 버리지 않는다.〔福不唐捐〕"라고 하였다. 대체로 陂塘의 '塘'자는 옛날에 모두 唐으로 썼는데, '비우고 많이 받아들이다'는 뜻을 취한 것이다. 自部에서 "隄(못/제)는 唐(못/당)이다."라고 하였다.
引伸爲大也, 如說尙書者云 "唐之爲言蕩蕩也", 見論衡. 又爲空也, 如梵書云 "福不唐捐." 凡陂塘字, 古皆作唐, 取虛而多受之意. 自部曰, "隄, 唐也."

② 徒와 郎의 반절이다. 제10部에 있다.
徒郎切. 十部.

③ 또한 形聲이다.
亦形聲.

## 03-022-0841 (𠷎) 〔누구/주〕 補

'누구'이다. 口·𠃬를 따르고 又(우)가 소리이다. (𠃬)은 疇의 고문이다.

**誰也. 从口𠃬, 又聲. 𠃬古文疇.**①

① 살펴보건대, 표제자 𠷎에 오류가 있는 듯하다. 白部에 "𣝬는 '詈'이다. 白를 따르고 𠃬(주)가 소리이다."라고 하였다. ≪唐書≫[91]에 "황제가, 누구에게 물을 것인가.〔帝曰𣝬咨〕"라고 하였는데, 𠷎와 音義가 대략 같다. 다만 그 글자는 口를 따르고 𠃬가 聲符라고 하면 충분한데 又가 聲符를 겸한다고 한 것은 합당하지 않다. 又는 제1部에 있고 聲符가 아니다. 老部의 𦒱, 酉部의 醻, 巾部의 幬는 모두 𠷎의 소리를 따랐고, 竹部의 籌, 火部의 燾, 言部의 譸(저주하다/주), 邑部의 𨞪(땅이름/수)는 모두 𦒱(壽)의 소리를 따랐다. 절대로 𠷎의 소리를 따르는 글자는 없으니 𠷎는 𠷎가 되어야 옳고 𦒱의 聲符가 되어야 함을 알 수 있다. 直과 由의 반절이다. 제3部에 있다.
按此篆疑有誤. 白部曰, "𣝬, 詈也. 从白, 𠃬聲." 引唐書"帝曰𣝬咨." 與此音義大同. 但其字

---

90) 論衡……보인다 : "당우와 하은주는 땅의 이름이다.〔唐虞 夏殷周者 土地之名〕"는 글에서 唐의 의미를 풀이한 것이다.

91) 唐書 : ≪尙書≫ 〈堯典〉으로 보인다. 堯임금이 신하에게 "누구에게 이 시대의 일을 물을 것인가. 내가 등용할 것이다.〔疇咨若時 登庸〕"라고 하였다.

从口𠷎聲足矣. 不當兼从又聲. 又在一部, 非聲也. 老部𦒱・酉部醻・巾部幬, 皆从𠷎聲, 竹部籌, 火部燾, 言部譸, 邑部𨞰, 皆从𦒱聲. 絶無从𠷎聲之字, 可知此正當作𠷎, 爲𦒱之聲. 直由切. 三部.

## 03-022-0842  (嘾)〔꿀꺽 삼킬/담〕

'꿀꺽 삼키다'이다. 口를 따르고 覃(담)이 소리이다.

含深也.① 从口, 覃聲.②

① ≪莊子≫에 "너무 달아서 깊이 삼켰다."[92]라고 하였다.
莊子曰, "大甘而嘾."

② 徒와 感의 반절이다. 古音은 제7部에 있다.
徒感切. 古音在七部.

## 03-022-0843  (噎)〔목멜/열〕

'음식물을 먹다가 목이 막히다'이다. 口를 따르고 壹(일)이 소리이다.

飯窒也.① 从口, 壹聲.②

① ≪詩經≫ 〈王風 黍離〉에 "마음이 꽉 막힌 듯하다.〔中心如噎〕"라고 하였는데, 毛亨 傳에 "목이 메어 숨을 쉴 수가 없는 것이다.〔噎憂 不能息也〕"라고 하였다. 噎와 憂는 雙聲이다. 憂는 "종일 외쳐도 목이 쉬지 않는다〔終日號而不嚘〕"[93]라고 할 때의 嚘이며 '기가 치밀어 오르다'라는 뜻이다. 今本 毛亨 傳에는 잘못되어 빠져버렸고, 오직 ≪玉篇≫에만 잘못되지 않았다. ≪詩經≫ 〈鄭風 狡童〉의 毛亨 傳에 "목이 쉬어 숨을 쉴 수가 없다.〔憂不能息〕"[94]라고 할 때의 憂 역시 嚘(우)와 같이 읽는다. 欠部에 "欭(탄식하다/의)는 嚘(탄식하다/우)이다."라고 하였는데 "欭嚘는 바로 '噎憂'이다."라고 한 것은 劉台拱[95]의 설이다.[96]

---

92) 莊子에……삼켰다 : 今本 ≪莊子≫에는 "大甘而嘾"이란 구절이 보이지 않는다. 明나라 方以智의 저서 ≪通雅≫에는 "太甘而嘾"으로 되어 있으며, 莊子가 한 말로 되어 있다.

93) 종일……않는다〔終日號而不嚘〕 : 今本 ≪道德經≫ 55장에 보이는 구절이다. 다만 今本에는 嚘(우)가 嗄(사)로 되어 있다.

94) 목이……없다〔憂不能息〕 : "나로 하여금 숨을 쉬지 못하게 한다〔使我不能息兮〕"에 대한 毛亨 傳이다.

王風"中心如噎." 毛曰, "謂噎憂不能息也." 噎・憂雙聲. 憂卽終日號而不嗄之嗄, 氣逆也. 今本毛傳譌脫, 惟玉篇不誤. 鄭風傳"憂不能息", 憂亦讀爲嗄. 欠部曰, "欭, 嗄也." 欭嗄卽噎憂, 劉氏台拱說.

② 烏와 結의 반절이다. 제12部에 있다.

烏結切. 十二部.

## 03-022-0844 (嗢)〔목멜/올〕

'목이 메다'이다. 口를 따르고 𥁕(온)이 소리이다.

**咽也.**① **从口, 𥁕聲.**②

① 咽은 '噎'이 되어야 하니, 소리가 잘못된 것이다. 欠部에 "欸(숨막힐/알)은 목구멍으로 숨쉬는 것이 순조롭지 않은 것이다."라고 하였는데, 欸은 嗢과 音義가 같다. 笑(笑)를 嗢噱(크게 웃다/올갹)이라고 하는 것은 嗢은 목구멍에 있고, 噱은 입에 있기 때문이다.〔噱在口也〕[97]

咽當作噎. 聲之誤也. 欠部曰, "欸, 咽中息不利也." 與嗢音義同. 笑云嗢噱者, 嗢在喉中, 噱在口也.

② 烏와 沒의 반절이다. 𥁕聲이 제13部에 있으니, 제15部와 合韻이 되는 것은 가장 가깝기 때문이다.

烏沒切. 𥁕聲在十三部, 與十五部合音冣近也.

## 03-022-0845 (哯)〔토할/현〕

'목구멍에서 구역질하지 않고 입으로 토하다'이다. 口를 따르고 見(견)이 소리이다.

**不歐而吐也.**① **从口, 見聲.**②

① 欠部에 "歐는 '吐'이다."라고 한 것은 통틀어 말한 것이다. 여기서 "不歐而吐也"라고 한

95) 劉台拱 : 1751~1805. 淸나라 학자로, 자가 端臨이고 호가 江岑이다. 저서로 ≪論語駢枝≫, ≪經傳小記≫ 등이 있다.

96) 欭嗄가……설이다 : ≪說文≫ 欠部 '欭'자 해설에 "噎憂는 欭嗄의 假借字이다.〔噎憂卽欭嗄之假借字〕"라고 하였다.

97) 噱은……때문이다〔噱在口也〕: 揚雄의 〈羽獵賦〉 "遙噱虖紘中"에 대한, 顔師古 注에 "입 속의 위아래가 '噱'이다.〔口內之上下爲噱〕"라고 하였다.

것은 구분해서 말한 것이다. 歐는 가슴과 목구멍을 가지고 말한 것이고, 吐는 입으로 나오는 것을 말한 것이다. 가슴과 목구멍이 매스껍지 않은 데도 토하는 것을 '哯'이라고 한다. ≪玉篇≫과 ≪廣韻≫에 "哯는 살피지 않고 침을 뱉는 것이다〔不顧而唾〕"라고 한 것은 잘못이다.

欠部曰, "歐, 吐也." 渾言之. 此云"不歐而吐也"者, 析言之. 歐以匈喉言, 吐以出口言也. 有匈喉不作惡而已吐出者, 謂之哯. 玉篇・廣韻作"不顧而唾", 非也.

② 胡와 典의 반절이다. 古音은 제14部에 있다.
胡典切. 古音在十四部.

## 03-022-0846 吐(吐)〔쏟아낼/토〕

'쏟아내다'이다. 口를 따르고 土(토)가 소리이다.

**寫也. 从口, 土聲.**①

① 他와 魯의 반절이다. 제5部에 있다.
他魯切. 五部.

## 03-022-0847 噦(噦)〔토할/얼〕

'气가 치밀어 오르다'이다. 口를 따르고 歲(세)가 소리이다.

气啎**也.**① **从口, 歲聲.**②

① 啎는 '거슬러 오르는 것'이다. ≪通俗文≫에 "氣逆(기가 치밀어 올라가는 것)을 '噦'이라고 한다."라고 하였다. ≪禮記≫ 〈內則〉에 "〈부모나 시부모가 계신 곳에는〉 감히 토하거나 트림하지 않는다."라고 하였다. ≪靈樞經≫에 六府[98]의 氣를 설명하면서 "胃가 허약해지면 기운이 위로 치밀어 올라 구역질을 한다."라고 하였다.
啎, 逆也. 通俗文曰, "氣逆曰噦." 內則曰, "不敢噦噫." 靈樞經說六府氣"胃爲氣逆噦."

② 於와 月의 반절이다. 제15部에 있다.
於月切. 十五部.

## 03-022-0848 咈(咈)〔어길/불〕

98) 六府 : 膽, 胃, 大腸, 小腸, 膀胱, 三焦의 6가지 장기를 말한다.

‘어기다’이다. 口를 따르고 弗(불)이 소리이다. ≪尙書≫ 〈周書 微子〉[99]에 “노성한 사람의 뜻을 어기지 않는다.”라고 하였다.

**違也.**① **从口, 弗聲.**② **周書曰**③ “**咈其耇長.**”④

① 違는 韋와 같으며 ‘서로 어긋난 것’이다.
違與韋同, 相背也.

② 符와 弗의 반절이다. 제15部에 있다.
符弗切. 十五部.

③ 살펴보건대, ≪說文≫은 ≪書經≫ 〈周書 微子〉의 “노성한 사람의 뜻을 어기지 않는다. 나는 일어나서 간언하지만 나라의 패망을 받아들일 것이다.”라는 글을 인용하면서 모두 〈周書〉와 연계하였다. ‘躋’자 해설에 “予顚躋”를 인용하면서 〈商書〉라고 하였는데[100] 어느 것이 誤字인지 모르겠다. 〈洪範〉 1편이 〈商書〉에 속하는지 〈周書〉에 속하는지 설이 다르지만 〈微子〉는 반드시 〈商書〉에 속한다.
按說文引微子篇“咈其耇長, 我興受其退.” 皆系周書. 引“予顚躋”, 則曰商書. 未知孰是誤字. 洪範一篇商・周說異, 微子則必是商書也.

④ ≪玉篇≫은 ≪周易≫ 頤卦䷚ 六二爻辭에 “咈經於丘”[101]를 인용하였는데, 지금의 ≪周易≫에는 咈이 拂로 되어 있으니 잘못이다.
玉篇引易 “咈經于丘.” 今易作拂, 蓋誤.

## 03-022-0849 (嚘) 〔말이 되지 않은 소리/우〕

‘말이 안정되지 않은 모습’이다. 口를 따르고 憂(우)가 소리이다.

**語未定**皃.① **从口, 憂聲.**②

① ≪漢書≫ 〈東方朔傳〉에 “伊憂亞는 ‘말이 아직 안정되지 못하다’라는 뜻이다.”라고 하였다. ≪集韻≫에는 “憂는 간혹 嚘로 되어 있다.”라고 하였다. 또 ≪老子≫ 55장에 “종일

---

99) 周書 微子에 : 今本 ≪尙書≫에는 〈微子〉가 〈商書〉에 들어가 있다.

100) 予顚躋를……하였는데 : ‘予顚躋’ 앞에 “지금 너희들은 나라가 망해도 나에게 알려줄 뜻이 없다.〔今爾無指告予顚隮〕”라는 구절이 있다. 許愼이 〈微子〉의 글을 인용하면서 ‘咈’자 해설에는 〈周書〉라고 하였고, ‘躋’자 해설에는 〈商書〉라고 하였다. 段玉裁는 〈微子〉가 〈商書〉에 속한다고 하였다.

101) 咈經於丘 : ≪周易≫ 頤卦에 “顚倒되어(初九를 말함) 길러 주기를 구하면 정상적인 도리에 어긋나고, 언덕에게(上九를 말함) 길러 주기를 구하면 가서 흉하다.〔顚頤 拂經于丘頤 征凶〕”라고 하였다.

외쳐도 목이 쉬지 않는다.〔終日號而不嗄〕"라고 하였다. ≪玉篇≫에는 "不嗄"라고 하였고, "嗄는 氣가 치밀어 오르는 것이다."라고 하였다. ≪太玄經≫〈夷〉에 "어린아이는 울어도 사흘 동안은 목이 쉬지 않는다.〔柔兒于號 三日不嗄〕"라고 하였다. 傅奕[102]은 ≪老子≫를 교정하면서 嗄를 '歔(목쉴/우)'라고 하였는데, 歔는 嗄와 같다.

東方朔傳曰, "伊憂亞者, 辭未定也." 集韻云 "憂或作嗄." 又老子"終日號而不嗄." 玉篇作"不嗄", 云 "嗄, 氣逆也." 太玄 "柔兒于號, 三日不嗄." 傅奕挍定老子作歔, 歔同嗄.

② 於와 求의 반절이다. 제3部에 있다. 顔師古는 一과 侯의 반절[103]이라고 하였다.

於求切. 三部. 師古一侯反.

## 03-022-0850  (吃)[104] 〔말 더듬을/흘〕 補

'말을 하기가 곤란하고 어렵다'이다. 口를 따르고 气(기)가 소리이다.

**言蹇難也.** 从口, 气聲.①

① 居와 乙의 반절이다. 제15部에 있다.

居乙切. 十五部.

## 03-022-0851  (嗜) 〔즐길/기〕

'기뻐하고 그것을 바라다'이다. 口를 따르고 耆(기)가 소리이다.

**喜欲之也.**① 从口, 耆聲.②

① 이것은 ≪古今韻會擧要≫에 의거하였다. 喜는 憙가 되어야 하며 憙는 悅(기쁠/열)이다.[105] 經傳에는 耆가 嗜의 뜻으로 假借되는 경우가 많다.

此依韻會本. 喜當作憙, 憙, 悅也. 經傳多假耆爲嗜.

② 常과 利의 반절이다. 〈耆는〉 제15部에 있다.

常利切. 十五部.

---

102) 傅奕 : 554~639. 唐나라 학자이다. 老子의 ≪道德經≫에 정통하여 그가 해석한 傅奕本은 河上公本, 王弼本과 함께 높은 평가를 받고 있다.

103) 顔師古는……반절 : 今本 ≪漢書≫〈東方朔傳〉에 "伊優亞"로 되어 있으며, '優'자에 대해 顔師古는 一과 侯의 반절이라고 하였다.

104) 吃 : ≪正字通≫ 口部에 "吃은 吃의 本字이다.〔吃 吃本字〕"라고 하였다.

105) 喜는……悅(기쁠/열)이다 : ≪玉篇≫ 喜部에 "喜는 '樂'이다.〔喜 樂也〕"라고 하였고, 心部에 "憙는 '說'이다.〔憙 說也〕"라고 하였다.

## 03-022-0852 (啖)〔먹을/담〕

'먹다'이다. 口를 따르고 炎(담)이 소리이다. 일설에는 '噉(먹을/담)'이라고 한다.

**噍啖也.**① **从口, 炎聲.**② **一曰噉.**③

① ≪荀子≫ 〈王霸〉에 "걸신들린 듯이 남이 가진 것을 항상 욕심내다."라고 하였는데, 楊倞 注에 "啖啖은 '모두 삼키는 모양'이다."라고 하였다.
荀子王霸篇 "啖啖常欲人之有." 注 "啖啖, 幷呑之皃."

② 徒와 敢의 반절이다. 제8部에 있다.
徒敢切. 八部.

③ ≪古今韻會擧要≫에는 〈"一曰噉"이란〉 세 글자가 없고 "或作噉"이라고 하였다. 살펴보건대, 口部에는 '噉'자가 없다. ≪玉篇≫과 ≪廣韻≫에는 모두 정확하게 '噉'으로 되어 있으며 "啖과 같다."라고 하였다. 犨(주)자의 사례에서 보듯이[106] 아마도 ≪說文≫에는 본래 '噉'으로 되어 있을 것이다.
韻會無此三字, 云"或作噉." 按口部無噉字. 玉篇・廣韻, 皆正作噉, 云 "啖同." 以犨字例之, 蓋說文本作噉.

## 03-022-0853 (哽)〔혀에 목이 막힐/경〕

'말을 할 때 혀에 목이 막히다'이다. 口를 따르고 更(경)이 소리이다. 우물에서 물을 길을 때 사용하는 줄인 綆(경)과 같이 읽는다.

**語爲舌所介也. 从口, 更聲.**① **讀若井汲綆.**②

① 哽과 介는 雙聲이다. ≪後漢書≫[107] 〈明帝紀〉에 "〈식사 중에 음식물에〉 목이 막힐까 주의를 주는 祝이 앞에 있다.〔祝哽在前〕"[108]이라고 하였다.
哽介雙聲. 漢書"祝哽在前."

② 古와 杏의 반절이다. 제11部에 있다.
古杏切. 十一部.

---

106) 犨(주)자의……보듯이 : 牛部 '犨'자 해설에 "소가 숨 쉬는 소리이다.〔牛息聲〕"라고 하였고, 또 "일설에는 소 이름이다.〔一曰牛名〕"라고 하였다. 여기서도 "噍啖也"라고 하고 또 "一曰噉"이라고 한 것을 말한다.

107) 後漢書 : 원문에는 ≪漢書≫로 되어 있으나, ≪後漢書≫의 내용이다.

108) 식사……있다〔祝哽在前〕: 원문의 祝은 나라의 元老를 접대할 때 음식물이 목에 막힐까 염려하여 시중드는 사람을 말한다.

## 03-022-0854  (嘐)〔과장된 말/효〕

'과장된 말'이다. 口를 따르고 翏(료)가 소리이다.

**誇語也.**① **从口, 翏聲.**②

① ≪孟子≫〈盡心 下〉에 "萬章이 '어째서 狂者라고 합니까.'라고 묻자, 맹자가 '그들은 뜻이 높고 말이 과장되어〔嘐嘐然〕 입만 열면 「옛사람이여, 옛사람이여.」라고 말하지만, 평소 그들의 행실을 살펴보면 행동이 말을 따르지 못하는 자들이다."라고 하였다.
孟子"何以謂之狂也. 曰其志嘐嘐然. 曰古之人. 古之人, 夷考其行而不掩焉者也."
② 古와 肴의 반절이다. 古音은 제3부에 있다.
古肴切. 古音在三部.

## 03-022-0855  (啁)〔새소리/조〕

啁는 '새소리'이다. 口를 따르고 周(주)가 소리이다.

啁① **嘐也.**② **从口, 周聲.**③

① 刪削하지 못해 중복해서 나온 글자이다.
此複擧字未刪者.
② ≪楚辭≫〈九辯〉에 "鵾雞(학보다 큰 새/곤계)가 재잘대며 슬피 운다."라고 하였다. 啁는 큰 소리, 哳은 작은 소리이다.
楚語[109]"鵾雞啁哳而悲鳴." 啁, 大聲. 哳, 小聲也.
③ 陟과 交의 반절이다. 古音은 제3부에 있다. ≪倉頡篇≫에 "啁는 調이다. 서로 농지거리하는 것이다."라고 하였고, 지금 사람들은 啁를 '嘲'로 쓴다.[110]
陟交切. 古音三部. 倉頡篇"啁, 調也. 謂相戲調也." 今人啁作嘲.

## 03-022-0856  (哇)〔아첨하는 소리/와〕

'아첨하는 소리'이다. 口를 따르고 圭(규)가 소리이다. 醫(의)와 같이 읽는다.

**諂聲也.**① **从口, 圭聲.**② **讀若醫.**③

109) 楚語 : ≪楚辭≫〈九辯〉을 말한다.
110) 啁를……쓴다 : 嘲弄의 뜻으로 쓰일 때는 啁를 쓰지 않고 嘲를 쓴다는 뜻이다.

① '〈악곡이나 시가가〉 음란하다'이다. ≪漢書≫ 〈王莽傳〉에 또 黽(개구리/와)가 哇의 뜻으로 假借되었다.[111]
淫哇也. 王莽傳又假黽爲哇.

② 於와 佳의 반절이다. 古音은 제16部에 있다.
於佳切. 古音在十六部.

③ 醫는 제1部에 있으며 哇와는 서로 매우 멀리 떨어져 있으니, 아마도 '翳'자 인듯하며 翳는 제16部에 있다.
醫在第一部, 相隔遠甚, 疑是翳字, 翳在十六部.

## 03-022-0857  (辪)〔말다툼 할/알〕

'말로 서로 꾸짖고 거절하다'이다. 口·辛을 따랐다. 辛은 '나쁜 소리'이다. 櫱(알)과 같이 읽는다.

**語相訶**歫**也.**① **从口**辛.② 辛, **惡聲也.**③ **讀若**櫱.④

① 歫는 지금의 拒이다. 訶歫(가거)는 '꾸짖으며 거절하는 것'이다.
歫, 今之拒字. 訶歫者, 訶而拒之.

② 〈辛은〉 音이 愆(건)이다.[112]
音愆.

③ 口辛은 입으로 나쁜 소리를 거절하는 것이다.
口辛, 以口拒惡聲也.

④ 五와 葛의 반절이다. 제15部에 있다.
五葛切. 十五部.

## 03-022-0858  (哫)〔말 많을/두〕

譳哫이니 '수다스럽다'이다. 口를 따르고 殳(수)가 소리이다.

---

111) 漢書……假借되었다 : "紫色黽聲"이란 구절에 대하여 顏師古 注에 "黽는 음악 중에 음란한 소리이며 正曲이 아니다.〔黽者 樂之淫聲 非正曲也〕"라고 하였다. 黽의 본뜻은 '개구리' 또는 '개구리 소리'인데 哇(음란한 소리)를 가차한 것이다.

112) 音이 愆(건)이다 : ≪說文≫ 辛部에 "辛은 辠이다. 干·二를 따랐다. 二는 上의 고문이다. 愆과 같이 읽는다.〔辛 辠也 从干二 二 古文上字 讀若愆〕"라고 하였다.

讘𠰷,① **多言也.**② 从口, 殳聲.③

① 句讀이다.
 逗.

② 言部에 "讘(섭)은 '말이 많은 것'이다."라고 하였다. 讘𠰷(섭두)는 ≪玉篇≫에 "㖇𠰷(접두)"로 되어 있다.[113)]
 言部曰, "讘, 多言也." 讘𠰷, 玉篇作"㖇𠰷".

③ 當과 侯의 반절이다. 제4部에 있다.
 當侯切. 四部.

## 03-022-0859 (呧)〔꾸짖을/저〕

'꾸짖다'이다. 口를 따르고 氐(저)가 소리이다.

**苛也.**① 从口, 氐聲.②

① 苛는 訶의 假借字이다. 漢나라 사람들은 대부분 荷를 '訶'의 뜻으로 사용하고, 또 苛를 '訶'의 뜻으로 사용하였다.
 苛者, 訶之假借字. 漢人多用荷爲訶, 亦用苛爲訶.

② 都와 禮의 반절이다. 제15部에 있다. 살펴보건대, 言部에 '詆'자가 있는데 "꾸짖다〔訶也〕"라고 하였다. 口部의 呧는 중복되어 나온 듯한다. ≪集韻≫에는 詆와 呧가 동일한 글자라고 하였다.
 都禮切. 十五部. 按言部有詆字, 云 "訶也." 口部呧似複出. 集韻詆呧爲一字.

## 03-022-0860 (呰)〔꾸짖을/자〕

'꾸짖다'이다. 口를 따르고 此(차)가 소리이다.

**苛也.**① 从口, 此聲.②

① 苛는 또 '訶'가 되어야 한다. 玄應이 인용한 ≪說文≫에는 訶로 되어 있다. 대체로 呰毁(비난하고 헐뜯다/자훼)라는 뜻으로 말할 때는 '呰'를 써야 한다. ≪禮記≫〈喪服四制〉에 "禮를 비방하는 사람은 예가 생겨난 이유를 알지 못한다."라고 하였는데 鄭玄 注에 "입

113) 讘𠰷(섭두)는……있다 : ≪玉篇≫ 口部에 "㖇은 㖇𠰷로 '말이 많다'이다.〔㖇 㖇𠰷 多言也〕"라고 하였다.

으로 비방하는 것을 '呰'라고 한다.〔口毁曰呰〕"[114]라고 하였다. 玄應이 인용한 것이 이와 같다. 지금의 ≪禮記≫ 〈喪服四制〉에는 呰가 訾로 되어 있다. 살펴보건대, ≪禮記≫ 〈少儀〉의 鄭玄 注에 "訾는 '생각하다'의 뜻이다."라고 두 차례 말하였다.[115]

苛亦當作訶. 玄應引作訶. 凡言呰毁當用呰. 喪服四制"呰者, 莫不知禮之所生也."[116] 鄭云"口毁曰呰." 玄應引如此. 今禮記作訾. 按少儀注兩云 "訾, 思也."

② 將과 此의 반절이다. 제16部에 있다.

將此切. 十六部.

## 03-022-0861 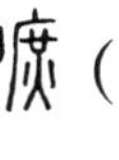 (嗻)〔말 가로막을/**차**〕

'말을 가로막다'이다. 口를 따르고 庶(서)가 소리이다.

**遮也.**① **从口, 庶聲.**②

① ≪廣韻≫에 "嗻는 '말이 많은 모양'이다."라고 하였다. 그렇다면 遮는 '말을 많이 하여 남의 말을 가로막는 것'을 이른다.

廣韻"嗻, 多語之皃." 然則遮者, 謂多言遏遮人言也.

② 之와 夜의 반절이다. 古音은 제5部에 있다.

之夜切. 古音在五部.

## 03-022-0862  (唊)〔망녕되이 말할/**겹**〕

'망녕되이 말하다'이다. 口를 따르고 夾(협)이 소리이다. 莢(협)과 같이 읽는다.

**妄語也.**① **从口, 夾聲. 讀若莢.**②

① ≪廣韻≫에 "唊唊은 '말이 많은 것'이다."라고 하였다.

廣韻"唊唊, 多言也."

② 古와 叶의 반절이다. 제8部에 있다.

古叶切. 八部.

---

114) 口毁曰呰 : 今本 ≪禮記注疏≫에는 '口毁曰訾'로 되어 있다. 段玉裁가 어떤 판본에 근거한 것인지 확실하지 않다.

115) 두……말하였다 : ≪禮記≫ 〈少儀〉의 鄭玄 注에 "不訾重器"와 "毋訾衣服成器"에 대하여 "訾 思也"라고 주석한 것을 이른다.

116) 呰者 莫不知禮之所生也 : 저본에는 "呰者 莫不知禮之所生也"로 되어 있으나, 今本 ≪禮記注疏≫에는 "訾之者 不知禮之所由生也"로 되어 있어 이에 의거하여 번역하였다.

## 03-022-0863 (嗑)〔말 많을/합〕

'말이 많다'이다. 口를 따르고 盍(합)이 소리이다. 甲(갑)과 같이 읽는다.

**多言也. 从口, 盍聲. 讀若甲.**①

① 候와 榼의 반절이다. 제8部에 있다.
候榼切. 八部.

## 03-022-0864 (嗙)〔꾸짖는 소리, 무곡/방〕

'꾸짖는 소리'이다. 口를 따르고 旁(방)이 소리이다. 司馬相如는 "淮南·宋·蔡 지역에서는 嗙喩[117]에 맞추어 춤춘다."고 설명하였다.

**訶聲,[118] 嗙喩也. 从口, 旁聲.**① **司馬相如說 "淮南宋蔡舞嗙喩"也.**

① 補와 盲의 반절이다. 제10部에 있다.
補盲切. 十部.

② 司馬相如의 〈上林賦〉에 "巴渝[119]는 宋·蔡 지역의 舞曲이고, 淮南 지역의 무곡은 于遮[120]이다."라고 하였다. 여기에서 말한 것은 〈上林賦〉의 글이 아니고 司馬相如의 ≪凡將篇≫의 한 句이다.[121] 劉逵는 ≪凡將篇≫의 "누렇게 윤이 나고 가늘고 아름다워 홑옷을 짓기에 알맞다.〔黃潤纖美宜製褌〕"라는 구절을 인용하였고, 歐陽詢은 ≪凡將篇≫의 "鐘磬竽笙筑坎侯"[122]를 인용하였으니[123] ≪凡將篇≫은 7언으로 구절을 이루고 있음을 알

---

117) 嗙喩 : 고대 舞曲의 이름이다.

118) 訶聲 : 大徐本 ≪說文解字≫에는 '謌聲'으로 되어 있으나, 段玉裁가 '訶聲'으로 수정하였다.

119) 巴渝 : 巴와 渝는 蜀의 옛 지명이다. 이 지역 사람들은 용감하고 춤을 좋아하여 이곳에서 전래된 춤을 '巴渝舞' 또는 '巴渝歌'라고 한다. 渝는 '俞'로도 쓰며, '巴俞' 또한 舞曲의 명칭으로 사용된다.

120) 于遮 : 舞曲의 이름으로, ≪史記≫ 〈司馬相如列傳〉에는 '于遮', ≪漢書≫ 〈司馬相如列傳〉에는 '干遮'로 되어 있다.

121) 여기에서……句이다 : 여기에서 말한 것은, 위의 '淮南宋蔡舞嗙喩'를 말한다. 段玉裁는 〈上林賦〉의 글이 아니고 ≪凡將篇≫의 한 구라고 하였는데, ≪凡將篇≫은 司馬相如의 저서로, 현재 逸失되어 전해지지 않는다. 여기저기의 저서에 ≪凡將篇≫을 인용한 곳이 있다.

122) 鐘磬竽笙築坎侯 : 모두 악기 이름으로, 鐘磬·竽笙·築·坎侯(箜篌)를 말한다.

123) 劉逵는……인용하였으니 : 宋나라 학자 王應麟(1223~1296)의 ≪漢藝文志考證≫ 권4에 "≪文選≫ 〈蜀都賦〉의 李善 注는 司馬相如 ≪凡將篇≫의 '黃潤纖美宜制褌'을 인용하였고,

수 있다.

上林賦 "巴渝宋蔡, 淮南于遮." 此所偁非賦文, 蓋凡將之一句也. 劉逵引 "黃潤纖美宜制禪", 歐陽詢引 "鍾磬竽笙筑坎侯" 知凡將七言爲句.

## 03-022-0865 (噧)〔화 내고 말 많을/**홰**〕

'화 내고 말을 많이 하다'이다. 口를 따르고 蠆(채)의 생략형이 소리이다. ≪春秋傳≫에 "噧言"라고 하였다.

**高气多言也.**① **从口, 蠆省聲.**② **春秋傳曰, "噧言"**③

① ≪廣韻≫에 "크게 소리지르는 모습이고 또 말이 많은 것이다."라고 하였다.
廣韻曰, "高聲皃, 又多言."

② 살펴보건대, 표제자는 '萬'로 되어 있다. 여기서는 단지 萬(채)가 소리〔聲符〕라고 하면 옳겠지만, 생략형이라고 말하는 것은 타당하지 않다. 訶와 介의 반절이다. 제15部에 있다.
按篆文作萬. 此直云萬聲可矣, 不當云省. 訶介切. 十五部.

③ 출처를 모르겠다. ≪春秋公羊傳≫ 襄公 14년 經文에는 "정나라 공손채〔鄭公孫囆〕"라고 되어 있고, ≪春秋左氏傳≫과 ≪春秋穀梁傳≫ 襄公 14년 경문에는 "蠆"로 되어 있다. 噧言 2자에는 착오가 있는 듯하니 "鄭公孫囆"가 되어야 한다.
未見所出. 惟公羊襄十四年經"鄭公孫囆", 二傳作"蠆". 疑噧言二字有誤, 當云"鄭公孫囆".

## 03-022-0866 (㕤)〔화낼/**구**〕補

'화를 내다'이다. 口를 따르고 九(구)가 소리이다. 臨淮에 㕤猶縣이 있다.

**高气也. 从口, 九聲.**① **臨淮有㕤猶縣.**②

① 巨와 鳩의 반절이다. 제3部에 있다. ≪詩經≫ 〈秦風 小戎〉에 "㕤矛(세모 창/구모)"라고 할 때의 이 '㕤'자이다.
巨鳩切. 三部. 詩"㕤矛", 是此㕤字.

② ≪漢書≫ 〈地理志〉에 보인다.[124] 살펴보건대, ≪韓非子≫ 〈說林 下〉에 "智伯이 仇猶를

---

≪藝文類聚≫는 ≪凡將篇≫의 '鐘磬竽笙筑坎侯'를 인용하였다.〔文選蜀都賦注 引司馬相如凡將篇曰 黃潤纖美宜制禪 藝文類聚 引凡將篇曰 鐘磬竽笙筑坎侯〕"라고 하였다.

정벌하였다."[125]고 할 때의 仇猶는 이 縣이 아니다.
見地理志. 按韓子 "智伯伐仇猶", 非此縣地.

## 03-022-0867  (嘮)〔시끄러울/로〕

'嘮呶는 시끄럽다'이다. 口를 따르고 勞(로)가 소리이다.

**嘮呶**, **讙也**. **从口**, **勞聲**.①

① 敕과 交의 반절이다. 제2部에 있다.
敕交切. 二部.

## 03-022-0868  (呶)〔시끄러울/노〕

'시끄러운 소리'이다. 口를 따르고 奴(노)가 소리이다. ≪詩經≫ 〈小雅 賓之初筵〉에 "고함을 치고 시끄럽게 떠들다."라고 하였다.

**讙聲也**. **从口**, **奴聲**.① **詩曰**, "**載號載**呶."②

① 女와 交의 반절이다. 古音은 제5部에 있다.
女交切. 古音在五部.

② ≪詩經≫ 〈小雅 賓之初筵〉에 보인다. 毛亨 傳에 "號는 '呼(외칠/호)'이고 呶는 '讙(시끄러울/환)'이다."라고 하였다.
見小雅. 毛曰, "號, 呼, 呶, 讙也."

## 03-022-0869  (叱)〔꾸짖을/질〕

'꾸짖다'이다. 口를 따르고 七(칠)이 소리이다.

---

124) 漢書……보인다 : 厹猶縣은 江蘇省 臨淮郡에 속하는 29縣 중의 하나이다.(≪漢書≫ 〈地理志〉)

125) 智伯이……정벌하였다 : 今本 ≪韓非子≫ 〈說林 下〉에는 仇猶가 仇由로 되어 있다. ≪史記≫ 〈樗里子甘茂列傳〉에 "지백이 구유를 정벌하다.〔智伯之伐仇猶〕"라고 되어 있으며, 裴駰의 ≪史記集解≫에는 "許愼은 '仇猶는 夷狄의 나라이다.'〔許愼曰 仇猶夷狄之國〕"라고 하였다.

**訶也.**① **从口, 七聲.**②

① 訶는 '큰 소리로 말하며 성내는 것'이다.
訶, 大言而怒也.

② 昌과 栗의 반절이다. 제12部에 있다.
昌栗切. 十二部.

## 03-022-0870  (噴) 〔꾸짖을, 재채기/분〕

'꾸짖다'이다. 口를 따르고 賁(분)이 소리이다. 일설에는 '鼓(鼓)鼻(재채기/고비)'라고 한다.

**吒也. 从口, 賁聲.**① **一曰鼓鼻.**②

① 普와 魂의 반절이다. 제13部에 있다.
普魂切. 十三部.

② 이는 별도의 다른 뜻이다. 許愼은 嚔(재채기/체)를 欠(하품/흠)으로 해석하고 鼓鼻를 噴에 연결하였다.
此別一義. 許釋嚔爲欠, 以鼓鼻繫之噴.

## 03-022-0871  (吒) 〔꾸짖을/타〕

'꾸짖다'이다. 꾸짖고 화를 내는 것이다. 口를 따르고 乇(탁)이 소리이다.

**噴也. 叱怒也.**① **从口, 乇聲.**②

① 叱·噴·吒 세 글자가 互訓임을 밝혔다. ≪禮記≫ 〈曲禮〉에 "밥 먹을 때는 꾸짖지 않는다.〔毋吒食〕"[126]라고 하였는데, 밥 먹을 때 다른 일에 관하여 꾸짖는 것을 말한다. 밥 먹을 때 꾸짖는 것을 싫어하기 때문에 鄭玄 注에 "경박하게 여기는 것이다."라고 하였다. ≪史記≫ 〈淮陰侯列傳〉에 "항우가 큰 소리로 꾸짖으면 천 명의 사람이 모두 엎드려 일어나지 못했다."라고 하였다.
此三字明叱·噴·吒互訓也. 曲禮曰, "毋吒食." 謂當食而叱怒他事. 嫌於怒食, 故注云"嫌

126) 밥……않는다〔毋吒食〕: 일반적으로 '쩝쩝 소리를 내며 먹어서는 안 된다.'는 뜻으로 사용한다. 孔穎達은 "吒는 '혀로 입속에서 소리를 내는 것'이다.〔吒謂以舌口中作聲也〕"라고 하였다.

薄之." 淮陰侯傳曰, "項王暗噁叱吒, 千人皆廢."
② 陟과 駕의 반절이다. 古音 제5部에 있다. 咤로도 쓴다.
陟駕切. 古音在五部. 亦作咤.

## 03-022-0872 (噊)〔위태할/율〕

'위태롭다'이다. 口를 따르고 矞(율)이 소리이다.

**危也.① 从口, 矞聲.②**

① ≪爾雅≫ 〈釋詁〉에 보인다.[127)]
見釋詁.
② 余와 律의 반절이다. 제15部에 있다.
余律切. 十五部.

## 03-022-0873 (啐)〔놀랄/채〕[補]

'놀라다'이다. 口를 따르고 卒(졸)이 소리이다.

**驚也. 从口, 卒聲.①**

① 七과 外의 반절이다. 제15部에 있다. ≪儀禮≫ 〈鄕飮酒義〉 今文에는 啐酒(술을 맛보다)의 '啐'로 되어 있다.
七外切. 十五部. 儀禮今文以爲啐酒字.

## 03-022-0874 (唇)〔놀랄/진〕

'놀라다'이다. 口를 따르고 辰(진)이 소리이다.

**驚也.① 从口, 辰聲.②**

① 後人은 '震'자를 이 글자로 사용하였다.
後人以震字爲之.
② 側과 鄰의 반절이다. 제13部에 있다.
側鄰切. 十三部.

---

127) 爾雅……보인다 : "噊, 幾, 殆는 '위태롭다'이다.〔噊 幾 殆 危也〕"라고 하였다.

## 03-022-0875 (吁)〔놀랄/우〕[補]

'놀라다'이다. 口를 따르고 亐(우)가 소리이다.

**驚也. 从口, 亐聲.**①

①況과 于의 반절이다. 제5部에 있다. 살펴보건대, 이 표제자는 〈중복하여 나왔기 때문에〉 산삭해야 한다. 설명이 亐部에 보인다.
況于切. 五部. 按此篆當刪. 說見亐部.

## 03-022-0876 (嘵)〔두려워 지르는 소리/효〕

'두려워 지르는 소리'이다. 口를 따르고 堯(요)가 소리이다. ≪詩經≫ 〈豳風 鴟鴞〉에 "내가 두려워서 악악하고 소리를 질렀다."라고 하였다.

**懼聲也.**① **从口, 堯聲.**② **詩曰, "予維音之**嘵嘵."③

①≪詩經≫ 〈豳風 鴟鴞〉의 毛亨 傳에 "嘵嘵는 '두려워하다'는 뜻이다."라고 하였다.
豳風毛傳曰, "嘵嘵, 懼也."

②許와 幺의 반절이다. 제2部에 있다.
許幺切. 二部.

③≪玉篇≫과 ≪廣韻≫에는 "予維音之嘵嘵"로 되어 있는데, ≪說文≫에 근거한 것이다. 今本 ≪說文≫에는 "唯予之音嘵嘵"로 되어 있다.
玉篇・廣韻作"予維音之嘵嘵." 本說文也. 今本說文作"唯予之音嘵嘵."

## 03-022-0877 (嘖)〔큰 소리로 부르짖을/책〕【重文 1】

'큰 소리로 부르다'이다. 口를 따르고 責(책)이 소리이다. (謮)은 嘖의 **或體**이니 言을 따랐다.

**大呼也.**① **从口, 責聲.**② 嘖**或从言.**③

①呼는 嘑가 되어야 한다. ≪廣韻≫에 "嚍嘖은 '부르짖다'는 뜻이다."라고 하였다. ≪春秋左氏傳≫ 定公 4년에 "큰 소리로 서로 다투며 의견이 일치하지 않았다."라고 하였다.
呼當作嘑. 廣韻 "嚍嘖, 叫也." 左傳定四年"嘖有煩言."

② 士와 革의 반절이다. 제16部에 있다.

士革切. 十六部.

③ ≪漢書≫ 〈百官公卿表〉에 "前漢 武帝 太初 원년(B.C. 104)에 典客을 大鴻臚[128]로 이름을 바꾸었다."라고 하였다. 應劭가 "郊廟에서 禮式을 거행할 때 九賓을 꾸짖고, 소리를 크게 내어 황제의 조서를 전달하였다."라고 하였다. 지금의 ≪漢書≫ 〈百官公卿表〉에는 〈讀이〉 讚으로 잘못되어 있다.[129]

百官公卿表 "典客, 太初元年更名大鴻臚." 應劭曰, "郊廟行禮讀九賓, 鴻聲臚傳之也." 今漢書譌讚.

## 03-022-0878  (嗸) 〔여럿이 근심할/오〕

'여럿이 근심하다'이다. 口를 따르고 敖(오)가 소리이다. ≪詩經≫ 〈小雅 鴻雁〉에 "〈기러기가〉 끼륵끼륵 슬피 운다."라고 하였다.

**衆口愁也.**① **从口, 敖聲.**② **詩曰, "哀鳴**嗸嗸."③

① ≪史記≫ 〈董仲舒傳〉에 "백성들이 시끄럽게 떠들어대면서 부족함을 괴롭게 여긴다."라고 하였고, ≪漢書≫ 〈食貨志〉에 "천하가 시끄럽다."라고 하였고, ≪漢書≫ 〈陳湯傳〉에 "시끄럽게 떠들면서 괴롭게 여긴다."라고 하였다. 〈囂囂·警警·熬熬는〉 모두 同音假借字이다.

董仲舒傳 "囂囂苦不足." 食貨志 "天下警警." 陳湯傳"熬熬苦之." 皆同音假借字也.

② 五와 牢의 반절이다. 제2部에 있다. 살펴보건대, 이 글자는 ≪五經文字≫·≪玉篇≫·≪廣韻≫·≪經典釋文≫에는 모두 아래는 口, 위는 敖인 〈'嗸'로 되어 있는데〉 ≪說文≫에 의거한 것이다. 지금 ≪說文≫에 '嗷'로 되어 있는 것은 후대 사람이 함부로 고친 것이다.

五牢切. 二部. 按此字五經文字·玉篇·廣韻·經典釋文, 皆下口上敖, 本說文也. 今說文作嗷, 後人所妄改.

③ ≪詩經≫ 〈小雅 鴻雁〉에 보인다.[130]

小雅.

---

128) 大鴻臚 : 빈객을 접대하는 일을 담당하는 관리이다.

129) 讀이……있다 : 저본에는 ≪漢書≫ 〈百官公卿表〉에 讀이 讚으로 잘못되어 있다고 하였지만, 應劭 注에 讀이 讚으로 되어 있다.

130) 詩經……보인다 : 저본에는 '哀鳴嗸嗸'라고 하였지만, 누락된 구절을 더하면 "기러기가 날아가며 끼륵끼륵 슬피 운다.〔鴻雁于飛 哀鳴嗸嗸〕"라는 구절이다.

## 03-022-0879  (唸)〔신음할/념〕

'唸吚이니 신음하다'이다. 口를 따르고 念(념)이 소리이다. ≪詩經≫ 〈大雅 板〉에 "백성들이 신음하고 있다."라고 하였다.

唸吚,① **呻也.**② **从口, 念聲.**③ **詩曰, "民之方**唸吚."④

① 句讀이다.
逗.

② 今本에 '唸'자가 없는 것은 식견이 낮은 사람이 중복된 글자로 여겨서 산삭하였기 때문이고, '呻'자가 없는 것은 식견이 낮은 사람이 고쳤기 때문이다. 지금 ≪說文≫의 通例에 의거하여 보충하여 바로잡았다.
今本無唸者, 淺人以爲複字而删之, 無呻者, 淺人所改也. 今依全書通例補正.

③ 都와 見의 반절이다. 古音은 제7部에 있다. 郭璞은 "음이 '坫'이다.'라고 하였다.131) 지금 都와 見의 반절이라고 하는 것은 ≪詩經≫ 〈大雅 板〉에 '殿'이라고 되어 있기 때문이다.
都見切. 古音在七部. 郭音坫. 今切都見者, 因詩作殿也.

④ ≪詩經≫ 〈大雅 板〉에 나오는 글이다. 지금 〈≪詩經≫에는 唸吚가〉 殿屎로 되어 있다.
大雅文. 今作殿屎.

## 03-022-0880  (吚)〔신음할/히〕

'신음하다'이다. 口를 따르고, 伊(이)의 생략형이 소리이다.

**唸**吚**也.**① **从口, 伊省聲.**②

① ≪爾雅≫ 〈釋訓〉에 "殿屎는 '신음하다'는 뜻이다."라고 하였다. ≪詩經≫ 〈大雅 板〉132)의 毛亨 傳에 "殿屎는 '신음하는 것'이다."라고 하였다. 陸德明 ≪經典釋文≫ 〈毛詩音義〉, 〈爾雅音義〉에는 모두 "殿屎"라고 하였고, ≪說文≫에는 "唸吚"로 되어 있다.
釋訓, "殿屎, 呻也." 毛傳, "殿屎, 呻吟也." 陸氏詩・爾雅音義皆云, "殿屎." 說文作"唸吚".

---

131) 郭璞은……하였다 : 陸德明의 ≪經典釋文≫ 〈毛詩音義〉에는 〈大雅 板〉의 '殿'자에 대하여 "都와 練의 반절이다. 郭璞은 음이 坫, ≪說文≫에는 唸이라 하였다.〔都練反 郭音坫 說文唸〕"라고 하였다.

132) 大雅 板 : ≪詩經≫ 〈大雅 板〉에 "백성들이 바야흐로 신음하거늘 나를 헤아려주는 이가 없다.〔民之方殿屎 則莫我敢葵〕"를 말한다.

② ≪經典釋文≫〈毛詩音義〉,〈爾雅音義〉, ≪五經文字≫에 의하면 '屎'라고 하고, ≪說文≫에는 '吚'로 되어 있다. 그렇다면 今本 ≪說文≫에 '㕧'로 되어 있는 것은[133] 俗人이 제멋대로 고친 것이다. 蟲部의 '蛜'자로 예를 들어보아도 伊의 생략형이 소리가 된다.[134] 馨과 伊의 반절이다. 제15部에 있다.

依詩・爾雅音義・五經文字云, 屎. 說文作吚. 然則今本說文作㕧者. 俗人妄改也. 以蟲部蛜字例之, 亦爲伊省聲. 馨伊切. 十五部.

## 03-022-0881 (⿰口嚴)〔신음할/**암**〕

'신음하다'이다. 口를 따르고, 嚴(엄)이 소리이다.

**呻也. 从口, 嚴聲.**①

① 五와 銜의 반절이다. 제8部에 있다. ≪廣韻≫에는 ⿰口巖(암)으로 되어 있다.[135]

五銜切. 八部. 廣韻作⿰口巖.

## 03-022-0882 (呻)〔신음할/**신**〕

'신음하다'이다. 口를 따르고, 申(신)이 소리이다.

**吟也.**① **从口, 申聲.**②

① 살펴보면 呻은 吟이 느린 것이고, 吟은 呻이 급한 것인데, 합쳐서 말할 때는 구별하지 않는다.

按呻者吟之舒, 吟者呻之急, 渾言則不別也.

② 失과 人의 반절이다. 제12部에 있다.

失人切. 十二部.

---

133) 㕧로……것은 : ≪說文≫ 口部에 "㕧은 唸㕧로, 신음하는 것이다.〔㕧 唸㕧呻也〕"라고 하였다.

134) 今本……된다 : 吚가 正形이고 㕧가 非正形임을 '蛜'字가 伊로 쓰인 것을 들어서 설명한 것이다. 段玉裁는 吚를 정형이라고 보았으나, ≪正字通≫ 에는 "吚는 㕧의 譌字이다.〔吚 㕧字之譌〕"라고 하여, 㕧를 정형으로 여겼다. 그리고 屎와의 관계는 ≪集韻≫에 "㕧는 屎로도 쓴다.〔㕧 或作屎〕"라고 하여, 㕧의 同字로 보았다.

135) 廣韻에는……있다 : ≪廣韻≫에 "⿰口巖은 '신음하다'이다.〔⿰口巖 呻吟〕"라고 하였다.

## 03-022-0883 (吟)〔신음할/음〕【重文 1】

'신음하는 것'이다. 口를 따르고, 今(금)이 소리이다. (訡)은 吟의 或體이니, 音을 따랐다.

**呻也. 从口, 今聲.**① **, 吟或从音.**

① 魚와 音의 반절이다. 제7部에 있다.
魚音切. 七部.

## 03-022-0884 (嗞)〔탄식할/자〕

'탄식하다'이다. 口를 따르고, 玆(자)가 소리이다.

**嗟也.**① **从口, 玆聲.**②

① 嗟는 言部에 䜅로 되어 있는데, "䜅는 嗞이다."라고 하였으니, 이것과 互訓이 된다.[136) ] 今本 ≪說文≫ 言部에는 '咨'로 되어 있는데 식견이 얕은 사람이 제멋대로 고쳤을 뿐이다. ≪說文≫ 口部에 "일을 도모하는 것을 '咨'라고 한다.〔謀事曰 咨〕"라고 하였는데, 音과 義는 모두 다르다. ≪戰國策≫ 〈秦策 5〉에는 平原令이 여러 사람을 만날 때마다 반드시 "아, 司空馬여." ≪詩經≫ 〈唐風 綢繆〉에 "아, 아, 어떻게 이런 좋은 분을 만나다니."라고 하였는데, 毛亨 傳에 "子兮는 '嗟玆'이다."라고 하였으니, 玆는 '嗞'로 되어야 한다. 옛날 사람들이 '䜅嗞'라고 말한 것을 지금 사람들이 '嗟咨'로 쓰는 것은 잘못이다. ≪廣韻≫에 "嗞嗟는 '근심하는 소리'이다."라고 하였다.
嗟言部作䜅, 云"䜅, 嗞也." 與此爲互訓. 今本言部作咨也, 淺人妄改耳. 謀事曰咨, 音義皆殊. 戰國策秦策五, 平原令見諸公, 必爲言之曰, "嗟嗞乎, 司空馬." 詩綢繆, "子兮子兮, 如此良人何." 毛傳, "子兮者, 嗟玆也." 玆當作嗞. 古言䜅嗞, 今人作嗟咨, 非也. 廣韻, "嗞嗟, 憂聲也."

② 子와 之의 반절이다. 제1部에 있다.
子之切. 一部.

## 03-022-0885 (哤)〔난잡한 말/방〕

---

136) 嗟는……된다 : 嗟와 䜅는 同字이고, 䜅와 嗞는 互訓 관계로 轉注가 됨을 설명한 것이다.

'난잡한 말'이다. 口를 따르고, 尨(방)이 소리이다. 일설에는 '襍語(雜談)'라고도 한다. 尨(방)과 같이 읽는다.

哤異之言.① 从口, 尨聲.② 一曰襍語.③ 讀若尨.④

① ≪國語≫ 〈齊語〉에 "네 부류의 백성은 섞여 살게 하지 말아야 합니다. 섞여 살게 되면 그 말이 난잡해지고 그 일이 뒤바뀌게 됩니다."라고 하였는데, 韋昭 注에는 "哤은 '난잡한 것'이다."라고 하였다.
齊語曰, "四民者, 勿使襍處, 襍處則其言哤, 其事易." 韋注, "哤, 亂也."

② 莫과 江의 반절이다. 제9部에 있다.
莫江切. 九部.

③ 漢나라 사람들은 대부분 襍을 '集'자로 썼는데, 集語는 '聚語(말을 모으다)'와 같다.
漢人多用襍爲集字, 集語猶聚語也.

④ 〈'哤'과 '襍'은〉 두 가지 뜻이나 독음을 같이 한다.
兩義讀同.

## 03-022-0886  (叫) 〔부르짖을/규〕

'부르짖다'이다. 口를 따르고, 丩(규)가 소리이다.

嘑也. 从口, 丩聲.

① 古와 弔의 반절이다. 古音은 제3部에 있다. 살펴보건대, 㗊(집)部의 嘂(크게 부르짖을/규), 言部의 訆(크게 부르짖을/규)는 모두 '大嘑(크게 부르짖다)'라고 풀이하였는데 〈叫와〉 音은 같지만 뜻은 조금 다르다. 아마 '叫'자는 식견이 얕은 사람이 더한 것인 듯하다.
古弔切. 古音在三部. 按㗊部嘂言部訆, 皆訓大嘑, 與此音同義小異. 疑叫字淺人所增.

## 03-022-0887  (嘅) 〔탄식할/개〕

'탄식하다'이다. 口를 따르고, 旣(기)가 소리이다. ≪詩經≫ 〈王風 中谷有蓷〉에 "개탄하여 탄식하네."라고 하였다.

嘆也. 从口, 旣聲.① 詩曰, "嘅其嘆矣."②

① 苦와 蓋의 반절이다. 제15部에 있다.
苦蓋切. 十五部.
② ≪詩經≫ 〈王風 中谷有蓷〉의 구절이다.
王風.

## 03-022-0888 𠰇 (唌) 〔말하다가 탄식할/연〕

'말하다가 탄식하다'이다.[137] 口를 따르고, 延(연)이 소리이다.

**語唌嘆也.**① **从口, 延聲.**②

① ≪後漢書≫ 〈梁鴻傳〉에 "앞 다투어 굽은 사람을 등용하고 바른 사람을 버리니,[138] 간사한 자들이 모두 앞장서 번지르하게 말하네."라고 하였는데, 李賢 注에 "唌은 音이 延이니, 참소하는 말이 번지르한 모습이다."라고 하였고, ≪爾雅≫ 郭璞 注에는 〈唌은〉 次(침/연)의 假借字로 쓴다고 하였다. 夕과 連의 반절이다.
梁鴻傳, "競舉枉兮措直, 咸先佞兮唌唌." 注, "唌, 音延, 讒言捷急之皃." 郭注爾雅, 假爲次字. 夕連切.
② 제14部에 있다.
十四部.

## 03-022-0889 嘆 (嘆) 〔비탄할/탄〕

'비탄하다'이다. 口를 따르고, 歎의 생략형이 소리이다. 일설에는 '크게 탄식하다'라고도 한다.

**呑歎也.**① **从口, 歎省聲.**② **一曰大息也.**③

① ≪九經字樣≫[139]에는 '呑聲(소리를 삼키다)'으로 되어 있으나,[140] 잘못이다. 살펴보면

---

137) 말하다가 탄식하다이다 : ≪說文句讀≫에 "語唌嘆은 말하는 가운데 탄식소리가 섞여 나오는 것을 말한다.〔語唌嘆者 蓋謂言語中雜嘆息聲也〕"라고 하였다.

138) 앞……버리니 : ≪論語≫ 〈爲政〉의 "곧은 사람을 등용하고 굽은 사람들을 버리면 백성들은 복종하고, 굽은 사람을 등용하고 곧은 사람들을 버리면 백성들은 복종하지 않는다.〔擧直措諸枉則人服 擧枉措諸直則人不服〕"에서 變用한 것이다.

139) 九經字樣 : 唐의 唐玄度가 편찬한 字書로, 주로 經典의 문자를 변증하였다.

140) 九經字樣……있으나 : ≪九經字樣≫ 口部에 "嘆의 음은 歎이고, '한탄소리를 삼키다〔嘆音

'嘆'과 '歎' 2자는 지금 사람들은 통용하고, ≪毛詩≫에는 두 가지 자형이 섞여 나오지만 ≪說文≫에 의거하면 의미가 다르다. 歎은 기쁜 데에 가깝고, 嘆은 슬픈 데에 가까우므로, 歎을 '呑嘆'이라고 풀이하였는데, 그 한탄을 삼켜서 소리를 내지 못하는 것이다. ≪설문≫ 欠部 歎에 자세히 설명하였다.

九經字樣作呑聲也, 非. 按嘆歎二字, 今人通用, 毛詩中兩體錯出, 依說文則義異. 歎近於喜, 嘆近於哀, 故歎訓呑歎, 呑其歎而不能發. 詳欠部.

② 他와 案의 반절이다. 제14部에 있다.

他案切. 十四部.

③ 이것은 별도의 다른 뜻이다. 喟(탄식할/위)와 뜻이 같다.

此別一義. 與喟義同.

## 03-022-0890  (噧) 〔목 메일/애〕

'목 메이다'이다. 口를 따르고, 曷(갈)이 소리이다.

**𪗉也.**① **从口, 曷聲.**②

① 아마 '𪗉音(목 메인 소리)'라고 해야 할 것 같으니, 지금 '音'자가 누락되었다. ≪莊子≫ 〈庚桑楚〉에 "종일토록 울어도 목이 쉬지 않는다."라고 하였는데, 崔譔 本에는 '不噧'로 되어 있고, '啞(벙어리)'라고 하였다. 司馬相如의 〈子虛賦〉에 "뱃사공 노래 소리 목이 메네."라고 하였는데, 郭璞 注에 "처량한 울부짖음을 말한다."라고 하였고, 또 謝希逸[141]의 〈宋孝武宣貴妃誄〉[142]에는 "통소 소리가 안개 낀 소나무에 슬피 울린다."라고 하였다.

①疑當作𪗉音也, 今脱音字耳. 莊子庚桑楚, "終日嘷而嗌不嗄." 崔譔本作不噧, 云啞也. 子虛賦, "榜人歌聲流噧." 郭璞曰, "言悲嘶也." 又謝希逸文, "噧邊簫於松霧."

② 於와 介의 반절이다. 제15部에 있다.

於介切. 十五部.

---

歎 呑聲也〕"라고 하였다.

141) 謝希逸 : 421~466. 宋(南朝) 孝武帝의 신하 謝莊으로, 希逸은 그의 字이다. 효무제가 즉위할 때 도운 공으로 侍中에 제수되었다. 詞賦에 뛰어났으며, 대표작으로는 ≪月賦≫가 있다. 시호는 憲公이다.

142) 宋孝武宣貴妃誄 : ≪文選≫ 권57에 수록되어 있다.

## 03-022-0891 (哨)〔용납 않을/초〕

'용납하지 않다'이다. 口를 따르고, 肖(초)가 소리이다.

**不容也.**① 从口, **肖聲.**②

① ≪周禮≫〈考工記 梓人〉鄭玄 注에 "哨는 '작다'이다."라고 하였다.[143] ≪禮記≫〈投壺〉에 "저에게 굽은 화살과 작은 투호병이 있습니다."라고 하였다.
鄭注考工記曰, "哨, 頃小也." 記投壺曰, "某有枉矢哨壺."

② 才와 笑의 반절이다. 제2部에 있다.
才笑切. 二部.

## 03-022-0892 (吪)〔움직일/와〕

'움직이다'이다. 口를 따르고, 化(화)가 소리이다. ≪詩經≫〈王風 兎爰〉에 "부디 잠들어 움직이지 말았으면"이라고 하였다.

**動也.**① 从口, **化聲.**② **詩曰, "尙寐無**吪."③

① ≪爾雅≫〈釋詁〉, ≪詩經≫〈王風 兎爰〉毛亨 傳에 보인다.
見釋詁, 毛詩傳.

② 五와 禾의 반절이다. 제17部에 있다.
五禾切. 十七部.

③ ≪詩經≫〈王風〉에 있고, 또 ≪詩經≫〈小雅 無羊〉에 "혹은 자고 혹은 움직인다."라고 하였는데, 지금 각 판본에는 '訛'로 되어 있으니, 잘못이다. '訛'자는 곧 '譌'자이다.
王風. 又小雅"或寢或吪", 今各本作訛, 非也. 訛卽譌字.

## 03-022-0893 (噆)〔머금을/참〕

'머금다'이다. 口를 따르고, 朁(참)이 소리이다.

---

143) 周禮……하였다 : 鄭玄 注는 "燿는 哨로 읽어야 하니, '頎小'이다.〔燿讀爲哨 頎小也〕"라고 하여 '頃小'가 '頎小'로 되어 있다. 頎에 대해 ≪經典釋文≫〈周禮音義〉에는 "頃(頎가 頃으로 바뀌어 쓰였음)은 音이 傾이다.〔頎 音傾〕"라고 하였다. 그리고 孔穎達 疏에는 "哨와 頎은 모두 '少小'의 뜻이므로, '哨는 頎小이다'라고 하였다.〔哨與頎 皆是少小之義 故云哨 頎小也〕"라고 하였다.

**嗛也.**① **从口, 朁聲.**②

①〈唐의 승려〉玄應이 인용하여 '銜'으로 하였다. 嗛과 銜은 〈'머금다'라는 의미일 때〉音과 뜻이 같다.
玄應引作銜也. 嗛銜音義同.

② 子와 荅의 반절이다. 제7部에 있다.
子荅切. 七部.

## 03-022-0894 (吝) 〔인색할/**린**〕[補] 【重文 1】

'인색하다'이다. 口를 따르고, 文(문)이 소리이다.[144] ≪周易≫ 蒙卦 初六에 "지나치게 행하면 인색하게 된다."라고 하였다. 은 吝의 古文이니, 彣(문)을 따랐다.

**恨惜也.**① **从口, 文聲.**② **易曰, "吕往吝."**③ , **古文吝, 从彣.**

① 慳吝도 '인색하다'는 뜻이다.
慳吝亦恨惜也.

② 살펴보건대, 이 字는 口와 文을 따른 會意이다. 대개 인색한 것은 입〔口〕으로 꾸미는〔文〕 경우가 많으니, 文은 소리가 아니다.[145] 良(량)과 刃(인)의 반절이다. 12部에 있다.
按此字蓋从口文會意. 凡恨惜者多文之以口, 非文聲也. 良刃切. 十二部.

③ 蒙卦 初六爻辭이다. 살펴보건대, 辵部에서 인용하면서 "以往遴"[146]이라고 하였는데, 〈'吝'이 '遴'으로 서로 인용한 글자가〉 다른 것은 許愼이 ≪周易≫은 孟氏를 일컬었는데[147] 혹은 다른 학자를 아울러 칭한 것인지, 혹은 ≪孟氏易≫에 異本이 있었는지는 모두 알 수 없다.

---

144) 口를……소리이다 : ≪六書尋源≫에서는 "과실을 고치는 데에 인색한 이는 반드시 과실과 비위를 꾸며대어 다만 말 잘함을 높이는 짓을 일삼고, 재물을 쓰는 데에 인색한 이도 그러하므로, 이 '吝'자는 文을 따르고 口를 따라서 뜻풀이를 '인색하다〔恨惜〕'라고 하였다.〔吝於改過者 必文過飾非 而徒以尙口爲事 吝於用財者亦然 故此从文从口 而訓恨惜也〕"라고 하여, 會意로 설명하고 ≪說文≫의 形聲을 따르지 않았다.

145) 인색한……아니다 : 吝이 형성이 아니라 회의임을 설명한 것이다.

146) 以往遴 : ≪說文≫ 2篇下 辵部의 '遴'자 해설에 "易曰 以往遴"이라고 하여 '吝'이 '遴'으로 되어 있다.

147) 許愼이……일컬었는데 : 許愼의 〈說文敍〉에 "≪周易≫은 孟氏이다.〔易孟氏〕"라고 하여 漢나라 孟喜가 저술한 ≪孟氏易≫을 ≪說文≫에 인용한 것을 말한다.

蒙初六爻辭. 按辵部引"以往遴", 不同者, 許易偁孟氏, 或兼偁他家, 或孟易有或本, 皆未可知也.

## 03-022-0895 (各) 〔서로 다른 말/**각**〕 補

'서로 다르게 말하다'이다. 口・夂(뒤져올/치)를 따랐다. 夂는 '가다가 그쳐서 의견을 듣지 않다'이다.

**異詈(詞)也.**① **从口夂.**② **夂者, 有行而止之不相聽意.**③

① 詈는 마음속 생각을 말로 표현하는 것이다. 다르게 생각하여 각각 말을 하는 것이다.
詈者, 意內而言外. 異爲意, 各爲言也.

② 陟과 侈의 반절이다.
陟侈切.

③ 夂部에 "뒤에서 이르는 것이다. 사람의 두 다리로 뒤에서 이르는 것을 본뜬 것이다."라고 하였다. '이르다'와 '그치다'는 뜻이 서로 반대가 되면서 서로 이루어 주는 것이다. 古과 洛의 반절이다. 5部에 있다.
夂部曰, "從後至也, 象人兩脛後有致之者." 致之止之, 義相反而相成也. 古洛切. 五部.

## 03-022-0896 (否) 〔새가 날아 내려오지 않을/**부**〕 補

'새가 날아올라 내려오지 않다'이다. 口・不를 따랐다.

**不也. 从口不.**①

① 살펴보건대, '否'자는 不部에 보이니, 이것은 잘못 추가한 것이다.
按否字見不部, 此誤增也.

## 03-022-0897 (唁) 〔산 사람 위문할/**언**〕

'산 사람을 위문하다'이다. 口를 따르고, 言(언)이 소리이다. ≪詩經≫〈庸風 載馳〉에 "돌아가 衛侯를 위문하리라."라고 하였다.

**弔生也.**① **从口, 言聲.**② **詩曰, "歸唁衛侯."**

① ≪詩經≫ 〈庸風〉에 "돌아가 衛侯를 문안하리라."라고 하였고, ≪春秋≫ 昭公 25년에 "齊侯가 野井에서 昭公을 위문하였다."라고 하였는데, ≪穀梁傳≫과 ≪毛傳≫에서는 모두 "나라를 잃은 것을 위문하는 것을 '唁'이라 한다."라고 하였다. 여기서 弔生이라고 한 것은 산 사람을 위문하는 것을 '唁'이라 하여, 죽은 사람을 위문하는 것을 '弔'라 하는 것과 구별한 것이다. ≪公羊傳≫의 何休 注에 "나라를 잃은 것을 위문하는 것을 '唁'이라 하고, 죽은 사람을 위문하는 '弔'라 한다."라고 하였는데, 이것과 서로 뜻을 밝힌 것이다. 今本 ≪公羊傳≫의 何休 注에는 "弔死國曰弔"라고 하여 衍文 '國'자가 더 들어가 있다.

庸風, "歸唁衛侯." 春秋, "齊侯唁公于野井." 穀梁傳・毛傳皆云, "弔失國曰唁." 此言弔生者, 以弔生爲唁, 別於弔死爲弔也. 何注公羊云, "弔亡國曰唁, 弔死曰弔." 與此相發明. 今本公羊注"弔死國曰弔." 衍國字.

② 魚와 變의 반절이다. 제14部에 있다.

魚變切. 十四部.

## 03-022-0898 (哀)〔슬퍼할/애〕 補

'슬퍼하다'이다. 口를 따르고, 衣(의)가 소리이다.

**閔也.**① 从口, 衣聲.②

① 閔은 조문하는 이가 門에 있는 것이다.[148] 引伸하여 무릇 슬픔을 모두 '閔'이라고 한다.

閔, 弔者在門也. 引伸之凡哀皆曰閔.

② 烏와 開의 반절이다. 古音은 제15部에 있다.

烏開切. 古音在十五部.

## 03-022-0899 (唬)〔울부짖을/제〕

'울부짖다'이다. 口를 따르고, 虒(사)가 소리이다.

**号也.**① 从口, 虒聲.②

① 号는 각 판본에 號로 되어 있는데, 지금 바로잡았다. 口部 号의 해설에서 "아파하는 소

---

148) 閔은……것이다 : ≪說文≫ 門部에 "閔은 조문하는 이가 門에 있는 것이다. 門을 따르고 文이 소리이다.〔閔 弔者在門也 从門文聲〕"라고 하였다.

리이다."라고 하였으니, 여기에서 嗁号(울부짖다/제호)의 号와 嘑號(외쳐 부르다/호호)의 號가 다른 글자임을 증명할 수 있다. 号는 '아파하는 소리'이고, 哭은 '슬퍼하는 소리'이다. 痛은 속에 있어 〈드러나지 않는〉 것이고, 哀는 밖으로 드러나는 것이니, 이것이 嗁와 哭의 구별이다. ≪禮記≫ 〈喪大記〉에 "〈부모가〉 갓 죽었을 때 喪主는 울부짖고, 兄弟는 곡하고, 부인은 곡하며 발을 구른다."라고 하였는데, 鄭玄 注에 "悲哀에는 깊고 얕음이 있으니, 만약 어린이가 길에서 어머니를 잃었다면 울부짖지 않을 수 있겠는가."라고 하였다.

살펴보건대, 鄭玄은 ≪禮記≫ 〈襍記〉의 말을 인용한 것이다.[149] 嗁는 민간에서 '啼'로 쓴다. ≪儀禮≫ 〈士喪禮〉에는 '諦'로 되어 있는데 옛날에는 諦(살필/체)를 가차하여 嗁(울부짖을/제)로 많이 사용하였다.

号各本作號. 今正. 号下曰, "痛聲也." 此可證嗁号與嘑號不同字也. 号, 痛聲, 哭, 哀聲. 痛在內, 哀形於外, 此嗁與哭之別也. 喪大記, "始卒, 主人啼, 兄弟哭, 婦人哭踊." 注, "悲哀有淺淺也, 若嬰兒中路失母, 能勿啼乎." 按鄭用襍記語也. 嗁俗作啼. 士喪禮作諦. 古多假諦爲嗁.

② 杜와 兮의 반절이다. 제16部에 있다.
杜兮切. 十六部.

## 03-022-0900 㱿(嗀) 〔구역질할/학〕 補

'구역질하는 모습'이다. 口를 따르고, 㱿(각)이 소리이다. ≪春秋左氏傳≫ 哀公 25년에 "임금께서 구역질을 할 것입니다."라고 하였다.

**歐皃.**① **从口, 㱿聲.**② **春秋傳曰, "君將嗀之."**

① 지금 세속의 말이 이와 같다.
今俗語如此.

② 許와 角의 반절이다. 제3部에 있다.
許角切. 三部.

③ ≪春秋左氏傳≫ 哀公 25년의 글이다. 之는 ≪玉篇≫ 口部에 '焉'으로 되어 있다.
左哀卄五年文. 之, 玉篇作焉.

---

149) 鄭玄은……것이다 : ≪禮記≫ 〈雜記 下〉에 "길에서 어린이가 어머니를 잃었다면 어찌 일상의 〈울음〉 소리가 있겠는가.〔中路嬰兒失其母焉 何常聲之有〕"라고 하였다.

## 03-022-0901 (咼)〔입이 비뚤어질/와〕補

'입이 비뚤어져 바르지 않다'이다. 口를 따르고, 冎(과)가 소리이다.

**口戾不正也.**① **从口, 冎聲.**②

① ≪通俗文≫[150]에 "비뚤어진 것을 '咼'라 한다."라고 하였다.
通俗文, "斜戾曰咼."

② 苦와 媧의 반절이다. 古音은 제17部에 있다.
苦媧切. 古音十七部.

## 03-022-0902 (㗇)〔고요할/적〕

'고요하다'이다. 口를 따르고, 叔(숙)이 소리이다.

**㗇嗼也.**① **从口, 叔聲.**②

① 〈㗇嗼也〉 3字가 1句이다. 俗本에는 '㗇'자를 삭제하였는데 잘못이다. 宀部에 "宊은 사람 소리가 없는 것이다."라고 하였다.
三字一句. 俗本刪㗇字, 非也. 宀部曰, "宊, 無人聲也."

② 前과 歷의 반절이다. 古音은 제3部에 있다.
前歷切. 古音在三部.

## 03-022-0903 (嗼)〔고요할/막〕

'고요하다'이다. 口를 따르고, 莫(막)이 소리이다.

**㗇嗼也.**① **从口, 莫聲.**②

① 살펴보면 歺[151]部 募(고요할/막)자에 "죽어 고요하다〔宊募〕"라고 하였는데, 의미가 대략 같다. ≪爾雅≫ 〈釋詁〉에 "嗼은 定하다."라고 하였다. ≪呂覽≫ 〈首時〉에는 "소리가 없다〔嗼然〕"에 대한 高誘 注에 "嗼然은 소리가 없는 것이다."라고 하였다.

150) 通俗文 : 漢나라 服虔이 지은 책으로, 중국 최초의 俗語 사전이다. 원서는 逸失되었다.

151) 歺 : 歹・歺과 同字이다. ≪正字通≫에 "歹은 歺과 같으니 俗字로 생략된 것이고, 본래 歺로 되어 있다. 예서에서 歺(남은 뼈 알)로 되었다.〔歹 同歺 俗省 本作歺 隸作歺〕"라고 하였다.

지금 ≪毛詩≫ 〈大雅 皇矣〉에 "백성의 안정을 구한다."라고 하였는데. 毛亨 傳에 "莫은 定하다."라고 하였다. 또 〈皇矣〉에 "그 德音을 안정되게 하셨다.〔貊其德音〕"라고 한 구절의 '貃'과 ≪春秋左氏傳≫ 昭公 28년[152]과 ≪韓詩≫에 貃이 모두 莫으로 되어 있고,[153] 韓嬰이 "莫은 定하다."라고 하였다.

按夕部云 "寂寞." 義略同. 爾雅釋詁曰, "嘆, 定也." 呂覽首時篇 "嘆然." 高注, "嘆然, 無聲也." 今毛詩, "求民之莫." 毛曰, "莫, 定也." 又 "貃其德音." 左傳・韓詩貃, 皆作莫. 韓云, "莫, 定也."

② 莫와 各의 반절이다. 제5部에 있다. ≪玉篇≫ 口部에는 "亾과 格의 반절이다."라고 하였다.

莫各切. 五部. 玉篇 "亾格切."

## 03-022-0904  (𠯑) 〔입 막을/괄〕 補 【重文 1】

'입을 막다'이다. 口를 따르고, **氏**(나무 밑둥/궐)의 생략형이 소리이다. (昏, 입 막을/괄)은 〈𠯑의〉 古文으로, 甘(달/감)을 따랐다.

**塞口也.**① **从口, 氏省聲.**② (昏), **古文从甘.**③

① ≪廣雅≫ 〈釋詁〉에 "𠯑은 막는 것이다."라고 하였다. ≪周易≫ 坤卦 六四爻辭에 "주머니를 막으면 허물이 없을 것이다."라고 하였는데, 括은 곧 '𠯑'자이다.

廣雅釋詁曰, "𠯑, 塞也." 易巛六(二)〔四〕,[154] "括囊無咎." 括卽𠯑字也.

② **氏**은 곧 氏部의 '氒(나무 밑둥/궐)'자이니, 隷變[155]에서 혹은 氒(나무 밑둥/궐)로 되어 있기도 하고, 혹은 '身(나무 밑둥/궐)'로 되어 있기도 하다. 𠯑이 소리인 글자는 隷變에서 모두 舌(입 막을/괄)로 되었으니, 括・刮과 같은 따위이다. 古와 活의 반절이다. 제15部에 있다.

**氏**卽氏部氒字, 隷變或作氒, 或作身. 凡𠯑聲字隷變皆爲舌, 如括刮之類. 古活切. 十五部.

152) 昭公 28년 : ≪毛詩≫ 〈大雅 皇矣〉를 인용하였는데, "莫其德音"으로 되어 있다.

153) 韓詩에……있고 : 今本 ≪韓詩外傳≫에는 실려 있지 않다. 문맥으로 보아 "莫其德音"으로 되어 있을 것으로 추정된다.

154) 易巛六(二)〔四〕: 巛(곤)은 坤의 古文이다. 저본에는 '二'로 되어 있으나, 今本 ≪周易≫에 의거하여 '四'로 바로잡았다.

155) 隷變 : 漢字의 변화 과정 중에 篆書에서 隷書로 변하는 것을 말한다. 隷書는 篆書를 간략하게 쓰는 과정에서 출현하였으며, 戰國시대 후기에 예서가 이미 출현하여 漢代에 크게 유행하였다.

③ 戴震 先生이 "古文 **氏**은 생략되지 않았는데, 잘못하여 甘을 따랐다."라고 하였다. 살펴보건대, ≪汗簡≫과 ≪古文四聲韻≫에 "昏·**昏**은 모두 厥(말뚝/궐)과 같으니, ≪古尙書≫에 나온다."[156]라고 하였다. **昏**은 곧 '昏'자이니 생략하지 않은 것이다.

戴先生曰, "古文**氏**不省, 誤爲从甘." 按汗簡·古文四聲韻云, "昏·**昏**皆同厥, 出古尙書." **昏**卽昏字不省者也.

## 03-022-0905 嗾(嗾)〔개 부리는 소리/수〕

'개를 부리는 소리'이다. 口를 따르고, 族(족)이 소리이다. ≪春秋左氏傳≫ 宣公 2년에 "晉 靈公이 獒(猛犬)를 부려 물도록 하였다."라고 하였다.

**使犬聲.① 从口, 族聲.② 春秋傳曰, "公嗾夫獒."③**

① ≪春秋左氏傳≫ 宣公 2년에 보인다. 개를 부리는 것은 물게 하는 것이다. ≪方言≫ 권7에 "秦·晉의 서쪽 변방은 冀·隴으로부터 서쪽에서 개를 부리는 것을 '哨'라고 한다."라고 하였는데, 郭璞 注에 〈哨의〉 音을 '騷'라고 하였다. 哨는 嗾와 같은 소리가 전환된 것이다. ≪春秋公羊傳≫ 宣公 6년 疏에 "지금 개를 부르는 것을 '屬'이라 한다."라고 하였다.[157]

見左傳宣二年. 使犬者, 作之噬也. 方言曰, "秦晉之西鄙, 自冀隴而西使犬曰哨." 郭音騷. 哨與嗾一聲之轉. 公羊疏云, "今呼犬謂之屬."

② 穌와 奏의 반절이다. 제3部에 있다.≪經典釋文≫〈春秋左氏傳音義〉宣公 2년에 "素와 口의 반절이다."라고 하였다.

穌奏切. 三部. 釋文"素口反".

③ 살펴보건대, 嗾는 服虔本에는 取로 되어 있는데,[158] "取는 개를 부리는 소리〔嗾〕이다.

156) 汗簡……나온다 : ≪汗簡≫ **氏**部에 "氒는 厥이니 ≪古尙書≫에 나오는데, 昏은 厥이고 **昏**은 厥이다.〔氒厥 出尙書 昏厥 **昏**厥〕"이라고 하였고, ≪古文四聲韻≫ 권5 十一月의 厥은 氒와 昏로, ≪古尙書≫에 **昏**으로 나오니 뜻은 위의 〈厥과〉 같다.〔氒昏 古尙書 **昏** 同上〕"라고 하였다.

157) 春秋公羊傳……하였다 : ≪春秋公羊傳≫ 宣公 6년 '呼獒而屬之'의 疏에 "불러서 지시하는 것을 말하는데, 지금 개를 부리는 것을 '屬'이라 하는 것은 그 뜻이 여기에서 나왔다.〔謂呼而指屬之 今呼犬謂之屬 義出於此〕"라고 하였다.

158) 嗾는……있는데 : 元나라 和惠棟의 ≪春秋左傳補註≫ 권2 '遂扶以下 公嗾夫獒焉'의 ≪經典釋文≫에는, 扶는 服虔 注에 '跣'으로 되어 있고, 嗾는 服本에 '㖩'로 되어 있다.〔釋文扶服虔注作跣 嗾服本作㖩〕"라고 하여, 服本이 服虔本으로 나타났고, 取는 㖩로 되어 있으나, 段玉裁는 取가 옳다고 하였다. 服虔(?~?)은 後漢의 학자로, 初名은 重이고 자가 子愼이다. 河南省 滎陽 사람으로 九江太守를 역임하였다. ≪漢書≫ 등을 주석하고, ≪春秋左氏

獒를 부려서 趙盾(조돈)을 물게 하였다."라고 하였다. 今本 ≪經典釋文≫과 ≪正義≫에는 取가 모두 錯亂되어 取가 啾로 잘못되어 있다.

按嗾服本作取, 云"取嗾也. 嗾夫獒, 使之噬盾也." 今本釋文・正義皆訛亂, 取誤爲啾.

## 03-022-0906  (吠) 〔개 짖을/**폐**〕 補

'개가 짖다'이다. 口・犬을 따랐다.

**犬鳴. 从口犬.**①

① 口犬은 '입을 놀리는 개'이다. ≪字林≫에는 〈吠가〉 吺(벌)로 되어 있으니, 〈吺은〉 形聲字이다.[159] ≪太玄經≫에 "鴟鳩(올빼미/치구)가 숲에 있으면서 저 여러 새들에게 성낸다."라고 하였다. ≪文選≫ 李善 注에 ≪戰國策≫을 인용한 데에는 吠(짖을/벌)로 되어 있으니,[160] 〈吠은〉 역시 形聲字이다. 符와 廢의 반절이다. 제15部에 있다.

口犬者, 動口之犬也. 字林作吺, 則爲形聲字. 太玄曰, "鴟鳩在林, 吺彼衆經."[161] 文選注引戰國策作吠, 亦是形聲字. 符廢切. 十五部.

## 03-022-0907  (咆) 〔맹수 울/**포**〕

'맹수가 울다'이다. 口를 따르고, 包(포)가 소리이다.

嘷**也.**① **从口, 包聲.**②

① ≪廣韻≫에 "咆虓(포효)는 '곰과 호랑이가 우는 소리'이다."라고 하였다.

廣韻曰, "咆虓, 熊虎聲."

---

傳解≫를 찬술하였으며, 古文의 경학에 밝았다. 唐나라 孔穎達이 지은 ≪五經正義≫에는 ≪春秋左氏傳≫의 杜預 注를 專用하였기 때문에 服虔 注는 망실되었다.

159) 字林에는……形聲字이다 : ≪五經文字≫ 口部에는 "吠・吺는 개소리이다. 위의 〈'吠'자는〉 ≪說文≫에 쓰였고, 아래의 〈'吠'자는〉 ≪字林≫에 쓰였다.〔吠吺 犬聲也 上說文 下字林〕"라고 하였다.

160) 文選……있으니 : ≪文選≫ 〈獄中上書自明〉의 "桀王의 개라도 堯임금에세 짖도록 할 수 있다.〔桀之狗 可使吠堯〕"의 李善 注에 "盜跖의 개를 부려 간혹 요임금에게 짖게 할 수 있다.〔跖之狗 或吠堯〕"라고 하였다.

161) 吺彼衆經 : ≪太玄經≫ 권5에는 '經'이 '禽'으로 되어 있다. 吺의 音義에 대해 明나라 葉子奇가 撰한 ≪太玄本旨≫ 권5에 "吺(요)는 於와 交의 반절이다. 吺는 '노하는 소리'이다.〔吺 於交切 吺 怒聲〕"라고 하였다.

② 薄과 交의 반절이다. 제2部에 있다.
薄交切. 二部.

## 03-022-0908 (嘷)〔맹수 울/호〕【重文 1】

'맹수가 울다'이다. 口를 따르고, 皐(호)가 소리이다. (獋)는 譚長[162]의 해설에 嘷가 犬을 따른 것이라고 하였다.

**咆也.**①[163] **从口, 皐聲.**② (獋), **譚長說嘷从犬.**③

① ≪廣韻≫에 "嘷는 곰과 호랑이의 소리이다."라고 하였다. ≪春秋左氏傳≫ 襄公 14년에 "여우와 너구리가 사는 곳이고, 승냥이와 이리가 우는 곳이다."라고 하였다.
廣韻"嘷, 熊虎聲." 左傳曰, "狐狸所居, 豺狼所嘷."

② 乎와 刀의 반절이다. 古音이 제3部에 있다.
乎刀切. 古音在三部.

③ ≪春秋公羊傳≫ 宣公 2년에 "趙盾이 임금 夷獋를 시해하였다."라고 하였다.
公羊春秋經 "趙盾試[164]其君夷獋."

## 03-022-0909 (喈)〔새 우는 소리/개〕

'새가 우는 소리'이다. 口를 따르고, 皆(개)가 소리이다. 일설에 鳳皇이 우는 소리를 '喈喈'라고 한다.

**鳥鳴聲也.**① **从口, 皆聲. 一曰鳳皇鳴聲**喈喈.②

① 古와 諧의 반절이다. 제15部에 있다.
古諧切. 十五部.

② 살펴보건대, 이 '一曰鳳皇鳴聲喈喈' 8자는 아마 후인이 보탠 듯 하니 鳳皇 역시 새일 뿐이다. ≪詩經≫ 〈鄭風 風雨〉에 "닭이 꼬꼬 운다."라고 하고, 〈大雅 卷阿〉에 "〈봉황이〉

---

162) 譚長 : ?~?. 許愼의 〈說文敍〉에서 博采通人(널리 채택한 달통한 사람)으로 제시된 인물이다. 그리고 '𡱝'자의 段玉裁 注에 "譚長은 널리 채택한 달통한 사람 중의 하나이다.〔譚長者 博采通人之一〕"라고 하였다.

163) 嘷 咆也 : 咆와 轉注 관계로, '咆'자의 해설에 "咆 嘷也"라고 하였다.

164) 試 : 저본에는 '試'로 되어 있으나, 今本 ≪春秋公羊傳≫에는 '弒'로 되어 있다. 두 글자는 통용한다.

화평하게 운다."라고 하였다.

按此八字蓋後人所增, 鳳皇亦鳥耳. 詩風雨曰, "雞鳴喈喈. 卷阿曰, "邕邕喈喈."[165]

## 03-022-0910  (哮) 〔돼지 놀라는 소리/효〕

'돼지가 놀라는 소리'이다. 口를 따르고, 孝(효)가 소리이다.

**豕驚聲也.**① **从口, 孝聲.**②

① 살펴보건대, 哮는 㺜(후)로도 되어 있다. 許와 角의 반절이다. 左思의 〈吳都賦〉에 "큰 돼지가 소리친다."라고 하였는데, 李善 注에 "豧(학)은 '돼지 소리'이다. 呼와 學의 반절이다."라고 하였으니, 또한 곧 '哮'자이지만 字形은 잘못되었다.
按哮亦作㺜. 許角切. 吳都賦曰, "封豨豧." 李云, "豧, 豨聲. 呼學切." 亦卽哮字, 但字形有譌耳.

② 許와 交의 반절이며, 또한 許와 角의 반절이기도 하다. 古音이 제3部에 있다.
許交切, 亦許角切. 古音在三部.

## 03-022-0911  (喔) 〔닭 우는 소리/악〕

'닭이 우는 소리'이다. 口를 따르고, 屋(옥)이 소리이다.

**雞聲也. 从口, 屋聲.**①

① 於와 角의 반절이다. 제3部에 있다.
於角切. 三部.

## 03-022-0912  (呃) 〔닭 우는 소리/액〕

'닭이 우는 소리'이다. 口를 따르고, 戹(액)이 소리이다.

**喔也.**① **从口, 戹聲.**②

① 呃과 喔은 雙聲이다. 潘岳(반악)의 〈射雉賦〉에 "후림새가 울어서 사냥감을 유인하여 사정거리 안으로 들어오게 한다."라고 하였고, ≪廣韻≫ 21 麥에 "呃喔은 '새 소리'이다."

---

165) 邕邕喈喈 : 저본에는 '邕邕'으로 되어 있으나, ≪詩經≫ 大全本에는 '雝雝喈喈'로 되어 있는데, 두 글자는 통용한다.

라고 하였으니, 아마도 두 글자의 표제자 풀이에 본래 모두 "呝喔이다."라고 하였는데, 後人이 어지럽혔을 뿐이다.[166]

呝喔雙聲. 射雉賦, "良遊呃喔, 引之規裏." 廣韻卄一麥曰, "呝喔, 鳥聲." 疑兩篆文下本, 皆云呝喔, 後人亂之耳.

② 烏와 格의 반절이다. 제16部에 있다.

烏格切. 十六部.

## 03-022-0913 (咮)〔부리/주〕

'새의 부리'이다. 口를 따르고, 朱(주)가 소리이다.

**鳥口也.**① **从口, 朱聲.**②

① 지금 사람들은 噣·咮·啄 3자를 同音으로 通用하지만, 許愼은 매우 명확하게 구분하여, 사람 입은 '咮'라고 하지 않는다.

今人噣咮啄三字同音通用, 許分別甚明, 人口不曰咮.

② 章과 俱의 반절이다. 古音은 제4部에 있다. 살펴보건대, ≪廣韻≫ 10 虞에 "讘咮(섭주)는 '수다스러운 모양'이다."라고 하였고, 49 宥에 "咮는 '새의 부리'이다."라고 하였으니, 그렇다면 大徐(徐鉉)가 章과 俱 한 가지 반절만 사용한 것은 잘못이다.[167]

章俱切. 古音在四部. 按廣韻十虞曰, "讘咮, 多言皃." 四十九宥曰, "咮, 鳥口." 然則大徐用章俱一切, 誤也.

## 03-022-0914 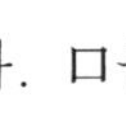(嚶)〔새 울/앵〕

'새가 울다'이다. 口를 따르고, 嬰(영)이 소리이다.

**鳥鳴也.**① **从口, 嬰聲.**②

① ≪詩經≫ 〈小雅 伐木〉에 "새가 서로 소리쳐 운다."라고 하였는데 ≪毛傳≫에는 "嚶嚶은 놀라 두려워하는 것이다."라고 하고, ≪爾雅≫ 〈釋訓〉에는 "丁丁·嚶嚶[168]은 '서로 곧

---

166) 아마도……뿐이다 : ≪說文≫ 段注本에는 "呝 喔也", "喔 雞聲也"로 되어 있는데, 어느 판본에 "呝 呝喔也", "喔 呝喔也"라고 주석한 것은 後人이 어지럽힌 것이라고 한 것이다.

167) 大徐(徐鉉)가……잘못이다 : 咮의 '多言皃'는 虞韻(平聲)인데 이를 수록하지 않고 宥韻(去聲)인 '章俱切'만 기록한 것이 大徐의 잘못이라고 한 것이다.

168) 丁丁·嚶嚶 : ≪詩經≫ <小雅 伐木>에 "伐木丁丁 鳥鳴嚶嚶"의 구절을 이른다. 丁丁은

고 정직함이다.'"라고 하고, 鄭玄 箋에 "嚶嚶은 '두 마리 새가 우는 소리'이다."라고 하였다.

살펴보건대, ≪詩經≫ 〈小雅 伐木〉에 "새가 지저귀며 깊은 골짜기에서 나온다."라고 하였는데, 본래 그 새가 어떤 새인지는 말하지 않았다. 옛 사람은 嚶嚶이 離黃(꾀꼬리) 소리와 비슷하고 골짜기에서 나와 높은 나무로 옮겨가는 것도 離黃이 숨어 있던 곳에서 나와 나무에 〈날아〉 오르는 것과 같다고 여겼으므로, 嚶을 鶯으로 고쳐 '倉庚(꾀꼬리)'이라 부른 것이다. 唐나라에서 과거시험 볼 때 출제한 '꾀꼬리가 골짜기에서 나온다〔鶯出谷〕'는 본래 ≪毛詩≫의 내용이다. 옛날에 倉庚을 '離黃, 黐黃, 楚雀, 黃栗留, 黃鸝留'로 부르고, '黃鶯'이라고 부르지 않았는데 〈여기에는〉 또한 '鶯'자도 없다. 오직 ≪呂覽≫ 〈仲夏紀〉 '羞以含桃(함도를 올리다)'에 대한 高誘 注의 "含桃(櫻桃의 별칭)는 '鶯桃(櫻桃)'라고 하였는데, 꾀꼬리가 먹는 것이다."와 陸璣의 ≪毛詩草木鳥獸蟲魚疏 下≫에 "黃鸝留를 幽州 사람들이 '黃鶯'이라 한다."[169]라고 하였는데, 〈여기서〉 '鶯'자가 처음 보인다.

요컨대 〈嚶은〉 우는 소리에 따라 글자를 만들었을 뿐이다. 과일 이름은 高誘 注에 따라 '鶯桃'라고 쓰는 것이 옳다.[170] ≪禮記≫ 〈月令〉 鄭玄 注에 '櫻桃'로 되어 있는 것은 속인들이 고친 것이다. ≪詩經≫ 〈小雅 桑扈〉에 "이리저리 나는 桑扈여, 그 깃이 빛나도다."라고 하고, 毛亨 傳에서, "鶯然이 무늬가 있는 것이다."라고 하였으니, 鶯은 절대 鶯이 아니다.

唐나라 사람들은 耕韻에 속한[171] 鶯의 풀이에서 "새깃의 무늬이다."라고 하고, 鶯의 注에서 "黃鶯이다."라고 하였는데 동일한 韻에 있는 것은 함께 쓸 수 있는 것이다. 舊本 唐詩의 黃鶯의 '鶯'자는 모두 이렇다. 元・明 이후로 식견이 부족한 사람들이 옛날엔 '鶯'자가 없다고 여겨 鶯을 모두 '鶯'으로 고침으로써 鶯(깃털에 무늬가 있다)의 본래

'나무를 베는 소리'이고 嚶嚶은 '새가 지저귀는 소리'이다.

169) 陸璣의……한다 : 陸璣의 ≪毛詩草木鳥獸蟲魚疏 下≫에는 "黃鳥는 黃鸝鶹이니, 혹은 黃栗留라고 한다. 幽州 사람들은 '黃鶯'이라고 하고, 혹은 '黃鳥'라고 하고, 일명 '倉庚'・'商庚'・'鵹黃'・'楚雀'이라고 하고, 齊나라 사람들은 '搏黍'라고 하고, 關西에서는 '黃鳥'라고 한다. 오디가 익을 때에 와서 뽕나무 사이에 있으므로, 세속 말로 '黃栗留'라고 하는데, 내가 보리가 황색을 띠고 오디가 익을 때를 살펴보니 또한 절후에 순응하고 때를 따르는 새이다. 혹은 '黃袍'라고도 한다.〔黃鳥 黃鸝鶹也 或謂之黃栗留 幽州人謂之黃鶯 或謂之黃鳥 一名倉庚 一名商庚 一名鵹黃 一名楚雀 齊人謂之搏黍 關西謂之黃鳥 當葚熟時來 在桑間 故里語曰黃栗留 看我麥黃葚熟 亦是應節趨時之鳥 或謂之黃袍〕"라고 되어 있다.

170) 과일……옳다 : 高誘는 ≪呂氏春秋≫ 〈仲夏〉의 "羞以含桃" 注에서 "含桃는 鶯桃이다. 꾀꼬리가 먹는 것〔含食〕이므로, '含'이라고 하였다.〔含桃 鶯桃 鶯鳥所含食 故言含〕"라고 하였다.

171) 唐나라……속한 : ≪廣韻≫의 下平聲 13耕韻에 속한 것을 말하는데, 속한 글자에 鶯과 鶯이 들어 있다.

의미를 잃게 되었으며, 옛 사람이 嚶에 따라 鸎을 만든 취지도 사라졌다.

≪玉篇≫ 鳥部에 "鶯은 '새깃에 무늬가 있는 것'이다."와 "鸎은 '黃鳥'이다."라고 구분한 것 역시 이러한 경우이다. 그리고 倉庚을 '黃鳥'라고 한 것[172)]은 ≪詩經≫의 뜻을 잃어버린 것이다. ≪毛詩≫의 黃鳥는 '倉庚'이 아니다. ≪集韻≫과 ≪類篇≫에서 鶯과 鸎을 모두 동일한 글자로 보았는데, 이를 두고 글자를 모르는 것이라 한다.

小雅, "鳥鳴嚶嚶." 毛曰, "嚶嚶, 驚懼也." 釋訓曰, "丁丁嚶嚶, 相切直也." 鄭曰, "嚶嚶, 兩鳥聲也." 按詩"鳥鳴嚶嚶, 出自幽谷." 本不言何鳥. 昔人因嚶嚶似離黃之聲, 出谷遷喬, 亦似離黃出蟄土而登樹, 故就嚶改鸎爲倉庚之名. 唐試士以鸎出谷命題, 本毛詩也. 古者倉庚名離黃, 名黧黃, 名楚雀, 名黃栗留・黃鸝留, 不名黃鸎, 亦無鸎字也. 惟高誘注呂覽曰, "含桃, 鸎桃, 鸎鳥所含." 陸璣詩疏云, "黃鸝留, 幽州人謂之黃鸎."鸎字始見. 要因其聲製字耳. 果名, 依高誘作鸎桃爲是. 鄭注月令作櫻桃者, 乃俗人所改. 詩"交交桑扈, 有鶯其羽." 毛公云, "鶯然有文章也." 鶯絶非鸎. 唐人耕韻鶯注, "鳥羽文也." 鸎注, "黃鸎也." 一韻中可竝用. 舊本唐詩黃鸎字, 皆如此. 元明以後淺人乃謂古無鸎字, 盡改爲鶯, 而鶯失其本義, 而昔人因嚶製鸎之理晦矣. 玉篇"鶯, 鳥有文." "鸎, 黃鳥也." 分別亦是. 而謂倉庚爲黃鳥, 失詩之訓. 毛詩黃鳥, 非倉庚也. 至集韻・類篇, 乃皆合鶯鸎爲一字, 斯謂不識字.

② 烏와 莖의 반절이며, 제11部에 있다.

烏莖切. 十一部.

## 03-022-0915  (啄) 〔새가 먹을/탁〕

'새가 먹다'이다. 口를 따르고, 豖(탁)이 소리이다.

**鳥食也.**① **从口, 豖聲.**②

① 새의 부리가 뾰족하여 먹이를 먹는 것이 쪼는 것과 같다. 左思의 〈吳都賦〉에 '물새'를 설명하여 "蔓藻(풀이름)를 쫀다."라고 하였다.

鳥咮銳, 食物似琢. 吳都賦說水鳥曰, "雕琢蔓藻."

② 丁과 角의 반절이며, 제3部에 있다.

丁角切. 三部.

## 03-022-0916  (唬) 〔호랑이 울/효〕 補

172) 倉庚을……것 : ≪詩經≫ <豳風 七月>의 '倉庚'의 孔穎達 疏에 "倉庚은 일명 '離黃'이니, 바로 〈葛覃〉의 黃鳥가 이것이다.〔倉庚 一名離黃 卽葛覃黃鳥是也〕"라고 하였다.

'호랑이가 우는 소리'이다. 口・虎를 따랐다. 暠(호)와 같이 읽는다.

**虎聲也.**① **从口虎.**② **讀若暠.**③

① 徐鍇本은 오류가 없는데 徐鉉本이 '嗁(제)'가 소리이다'라고 바꾼 것은 아주 큰 오류이다. '吠'자부터 이하 글자는 모두 鳥獸를 말하였다. ≪通俗文≫에는 "호랑이가 우는 소리를 '哮'라고 한다."라고 하였다. 唬는 呼로 읽어야 하고, 去聲이다. 또한 '謼(하)'와 같이 읽어야 한다. 口・虎를 따랐고, 虎는 또한 소리이기도 하다. 제5部에 있다.
錯本不誤. 鉉本改爲嗁聲, 誤甚. 自吠篆已下, 皆言鳥獸矣. 通俗文曰, "虎聲謂之哮." 唬當讀呼去聲, 亦讀如謼字. 从虎口, 虎亦聲也. 五部.

② 吠와 뜻이 같다. 口를 〈'소리를 내다'는 의미로〉 설명하는 데에 주안점이 있으므로,[173] 犬部나 虎部에 넣지 않았다.

○ 徐鍇本에는 이 아래에 "일설에는 虎가 소리이다〔一曰虎聲〕"라는 4자가 있는데, 徐鉉本에는 이 4자가 '从口'의 위에 있으니, 모두 식견이 부족한 사람이 잘못 덧붙인 것이다.
與吠意同. 主於說口, 故不入犬・虎部. ○ 此下鍇有"一曰虎聲"四字, 鉉本此四字在从口之上, 皆淺人誤增.

③ ≪說文≫에는 이 '暠'자가 없다. 徐鉉은 ≪唐韻≫을 인용하여 唬를 呼와 訝의 반절이라고 하였다. ≪玉篇≫에는 呼와 交의 반절이라고 하였는데, 이 글자와 독음이 같다.
說文無此字. 鉉用唐韻呼訝切. 玉篇呼交切, 與此讀合.

## 03-022-0917  (呦)〔사슴 우는 소리/유〕【重文 1】

'사슴이 우는 소리'이다. 口를 따르고, 幼(유)가 소리이다. 𣢮는 呦의 或體이니 欠을 따랐다.

**鹿鳴聲也.**① **从口, 幼聲.**② **𣢮, 呦或从欠.**

① ≪詩經≫ 〈小雅 鹿鳴〉에 보인다.[174]
見小雅.

② 伊와 虯의 반절이며, 제3部에 있다.
伊虯切. 三部.

---

173) 吠와……있으므로 : 唬의 '从口虎'가 吠의 '从口犬'과 이 '口'자가 '소리내다'는 뜻을 가지고 있음을 설명한 것이다.

174) 詩經……보인다 : "우우 사슴의 소리여, 들에 마름을 먹는도다.〔呦呦鹿鳴 食野之苹〕"라고 하였다.

## 03-022-0918 (噳)〔사슴이 떼 지어 있는 모양/우〕

'사슴이 떼 지어 있는 모양'이다. 口를 따르고, 虞(우)가 소리이다. ≪詩經≫ 〈大雅 韓奕〉에 "암사슴이 떼 지어 있다."라고 하였다.

**麋鹿**羣**口相聚**皃.① **从口, 虞聲.**② **詩曰,** "**麀鹿**噳噳."

① ≪詩經≫ 〈大雅 韓奕〉에 "암사슴이 떼 지어 있다.〔麀鹿噳噳〕"라고 하였는데, 毛亨 傳에 "噳噳하게 많은 것이다."라고 하였다. 〈小雅 吉日〉에 "암사슴이 많다."라고 하였는데, 毛亨 傳에 "麌麌는 '많은 것'이다."라고 하였다. 살펴보건대, 毛亨은 麌麌를 噳噳의 假借라고 여긴 듯하다. ≪說文≫에는 麌가 없다.
大雅, "麀鹿噳噳." 毛曰, "噳噳然衆也." 小雅, "麀鹿麌麌." 毛曰, "麌麌, 衆多也." 按毛意麌麌卽噳噳之假借也. 說文無麌.

② 魚와 矩의 반절이며, 제5部에 있다.
魚矩切. 五部.

## 03-022-0919 (喁)〔물고기가 물 위로 입을 드러낼/옹〕

'물고기가 물위로 입을 드러내다'이다. 口를 따르고, 禺(옹)이 소리이다.

**魚上見.**① 从口, 禺聲.②

① 顔師古와 玄應은 魚를 모두 '衆口'로 썼는데,[175] 살펴보건대, '魚'가 옳다. ≪淮南子≫ 〈主術訓〉에 "물이 흐리면 물고기들이 물위로 입을 벌름거린다."라고 하였다. ≪吳都賦≫의 劉逵 注에 "噞喁(엄옹)은 물고기들이 물속에서 떼 지어 올라와 입을 놀리는 모양이다."라고 하였다. 喁은 본래 물고기를 본뜬 것인데, 引伸되어 다른 뜻으로 쓰인다.
예컨대 ≪論語素王受命讖≫에 "뭇〈백성들이〉 기대하여 목을 빼어 德에 귀의하지 않는 자가 없다",[176] ≪淮南子≫ 〈俶眞訓〉에 "뭇 생명들이 우러러 기대하며 그 덕을 우러

---

175) 顔師古와……썼는데 : ≪漢書≫ 〈王莽傳〉에 "천하 사람들이 우러러 목을 빼고 한탄하였다.〔天下喁喁 引領而歎〕"에 대한 顔師古 注에 "喁喁는 뭇사람의 입이 위로 향해 있는 것이다.〔喁喁 衆口向上也〕"라고 하였다. 玄應의 ≪衆經音義≫에 "뭇사람들의 입이 위로 드러났다.〔重口上見也〕"라고 하였다.

176) 論語素王受命讖에……없다 : ≪論語素王受命讖≫는 逸書이다. 淸나라 朱彝尊이 撰한 ≪經義考≫ 권267에 "王者가 命을 받아 정무를 펼쳐 풍속을 바꾸어 八極(八方의 먼 곳)을 다

러본다.", ≪史記≫ 〈司馬相如列傳〉에 "목을 빼고 발돋움하며 우러러 기대한다."라고 한 것이 모두 그것이다.

師古・玄應皆作衆口, 按魚是也. 淮南書 "水濁則魚噞喁." 劉逵注吳都賦曰, "噞喁, 魚在水中羣出動口皃." 喁本狀魚, 引伸他用. 如論語素王受命讖 "莫不喁喁延頸歸德." 淮南書 "羣生莫不喁喁然仰其德." 司馬相如傳"延頸擧踵喁喁然." 皆是也.

② 魚와 容의 반절이다. 古音은 제4部에 있다.

魚容切. 蓋古音在四部.

## 03-022-0920 (局) 〔협소할/국〕 補

'협소하다'이다. 口가 尺(자/척) 아래에 있어 다시 '협소하다'는 뜻을 따랐다. 일설에 '바둑 놀이에서 바둑돌을 놓는 것이다'라고 한다. 象形이다.

**促也.**① **从口在尺下復局之.**② **一曰博所㠯行棊. 象形.**③

① 曡韻으로 풀이하였다.

以曡韻爲訓.

② 尺은 사물을 재는 도구이다. 口가 尺 아래에 있는 것은 '입〔口〕을 세 번 함구하다'는 뜻이다.

尺所以指斥規榘事也. 口在尺下, 三緘其口之意.

③ 博은 簙이 되어야 한다. 簙은 바둑 놀이이다. 6箸[177]와 12棊(雙六)로 운용한다.[178] 簙 놀이는 局이 있어 12棊를 운용한다. 局은 그 모양을 본떴다. 이것은 별도의 다른 뜻이다. 渠와 錄의 반절이며, 제3部에 있다.

博當作簙. 簙, 局戲也. 六箸十二棊. 簙有局以行十二棊. 局之字象其形. 此別一義. 渠錄切. 三部.

---

스리니, 〈백성들이〉 우러러 목을 빼어 德에 귀의하지 않는 자가 없다.〔王者受命布政易俗以御八極 莫不喁喁引頸歸德〕"라고 하였다.

177) 箸 : 雙六에 사용하는 대나무로 만든 기구를 이른다.

178) 6箸와……운용한다 : ≪後漢書≫ 〈梁冀列傳〉 '六博'의 李賢 注에 "≪楚詞≫ 〈招魂〉의 '琨蔽象棊有六博'의 王逸 注에 '6著를 던져서 6棊를 운행하므로 「6博」이라고 한다.'라고 하였다. 鮑宏의 ≪博經≫에 '12棊를 사용하는데 6棊는 흰색, 6棊는 검은색이다. 던지는 주사위를 일컬어 「瓊(경)」이라 한다. 瓊에는 五采가 있는데, 1획을 새긴 것을 「塞」이라 하고, 2획을 새긴 것을 「白」이라 하며, 3획을 새긴 것을 「黑」이라 하는데, 한 邊에 새기지 않은 것이 5개의 塞 사이에 있는 것을 「五素」이라 한다.'라고 하였다.〔六博 楚詞曰 琨蔽象棊有六博 王逸注云 投六著 行六棊 故云六博 鮑宏博經曰 用十二棊 六棊白 六棊黑 所擲頭 謂之瓊 瓊有五采 刻爲一畫者謂之塞 刻爲兩畫者 謂之白 刻爲三畫者謂之黑 一邊不刻者 五塞之間 謂之五塞〕"라고 하였다.

## 03-022-0921 (㕣)〔산간 수렁/연〕補【重文 1】

'산간의 수렁'이다. 口를 따르고, 水(물)이 〈흙을 무너뜨린〉 모양〔八〕을 따랐다. 沇州의 沇(연)과 같이 읽는다. 九州 가운데 渥地(수렁)이므로, 沇으로 불렀다. (𡿧)은 㕣의 古文이다.

**山閒陷泥地.**[①] **从口,**[②] **从水敗**皃.[③] **讀若沇州之沇.**[④] **九州之渥地也.**[⑤] **故**曰**沇名焉.**[⑥] (𡿧), **古文**㕣.[⑦]

① 閒은 ≪玉篇≫에 澗으로 되어 있다. 陷은 臽으로 되어야 하니, 誤字이다. 水部에 "臽은 '진흙과 물이 섞여있는 수렁'이다."라고 하였다.
閒玉篇作澗. 陷當作臽, 字之誤. 水部曰. "臽, 泥水臽臽也."

② 산골짜기를 말한다.
謂山閒.

③ 臽泥(수렁)을 말한다. '谷(골짜기/곡)'자와 '酋(오래된 술/추)'자는 모두 水가 반(八, 水의 생략)이 보이는 것을 따랐다. 㕣도 水의 반〔八〕이 드러난 것이 口〔山閒〕에서 나온 것을 따랐다. 水가 흙을 무너뜨려 진흙땅이 많은 것을 '㕣'이라고 한다.
謂臽泥. 谷字・酋字, 皆从水半見. 㕣亦从水半見, 出於口也. 水敗土而臽泥多, 是曰㕣.

④ 살펴보건대, 漢隷(漢代에 通行된 隷書)에 沇州의 沇은 兖으로 되어 있는 것이 많다. 以와 轉의 반절이며, 제14部에 있다.
按漢隷沇州字已多作兖. 以轉切. 十四部.

⑤ 〈毛傳〉에 "渥은 '풍부함'이다."라고 하였다.
毛傳曰. "渥, 厚也."

⑥ 이것은 州의 명칭을 풀이한 것이다. 沇은 9州 가운데 질퍽이는 지역이다. 㕣이 山閒의 渥地일 때처럼 그 의미도 같고 音도 같다.
此釋州名之意. 沇爲九州之渥地. 如㕣爲山閒之渥地, 其義同, 其音亦同也.

⑦ 살펴보건대, 〈𡿧의〉 아랫부분은 谷을 따르고, 윗부분은 骨의 앙상한 부분인 𣦵(남은 뼈/알)[179]을 따랐다. 𣦵은 水(물)의 가운데 세로획〔丨〕이 빠진 것을 본떴다. 漢나라 사람들이 兖으로 쓴 것은, 𡿧과 沇 두 글자를 합쳐 만든 것이기 때문일 것이다.
按下蓋从谷, 上从列骨之殘𣦵字. 𣦵象水敗也. 漢人作兖字者. 蓋合和𡿧沇二字爲之.

179) 𣦵(남은 뼈/알) : ≪說文≫ 𣦵部에 "𣦵은 '뼈를 분해하고 남은 것'이다.〔𣦵 刿(列)骨之殘也〕"라고 하였다. ≪正字通≫ 歺部에 "歺은 본래 𣦵로 썼다.〔歺 本作𣦵〕"라고 하였다.

口部에서 다룬 표제자는 180자이고, 중문은 21자이다.

**文一百八十,① 重二十一.②**

① 徐鍇本은 182자이다.
鍇一百八十二.

② 張次立[180]이 "중복자가 20자인데, 訡(음) 1자를 보충함으로써 중복자가 21자이다."라고 하였다. 살펴보건대, 訡은 지금 보충하지 않았다.
張次立曰, "重二十, 補遺訡一字, 共重二十一." 按訡字今不補.

180) 張次立 : ?~?. 宋나라 사람으로 殿中丞을 지냈고 篆石經을 전각하였다. 또 徐鍇의 ≪說文繫傳≫을 교정하였다.

## 【023. 凵部】

### 03-023-0922 凵(凵)〔입 벌릴/감〕補

‘입을 벌리다’이다. 象形이다. 凵에 속하는 글자는 모두 凵의 자형을 따랐다.

**張口也. 象形.**① **凡凵之屬皆从凵.**

① 也는 ≪廣韻≫에 皃로 되어 있다. 口와 犯의 반절이며, 제8部에 있다.
也廣韻作皃. 口犯切. 八部.

凵部에서 다룬 표제자는 1자이다.

文一.

# 【024. 吅部】

## 03-024-0923 (吅)〔놀라 외칠/훤〕

'놀라 외치다'이다. 2개의 口를 따랐다. 吅에 속하는 글자는 모두 吅의 자형을 따랐다. 讙(훤)과 같이 읽는다.

**驚嘑也.**① 从二口. **凡吅之屬皆**从吅. **讀若**讙.②

① ≪玉篇≫ 吅部에 "吅은 讙(시끄럽다/훤)과 通한다."라고 하였다. 살펴보건대, 言部의 讙과 譁 2자는 互訓하였는데[1] '驚嘑'와는 의미가 다르다.
玉篇云, "吅與讙通." 按言部讙譁二字互訓, 與驚嘑義別.

② 況과 袁의 반절이며, 제14部에 있다.
況袁切. 十四部.

## 03-024-0924 (䍜)〔어지러울, 막힐/영〕 補 【重文 1】

'어지럽다'이다. 爻·工·交[2](己)·吅을 따랐다.[3] 일설에는 '막히다'라고 한다. 穰(양)과 같이 읽는다. 〓(〓)은 䍜의 籒文이다.

**亂也.** 从**爻工交**吅.① **一曰窒**䍜.② **讀若穰.**③ 〓(〓) **籒文**䍜.

① 誤脫이 있는 듯하다. 寸部에 "㝷(찾다/심)은 '실마리를 찾아 다스리는 것'이다. 口를 따르고 工을 따르고 又를 따르고 寸을 따랐다. 工·口는 '어지럽다'는 뜻이고, 又·寸은

---

1) 讙과……互訓하였으니 : 讙과 譁는 ≪說文≫에 "譁 讙也", "讙 譁也"라고 하여 동일한 뜻으로 互訓이 되어 轉注 관계가 된다.

2) 交 : '䍜'자의 籒文인 〓을 설명한 것이다.

3) 爻……따랐다 : ≪說文句讀≫에는 이를 해설하여 "爻는 사귐이고, 工은 사람이고, 交는 己를 가리켜서 말한다. 爻·工·交·吅은 여러 사람이 서로 시끄럽게 訟事하는 것이니, 바로 發言하는 것이 뜰에 가득하다는 뜻이다.〔爻者 交也 工者 人也 交 指己而言 爻工交吅 蓋謂衆人相譁訟也 卽發言盈庭之意〕"라고 하여, 交가 己를 해설한 것이라고 하였다.

나누어 '다스리다'는 뜻이다. 彡(삼)이 소리이다. 㲋과 의미가 같다."라고 하였다. 여기에서 㗊을 따르고 爻를 따르고 工을 따른다는 것은 또한 '어지럽다'는 뜻이다. 己를 따르는 것은 '나누어 다스리다'는 뜻이다. 㲋을 '다스리다〔理〕'는 뜻이라고 말하지 않고, 㝷를 '어지럽다〔亂〕'는 뜻이라고 말하지 않은 것은 그 의미를 번갈아 보여준 것이다.

乙部에 "亂은 '다스리다〔治〕'이다."라고 하고, 𠬪(표)部에 "𤔔은 '다스리다〔治〕'이다. 幺子(어린이)가 어지러우면〔冂〕 그들을 𠬪治(다스리다)하는 것이다."라고 하였다. 亂을 말하면 治가 그 속에 뜻이 있으니, ≪周易≫ 〈繫辭傳 下〉에 "궁극에 이르면 변한다."라고 한 것이 그 예이다. ≪莊子≫ 〈在宥〉의 '傖囊'(어지럽다/창낭)을 崔譔[4]은 戕囊으로 쓰고 "戕囊은 '搶攘'과 같다."라고 하였다. ≪漢書≫ 〈賈誼傳〉의 晉灼 注에서, "搶攘은 '어지러운 모양'이다."라고 하였는데 搶과 攘은 曡韻이다. 본래 陽韻・唐韻에 있었으나, 庚韻에 편입되었다. 攘은 㲋의 假借이다.[5] 머리카락이 어지러운 것을 '髼鬤(쟁영)'이라 하고, 풀이 어지러운 것을 '䒦薴(쟁녕)'이라고 하는데, 모두 搶攘과 동일한 의미이다.

疑有譌脫. 寸部"㝷, 繹理也. 从口从工从又从寸. 工口, 亂也, 又寸, 分理之. 彡聲. 與㲋同意." 是則从㗊从爻从工者, 亦亂也. 从己, 分理之. 㲋不云理, 㝷不云亂者, 互見其義也. 乙部曰, "亂, 治也." 𠬪部曰, "𤔔, 治也. 幺子相亂, 𠬪治之." 凡言亂而治在焉, 易"窮則變也." 莊子在宥傖囊, 崔譔作戕囊, 云"戕囊猶搶攘." 晉灼注漢書曰, "搶攘, 亂皃也." 搶攘曡韻. 本在陽唐韻, 轉入庚韻. 攘卽㲋之假借. 凡髮亂曰髼鬤, 艸亂曰䒦薴, 皆搶攘同意.

② 㲋은 ≪玉篇≫에 穰으로 되어 있는데, 잘못으로 보인다. 窒㲋은 '막히다'라는 의미인데, 周・漢시대 사람들의 말이다.

㲋玉篇作穰, 蓋誤. 窒㲋蓋充塞之意. 周・漢人語也.

③ 〈어지럽다, 막히다〉 두 가지 뜻은 독음이 같다. 제10部에 있다. ≪唐韻≫에 女와 庚의 반절로 되어 있다.

兩義同讀. 在十部. 唐韻女庚切.

## 03-024-0925 𠱫(嚴)〔급할/엄〕 補 【重文 1】

'명령하다'이다. 㗊을 따르고, 厰(엄)이 소리이다.[6] 𠪱(𠪱)은 嚴의 古文이다.

---

4) 崔譔 : ?~?. 晉나라 議郎을 역임하였다. ≪莊子≫를 주석하였는데, 그의 주석은 ≪經典釋文≫ 중에 전해지고 있다.

5) 攘은……假借이다 : ≪說文≫에 "攘은 '밀다'이다.〔攘 推也〕"라고 하였는데, 攘이 '亂'의 의미로 쓰이는 것은 㲋의 假借임을 설명한 것이다.

6) 㗊을……소리이다 : ≪六書尋源≫에서는 "이 '嚴'자가 㗊을 따른 것은 곧 크게 외치는 뜻이고 厰을 따른 것은 곧 두려워할 만한 것이므로 의미를 '명령이 급하다'라고 하였다.〔此从㗊者 卽大號之義也 从厰者 卽可畏之義 故訓教命急也〕"라고 하여, 會意로 설명하고 ≪說文≫의

**敎命急也.**① 从吅,② 厰聲.③ (㘙), **古文嚴.**

① 嚴과 急은 疊韻이다. ≪孟子≫ 〈公孫丑 下〉의 趙岐 注에 "事嚴은 喪事가 시급하다는 것이다."[7]라고 하였다.
嚴急疊韻. 趙注孟子曰, "事嚴, 喪事急."
② '재촉하다'의 뜻이다.
敦促之意.
③ 語와 杴의 반절이며, 제8部에 있다.
語杴切. 八部.

## 03-024-0926 (咢) 〔논쟁할/악〕 補

'논쟁하다'이다. 吅・屰(거스릴/역)을 따랐다. 屰(역)은 소리이기도 하다.

**譁訟也.**① 从吅屰. 屰**亦聲.**②

① 引伸하여 맨손으로 북을 치는 것을 '咢'이라고 한다. 또 ≪漢書≫ 〈韋賢傳〉에 "소리치며 간언하는 노인"이라고 하였다.
引伸爲徒擊鼓曰咢. 又韋賢傳, "咢咢黃髮."
② 五와 各의 반절이며, 제5部에 있다.
五各切. 五部.

## 03-024-0927 (單) 〔클/단〕 補

'크다'이다. 吅・甲을 따랐다. 吅은 또한 소리이기도 하다. 〈甲 해설을〉 결여하였다.

**大也.**① 从吅甲.② 吅**亦聲.**③ **闕.**④

① 〈'大也'는〉 '大言也(크게 말하다)'로 해야 할 것인데, 식견이 낮은 사람이 '言'자를 삭제하였으니, 예컨대 '誣는 말을 더함이다〔加言也〕'[8]라는 해설에서, 식견이 낮은 사람이 역

---

形聲을 따르지 않았다.

7) 趙岐……것이다 : ≪孟子≫ 〈公孫丑 下〉의 "事嚴 虞不敢請"에 대한 趙岐 注이다. 조기(108?~201)는 後漢 桓帝 때 사람으로, 자는 邠卿이다. ≪孟子≫에 처음 註釋을 달았는데 이를 古註라고 한다.

8) 誣는……더함이다〔加言也〕 : ≪說文≫ 言部에는 "誣 加也"라고 하여, '言'자가 없다.

시 '言'자를 삭제한 것과 같다. ≪爾雅≫와 ≪廣雅≫에는 '大'만 해설하고 모두 單의 표제자가 없다. 인신하여 雙의 反對의 뜻으로 쓰인다. ≪詩經≫ 〈大雅 公劉〉에 "그 군대가 三軍〔三單〕이로다."라고 하였는데, 毛亨 傳에 "삼군〔三單〕은 서로 이어받는 것이다." 라고 하고, 鄭玄 箋에 "丁夫가 마침 三軍의 수효에 차고 羨卒(정군 외의 병사)이 없다." 라고 하였다.

當爲大言也, 淺人刪言字. 如誣加言也, 淺人亦刪言字. 爾雅・廣雅說大, 皆無單. 引伸爲雙之反對. 大雅 "其軍三單." 毛云, "三單, 相襲也." 鄭云, "丁夫適滿三軍之數, 無羨卒也."

② 크게 말하므로 吅을 따랐다.

大言故从吅.

③ 都와 寒의 반절이며, 제14部에 있다.

都寒切. 十四部.

④ '車闕(車 해설을 결여하였다)'이라고 해야 하니, 車의 자형에 대해서는 아직 아는 바 없음을 말한다.

當云車闕, 謂車形未聞也.

## 03-024-0928  (喌) 〔거듭 닭 부르는 소리/주〕

'거듭 닭을 부르는 소리'이다. 吅을 따르고, 州(주)의 소리를 따랐다. 祝(축)과 같이 읽는다.

**呼雞重言之.**① 从吅, 从州聲.② **讀若祝.**③

① "喌喌는 '거듭 닭을 부르는 소리'이다.〔喌喌 呼雞重言之也〕"라고 해야 하는데, 식견이 부족한 사람이 삭제한 것이다. ≪大戴禮記≫ 〈夏小正〉의 正月에 "닭이 알을 까서 기르는 것이니, '粥'이란 서로 부르는 때이다."라고 하였다.

살펴보건대, '相粥之時也'에 대해 어떤 本에서는 '서로 「주주」하며 부르는 것'이다.〔相粥粥呼也〕'로 되어 있다. 粥과 喌는 古今字이다. 닭소리가 '喌喌'하고 나므로, 사람들이 그 소리를 흉내내어 부른다. ≪風俗通≫에 "닭을 부를 때에 '朱朱'라고 한다. 俗說에, 닭은 본래 朱公이 교화시켜 그렇게 된 것이라 하는데, 지금 닭을 부를 때 '朱朱'라고 한다.

삼가 살펴보건대, ≪說文解字≫에 喌는 2개의 口를 따랐다. 2개의 口는 讙(吅)이고, 州는 그 소리인데, 祝과 같이 읽는다. '祝'이란 날짐승을 온순하게 이끈다는 의미를 지닌다. 喌는 朱와 音이 서로 비슷하다."라고 하였다. 지금 살펴보건대, 應仲遠[9]은 〈夏

9) 應仲遠 : 東漢 사람 應劭(153?~196)를 이르는데, 仲遠은 그의 자이다. 泰山郡太守를 역임

小正〉을 인용하여 그 原本으로 삼아야 할 듯하다.[10)]

當云"咒咒, 呼雞重言之也." 淺人刪之耳. 夏小正正月 "雞桴粥. 粥也者, 相粥之時也." 案相粥之時也, 一本作相粥粥呼也. 粥咒古今字. 雞聲咒咒, 故人效其聲評之. 風俗通曰, "呼雞朱朱. 俗說雞本朱公化而爲之, 今呼雞曰朱朱也. 謹按說文解字咒从二口. 二口爲讙, 州其聲也, 讀若祝. 祝者, 誘致禽畜和順之意. 咒與朱音相似耳." 今按應仲遠似當引小正爲原本.

② 之와 六의 반절이며, 제3部에 있다.

之六切. 三部.

③ ≪風俗通≫에 의하면 祝을 거듭 써야 하니, 咒咒는 祝祝(축축)과 같이 읽는다. ≪春秋左氏傳≫ 隱公 3년의 州吁[11)]는 ≪春秋穀梁傳≫에 祝吁로 되어 있다. ≪博物志≫에 "祝雞翁[12)]이 닭을 잘 길렀으므로 '祝祝'이라고 불렀다."라고 하였다.

依風俗通則祝當重, 謂咒咒讀若祝祝也. 左傳州吁, 穀梁作祝吁. 博物志云, "祝雞翁善養雞. 故呼祝祝."

吅部에서 다룬 표제자는 6자이고, 중문은 2자이다.

**文六, 重二.**

---

하였다. 저서로 ≪漢官儀≫, ≪風俗通≫ 등이 있다.

10) 應仲遠은……듯하다 : ≪風俗通≫ 〈夏小正〉의 "雞桴粥 粥也者 相粥之時也"를 적용하지 않고 속설을 제시한 것에 대한 비판이다.

11) 州吁 : ?~B.C. 719. 춘추시대 衛나라 사람이다. 莊公의 서자로 桓公을 죽이고 위나라의 군주가 되었다. 그러나 얼마 지나지 않아 右宰인 醜에게 죽임을 당하였다.(≪春秋左氏傳≫ 隱公 4년)

12) 祝雞翁 : ?~?. 晉나라 仙人으로 尸鄉의 北山에 살면서 1,000여 마리의 닭을 잘 길렀는데, 닭마다 이름을 붙여 이름을 부르면 왔다고 한다.(≪列仙傳≫ 〈祝鷄翁〉)

# 【025. 哭部】

### 03-025-0929 (哭)〔울/곡〕補

‘슬피 우는 소리’이다. 吅을 따르고, 獄의 생략형(犬(감옥/옥))이 소리이다.[1] 哭에 속하는 글자는 모두 哭의 자형을 따랐다.

**哀聲也.** 从吅, **从獄省聲.**① **凡哭之屬皆从哭.**

① 苦와 屋의 반절이며 제3部에 있다. 살펴보건대, 許愼이 ≪說文≫에서 말한 省聲은 의심할만한 것이 많이 있다. 한쪽 偏旁만 취하고 전체 글자를 기록하지 않고서 그것을 가리켜 ‘어느 글자의 생략〔某字之省〕’이라고 하였다.

예컨대 家가 豭(돼지/가)의 생략(豕(돼지/가))을 따랐고, 哭이 獄의 생략(犬)을 따랐다고 한 것은 모두 믿을 수 없다. 獄은 진실로 㹜(두 마리 개가 서로 물어뜯을/은)을 따른 것으로[2] 犬을 따른 것이 아니고 㹜의 반쪽을 취한 것이다. 그렇다면 어찌하여 嗀(짐승이름/혹)・獨・倏・谷(짐승이름/곡)의 생략형을 따르지 않은 것인가? 곰곰이 생각해보니 犬을 따른 글자인 狡・獪・狂・默・猝・猥・㛸・狠・獷・狀・獳・狎・狃・犯・猜・猛・犺・㹼・狟・戾・獨・狩・臭・獘・獻・類・猶 30자[3]와 같은 경우 모두 犬을 따랐는데, 의미를 옮겨 사람에게 적용하여 말하였다. 哭(곡)은 본래 ‘개짖음〔犬嘷〕’인데 의미를 옮겨 사람에게 적용하여 말한 것이 아니겠는가. 글자를 만든 본래 뜻을 알 수 없는 것이 있으니, 禿이 禾를 따른 것이 그 예이며,[4] 글자를 사용한 본래 뜻을 알 수 없는 것이 있으니, 家가 豕를 따르고, 哭이 犬을 따른 것이 그 예이다.

---

1) 슬피……소리이다 : ≪六書尋源≫에서는 “哭은 반드시 매우 애통하여 슬피 부르짖는데 오래되면 힘이 피곤하고 곧바로 서 있기에 어려워서 끝내 반드시 엎드리게 되므로 이 ‘哭’자는 吅을 따르고, 伏의 생략형(犬(엎드릴/복))을 따랐다.〔哭者必極痛哀叫 久則力疲 難於直立 終須俯伏 故此从吅从伏省〕”라고 하여, 會意로 설명하고 ≪說文≫의 形聲을 따르지 않았다. 그리고 ≪說文≫의 ‘獄省’도 ‘伏省’으로 달리 하였다.

2) 獄은……것으로 : ≪說文≫ 㹜部에 “獄은 㹜을 따르고 言을 따르니, 두 마리의 개가 지키는 것이다.〔獄 从㹜 从言 二犬所吕守也〕”라고 하였다.

3) 30자 : 저본에서 제시한 ‘狡……猶’자까지는 총 27자이다.

4) 禿이……예이며 : ≪說文≫ 禿部에 “禿은 머리털이 없는 것이다. 人을 따르고 윗부분은 곡식의 모양을 본뜨고 소리를 취하였다.〔禿 無髮也 从人 上象禾粟之形 取其聲〕”라고 설명하였다.

내가 생각하건대 家는 豖部에 편입시켜 豖·宀을 따르고, 哭은 犬部에 편입시켜 犬·吅을 따라서 모두 會意로 하고 이 의미를 옮겨 사람에게 적용하면 省聲의 견강부회를 거의 바로잡을 수 있을 것이다. 哭部는 犬部의 뒤에 배열해야 한다.

苦屋切. 三部. 按許書言省聲, 多有可疑者. 取一偏旁, 不載全字, 指爲某字之省. 若家之爲豭省, 哭之从獄省, 皆不可信. 獄固从㹜, 非从犬, 而取㹜之半. 然則何不取豰獨倏狢之省乎. 竊謂从犬之字, 如狡獪狂默猝猥(㛘)〔㹀〕[5]狠獷狀獳狎狃犯猜猛犺犾狟戾獨狩臭獘獻類猶卅字, 皆从犬, 而移以言人, 安見非哭本謂犬嗥, 而移以言人也. 凡造字之本意有不可得者, 如禿之从禾. 用字之本義亦有不可知者, 如家之从豖, 哭之从犬. 愚以爲家入豖部从豖宀, 哭入犬部从犬吅, 皆會意, 而移以言人, 庶可正省聲之勉强皮傅乎. 哭部當厠犬部之後.

## 03-025-0930 (喪)〔도망할/상〕 補

'도망하다'이다. 哭·亡을 따랐다. 亡(망)은 또한 소리이다.

亡也.① 从哭亡. 亡亦聲.②

① 亡部에 "亡은 '도망하는 것'이다."라고 하였으니, 亡은 죽음을 말한 것이 아니다. 그러므로 ≪中庸≫에서 "죽은 이를 섬기기를 산 사람처럼 하며, 도망한 이를 섬기기를 있는 사람처럼 한다."라고 하였고, ≪尙書大傳≫ 〈武成〉에 "王이 仁人에 대해 죽은 자도 그 墳墓를 봉분해 주거늘 하물며 산 자에 대해서랴. 王이 賢人에 대해 도망자도 그 마을에 정표를 해주거늘 하물며 남아 있는 자에 대해서랴."라고 하였으니, 모두 存亡과 生死를 분별하여 말한 것이다.

凶禮를 '喪'이라고 말하는 것은 鄭玄의 ≪禮經目錄≫ 〈喪服〉에 "차마 '죽었다〔死〕'라고 말하지 않고 '버려졌다〔喪〕'라고 말하니, 喪은 '버려졌다'는 말이다. 만약 저쪽에 오로지 남아 있다면 자기에게서는 잃어버린 것이다."라고 하였으니, 이것이 죽음〔死〕을 '喪'이라고 말한 것이다.

公子 重耳는 스스로 몸이 '지위를 잃었다〔身喪〕'고 말하였고,[6] 魯 昭公은 스스로 '지위를 잃은 사람〔喪人〕이라고 말하였으니,[7] 이것이 喪의 본래 의미이다. 喪失이라고 할

5) (㛘)〔㹀〕: 저본에는 '㛘'으로 되어 있으나, 본문에서는 '犬'자를 따르는 글자를 설명하고 있으므로 이에 의거하여 '㹀'으로 바로잡았다.(尾崎雄二郎, ≪訓讀說文解字注≫)

6) 公子……말하였고 : ≪禮記≫ 〈檀弓 下〉에 "公子 重耳(후일 晉 文公)가 使臣을 대하여 '몸이 지위를 잃고 아버지가 죽음에도 슬프게 우는 자리에 참여하지 못하여 秦君께 저에 대해 근심하시게 했습니다.'라고 하였다.〔公子重耳對客曰 君惠弔亡臣重耳 身喪父死 不得與於哭泣之哀 以爲君憂〕"라고 하였다.

7) 魯……말하였으니 : ≪春秋公羊傳≫ 昭公 25년에 "지위를 잃은 사람은 재주가 없어 魯國의

때의 喪은 본래 모두 平聲인데, 민간에서 去聲으로 읽으며 死喪이라고 할 때의 平聲의 喪과 구별한 것은 古音이 아니다.

亡部曰, "亡, 逃也." 亡非死之謂. 故中庸曰, "事死如事生, 事亡如事存." 尙書大傳曰, "王之於仁人也, 死者封其墓, 況於生者乎. 王之於賢人也, 亡者表其閭, 況於在者乎." 皆存亡與生死分別言之. 凶禮謂之喪者, 鄭禮經目錄云, "不忍言死而言喪, 喪者, 棄亡之辭. 若全居於彼焉, 已失之耳." 是則死曰喪之義也. 公子重耳自偁身喪, 魯昭公自偁喪人, 此喪字之本義也. 凡喪失字本, 皆平聲, 俗讀去聲, 以別於死喪平聲, 非古也.

② 이는 ≪經典釋文≫ 〈禮記音義〉가 ≪禮記≫ 〈奔喪〉의 禮를 인용한 것을 따른 것이다.[8] 息과 郎의 반절이며, 제10部에 있다.

此从禮記奔喪之禮釋文所引. 息郎切. 十部.

哭部에서 다룬 표제자는 2자이다.

文二.

---

社稷을 지키는 것을 그르쳤습니다.〔喪人不佞 失守魯國之社稷〕"라고 하였다.

8) 經典釋文……것이다 : ≪經典釋文≫의 奔喪 부분에는 "이것은 正字이다. ≪說文≫에 '哭·亡을 따랐다. 亡은 소리이기도 하다.〔此正字也 說文云 从哭亡 亡亦聲也〕'"라고 하였다.

## 【026. 走部】

### 03-026-0931  (走) 〔달릴/주〕 補

'달리다'이다. 夭・止를 따랐다. 夭는 '굽히는 것'이다. 走에 속하는 글자는 모두 走를 따랐다.

趨也.① 从夭止. 夭者, 屈也.② 凡走之屬皆从走.

① ≪釋名≫ 〈釋姿容〉에서 "천천히 걷는 것을 '步'라 하고, 빨리 걷는 것을 '趨'라 하며, 빨리 달리는 것을 '走'라 한다."라고 했으니 이는 구분해서 말한 것이다. 許愼은 구분하지 않고 합쳐서 말하였다. 지금 민간에서 '走를 천천히 걷는 것, 趨를 빨리 걷는 것'이라고 한 것은 잘못이다.
釋名曰, "徐行曰步, 疾行曰趨, 疾趨曰走." 此析言之. 許渾言不別也. 今俗謂走徐・趨疾者, 非.

② ≪古今韻會擧要≫에 의거하여 바로잡았다. 夭는 '굽히는 것'이다. ≪說文≫ 止部에 "止는 '足(발)'이다."라고 하고, "夭・止를 따랐다"는 것은 천천히 걸으면 발의 정강이가 비교적 곧고, 빨리 걸으면 구부러지는 경우가 많다는 것이다. 子와 苟의 반절이다. 제4部에 있다. ≪詩經≫ 〈大雅 緜〉에서 本奏를 가차하여 奔走의 뜻으로 썼다.[1]
依韻會訂. 夭, 屈也. 止部曰, "止爲足." "从夭止"者, 安步則足胻較直, 趨則屈多. 子苟切. 四部. 大雅假本奏爲奔走.

### 03-026-0932  (趨) 〔달릴/추〕 補

'달리다'이다. 走를 따르고 芻(추)가 소리이다.

走也.① 从走, 芻聲.②

---

1) 本奏를……썼다 : ≪詩經≫ 〈大雅 緜〉의 "予曰有奔奏"에 대해, ≪經典釋文≫ 〈毛詩音義〉에서, "本은 음이 奔이며, 奔으로 쓴 판본도 있다.〔本音奔 本亦作奔〕", "奏는 如字이며, 走로도 쓴 판본도 있는데, 음은 같다.〔奏如字 本亦作走 音同〕"라고 하였다.

① ≪禮記≫ 〈曲禮〉의 注에 "발걸음을 크게 벌려 걷는 것을 '趨'라고 한다."[2)]라고 하였다. 살펴보건대, '張足(발걸음을 크게 벌려 걷는 것)'은 布武(활기찬 걸음/포무)보다 빠른 것이다. ≪詩經≫ 〈大雅 棫樸〉에 "좌우 신하들이 달려가도다."라고 하였는데, 毛亨 傳에서 "趣(달릴/취)는 '趨'이다."라고 하였으니, 이는 趣를 가차하여 '趨'의 뜻으로 쓴 것을 말한다.

曲禮注曰, "行而張足曰趨." 按張足過於布武. 大雅"左右趣之." 毛曰, "趣, 趨也." 此謂假借趣爲趨也.

②〈趨는〉 七과 逾의 반절이다. 古音은 제4部에 있다.

七逾切. 古音在四部.

## 03-026-0933 赴(赴)〔달려갈/부〕補

'달려가다'이다. 走를 따르고 卜(복)이 소리이다.[3)]

**趨也.**[①] 从走, 卜聲.[②]

① ≪儀禮≫ 〈聘禮〉에서 "赴告한 자가 아직 이르지 않았다."라고 하였고, ≪禮記≫ 〈士喪禮〉에서 "赴告에 군주의 신하 아무개가 죽었다고 했다."라고 하였는데, 注에서 모두 "今文에는 赴가 訃로 되어 있다."라고 하였다.

살펴보건대, 古文에서 '訃告'를 赴로 쓴 것은 '急疾(급하고 빠름)'의 뜻을 취한 것인데, 今文에서 〈走를 따르지 않고〉 言을 따르면서 急疾의 뜻이 점점 감춰진 것이다. 그러므로 言部에서 訃를 수록하지 않은 것은 古文을 따르고 今文을 따르지 않은 것이다. 대체로 許慎이 ≪禮記≫에서 今文을 따른 경우, 古文의 글자를 수록하지 않았으니, 口部에 '名'자가 있고 金部에 '銘'자가 없는 것이 그 예이다. 古文을 따른 경우, 今文의 글자를 수록하지 않았으니, 赴가 그 예이다.

≪禮記≫ 〈襍(雜)記〉에서 '訃'로 쓰고 '赴'로 쓰지 않은 것은 ≪禮記≫가 대부분 今文 ≪예기≫를 썼기 때문이다. ≪春秋左氏傳≫에서 赴로 쓴 것은 左丘明이 ≪춘추좌씨전≫을 古文으로 썼기 때문에, 古文의 禮와 같은 것이다.

聘禮"赴者未至." 士喪禮"赴曰君之臣某死." 注皆云 "今文赴作訃." 按古文訃告字衹作赴者, 取急疾之意, 今文从言, 急疾意轉隱矣. 故言部不收訃字者, 从古文不从今文也. 凡許於禮經从今文則不收古文字, 如口部有名, 金部無銘是也. 从古文則不收今文字, 如赴

2) 禮記……한다 : "휘장과 주렴의 밖에서는 달리지 않는다.〔帷薄之外 不趨〕"에 대한 注이다.

3) 走를……소리이다 : ≪說文繫傳≫ 走部에는 "走를 따르고 仆의 생략형이 소리이다.〔从走 仆省聲〕"라고 하였다.

是也. 禖記作訃不作赴者, 禮記多用今文禮也. 左傳作赴者, 左丘明述春秋傳以古文, 故與古文禮同也.

② 芳과 遇의 반절이다. 古音은 제3部에 있다.
芳遇切. 古音在三部.

## 03-026-0934 趣 (趣) 〔빠를/취〕 補

'빠르다'이다. 走를 따르고 取(취)가 소리이다.

**疾也.**① **从走, 取聲.**②

① ≪詩經≫ 〈大雅 緜〉에서 "아침 일찍 말을 타고 달려오다.〔來朝趣馬〕"[4]라고 하였는데, 鄭玄 箋에서 "惡을 피하기를 일찍〔早〕 하면서도 빠르게〔疾〕 함을 말한다."라고 하였다. ≪玉篇≫에 인용된 것도 이와 같으니, 유독 잘못되지 않았다. 早는 '來朝'를 풀이한 것이고, 疾은 '趣馬'를 풀이한 것이다. 또 ≪詩經≫ 〈大雅 棫樸〉에 "의젓한 임금이 제사에 임하니, 좌우 신하들이 빨리 돕도다.〔左右趣之〕"라고 하였는데, 鄭玄 箋에서 "좌우의 신하들이 모두 일을 빨리하는 것이다."라고 하였다. ≪周禮≫ 〈夏官 趣馬〉에서 鄭衆은 "趣馬는 서둘러 말을 기르는 것이다."라고 하였다.

살펴보건대, '趣養馬'는 독촉하여 말을 기르는 것이다. 〈趣의〉 古音은 七과 口의 반절인데, 음이 변하여 淸과 須, 七과 句 두 개의 반절이 되었다. 후인들이 말하는 '歸趣'·'旨趣'는 바로 引伸된 것이다. 읽을 때마다 七과 句의 반절로 읽어 七과 苟의 반절과 구별하는데, 이는 古義와 古音이 아니다.
大雅"來朝趣馬." 箋云 "言其辟惡早且疾也." 玉篇所引如是, 獨爲不誤. 早釋來朝, 疾釋趣馬也. 又"濟濟辟王, 左右趣之." 箋云 "左右之諸臣, 皆促疾於事." 周禮趣馬, 大鄭曰, "趣馬, 趣養馬者也." 按趣養馬謂督促養馬. 古音七口反, 音轉乃有淸須·七句二反. 後人言"歸趣·旨趣"者, 乃引伸之義. 輒讀爲七句, 以別於七苟, 非古義古音也.

② 〈趣는〉 七과 句의 반절이다. 古音은 제4部에 있다.
七句切. 古音在四部.

## 03-026-0935 超 (超) 〔뛰어오를/초〕

'뛰어오르다'이다. 走를 따르고 召(소)가 소리이다.[5]

---

4) 來朝趣馬 : 今本 ≪詩經≫에는 "來朝走馬"로 되어 있다.

**跳也.① 从走, 召聲.②**

① 跳는 일설에 躍(뛸/약)이라고 하는데, 躍은 迅(빠를/신)이고, 迅은 '빠르다'이다. 따라서 超와 趣는 뜻이 같다.
跳, 一曰躍也, 躍, 迅也, 迅, 疾也. 然則超與趣同義.

② 敕과 宵의 반절이다. 제2部에 있다.
敕宵切. 二部.

## 03-026-0936 𧾩(趫)〔나무 잘 타는 병사/교〕 補

'나무 잘 타는 병사'이다. 走를 따르고 喬(교)가 소리이다. 王子蹻의 蹻(교)와 같이 읽는다.

**善緣木之士也.① 从走, 喬聲② 讀若王子蹻.③**

① 〈二京賦〉[6]의 李善 注와 ≪衆經音義≫[7]에 의거하여 바로잡았다.[8] 左思의 〈吳都賦〉에서 "건장한 재능과 강건함을 어찌 闔廬에 견주랴."라고 하였다. 成公綏[9]의 〈洛禊賦〉에서 "趫才에 빼어난 자태가 있으며, 물에 익숙하여 헤엄을 잘 친다."라고 하였다. 살펴보건대, ≪列子≫〈說符〉의 "異伎"에 대해, 張湛 注에서 "僑人[10]이다."라고 하고, ≪山海經≫〈海外西經 長股國〉의 郭璞 注에서 "僑國이 있는데, 지금 伎家의 僑人이 이를 닮았다."라고 하였다. 지금 민간에서는 僑人을 '踹僑'(단교)라고 하는데, 僑는 바로 趫이다. 〈趫는〉

5) 뛰어오르다……소리이다 : ≪六書尋源≫에서는 "이 '超'자는 곧 발을 높이 들어 경쾌하게 달리는 뜻이므로 走를 따르고 召를 따르며 의미는 '뛰어오르다', '넘다', '뛰어 지나가다'라고 한다.〔此卽高擧足而輕走之義 故从走从召 而訓跳也越也躍過也〕"라고 하여, 會意로 설명하고 ≪說文≫의 形聲을 따르지 않았다.

6) 二京賦 : 〈西都賦〉와 〈東都賦〉을 아울러 이르는 이름이며 後漢의 張衡이 지었다. 二京은 東京인 洛陽과 西京인 長安을 가리킨다.

7) 衆經音義 : 唐의 玄應이 편찬한 ≪一切經音義≫를 말한다. 大藏經에 수록되어 있는 經典의 음과 뜻을 해설하였다.

8) 二京賦……바로잡았다 : 徐鉉과 徐鍇의 本에 "善緣木走之才"라고 되어 있는 것을 〈二京賦〉의 李善 注와 ≪衆經音義≫ 권11에 인용된 ≪설문≫의 글을 참고하여 "善緣木之士也"로 바로잡았다는 뜻이다.

9) 成公綏 : 231~273. 成公은 複姓이다. 字가 子安이며, 東郡 白馬(지금의 河南省 滑縣 동쪽) 사람이다. 西晉의 문학가로 어려서부터 학문을 좋아하여 經傳에 두루 통달하고 문장이 뛰어났으며, 가난하게 생활하면서도 명성이 알려지길 원하지 않았다. ≪隋書≫〈經籍志〉에 10권의 문집이 있다고는 하는데 산실되어 전하지 않는다.

10) 僑人 : 높은 나무다리를 타고 춤을 추는 사람을 이른다.

去와 踋의 반절이다.

依二京賦注・衆經音義訂. 吳都賦曰, "趫材悍壯, 此焉比廬." 成公綏洛禊賦曰, "趫才逸態, 習水善浮." 按張注列子說符篇"異伎", 云 "僑人", 郭注山海經長股國言"有喬國, 今伎家僑人象此." 僑人今俗謂之踹僑, 僑卽趫字. 去踋切.

② 去와 踋(효)의 반절이다. 제2部에 있다.

去踋切. 二部.

③ 王子蹻는 王子喬로 보이며, 周 靈王의 太子 晉이다.[11] 또 王喬라는 사람이 있는데 蜀나라 武陽 사람이다. ≪淮南子≫ 〈齊俗訓〉에서, "王喬는 '赤誦子'이다."라고 하였다. 誦은 松과 같다. ≪漢書≫ 〈王褒傳〉의 "僑松"에 대해, 顔師古 注에서 "王僑는 '赤松子'이다."라고 하였다. 대체로 辭와 賦에 나오는 喬松은 모두 王喬이지 王子喬가 아니다.

王子蹻, 蓋卽王子喬, 周靈王太子晉也. 又有王喬者, 蜀武陽人也. 淮南齊俗訓, 王喬, 赤誦子. 誦同松. 師古注王褒傳僑松云 "王僑, 赤松子." 凡辭賦言喬松者, 皆謂王喬, 非王子喬.

## 03-026-0937 䞙(赳)〔굳센 모양, 굳세다/규〕 補

'날쌔고 굳세며 재주와 힘이 있다'이다. 走를 따르고 丩(규)가 소리이다. 鐈(교)와 같이 읽는다.

**輕勁有才力也.**① 从走, 丩聲.② **讀若鐈.**③

① ≪詩經≫ 〈周南 兔罝〉의 毛亨 傳에서 "赳赳는 굳센 모양이다."라고 하였다. ≪廣雅≫ 〈釋訓〉에 "洸洸(광광)[12]・赳赳는 '굳세다〔武〕'이다."라고 하였는데, ≪詩經≫ 〈周南 兔罝〉의 ≪經典釋文≫ 〈毛詩音義〉에서 인용한 ≪爾雅≫에는 武가 勇으로 되어 있다.

周南傳曰, "赳赳, 武皃." 釋訓曰, "洸洸・赳赳, 武也." 詩音義引爾雅武作勇.

② 居와 黝(유)의 반절이다. 제3部에 있다.

居黝切. 三部.

③ 喬聲은 제2部에 있는데, 合韻된 것은 음이 가깝기 때문이다.

喬聲在二部, 合韻取近.

---

11) 周……晉이다 : ≪列仙傳≫에 "王子喬는 周 靈王의 太子 晉이다.〔王子喬 周靈王太子晉也〕"라고 하였다.

12) 洸洸(광광) : ≪詩經≫ 〈大雅 江漢〉에 "한강이 넘실거리고 무부는 굳세도다.〔江漢湯湯 武夫洸洸〕"라고 하였다.

## 03-026-0938  (䟓)〔큰 나무에 오를, 걷는 모습/기〕

'큰 나무에 오르다'이다. 일설에는 '걷는 모습'이라고 한다. 走를 따르고 支(지)가 소리이다.

**緣大木也.① 一曰行皃.② 从走, 支聲.③**

① 음과 뜻이 跂(천천히 걸을/기)와 대략 같다.
與跂音義略同.

② 이것은 별도의 뜻이다. ≪詩經≫ 〈小雅 小弁〉에서 "사슴은 달아날 때도, 발을 천천히 움직이도다.〔伎伎〕"라고 하였는데, 伎(느릿한 모양/기)가 ≪玉篇≫ 走部에는 '䟓'로 되어 있다.
此別一義. 小雅"鹿斯之奔, 維足伎伎." 玉篇作䟓.

③ 巨와 之의 반절이다. 之는 支가 되어야 한다. 제16部에 있다.
巨之切. 之當作支. 十六部.

## 03-026-0939  (趮)〔빠를/조〕

'빠르다'이다. 走를 따르고 喿(조)가 소리이다.

**疾也.① 从走, 喿聲.②**

① ≪周禮≫ 〈考工記 矢人〉에 "〈무릇 화살이란〉 깃털이 많으면 느리고, 깃털이 성글면 빠르다.〔趮〕"라고 하였는데, 鄭玄 注에 "趮는 '〈속도가 빨라〉 좌우로 〈화살이〉 흔들리다'이다."라고 하였다. 살펴보건대, 지금의 글자는 躁(조급할/조)로 되어 있다.
考工記"羽豐則遲, 羽殺則趮." 鄭云 "趮, 旁掉也." 按今字作躁.

② 則과 到의 반절이다. 제2部에 있다.
則到切. 二部.

## 03-026-0940  (趯)〔뛸/적〕

'뛰다'이다. 走를 따르고 翟(적)이 소리이다.

**躍也.① 从走, 翟聲.②**

① ≪詩經≫ 〈召南 草蟲〉의 毛亨 傳에서 "趯趯은 '뛰다〔躍〕'의 뜻이다."라고 하였고, 足部에서 "躍은 '빠르다'의 뜻이다"라고 하였다.
召南傳曰, "趯趯, 躍也." 足部曰, "躍, 迅也."
② 以와 灼의 반절이다. 古音은 제2部에 있다. 平聲이다.
以灼切. 古音在二部. 平聲.

## 03-026-0941 (蹶)〔뛸, 뛰어오를/궐〕

'뛰어오르다'이다. 走를 따르고 厥(궐)이 소리이다.

**蹠也.**[①] 从走, 厥聲.[②]

① 蹶은 '뛰어오르다'이다. 足部에 "楚나라 사람들은 '뛰다〔跳躍〕'를 '蹠'이라 한다."라고 하였다.
蹶, 跳起也. 足部曰, "楚人謂跳躍曰蹠."
② 居와 月의 반절이다. 제15部에 있다.
居月切. 十五部.

## 03-026-0942 (越)〔넘을/월〕 補

'넘다'이다. 走를 따르고 戉(월)이 소리이다.

**度也.**[①] 从走, 戉聲.[②]

① 辵部의 越(넘을/월)과 音義가 같다. ≪詩經≫ 〈周頌 淸廟〉에서 "하늘에 계신 분을 대하여〔對越在天〕"라는 구절에 대한 鄭玄 箋에서 "越은 於이다."라고 하였는데, 이는 越을 가차하여 粵의 뜻으로 쓴 것이다. ≪尙書≫에 越은 있는데 粵은 없다. ≪尙書≫의 〈大誥〉와 〈文侯之命〉의 越이 魏나라 三體石經[13]에는 粵로 되어 있다. ≪說文≫이 인용한 "粵三日丁亥"의 문구가 지금의 ≪尙書≫ 〈召誥〉에는 "越三日丁巳"로 되어 있다.[14]
與辵部越字音義同. 周頌"對越在天." 箋云 "越, 於也." 此假借越爲粵也. 尙書有越無粵. 大

13) 三體石經 : 魏나라 正始 연간에 古文·篆書·隸書 세 가지 서체로 새긴 石經을 말한다. '正始石經'·'三字石經'이라고도 한다.

14) 說文이……있다 : ≪說文≫ 亏部에 "粵는 亏이다. 신중함을 뜻하는 말이다. 亏를 따르고 宷를 따랐다. ≪周書≫에 '이에, 3일 정해이다.'〔粵 亏也 審愼之詞者 從亏從宷 周書曰 粵三日丁亥〕"라고 하였다.

誥文侯之命越字, 魏三體石經作粵. 說文引"粵三日丁亥", 今召誥作"越三日丁巳".

② 王과 伐의 반절이다. 제15部에 있다.
王伐切. 十五部.

## 03-026-0943  (趁)〔나아갈/진〕

'나아가다'이다. 走를 따르고 㐱(진)이 소리이다. 塵(진)과 같이 읽는다.

**邅也. 从走, 㐱聲. 讀若塵.**①

① 丑과 忍의 반절이다. 제13部에 있다. 살펴보건대, 趁은 平聲이 되어야 하니, 馬部의 駗과 같다.[15] 張과 人의 반절이다. 지금 사람들은 趁逐의 趁을 이렇게 쓰고, 반절을 丑과 刃이라고 하는데, 古義와 古音이 아니다.
丑忍切. 十三部. 按趁當平聲, 同馬部駗. 張人切. 今人趁逐字作此. 反語爲丑刃, 非古義古音也.

## 03-026-0944  (邅)〔머뭇거릴/전〕

'머뭇거리다'이다. 走를 따르고 亶(단)이 소리이다.

**趁也.**① **从走, 亶聲.**②

① 살펴보건대, '趁邅'은 ≪周易≫ 屯卦 六二爻辭에서 "어렵게 여기고 머뭇거리다."라고 하였는데, 馬融[16]은 "움직이기 어려워 나아가지 못하는 모양이다."라고 하였다. 亶은 俗本에 '邅'으로 되어 있다. 葉林宗의 宋版本에서 옮겨 적은 ≪經典釋文≫[17]과 呂祖謙[18]의 ≪古易音訓≫에는 모두 '亶'으로 되어 있다. 馬部에는 "駗驙(단)"으로 되어 있는데, 駗驙은 '말이 짐이 무거워 잘 걷지 못하는 것'이다. 〈趁·邅·駗·驙은〉 모두 雙聲疊韻이니, 아마 두 표제자 해설에는 본래 모두 '趁邅'으로 되어 있을 것이다.

---

15) 馬部의……같다 : ≪說文≫ 馬部에 "駗은 말이 짐이 무거워 잘 걷지 못하는 것이다. 馬를 따르고 㐱이 소리이다.〔馬載重難也 从馬 㐱聲〕"라고 하였다.

16) 馬融 : 79~166. 後漢의 문신이자 학자이다. 訓詁學의 시조로, 盧植·鄭玄 등의 걸출한 제자를 배출했다. ≪三傳異同說≫을 저술하고, ≪孝經≫ 등 많은 책을 주석하였다.

17) 葉林宗의……經典釋文 : 明나라 사람 葉林宗이 崇禎 연간에 文淵閣에 소장된 宋槧本에서 陸德明의 ≪經典釋文≫을 베껴 쓴 것이 바로 宋本 ≪經典釋文≫이다.

18) 呂祖謙 : 1137~1181. 자가 伯恭이며, 朱熹·張栻과 더불어 '東南三賢'이라 불리었다. 저서로 ≪古周易≫, ≪東萊博議≫, ≪春秋左氏傳說≫, ≪古易音訓≫ 등이 있다.

按趁䄍卽屯六二"屯如亶如." 馬融云 "難行不進之皃." 亶俗本作邅. 葉林宗抄宋版釋文・呂祖謙音訓, 皆作亶. 馬部作"驙驙", 驙驙, 馬載重難也. 皆雙聲疊韻. 疑兩篆下本, 皆作趁䄍也.

② 張과 連의 반절이다. 제14部에 있다.
張連切. 十四部.

## 03-026-0945 (趞)〔가볍게 걷는 모양, 걷는 모양/작〕補

'가볍게 걷는 모양'이다. 走를 따르고 昔(석)이 소리이다. 일설에는 '걷는 모양'이라고도 한다.

趬趞也. 从走, 昔聲.① 一曰行皃.

① 七과 雀의 반절이다. 古音은 제5部에 있다.
七雀切. 古音在五部.

## 03-026-0946 (趬)〔가볍게 걷는 모양, 발을 들/교〕

'가볍게 걷는 모양'이다. 走를 따르고 堯(요)가 소리이다. 일설에 趬는 '발을 들다'라고 한다.

行輕皃.① 从走, 堯聲.② 一曰趬, 擧足也.③

① 지금 俗語의 '輕趬'의 '趬'는 이 글자로 써야 한다.
今俗語輕趬, 當用此字.

② 牽과 遙의 반절이다. 제2部에 있다.
牽遙切. 二部.

③ 지금 俗語에서는 발을 드는 것이 바로 이와 같은 것이라 한다. 살펴보건대, 趬와 趞은 雙聲字이다. 아마 표제자의 〈순서는〉 '趬'자가 앞에 있어야 하고 '趞'자가 뒤에 있어야 할 듯하다. '趬'자의 해설에서, "趬趞은 '가볍게 걷는 모양'이다. 일설에 趬는 '발을 들다'이다. 走를 따르고 堯가 소리이다."라고 하고, '趞'자의 해설에서, "趬趞이다. 走를 따르고 昔이 소리이다."라고 하였으니, 今本은 대체로 식견이 부족한 사람이 어지럽힌 것이다.
今俗語謂擧足正如此. 按趬趞雙聲字. 疑篆當先趬後趞. 趬下曰, "趬趞行輕皃. 一曰趬擧足也. 从走堯聲." 趞下云 "趬趞也. 从走昔聲." 今本蓋淺人所亂.

## 03-026-0947  (䞘)〔급히 달릴/**현**〕

'급히 달리다'이다. 走를 따르고 弦(현)이 소리이다.

**急走也. 从走, 弦聲.**①

① 形聲이면서 會意를 포함하고 있으니, 弦을 따른 것은 '급하다'라는 뜻이 있는 것이다.[19] 胡와 田의 반절이다. 제12部에 있다.
形聲包會意. 从弦有急意也. 胡田切. 十二部.

## 03-026-0948  (趀)〔갑작스러울/**자**〕

'갑작스럽다'이다. 走를 따르고 朿(지)가 소리이다. 資(자)와 같이 읽는다.

**倉卒也.**① **从走, 朿聲. 讀若資.**②

① 倉은 민간에서 艹를 따른 蒼을 쓰는데, 이는 잘못이다. ≪周易≫ 夬卦 九四爻辭에서 "행동을 머뭇거린다.〔其行次且〕"라고 하였는데, 鄭玄 注에 次를 '趀'로 썼다. ≪論語≫ 〈里仁〉에서 "다급할 때도 반드시 이렇게 해야 한다.〔造次必於是〕"라고 하였는데, 馬融은 造次를 "急遽(다급하다)의 뜻이다."라고 하고, 鄭玄 注에 "倉卒(경황이 없음)의 뜻이다."라고 하였으니, 그렇다면 次는 趀의 假借字이다. 이는 錢大昕[20]의 설이다.
倉俗从卄, 誤. 夬九四 "其行次且." 次鄭作趀. 論語 "造次必於是." 造次, 馬云 "急遽也." 鄭云 "倉卒也." 然則次者, 趀之假借字. 錢氏大昕說.

② 取와 私의 반절이다. 제15部에 있다.
取私切. 十五部.

## 03-026-0949  (䙴)〔가볍게 걸을/**표**〕

'가볍게 걷다'이다. 走를 따르고 票(표)가 소리이다.

---

19) 弦을……것이다 : ≪說文≫ 弦部의 段玉裁 注에 "弦에는 '급하다'는 뜻이 들어 있다.〔弦有急意〕"라고 하였다.

20) 錢大昕 : 1728~1804. 자가 曉徵・及之이고 호가 辛楣, 竹汀, 潛研老人이다. ≪大淸一統志≫, ≪續文獻通考≫, ≪續通志≫의 편수에 참여하였고, 古音을 연구하여 吳派 고증학의 최고봉을 이루었다. 저서로 ≪二十二史考異≫, ≪潛研堂文集≫ 등이 있다.

**輕行也. 从走, 票聲.**[①]

① 撫와 招의 반절이다. 제2部에 있다.
撫招切. 二部.

## 03-026-0950  (趣)〔걷는 모양/긴〕

'걷는 모양'이다. 走를 따르고 臤(간)이 소리이다. 菣(긴)과 같이 읽는다.

**行**皃. **从走, **臤**聲. 讀若**菣.[①]

① 棄와 忍의 반절이다. 제12部에 있다.
棄忍切. 十二部.

## 03-026-0951  (趥)〔걷는 모양/추〕

'걷는 모양'이다. 走를 따르고 酋(추)가 소리이다.

**行**皃. **从走, 酋聲.**[①]

① 千과 牛의 반절이다. 제3部에 있다.
千牛切. 三部.

## 03-026-0952  (趨)〔걷는 모양/촉〕

'걷는 모양'이다. 走를 따르고 蜀(촉)이 소리이다. 燭(촉)과 같이 읽는다.

**行**皃.[①] **从走, 蜀聲. 讀若燭.**[②]

① ≪玉篇≫ 走部와 ≪廣韻≫에는 모두 "'어린아이가 걷는 모양'이다."라고 하였다.
篇・韻皆曰, "小兒行."

② 之와 欲의 반절이다. 제3部에 있다.
之欲切. 三部.

## 03-026-0953  (⿺走匠)〔걷는 모양/**장**〕

'걷는 모양'이다. 走를 따르고 匠(장)이 소리이다. 匠(장)과 같이 읽는다.

**行**皃. **从走, 匠聲. 讀若**匠.①

① 疾과 亮의 반절이다. 제10部에 있다.
疾亮切. 十部.

## 03-026-0954  (⿺走叡)〔달리는 모양/**순**〕

'달리는 모양'이다. 走를 따르고 **叡**(예)가 소리이다. 紃(순)과 같이 읽는다.

**走**皃.① **从走, 叡聲. 讀若**紃.②

① 보통 걸음보다 빨리 걷는 것이다.
走疾於行.

② 詳과 遵의 반절이다. 제13部에 있다. 살펴보건대, 이 글자는 지금 표제자가 ⿺走叡으로 되어 있고, "叡가 소리이다."라고 해설하였다. 溝叡(구학)의 叡을 郝(학)과 같이 읽는데, 韻部가 나뉘어 의미가 아주 멀어진 것이다.[21] ≪廣韻≫ 18 諄에 ⿺走叡으로 되어 있는 것에 의거하면, 玉部의 '璿·⿱叡玉'과 동일한 諧聲에서 韻을 취한 것이다. 詳과 遵의 반절인 〈⿺走叡과〉 似와 沿의 반절인 〈璿이〉 제13部와 제14部로 나누어져 있지만 매우 가깝다. ≪玉篇≫에서도 ⿺走叡으로 되어 있고 祀와 傳의 반절이라고 하였으므로, 지금 바로잡았다.
詳遵切. 十三部. 按此字今篆作⿺走叡, 說云"叡聲." 溝叡字讀若郝, 部分絕遠. 依廣韻十八諄作⿺走叡, 則與玉部璿⿱叡玉字同一諧聲取韻. 詳遵與似沿分十三十四部, 而取近也. 玉篇亦作⿺走叡, 祀傳切, 今改正.

## 03-026-0955  (⿺走薊)〔달리려 할/**결**〕

'달리려 함'이다. 走를 따르고 薊(계)가 소리이다. 髽結(좌결)의 結(결)과 같이 읽는다.

---

21) 溝叡(구학)의……것이다 : ≪설문해자≫ 奴部에 "叡은 '도랑'이다. 奴를 따르고 谷을 따랐다. 郝과 같이 읽는다.〔叡 溝也 从奴从谷 讀若郝〕"라고 하였는데, 段玉裁 注에서 "郝은 呼와 各의 반절이다. 제5部에 있다."라고 하였다. 즉 郝의 소리가 제13部의 '선'과 제5部의 '학'으로 나뉘어 서로 멀어졌다는 것이다.

**走意.**① **从走, 薊聲. 讀若髻結之結.**②

① ≪廣韻≫에서 '달리는 모양'이라고 하였다.
廣韻走皃.

② 結은 지금의 髻(상투/계)이다. ≪儀禮≫〈少牢饋食禮〉, ≪周禮≫〈天官 追師〉, ≪周禮≫〈夏官 弁師〉, ≪禮記≫〈雜記 下〉의 鄭玄 注에서 紒(상투 틀/계)를 쓴 것은 禮經의 今文을 따른 것이다. 許愼이 ≪說文解字≫를 지을 때 髟部에서 結을 네 번 썼는데, 여기서 한번 結을 쓴 것은 禮經의 古文을 따른 것이다. ≪儀禮≫〈士冠禮〉의 "채색 옷을 입고, 상투를 튼다.〔采衣紒〕"에 대해, 鄭玄 注에서 "古文에는 紒가 '結'로 되어 있다."라고 하였다. 許愼이 今文을 따르지 않았기에 糸部에 紒가 없는 것이다. 趌은 古와 屑의 반절이다. 제15部에 있다.
結者, 今之髻字. 鄭注經少牢饋食・追師・弁師・雜記用紒字, 从禮今文也. 許造說文髟部四用結字, 此一用結字, 从禮古文也. 士冠禮"采衣紒注"云 "古文紒爲結." 許不从今文, 故糸部無紒. 趌, 古屑切. 十五部.

## 03-026-0956 (趣)〔달리려 할/균〕

'달리려 하다'이다. 走를 따르고 囷(균)이 소리이다.

**走意.**① **从走, 囷聲.**②

① ≪廣韻≫에 '달리는 모양'이라고 하였다.
廣韻走皃.

② 丘와 忿의 반절이다. 제13部에 있다.
丘忿切. 十三部.

## 03-026-0957 (趖)〔달리려 할/좌〕

'달리려 하다'이다. 走를 따르고 坐(좌)가 소리이다.

**走意.**① **从走, 坐聲.**②

①〈花間詞〉[22]에서 "두구꽃 사이로 夕陽이 기우네."라고 하였다. 지금 도성 사람들은 해

22) 花間詞 : 後蜀 歐陽炯의 〈南鄉子〉를 가리킨다.

가 기우는 것을 '晌午趖(상오좌)'라고 한다.

花間詞曰, "荳蔻花間趖晚日." 今京師人謂日昳爲晌午趖.

② 蘇와 和의 반절이다. 제17部에 있다.

蘇和切. 十七部.

## 03-026-0958  (越憲)〔달리려 할/헌〕

'달리려 하다'이다. 走를 따르고 憲(헌)이 소리이다.

走意.① 从走, 憲聲.②

① 〈石鼓詩〉[23]에서 "풀풀 나는 먼지들"이라고 하였다.

石鼓詩"越憲越憲𧾍𧾍."

② 許와 建의 반절이다. 제14部에 있다.

許建切. 十四部.

## 03-026-0959  (䟍)〔달리려 할/변〕

'달리려 하다'이다. 走를 따르고 臱(면·변)이 소리이다.

走意. 从走, 臱聲.①

① 布와 賢의 반절이다. 제12部에 있다. 살펴보건대, 徐鍇本에는 '臱의 생략형이 소리이다'라고 하였는데, 표제자는 생략하지 않았다.

布賢切. 十二部. 按鍇本作臱省聲, 而其篆文不省.

## 03-026-0960 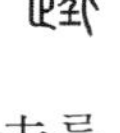 (趨)〔달릴/질〕

'달리다'이다. 走를 따르고 戴(질)이 소리이다. ≪詩經≫ 〈大雅 假樂〉에 "위의가 질서정연하다.〔威儀秩秩〕"[24]의 秩(질)과 같이 읽는다.

---

23) 石鼓詩 : 石鼓는 東周시대에 만들어진 북모양의 돌이며, 거기에 작가 미상의 10수의 시가 새겨져 있다. 중국 9대 보물 가운데 하나이다. 본문에 인용된 내용은 제1수에 해당한다.

24) 威儀秩秩 : ≪詩經≫ 〈大雅 假樂〉의 "威儀抑抑 德音秩秩" 두 구를 하나로 묶어 잘못 합쳐 인용하였다.

**走也. 从走, 戴聲. 讀若詩 "威儀秩秩."**①

① 이 句는 ≪詩經≫ 〈大雅 假樂〉의 "위의가 아름답고 덕이 맑다.〔威儀抑抑 德音秩秩〕"를 일컬은 것인데, 잘못 두 句를 합쳐 한 句로 만든 것으로, "東方昌矣", "昆夷呬矣" 경우도 마찬가지이다.[25] "秩秩"은 李仁甫本[26]에 "祑祑"로 되어 있다. ≪儀禮≫ 〈少牢饋食禮〉의 "폐지하지 말고 길이 하라.〔勿替引之〕"에 대해, 鄭玄 注에서 "古文에는 替가 秩로 되어 있고, 秩은 간혹 戴로 되어 있다."라고 하였으니, 𧾷戴을 '秩과 같이 읽는다'는 것과 유사하다. 直과 質의 반절이다. 〈戴이 있는〉 제11部와 〈失이 있는〉 제12部가 合韻이 되는 것은 가장 가깝다.
此偁假樂"威儀抑抑, 德音秩秩." 誤合二句爲一. 如"東方昌矣", "昆夷呬矣"亦然也. "秩秩", 李仁甫本作"祑祑". 少牢饋食禮注曰, "古文替爲秩. 秩或爲戴." 與𧾷戴讀如秩相似. 直質切. 十一・十二部合韻冣近.

## 03-026-0961  (趙) 〔달릴/유〕

'달리다'이다. 走를 따르고 有(유)가 소리이다. 又(우)와 같이 읽는다.

**走也.**① **从走, 有聲. 讀若又.**②

① ≪玉篇≫과 ≪廣韻≫에는 모두 "달리는 모양이다.〔走皃〕"로 되어 있다.
篇・韻皆作"走皃".

② 於와 救의 반절이다. 古音은 제1部에 있다.
於救切. 古音在一部.

## 03-026-0962  (䞁) 〔달리는 것이 가벼울/오〕

'달리는 것이 가볍다'이다. 走를 따르고 烏(오)가 소리이다. 鄔(오)와 같이 읽는다.

**走輕也. 从走, 烏聲. 讀若鄔.**①

① 安과 古의 반절이다. 제5部에 있다.
安古切. 五部.

---

25) 東方昌矣……마찬가지이다 : ≪說文≫ 日部의 昌과 口部의 呬에 대한 許愼의 해설을 참조.
26) 李仁甫本 : 宋나라 학자 李燾(1115~1184)의 ≪說文解字五音韻譜≫를 가리킨다. 仁甫는 李燾의 字이다.

### 03-026-0963  (趯) 〔달리며 돌아보는 모양/**구**〕

'달리며 돌아보는 모양'이다. 走를 따르고 瞿(구)가 소리이다. 劬(구)와 같이 읽는다.

**走顧**皃. **从走, 瞿聲.**① **讀若**劬.②

① 이 글자는 형성이면서 회의를 포함하고 있다. 瞿는 매와 새매의 눈매이다.[27] ≪禮記≫ 〈雜記 下〉에서 "선친과 닮은 사람을 보면 눈이 휘둥그레진다."라고 하였다.
此形聲包會意. 瞿, 鷹隼之視也. 記曰, "見似目瞿."

② 其와 俱의 반절이다. 제5부에 있다.
其俱切. 五部.

### 03-026-0964  (䞿) 〔달리는 모양/**건 · 헌**〕

'달리는 모양'이다. 走를 따르고 寒의 생략형이 소리이다.

走皃. **从走, 寒省聲.**①

① 지금 판본에는 寒이 蹇으로 되어 있는데, 이는 잘못이다. ≪玉篇≫과 ≪廣韻≫에는 모두 丘와 言, 虛와 言 두 개의 반절이라고 하였다. 徐鉉은 "九와 輦의 반절이다."라고 하였다.
今本寒作蹇, 誤. 篇·韻皆丘言·虛言二切. 鉉云 "九輦切."

### 03-026-0965  (𧺝) 〔의심하여 머뭇거리며 떠날/**재**〕

'의심하여 머뭇거리며 떠나다'이다. 走를 따르고 才(재)가 소리이다.

**疑之等**𧺝**而去也.**① **从走, 才聲.**②

① 等(대)는 䨻(대)와 같이 읽는다. 等𧺝는 疊韻字인데 머뭇거리는 모양이며, 의심하기 때문에 머뭇거리며 떠나는 것이다. 等은 之·止韻에 있었는데, 音이 변하여 咍·海의 韻으로 들어갔고, 음이 拯·等의 韻으로 들어갔다.

---

27) 瞿는……눈매이다 : ≪說文≫ 4편上 瞿에 대한 許愼의 해설에 "새와 새매의 눈매이다.〔鷹隼之視也〕"라고 하였는데, 이에 대해 段玉裁는 "새와 새매의 눈매임을 알겠다.〔知爲鷹隼之視者〕"라고 하여, 瞿에 매가 노려보는 것임을 인지하고, '휘둥그레지다'는 뜻이 있음을 암시하였다.

等, 讀若饕. 等赵疊韻字, 濡滯之皃, 疑之故等赵而去. 等在之止韻, 音變入咍海韻, 音轉入拯等韻.

② 倉과 才의 반절이다. 제1部에 있다.
倉才切. 一部.

## 03-026-0966 (赳)〔물 얕은 나루/차〕

'물이 얕은 나루'이다. 走를 따르고 此(차)가 소리이다.

**淺渡也. 从走, 此聲.**①

① 雌와 氏의 반절이다. 제15部와 제16部에 있다.
雌氏切. 十五・十六部.

## 03-026-0967 (赹)〔홀로 갈/경〕

'홀로 가다'이다. 走를 따르고 勻(균)이 소리이다. 焭(경)과 같이 읽는다.

**獨行也.**① **从走, 勻聲. 讀若焭.**②

① ≪詩經≫ 〈唐風 杕杜〉에서 "의지하는 사람 없이 홀로 가도다."라고 하였는데, 毛亨 傳에서 "焭焭은 '의지할 데가 없는 것'이다."라고 하였다. 焭聲과 勻聲이 合韻된 것은 가장 가깝기 때문이며, 그러므로 焭과 赹이 뜻이 같은 것이다.
唐風 "獨行焭焭." 毛曰, "焭焭, 無所依也." 焭聲勻聲合音冣近, 故焭赹同義.

② 渠와 營의 반절이다. 제11部에 있다. 勻聲은 옛날에 제12部에 있었다.
渠營切. 十一部. 勻聲古在十二部.

## 03-026-0968 (趣)〔편히 걸을/여〕

'편하게 걷다'이다. 走를 따르고 與(여)가 소리이다.

**安行也.**① **从走, 與聲.**②

① ≪廣韻≫ 九魚 趣에서 "趣趣는 '편안히 걷는 모양'이다."라고 하였다. 살펴보건대, ≪說文≫ 欠部에서 "歟는 '기운이 편안한 것'이다."라고 하고, 心部에서 "懇는 '빠른 걸음이

편안한 것'이다."라고 하며, 馬部에서 "䮾는 '말이 편안히 빨리 걷는 것'이다."라고 하였다. ≪論語≫〈鄕黨〉에서 "威儀가 알맞다.〔與與如也〕"라고 하고,[28] ≪漢書≫〈敍傳 下〉에서 "長倩은 걸음걸이가 편안하다.〔懊懊〕"라고 하였다.

廣韻九魚"趣趣, 安行皃." 按欠部"歟, 安氣也." 心部"懙, 趣步懙懙也." 馬部"䮾, 馬行徐而疾也." 論語曰, "與與如也." 漢書"長倩懊懊."

② 余와 呂의 반절이다. 제5部에 있다.

余呂切. 五部.

## 03-026-0969 (起)〔일어설/기〕 補 【重文 1】

'일어설 수 있다'이다. 走를 따르고 巳(사)가 소리이다. (迟)는 起의 古文이다. 辵을 따랐다.

**能立也.**① 从走, **巳聲.**② , **古文起.** 从辵.

① 起는 본래 '걷기를 시작함'이었는데, 인신되어 '서다'가 되고 또 인신되어 '일을 시작하다'가 된 것이니, 모두 '興作(진행, 착수)'을 의미한다.

起本發步之偁, 引伸之訓爲立, 又引伸之爲凡始事, 凡興作之偁.

② ≪五經文字≫에서 "辰巳의 巳를 따랐다."고 한 것이 옳고, ≪字鑒≫[29]에서 "戊己의 己를 따랐다."라고 한 것은 잘못이다. 墟와 里의 반절이다. 제15部에 있다.

五經文字云 "从辰巳之巳."是, 字鑒"从戊己之己."非也. 墟里切. 十五部.

## 03-026-0970 (趩)〔머무를/해〕

'머무르다'이다. 走를 따르고 里(리)가 소리이다. '어린아이가 웃다〔咳〕'의 咳(해)와 같이 읽는다.

**留意也.** 从走, **里聲. 讀若小兒咳.**①

① 咳는 지금 판본에 孩로 되어 있는데 잘못이다. 許愼은 小篆〈咳를〉 썼다.[30] 戶와 來의

28) 論語……하고 : 단옥재는 ≪論語≫〈鄕黨〉의 '與與'를 가차하여 '懙懙'와 '歟歟'의 뜻으로 이해하였다.

29) 字鑒 : 元나라 李文仲(?~?)이 지은 字書로, 모두 5권이다.

30) 許愼은……썼다 : ≪說文≫ 口部에 "咳는 '어린아이가 웃는 것'이다. 口를 따르고 亥가 소

반절이다. 제1部에 있다.
咳, 今本作孩, 誤. 許用小篆也. 戶來切. 一部.

## 03-026-0971  (趫)〔걸을/흉〕

'걷다'이다. 走를 따르고 臭(취)가 소리이다.

**行也.**① **从走, 臭聲.**②

① ≪廣韻≫ 一, 送에 "趬趫(몽흉)은 '지쳐서 걷는 모양'이다."라고 하였다. 司馬相如의 ≪大人賦≫에서 螭龍과 蚴龍에 대해 "머리를 내두르며〔沛艾〕 목을 길게 늘여 빼고 고개를 숙였다 들었다 하며〔赳螑(규후)〕, 머리를 쳐들고 앞으로 나아가지 못하네."라고 하였는데, 張揖[31]은 "赳螑는 목을 길게 늘여 빼고 고개를 숙였다 들었다 하는 것이다."라고 하였다. 살펴보건대, '赳螑'는 '趬趫'과 같다.
廣韻一送曰, "趬趫, 疲行皃." 大人賦說螭虯"沛艾赳螑, 仡以佁儗兮." 張揖曰, "赳螑, 申頸低卬也." 按赳螑猶趬趫.

② 香과 仲의 반절이다. 古音은 제3部에 있다.
香仲切. 古音在三部.

## 03-026-0972  (趛)〔머리 숙여 빨리 걸을/음〕補

'머리를 숙이고 빨리 걷다'이다. 走를 따르고 金(금)이 소리이다.

**低頭疾行也. 从走, 金聲.**①

① 牛와 錦의 반절이다. 제7部에 있다.
牛錦切. 七部.

## 03-026-0973  (趌)〔성내어 달릴/길〕

趌趨(길갈)이니, '성내어 달리다'이다. 走를 따르고 吉(길)이 소리이다.

---

리이다. 孩는 古文의 咳로, 子를 따랐다.〔咳 小兒笑也 从口亥聲 孩古文咳 从子〕"라고 하였다.

31) 張揖 : ?~?. 삼국시대 魏나라의 훈고학자로, 자는 稚讓이다. 저서로 ≪廣雅≫, ≪埤蒼≫, ≪三倉訓詁≫, ≪古今字詁≫ 등이 있다.

**趌趨,**① **怒走也. 从走, 吉聲.**②

① 句讀이다.
逗.
② 去와 吉의 반절이다. 제12部에 있다.
去吉切. 十二部.

## 03-026-0974  (趨) 〔성내어 달릴/갈〕

'성내어 달리다'이다. 走를 따르고 曷(갈)이 소리이다.

**趌趨也.**① **从走, 曷聲.**②

① 대체로 다른 韻部인데 疊韻되는 경우는 반드시 韻部가 비교적 서로 가까운 것이다.
凡異部疊韻, 必部分相近.
② 居와 謁의 반절이다. 제15部에 있다.
居謁切. 十五部.

## 03-026-0975  (趯) 〔빠를/훤〕

'빠르다'이다. 走를 따르고 睘(환)이 소리이다. 讙(훤)과 같이 읽는다.

**疾也.**① **从走, 睘聲. 讀若讙.**②

① ≪詩經≫ 〈齊風 還〉에 "그대의 재빠름이여!〔子之還兮〕"라고 하였는데, 毛亨 傳에 "還은 '재빠른 모양'이다."라고 하였다. 살펴보건대, 毛亨은 還을 趯의 假借字로 여긴 것이다. 어쩌면 毛亨과 許愼이 근거한 ≪詩經≫에는 본래 趯으로 되어 있을 수 있다.
齊風"子之還兮." 毛曰, "還, 便捷之皃." 按毛以還爲趯之假借也. 或毛·許所據詩本作趯.
② 況과 袁의 반절이다. 제14部에 있다.
況袁切. 十四部.

## 03-026-0976  (趫) 〔곧바로 걸을/흘〕

'곧바로 걷다'이다. 走를 따르고 乞(걸)이 소리이다.

**直行也. 从走乞聲.** ①

① 魚와 訖의 반절이다. 제15部에 있다.
魚訖切. 十五部.

## 03-026-0977  (趩)〔날개를 편 듯 빨리 걸을/**익**〕

'빠른 걸음으로 걷되 새가 날개를 편 듯하다'이다. 走를 따르고 翼(익)이 소리이다.

**趨進趩如也.** ①[32] **从走, 翼聲.** ②

① 經文만 인용하고 글자의 뜻을 풀이하지 않은 경우가 있으니, 예컨대 ≪論語≫ 〈鄕黨〉의 "새가 날개를 펴듯이 달려 나아가다."와 ≪詩經≫ 〈大雅 板〉의 "말을 온화하게 하다."와 "갖옷은 옷자락을 길게 하되 오른쪽 소매를 짧게 하다.〔紝衣長短右袂〕"[33]와 같은 경우가 그것이다. 그 밖에 ≪논어≫ 〈향당〉의 "낯빛을 변하다.〔色艴如也〕[34]"도 있고, "발걸음을 조심하다.〔足躩如也〕"도 있다.
有但引經文不釋字義者, 如此及"詞之斟矣"·"紝衣長短右袂"是也. 又"色艴如也", 又"足躩如也".
② 與와 職의 반절이다. 제1部에 있다.
與職切. 一部.

## 03-026-0978  (赽)〔밟을/**결**〕

'밟다'이다. 走를 따르고 夬(결)이 소리이다.

**踶也.** ① **从走, 夬聲.** ②

① 足部에 "踶는 '躛'이다."라고 하였다. 살펴보건대, 踶는 '밟는 것'이다.
足部曰, "踶, 躛也." 按踶, 蹋也.
② 각 판본에는 "決의 생략형이 소리이다."으로 되어 있는데, 잘못이다. 古와 穴의 반절이다. 제15部에 있다.
各本作"決省聲", 非. 古穴切. 十五部.

---

32) 趨進趩如也 : 今本 ≪論語≫에는 '趩'이 '翼'으로 되어 있다.
33) 紝衣長短右袂 : 今本 ≪논어≫에는 '紝衣'가 '褻裘'로 되어 있다.
34) 色艴如也 : 今本 ≪논어≫에는 '艴'이 '勃'로 되어 있다.

## 03-026-0979  (趩)〔걷는 소리/칙〕

'걷는 소리'이다. 走를 따르고 異(이)가 소리이다. 敕(칙)과 같이 읽는다.

**行聲也.**① 从走, **異聲. 讀若敕.**②

①〈石鼓詩〉에 "그가 걸어온다."라고 하였다.
石鼓詩"其來趩趩."

② 醜와 亦의 반절이다. 제1部에 있다. 일설에는 "앞으로 나가지 않는 모양이다."라고 하였다. 살펴보건대, 趩이 徐鍇本에는 部의 끝에 있었으니, 이는 趩・趩이 본래 한 글자인데 두 글자로 여긴 때문인 듯하니, 水部의 潩・瀷의 경우와 같다.
醜亦切. 一部. 一曰"不行皃." 按趩字鍇本在部末, 疑趩趩本一字而二之, 如水部之潩瀷也.

## 03-026-0980  (趆)〔빨리 걸을/저〕

'빨리 걷다'이다. 走를 따르고 氐(저)가 소리이다.

**趨也.**① 从走, **氐聲.**②

① ≪玉篇≫에 "'달리는 모양'이다."라고 하였다. ≪廣韻≫에 "'종종걸음으로 걷는 모양'이다."라고 하였다.
玉篇"走皃." 廣韻"趨走皃."

② 都와 禮의 반절이다. 제15部에 있다. ≪玉篇≫과 ≪廣韻≫에서는 모두 去聲이라고 하였다.
都禮切. 十五部. 篇・韻皆去聲.

## 03-026-0981  (趍)〔천천히 걸을/치〕

**趍趙**이니, '천천히 걷다'이다. 走를 따르고 多(다)가 소리이다.

**趍趙,**① 夊也.② 从走, **多聲.**③

① 두 글자가 한 구이다.
二字句.

② 夊(쇠)는 '발꿈치를 끌며 천천히 걷는 것'이다. 〈夊는〉 楚와 危의 반절이다. 각 판본에는

모두 夂로 잘못되어 있는데, ≪玉篇≫과 ≪廣韻≫에는 잘못되지 않았다. 趍와 趙는 雙聲字이니, 峙(치)와 躇(저), 篙(주)와 箸, 蹢(척)과 躅(촉)과 함께 모두 雙聲 轉語[35]이다.
夊, 行遲曳夊夊也. 楚危切. 各本皆訛夂. 玉篇·廣韻不誤. 趍趙雙聲字, 與峙躇·篙箸·蹢躅字, 皆爲雙聲轉語.

③ 直과 離의 반절이다. 古音은 제17部에 있다.
直離切. 古音在十七部.

## 03-026-0982  (趙)〔천천히 걸을/초〕補

'천천히 걷다'이다. 走를 따르고 肖(초)가 소리이다.

**趍趙也. 从走, 肖聲.**①

① 治와 小의 반절이다.
治小切.

## 03-026-0983  (赾)〔걷기 어려울/근〕

'걷기가 어렵다'이다. 走를 따르고 斤(근)이 소리이다. 堇(근)과 같이 읽는다.

**行難也.**① **从走, 斤聲. 讀若**堇.②

① ≪廣雅≫〈釋詁〉에 "赾은 '어렵다'이다."라고 하였다. 살펴보건대, 지금 '靳固'의 靳은 여기의 赾으로 써야 한다.
廣雅"赾, 難也." 按今靳固字當作此赾字.

② 丘와 堇의 반절이다. 제13部에 있다.
丘堇切. 十三部.

## 03-026-0984  (趨)〔달리려 할/귤〕

'달리려 하다'이다. 走를 따르고 敻(형)이 소리이다. 繘(귤)과 같이 읽는다.

**走意也. 从走, 敻聲. 讀若**繘.①

---

35) 轉語 : 훈고학 용어로, 때나 장소가 다르거나 혹은 그밖의 원인으로 音이 轉變되는 詞를 이른다.

① 居와 聿의 반절이다. 제15部에 있다. 夐의 古音은 제14部에 있는데, 合韻되는 것은 가장 가깝기 때문이다. 그러므로 觼(결)·鐍(결)도 같은 글자이다.

居聿切. 十五部. 夐古音在十四部, 合音冣近, 故觼鐍亦同字.

## 03-026-0985  (趠)〔멀리 갈/탁〕補

'멀리 가다'이다. 走를 따르고 卓(탁)이 소리이다.

**遠也.**[①] **从走, 卓聲.**[②]

① 辵部에 "逴은 '먼 것'이다."라고 하였는데, 〈趠과〉 音義가 같다. 司馬相如의 〈上林賦〉에 "늘어진 나뭇가지 잡고, 나뭇가지 성긴 곳을 훌쩍 뛰어넘는다.〔逴〕"라고 하였는데, 玄應이 ≪一切經音義≫에서 인용한 것도 이와 같다. ≪史記≫ 〈司馬相如列傳〉에는 〈逴이〉 '踔'으로 되어 있는데, 郭璞 注에 "踔은 '멀리 던지다〔懸擿〕'이다."라고 하였다. 左思의 〈吳都賦〉에 "검은원숭이·날다람쥐·긴꼬리원숭이는 높이 날아 넘는다.〔騰趠〕"라고 하였다. 살펴보건대, 許愼이 "'遠'이라고 한 것은 '높이 날아올라 먼 곳에 이르다'이다." 라고 하였다.

辵部曰, "逴, 遠也." 音義同. 上林賦"捷垂條, 逴希間." 玄應引如是. 史記作踔, 郭璞曰, "踔, 懸擿也." 吳都賦"狖鼯猓然, 騰趠飛超." 按許云 "遠者, 騰擲所到遠也."

② 敕과 角의 반절이다. 李善은 吐와 敎의 반절이라고 하였다. 지금 俗語에서는 〈소리를〉 綽과 같이 한다. 제2部에 있다.

敕角切. 李善吐敎切. 今俗語如綽. 二部.

## 03-026-0986  (趯)〔걷는 모양/약〕

'걷는 모양'이다. 走를 따르고 龠(약)이 소리이다.

**趠趯也.**[①] **从走, 龠聲.**[②]

① 세 글자(趠趯也)가 한 구이다. 趠과 趯은 疊韻字이다. ≪廣韻≫에 "趠趯은 '걷는 모양'이다."라고 하였다. ≪方言≫에 "躍은 '걷는 것'이다."라고 하였는데, 躍은 바로 '趯'이다.

三字一句. 趠趯疊韻字. 廣韻"趠趯, 行皃." 方言"躍, 行也." 躍卽趯字.

② 以와 灼의 반절이다. 제2部에 있다.

以灼切. 二部.

## 03-026-0987 (趪)〔큰 보폭으로 걸을/**곽**〕

'큰 보폭으로 걷다'이다. 走를 따르고 矍(확)이 소리이다.

**大步也. 从走, 矍聲.**①

① 丘와 縛의 반절이다. 제5部에 있다.
丘縛切. 五部.

## 03-026-0988 (趩)〔뛰어날/**체**〕

'뛰어나다'이다. 走를 따르고 契(계)가 소리이다.

**超特也.**① **从走, 契聲.**②

① ≪廣韻≫에 "趩는 '跇(예)'와 같다."라고 하였다. 살펴보건대, 足部에 '跇'자가 있는데 〈그 뜻은〉 '逑'이다. 逑은 '넘다〔踰〕'이다. ≪漢書≫〈禮樂志〉에 "〈天馬의〉 품새는 얌전하지만 만 리를 뛰어넘는다.〔泄〕"라고 하였다. 泄은 迾이다.[36] 그 뜻에 차이가 있지만,[37] ≪史記≫〈樂書〉에는 〈泄가〉 跇로 되어 있다. 〈吳都賦〉에는 "대나무와 잣나무를 넘어간다.〔跇踰〕"라고 하였는데, 李善이 인용한 ≪漢書≫ 如淳 注에는 "跇는 '뛰어넘다〔超踰〕'이고, 恥와 曳의 반절이다."라고 하였으니, 趩와 跇는 音義가 같은 것이다.
廣韻曰, "趩同跇." 按足部有跇字, 逑也. 逑, 踰也. 禮樂志"體容與, 泄萬里." 泄, 迾也. 於義隔. 史記樂書作跇. 吳都賦"跇踰竹柏." 李善引如淳曰, "跇, 超踰也. 恥曳切." 趩與跇音義同.

② 丑과 例의 반절이다. 제15部에 있다.
丑例切. 十五部.

## 03-026-0989 (趪)〔달릴/**기**〕

'달리다'이다. 走를 따르고 幾(기)가 소리이다.

---

36) 泄은 迾이다 : ≪說文≫ 辵部의 泄에 "泄 迾也"라고 한 것처럼, 段玉裁는 泄에 迾(가로막을/렬)의 뜻이 있지만, "泄萬里"의 泄는 趩(뛰어넘을/체)를 가차했다는 의미로 이 말을 쓴 것이다. 참고로 ≪集韻≫과 ≪玉篇≫를 보면, 泄에는 '가로막을/렬'의 뜻과 발음도 있고, '뛰어넘을/체'의 뜻과 발음도 있다.

37) 뜻에……있지만 : ≪漢書≫〈禮樂志〉에 "품성은 얌전하지만〔體容與〕"이 ≪史記≫〈樂書〉에는 "달리는 모습〔騁容與〕"으로 되어 있음을 말한다.

**走也. 从走, 幾聲.**①

① 居와 衣의 반절이다. 제15部에 있다.
居衣切. 十五部.

## 03-026-0990  (䟕) 〔달릴/불〕

'달리다'이다. 走를 따르고 弗(불)이 소리이다.

**走也.**① **从走弗聲.**②

① ≪玉篇≫과 ≪廣韻≫에 모두 趩로 되어 있고, "달리는 모양이다."라고 하였다.
篇・韻皆作趩, 云 "走皃."

② 敷와 勿의 반절이다. 제15部에 있다.
敷勿切. 十五部.

## 03-026-0991  (趫) 〔미친 듯 달릴/율〕

'미친 듯 달리다'이다. 走를 따르고 矞(율)이 소리이다.

**狂走也.**① **从走矞聲.**②

① 張衡의 〈東京賦〉에 "魑魅(도깨비/이매)를 없애고, 獝狂을 벤다."라고 하였는데, 薛綜[38] 注에 "獝狂은 '악하고 사나운 귀신'이다."라고 하였다. 살펴보건대, 獝은 '趫'이 되어야 한다.
東京賦"捎魑魅, 斮獝狂." 薛曰, "獝狂, 恶戾之鬼." 按獝當作趫.

② 余와 律의 반절이다. 제15部에 있다. ≪廣韻≫에 '趫은 趨과 같다.'라고 하였다.
余律切. 十五部. 廣韻趫同趨.

## 03-026-0992  (趧) 〔느리게 걸을/만〕

'느리게 걷다'이다. 走를 따르고 曼(만)이 소리이다.

---

38) 薛綜 : 176~243. 字가 敬文이며 沛郡 竹邑縣(지금의 안휘성 濉溪縣) 사람이다. 三國시대 吳나라의 大儒이자 名臣으로 半州長史・尙書僕射・太子少傅 등을 역임하였다. 詩와 賦 등 많은 글들이 ≪私載≫에 수록되어 있으며, ≪五宗圖述≫과 ≪二京解≫ 등을 지었다.

**行遲也.**① **从走, 曼聲.**②

① 지금 사람들은 '慢'자와 통용한다.
今人通用慢字.

② 莫과 還의 반절이다. 제14部에 있다.
莫還切. 十四部.

## 03-026-0993  (趉) 〔달릴/굴〕

'달리다'이다. 走를 따르고 出(출)이 소리이다. "꼬리가 없는 것이 '屈'이다."라고 할 때의 屈(굴)과 같이 읽는다.

**走也.**① **从走, 出聲. 讀若無尾之屈.**②

① ≪玉篇≫에 "병졸이 일어나 달리는 것이다."라고 하였다. 살펴보건대, 지금 俗語에 이 말이 있다.
玉篇曰, "卒起走也." 按今俗語有之.

② 尾部에 "屈은 '꼬리가 없는 것'이다."라고 하였다. ≪淮南子≫〈原道訓〉〈"用不屈兮"의〉 高誘 注에 "屈은 '가을 닭이 꼬리가 짧아져〔尾屈〕 없어졌다.'라고 할 때의 屈과 같이 읽는다."라고 하였다. ≪方言≫의 '隆屈'에 대한 郭璞 注에서 音을 '尾屈'이라고 하였다. 瞿와 勿의 반절이다. 제15部에 있다.
尾部曰, "屈, 無尾也." 高注淮南云 "屈, 讀如秋雞無尾屈之屈." 方言隆屈, 郭音(屈尾)〔尾屈〕.[39] 瞿勿切. 十五部.

## 03-026-0994  (趜) 〔추궁할/국〕

'추궁하다'이다. 走를 따르고 匊(국)이 소리이다.

**窮也.**① **从走, 匊聲.**②

① ≪詩經≫의 毛亨 傳에 "鞫은 '조사하여 캐묻다〔窮〕'이다."라고 하였다. ≪說文≫에 "竆은 '窮'이다.[40] 簕은 '죄인을 추궁하여 다스리다〔窮治〕'이다."라고 하였다. 모두 雙聲 疊

39) (屈尾)〔尾屈〕: 저본에는 '屈尾'로 되어 있으나, ≪方言≫ 권9에 의거하여 '尾屈'로 바로잡았다.

韻[41]에서 의미를 찾은 것이다. ≪廣韻≫에 "趜은 '사람을 곤궁하게 하는 것'이다."라고 하였다.

毛傳"鞫, 窮也." 說文"竆, 窮也. 簕, 窮治辠人也." 皆於雙聲疊韻求之. 廣韻曰, "趜, 困人也."

② 居와 六의 반절이다. ≪廣韻≫에 '또 巨와 竹의 반절'이라고 하였다. 제3部에 있다.

居六切. 廣韻又巨竹切. 三部.

## 03-026-0995  (趑) 〔머뭇거릴/자〕

趑趄(자저)이니, '머뭇거리다'이다. 走를 따르고 次(차)가 소리이다.

**趑趄,① 行不進也.② 从走, 次聲.③**

① 句讀이다.

逗.

② ≪周易≫ 夬卦 九四爻辭에 "그가 발걸음을 머뭇거린다.〔次且〕"라고 하였는데, 이에 대한 ≪經傳釋文≫ 〈周易音義〉 夬卦에 "次는 판본에 따라 '趑'로도 되어 있고, '跌'로도 되어 있다. 馬融은 '뒷걸음질 치고 나아가지 못하는 것이다.'라고 하였다. 且는 판본에 따라 '趄'로도 되어 있고, '跙'로도 되어 있다. 馬融은 '어조사이다.〔語助〕'라고 하였다. 王肅은 '趑趄는 「행동거지에 장애가 있는 것」이다.'라고 하였다."라고 하였다.

살펴보건대, 馬融이 "卻行不前"이라고 한 것은 次의 本字에서 그 뜻을 얻은 것이다. "語助"라고 말한 것은 ≪詩經≫ 〈鄭風 山有扶蘇〉의 毛亨 傳에 "且는 어조사이다."라고 한 것을 이른다. 馬融과 鄭玄이 동일하게 ≪費氏易≫[42]을 인용하였으나, 馬融이 '次'로 쓰고 鄭玄이 '趑'로 쓴 것이 서로 다르다. 趑는 나중에 나온 俗字이고, 趄도 趑로 인하여 〈且에〉 走 편방을 더한 것이다. 許愼은 단연코 기록하지 않았지만, 徐鉉 이전에도 이미 趑가 있었으므로 "趑趄"라고 注를 단 것이다. 徐鉉은 이로 인해, 趄의 篆文을 보충하고 19개의 글자[43] 중의 하나로 삼았다. 지금 이 내용을 모두 보존해 두었으니 학문을 좋아하는 자는 깊이 생각해보길 기대한다.

易"其行次且." 釋文"次, 本亦作趑, 或作跌. 馬云 '卻行不前也.' 且, 本亦作趄, 或作跙. 馬

---

40) 竆은 窮이다 : ≪說文≫ 穴部 '竆'자의 해설 참조.

41) 雙聲 疊韻 : 趜, 竆, 簕은 雙聲 疊韻이다.

42) 費氏易 : 西漢의 費直이 傳授한 ≪易≫을 가리킨다. 이 ≪易≫의 글자가 모두 古文으로 되어 있어 '古文易'이라고도 한다.

43) 19개의 글자 : ≪說文≫에서 빠진 글자를 徐鉉이 여러 部에 함께 기록했다는 19개 글자를 가리킨다. 19개의 글자는 詔·志·件·借·魋·綦·剔·㸑·醆·趄·顃·璵·瘤·槸·緻·笑·迓·睆·峯이다.(≪說文≫ 15篇, 徐鉉의 〈進表〉 참조.)

云 '語助也.' 王肅云 '趑趄, 行止之礙也.'" 按馬云 "郤行不前"者, 於次本字得其義也. 云 "語助"者, (王風)〔鄭風〕[44] 毛傳所云"且, 辭也." 馬・鄭同用費氏易, 而馬次・鄭趑不同. 趑者, 後出俗字. 趄又因趑而加走旁者也. 許斷不錄, 鉉之前已有趑字, 注曰, "趑趄." 鉉因又補趄篆爲十九文之一. 今姑皆存之, 俟好學者湙思焉.

③ 取와 私의 반절이다. 제15部에 있다.
取私切. 十五部.

## 03-026-0996  (趄) 〔머뭇거릴/**저**〕

'머뭇거리다'이다. 走를 따르고 且(저)가 소리이다.

**趑趄也. 从走, 且聲.**①

① 七과 余의 반절이다. 제5部에 있다.
七余切. 五部.

## 03-026-0997  (𧼯) 〔절뚝거리며 걸을/**건**〕

'절뚝거리며 걷다'이다. 走를 따르고 虔(건)이 소리이다. 愆(건)과 같이 읽는다.

**蹇行𧼯𧼯也. 从走, 虔聲. 讀若愆.**①

① 去와 虔의 반절이다. 제14部에 있다.
去虔切. 十四部.

## 03-026-0998  (䞼) 〔허리를 굽히고 걸을/**권**〕 補

'허리를 굽히고 걷다'이다. 走를 따르고 萑(관)이 소리이다. 일설에는 "허리를 굽히고 걷는 모양이다."라고도 한다.

**行䞼趢也.**① **从走, 萑聲.**② **一曰行曲脊**皃.③

① ≪廣韻≫에 "䞼은 '허리를 굽히고 달리는 모양'이다."라고 하였다.

---

44) (王風)〔鄭風〕: 저본에는 '王風'으로 되어 있으나, ≪詩經≫ 〈鄭風 山有扶蘇〉에 의거하여 '鄭風'으로 바로잡았다.

廣韻"趧, 曲走皃."

② 巨와 員의 반절이다. 제14部에 있다.
巨員切. 十四部.

③ ≪玉篇≫에는 〈'行曲脊皃'의〉 '行'자가 없다.
玉篇無行字.

## 03-026-0999  (趢) 〔허리굽혀 종종걸음으로 걸을/**록**〕

'허리를 굽히고 종종걸음으로 걷다'이다. 走를 따르고 录(록)이 소리이다.

**趢趗也.**[①] **从走, 录聲.**[②]

① 張衡의 〈東京賦〉에 "三王의 좁은 국량을 얕보았다."라고 하였는데, 薛綜은 "趢趗(녹촉)은 '국량이 좁은 모양'이다."라고 하였다.
東京賦曰, "狹三王之趢趗." 薛云 "趢趗, 局小皃也."

② 力과 玉의 반절이다. 제3部에 있다.
力玉切. 三部.

## 03-026-1000  (趡) 〔걷는 모양/**준**〕

'발걸음이 빠르다'이다. 走를 따르고 夋(준)이 소리이다.

**行速趡趡也.**[①] **从走夋聲.**[②]

① 徐鍇本에는 "行速趡趡"으로 되어 있는데, "趡趡"은 '발걸음이 빠른 모양'이다. 徐鉉本에 뒤의 趡을 '也'로 고친 것은 잘못이다. 夊部에 "夋(준)은 '빠르게 걷다'[45]이다."라고 하였다. ≪廣雅≫ 〈釋室〉에 "趡은 '달리는 것'이다."라고 하였다. 子와 綏의 반절이다. 지금 판본에는 綏가 繡로 잘못되어 있다.
鍇本"行速趡趡." 趡趡者, 行速皃. 鉉本改下趡爲也字, 非. 夊部曰, "夋, 行夋夋也." 廣雅釋室曰, "趡, 犇也." 子綏反. 今本綏訛繡.

② 七과 倫의 반절이다. 제13部에 있다.
七倫切. 十三部.

45) 빠르게 걷다 : ≪說文≫ 夊部의 "夋 行夋夋也"에 대한 段玉裁 注에 "夋夋은 '걷는 모양'이다.〔夋夋 行皃〕"라고 하였다.

## 03-026-1001 趚(趚)〔겸손하게 옆으로 비켜 걸을/척〕

'겸손하게 옆으로 비켜서 걷다'이다. 走를 따르고 朿(자)가 소리이다. ≪詩經≫ 〈小雅 正月〉에 "땅이 두텁기로소니, 감히 삼가고 두려워하지 않을 수가 없노라."라고 하였다.

**側行也.**① **从走, 朿聲.**② **詩曰, "謂地蓋厚, 不敢不趚."**③

① "側行"은 '삼가고 두려워함'이다.
"側行"者, 謹畏也.

② 資와 昔의 반절이다. 제16部에 있다.
資昔切. 十六部.

③ ≪詩經≫ 〈小雅 正月〉에는 趚이 '蹐'으로 되어 있으며, 이에 대한 毛亨 傳에 "蹐은 '발을 포개고 있는 것'이다."라고 하였다. 足部의 蹐 해설에서는 "不敢不蹐"을 인용하였는데, 이렇게 글자가 다른 것은 대체로 三家詩[46]의 글자가 다르기 때문이다. 朿聲과 脊聲은 동일한 韻部이다.
小雅趚作蹐, 毛曰, "蹐, 累足也." 足部引"不敢不蹐." 此不同者, 蓋三家文異也. 朿聲脊聲同部.

## 03-026-1002 趌(趌)〔반걸음/규〕補

'반걸음'이다. 走를 따르고 圭(규)가 소리이다. 跬(규)와 같이 읽는다.

**半步也.**① **从走圭聲. 讀若跬同.**②

① 지금의 글자는 跬로 쓴다. 司馬法[47]에 "한번 발을 들어 옮기는 것을 '跬'라 하니, 跬는 3尺이다. 두 번 발을 들어 옮기는 것을 '步'라고 하니, 步는 6尺이다."라고 하였다.
今字作跬. 司馬法曰, "一擧足曰跬, 跬三尺. 兩擧足曰步, 步六尺."

② 丘와 弭의 반절이다. 제16部에 있다. "讀若跬同"은 "讀若圭" 세 글자로 써야 하는데, 학식이 얕은 사람이 고친 것이다. ≪漢書≫ 〈息夫躬傳〉에는 '窺'로 되어 있으니, 동일한

46) 三家詩 : 漢나라 때 ≪詩經≫을 注解한 齊나라 轅固生의 ≪齊詩≫, 魯나라 申培의 ≪魯詩≫, 燕나라 韓嬰의 ≪韓詩≫를 가리킨다. 노나라 毛亨의 ≪毛詩≫를 넣어 '四家詩'라고도 한다.

47) 司馬法 : 周代 토지의 經理・兵賦의 징수에 관한 규정이다. 周 文王이 만든 것으로, 토지의 단위와 분배된 토지의 넓이에 따라 징수할 兵馬의 수를 규정한 것이다.(≪通典≫ 〈食貨 田制 上〉)

韻部로 假借한 것이다. ≪禮記≫ 〈祭義〉에는 頃으로 되어 있는데,[48] 다른 韻部로 가차한 것이다. 支韻과 淸韻[49]이 轉移되어 자리가 가까워진 것이다. 荀卿子의 ≪荀子≫ 〈勸學〉에는 跬(반걸음/규)로 되어 있다.[50]

丘弭切. 十六部. "讀若跬同". 當作"讀若圭"三字, 淺人所改也. (伍被傳)〔息夫躬傳〕[51]作窺, 同部假借. 祭義作頃, 異部假借. 支與淸轉移次近也. 荀卿子作跬.

## 03-026-1003  (⿺走虒) 〔경박할/치〕

⿺走虒鷺(치즐)이니, '경박하다'이다. 走를 따르고 虒(치)가 소리이다. 池(지)와 같이 읽는다.

**⿺走虒鷺,① 輕薄也.② 从走虒聲.③ 讀若池.④**

① 句讀이다.
逗.

② ⿺走虒鷺은 周나라와 漢나라 사람들의 말이다.
⿺走虒鷺, 周漢人語.

③ 直과 离의 반절이다. 제16部에 있다.
直离切. 十六部.

④ 〈'讀若池'의 '池'는〉 徐鍇本에는 '地'로 되어 있다.
鍇本作地.

## 03-026-1004  (⿺走咅) 〔넘어질/복〕

'넘어지다'이다. 走를 따르고 咅(부)가 소리이다. 匐(복)과 같이 읽는다.

**僵也.① 从走咅聲. 讀若匐.②**

---

48) 頃으로……있는데 : ≪禮記≫ 〈祭義〉에 "군자는 반걸음과 한 걸음에도 감히 효를 잊지 않는다.〔故君子頃步而不敢忘孝也〕"라고 하였다.

49) 支韻과 淸韻 : 趌와 跬는 支韻으로 ≪六書音韻表≫의 제16部에 속해 있고, 頃은 淸韻으로 제11部에 속해 있다.

50) 跬(반걸음/규)로……있다 : ≪荀子≫ 〈勸學〉에 "반걸음을 쌓지 않으면 천 리에 이르지 못한다.〔故不積跬步 無以至千里〕"라고 하였다.

51) (伍被傳)〔息夫躬傳〕: 저본에는 '伍被傳'으로 되어 있으나, ≪漢書≫에 의거하여 '息夫躬傳'으로 바로잡았다. ≪漢書≫ 권45 〈息夫躬傳〉에 "왼발을 들어 나아가 먼저 대응할 수 있는 자는 없었다.〔未有能窺左足而先應者也〕"라고 하였다.

① 僵은 '넘어지는 것'이다. 이는 足部의 踣(넘어질/북)과 音義가 같은데, 어느 글자가 本字인지 어느 글자가 뒤에 보태진 글자인 지 알 수 없다.
僵, 僨也. 此與足部之踣音義竝同, 未審孰爲本字, 孰爲後增.

② 朋과 北의 반절이다. 제1部에 있다.
朋北切. 一部.

## 03-026-1005  (𧻓)〔저항할/척〕

'저항하다'이다. 走를 따르고 㡿(斥)이 소리이다. 漢令에 "赿張(척장) 100人"이라고 하였다.

**距也.**① **从走, 㡿聲.**② **漢令曰, "赿張百人."**③

① 距는 '歫'가 되어야 한다. ≪說文≫ 止部에 "歫는 '저항하다'이다. 일설에는 '槍(저항할/창)이다.'라고 한다."52)라고 하였다. 살펴보건대, 쇠뇌를 발로 밟고〔蹠弩〕〈쇠뇌의 시위를 당기는 것은〉 받치어 힘을 더하는 것을 위주로 하기 때문에 '赿張'이라 한다.
距當作歫. "歫, 止也. 一曰槍也." 按蹠弩主於歫. 故曰赿張.

② 徐鍇本에서는 "생략형이 소리이다.〔省聲〕"라고 말하지 않았다. ≪五經文字≫53)에는 '㡿(斥)'의 隷書가 생략되어 '厈'으로 되어 있고, '𣵽(泝)'는 ≪字林≫에 '泝'로 되어 있다. ≪九經字樣≫에는 '𡋬(坼)'의 隷書가 생략되어 '坼'으로 되어 있다. 또한 徐鍇本의 '𧦝(訴)'를 徐鉉은 '訴'로 썼다. 여기서 今本에 표제자가 '赿'로 되어 있으므로 "㡿省聲"라고 하는 것이 잘못임을 알 수 있다. 지금 이를 바로잡았다. 車와 者의 반절이다. 古音은 제5部에 있다.
鍇本不曰"省聲". 五經文字, 㡿隸省作厈. 𣵽, 字林作泝. 九經字樣, 𡋬隸省作坼. 又鍇本𧦝, 鉉作訴. 是知今本篆作赿, 云"㡿省聲"非也. 今正. 車者切. 古音在五部.

③ ≪史記≫와 ≪漢書≫의 〈申屠嘉傳〉에 "材官이 발로 쇠뇌를 밟고 시위를 당긴다."라고 하였는데, 如淳은 "材官이 힘이 세, 강한 쇠뇌를 발로 밟고 시위를 당기기 때문에 '蹶

52) 歫는……한다 : ≪說文≫ 止部에 "歫는 '저항하다'이다. 止를 따르고 巨는 소리이다. 일설에는 '搶', 또는 일설에 '超歫'이다.〔歫 止也 从止 巨聲 一曰槍也 一曰超歫〕"라고 하였다. 今本 ≪說文≫에는 '槍'이 '搶'으로 되어 있다.

53) 五經文字 : 唐나라 張參이 776년에 편찬한 字書로 모두 3권이다. 이 책에는 경전에 나오는 疑文과 互体體를 모두 수록하였다. 아울러 許愼의 ≪說文≫, 呂忱의 ≪字林≫, 蔡邕의 ≪石經≫과 陸德明의 ≪經傳釋文≫ 등을 참고하여 오류와 실수를 바로잡고 同異를 변론하였으며 隷書의 생략형을 계승하여 引伸하였다. 수록 자수는 3,235자로 유형에 따라 편방을 160部로 나누었다. 표제자 아래에 반절을 표시하였는데 대부분 陸德明의 ≪經傳釋文≫에 의거하여 讀音을 바로잡았다.

張'이라 한다. 漢令에 蹶張士(강한 쇠뇌의 사격수)가 있다."라고 하였다. 孟康은 "강한 쇠뇌를 당기는 것을 주로 한다. 蹶의 音은 其와 月의 반절이다. 漢令에 蹶張士 100人이다."이라고 하였다.

살펴보건대, 許愼의 ≪說文≫에는 趣・趆 두 글자가 함께 나오며, 趣은 "'뛰어오르다'이다."라 하고, 趆은 "'저항하다'이다."라고 하였다. 인용된 "漢令趆張百人"의 '趆張'도 如淳과 孟康이 인용한 '蹶張'과 합치되지 않는다. 그런데 지금 글자의 뜻을 찾아보면, 趣은 '뛰어 일어나다'이고, 趆는 '줍다'이다. 如淳과 孟康 두 사람이 "蹶張"이라 쓴 것은 모두 蹶・趣・趚(趆)이 같은 글자라고 인식한 데서 연유한다. ≪說文≫을 읽는 사람은 㡿(厈・斥)과 厥이 서로 유사하기 때문에 趣과 趚을 묶어 동일한 글자로 본다. ≪玉篇≫과 ≪廣韻≫에서 모두 "趚은 '趣'과 같다."라고 한 것은 바로 두 글자를 묶어 동일한 글자라고 잘못 본 증거이다. 厥의 생략형은 㡿(斥)이 될 수 없다.

史・漢申屠嘉傳, 材官蹶張. 如淳曰, "材官之多力, 能脚蹋强弩張之, 故曰蹶張. 律有蹶張士." 孟康曰, "主張强弩, 蹶音其月反. 漢令蹶張士百人." 考許書趣趆二字竝出, 趣云"蹠也." 趆云"距也." 引"漢令趆張百人." 與如・孟引作蹶張不合. 今尋繹字義, 趣者, 跳起也. 趆者, 拓也. 如・孟二家作"蹶張", 皆由認蹶趣趚爲一字耳. 讀說文者, 因㡿厥相似, 合趣趚爲一字. 篇・韻皆云"趚同趣" 正誤合二爲一之證也. 厥之省不得作㡿.

## 03-026-1006  (趮)〔움직일/력〕

'움직이다'이다. 走를 따르고 樂(락)이 소리이다. ≪春秋左氏傳≫에 "輔趮이 있다." 라고 할 때의 '趮(력)'과 같이 읽는다.

**動也.**① **从走, 樂聲.**② **讀若春秋傳曰 "輔趮."**③

① ≪玉篇≫과 ≪廣韻≫에 모두 "躒(뛸/력)과 같다."라고 하였다. ≪大戴禮記≫ 〈勸學〉에 "준마가 한 번 뛴다 해도 1천 步가 될 수 없다."라고 하였다.
篇・韻皆云躒同. 大戴禮曰, "騏驥一躒, 不能千步."

② 郎과 擊의 반절이다. 古音은 제2部에 있다.
郎擊切. 古音在二部.

③ 마땅히 '春秋傳有輔趮'이 되어야 한다. ≪春秋左氏傳≫ 襄公 24년에 보인다. 지금의 傳에는 躒으로 되어 있다. 荀躒[54]도 있다.
當作春秋傳有輔趮六字. 見襄卄四年. 今傳作躒, 又有荀躒.

---

54) 荀躒 : B.C. 548~B.C. 493. 춘추시대 晉나라 大夫로, 별명은 文伯・知文子・知伯・知躒이다. ≪春秋左氏傳≫ 昭公 9년・15년・22년 등 몇 곳에 보인다.

## 03-026-1007 𧺝(趡)〔움직일/추〕

'움직이다'이다. 走를 따르고 隹(추)가 소리이다. ≪春秋左氏傳≫에 "趡에서 盟約하였다."라고 하였다. 趡는 地名이다.

**動也.① 从走, 隹聲.② 春秋傳曰, "盟于趡."③ 趡, 地名.④**

① 揚雄의 〈河東賦〉에 "神이 올라가고 鬼가 달린다.〔趭〕"라고 하였는데, 顔師古는 '〈趭는〉 子와 笑, 才와 笑 두 개의 반절'이라고 하였다. 살펴보건대, ≪說文≫에 '趡'자만 있고 趭(달릴/초)는 없다. ≪廣雅≫ 〈釋室〉에 "騰과 趭는 '犇(달아날/분)'이다."라고 하였는데, 曹憲은 〈趭의〉 音을 子와 肖의 반절이라고 하였다.

지금 살펴보면, '趭'자는 오자인 듯하고, '子와 肖의 반절'도 잘못된 音인 듯하다. 그러나 司馬相如의 〈大人賦〉에 "날아올라 미친 듯이 달린다.〔騰而狂趭〕"[55]라고 하였는데, 顔師古는 趭의 音이 醮(초)라고 하였다. 左思의 〈吳都賦〉에 "사납고 용감한 모습으로 미친 듯이 달린다〔狂趭獷猤〕"라고 하였는데, 李善은 〈趭의 音을〉 子와 召의 반절이라고 하였으니, 옛날에 '趭'자가 없었던 것이 아니다.

楊雄河東賦曰, "神騰鬼趭." 師古'子笑・才笑二反.' 按說文有趡無趭. 廣雅釋室"騰・趭, 犇也." 曹音子肖. 今疑趭恐誤字, 子肖恐誤音耳. 然大人賦曰, "騰而狂趭." 師古音醮. 吳都賦"狂趭獷猤." 李子召反. 則古非無趭字矣.

② 千과 水의 반절이다. 제15部에 있다.
千水切. 十五部.

③ ≪春秋左氏傳≫ 桓公 17년에 보인다. 陸德明은 '翠와 軌의 반절이다.'라고 하였다.
見桓十七年. 陸翠軌反.

④ 이 세 글자는 後人이 보탠 것이다.
此三字, 後人增.

## 03-026-1008 𧻚(趄)〔농지를 번갈아 경작할, 거처를 바꿀/원〕補

'농지를 번갈아 경작함〔趄田〕'은 '居處를 바꾸는 것'이다. 走를 따르고 亘(환)이 소리이다.

**趄田,① 易居也.② 从走, 亘聲.③**

---

55) 騰而狂趭 : 〈大人賦〉는 ≪史記≫와 ≪漢書≫의 〈司馬相如傳〉에 나오는데, ≪史記≫의 〈사마상여전〉에 '騰而狂趭'가 '騰而狂趡'로 되어 있다.

① 句讀이다.

逗.

② ≪周禮≫ 〈地官 大司徒〉에 "〈매년 농사를 지을 수 있는 땅인〉 '不易之地'는 한 農家마다 100畝씩 주고, 〈한 해 걸러 농사를 지을 수 있는 땅인〉 '一易之地'는 한 농가마다 200묘씩 주고, 〈한 해 농사짓고 두 해를 걸러 농사를 지을 수 있는 땅인〉 '再易之地'는 한 농가마다 300묘씩 준다."라고 하였다. 大鄭(鄭衆)은 "'不易之地'는 해마다 파종하니, 토질이 좋기 때문에 한 농가마다 100묘씩 준다. '一易之地'는 한 해를 걸러 다시 땅을 갈아 파종하니, 토질이 척박하기 때문에 한 농가마다 200묘씩 준다. '再易之地'는 두 해를 걸러 다시 파종하기 때문에 한 농가마다 300묘씩 준다."라고 하였다.

≪周禮≫ 〈地官 遂人〉에 "들에 있는 땅을 上地·中地·下地로 분류하여 田里(농지와 택지)를 나누어 주었다. 上地의 경우, 한 가장〔夫〕에게 집터〔廛〕 하나와 농지 100묘와 萊田 50묘를 준다. 中地의 경우, 한 가장에게 집터 하나와 농지 100묘와 萊田 100묘를 준다. 下地는 한 가장에게 집터 하나와 전지 100묘와 萊田 200묘를 준다."라고 하였다. 鄭玄 注에 "萊田은 休耕하여 경작하지 않는 땅을 이른다.〔萊謂休不耕者〕"라고 하였다.

≪春秋公羊傳≫ 宣公 15년의 何休 注에 "司空이 삼가 농지 등급의 높고 낮음과 좋고 나쁨을 구별하여 3品으로 나누었는데, 上田은 1년마다 한 번씩 경작하고, 中田은 2년마다 한 번씩 경작하고, 下田은 3년마다 한 번씩 경작한다. 비옥한 전지를 차지한 사람이 홀로 즐기고, 척박한 전지를 차지하고 홀로 고생해서는 안 되기 때문에 3년에 한 번 농지의 주인을 바꾸고 거처를 바꾸어야 財力이 균등하게 한다."라고 하였다.

≪漢書≫ 〈殖貨志〉에 "백성이 농지를 받는데, 上田은 한 가장에게 100묘로 하고, 中田은 한 가장에게 200묘로 하고, 下田은 한 가장에게 300묘로 한다. 해마다 경작하는 농지를 '不易上田'이라 하고, 1년을 쉬는 농지를 '一易中田'이라 하고, 2년을 쉬는 농지를 '再易下田'이라 한다. 3년이 되면 농지를 바꾸어 경작하니, 스스로 거처도 함께 바꾼다."라고 하였다.

≪漢書≫ 〈地理志 下〉에 "秦 孝公 때 商鞅을 등용하여 轅田[56]을 만들었다."라고 하였는데, 張晏은 "周나라 제도에 3년마다 농지를 한 번 바꾸어 토질의 좋고 나쁨을 같이하도록 하였다. 그런데 商鞅이 처음 농지를 나누고 阡陌 제도를 만들어, 백성들에게 각자 일정한 제도가 있게 하였다."라고 하였고, 孟康은 "3년이 되면 농지를 바꾸고 거처를 바꾸게 하였으니, 옛날 제도이다. 이 제도가 말기에 점차 망가지자, 商鞅이 秦나

56) 轅田 : 토지를 분배하는 방법을 바꾸는 것이다. ≪國語≫ 〈晉語 三〉의 '韋昭가 인용한 賈逵 注'에 "轅은 '바꾸다'의 뜻이다. 田地에 관한 법을 바꾸어 여러 사람들에게 전지를 상으로 내리는 것이다. '바꾼다'는 것은 '전지의 경계를 바꾸다'는 뜻이다.〔轅 易也 爲易田之法 賞衆以田 易者 易疆界也〕"라고 하였다.

라를 도와 爰田(轅田)을 다시 세웠다. 上田은 바꾸어 경작하지 않고, 中田은 한 번 바꾸어 경작하고, 下田은 두 번 바꾸어 경작한다. 바꾸는 것이 본래 그 농지에서 이루어지므로 다시 거처까지 바꾸지 않는다."라고 하였다.

살펴보건대, 何休는 "농지의 주인을 바꾸고 거처를 바꾼다.〔換主易居〕"라고 하였고, 班固의 ≪漢書≫ 〈殖貨志〉에서 "농지를 바꾸어 경작하니 스스로 그 거처를 바꾸는 것이다.〔更耕自爰其處〕"라고 하였으며, 孟康은 "농토를 바꾸고 거처를 바꾼다.〔爰土易居〕"라고 하였고, 許愼은 "농지를 바꾸고 거처를 바꾸는 것이다.〔趄田易居〕"라고 하였다. 爰·轅·趄·換 네 글자는 音義가 같다. 고대에 해마다 경작하는 곳을 바꾸었다면 田廬도 모두 바꾼 것이다. "3년"이라고 말한 것은, 3년이면 上田·中田·下田을 두루 거치기 때문이다. 그리고 3년 뒤에 1년은 上田을 그대로 경작하기 때문에 "스스로 그 거처를 바꾸는 것이다.〔自爰其處〕"라고 한 것이다.

孟康이 '옛날 제도로서 거처를 바꾸는 것'을 '爰田'이라 하고, 商鞅이 '바꾸는 것이 본래 그 농지에서 이루어지므로 거처를 다시 바꾸지 않는 것'을 '轅田'이라 했는데, 이름은 같지만 실상은 다른 것으로, 孟康의 설이 옳다. 孟康에 따르면, 商鞅이 농지를 상·중·하로 나누되 면적을 적거나 많게 하였다. 上田을 얻는 자는 100묘이고, 中田을 얻는 자는 200묘이며, 下田을 얻은 자는 300묘인데, 농지를 얻은 자들끼리 피차간에 서로 바꾸게 한 것은 아니다. 中田 200묘를 얻은 자는 매년 100묘씩 경작하고 2년이면 두루 거친다. 下田 300묘를 얻은 자도 매년 100묘를 경작하고 3년이면 두루 거친다. 그러므로 "上田은 바꾸어 경작하지 않고, 中田은 한 번 바꾸어 경작하고, 下田은 두 번 바꾸어 경작한다. 바꾸는 것이 본래 그 농지에서 이루어지므로 다시 거처를 바꾸지 않는다."라고 말한 것이다.

≪周禮≫의 제도에 3등급의 농지를 얻은 자끼리 피차가 서로 바꾼다. 올해 上田 100묘를 경작하면, 이듬해 中田 200묘 가운데 100묘를 경작하고, 다시 이듬해 下田 300묘 가운에 100묘를 경작하고, 다시 이듬해 上田 100묘를 그대로 경작한다. 이렇게 하면, 바로 1년을 休耕하고 2년을 휴경하는 법이 있을 수 있으므로, "3년이 되면 농지를 바꾸어 경작하니, 스스로 그 거처를 바꾸는 것이다.〔三歲更耕 自爰其處〕"라고 말한 것이다. 따라서 표면상 商鞅의 轅田法과는 다르지만 〈내용은 같다.〉 商鞅이 백성을 해친 것은 阡陌法을 만든 것에 있다.

周禮大司徒"不易之地家百畮, 一易之地家二百畮, 再易之地家三百畮." 大鄭云 "不易之地歲種之, 地美, 故家百畮. 一易之地休一歲乃復種, 地薄, 故家二百畮. 再易之地休二歲乃復種, 故家三百畮." 遂人"辨其野之土上地·中地·下地, 以頒田里. 上地, 夫一廛, 田百畮, 萊五十畮. 中地, 夫一廛, 田百畮, 萊百畮. 下地, 夫一廛, 田百畮, 萊二百畮." 注"萊謂休不耕者." 公羊何注曰, "司空謹別田之高下美惡, 分爲三品, 上田一歲一墾. 中田二歲一墾, 下田三歲一墾. 肥饒不得獨樂, 墝埆不得獨苦, 故三年一換主易居, 財均力平." 漢書食貨志曰, "民受田, 上田夫百畮, 中田夫二百畮, 下田夫三百畮. 歲耕種者爲不易上田, 休一歲者爲一易中田, 休二歲者爲再易下田. 三歲更耕, 自爰其處." 地理志曰, "秦孝公用商君, 制轅田." 張晏云 "周制三年一易, 以同美惡. 商鞅始割列田地, 開立仟伯, 令民各有常制." 孟康云 "三年爰土易居, 古制也. 末世浸廢, 商鞅相秦, 復立爰田. 上田不易, 中田一易, 下田再易. 爰自在其田, 不復易居也." 按何云"換主易居." 班云"更耕自爰其處." 孟云"爰土易居." 許云"趄田易居." 爰轅趄換四字音義同也. 古者每歲易其所耕, 則田廬皆易. 云"三年"者, 三年而上・中・下田徧焉. 三年後一年仍耕上田, 故曰自爰其處." 孟康說古制易居爲爰田, 商鞅自在其田不復易居爲轅田. 名同實異, 孟說是也. 依孟則商鞅田分上中下而少多之. 得上田者百畝, 得中田者二百畝, 得下田者三百畝, 不令得田者彼此相易. 其得中田二百畝者, 每年耕百畝, 二年而徧. 得下田三百畝者, 亦每年耕百畝, 三年而徧. 故曰"上田不易, 中田一易, 下田再易. 爰自在其田, 不復易居." 周禮之制, 得三等田者彼此相易. 今年耕上田百畝, 明年耕中田二百畝之百畝, 又明年耕下田三百畝之百畝, 又明年而仍耕上田百畝, 如是乃得有休一歲休二歲之法. 故曰"三歲更耕, 自爰其處." 與商鞅法雖異而同也. 鞅之害民, 在開仟伯.

③ 羽와 元의 반절이다. 제14部에 있다.
羽元切. 十四部.

## 03-026-1009 (趙)〔달려가다 넘어질/**전**〕

'달려가다 넘어지다'이다. 走를 따르고 眞(진)이 소리이다. 顚(전)과 같이 읽는다.

**走頓也.**① 从走, **眞聲. 讀若顚.**②

① 足部에 "蹎(전)은 '넘어지는 것'이다."라고 하였는데, 표제자 趙은 蹎과 音義가 같다.
足部曰, "蹎, 跋也." 此與音義同.

② 都와 年의 반절이다. 제12部에 있다.
都年切. 十二部.

## 03-026-1010 (踊)〔동동 구를/**용**〕補

'상을 당하여 가슴을 치고 발을 구르다'이다. 走를 따르고 甬(용)이 소리이다.

**喪擗**踊.① 从**走甬聲.**②

① 지금의 ≪儀禮≫와 ≪禮記≫에는 모두 '踊'으로 되어 있다. 足部에 "踊은 '뛰다'이다."라

고 하였는데, 이 두 글자는 뜻이 다르다. ≪春秋左氏傳≫ 僖公 28년의 "위로 뛰며 손뼉을 세 번 쳤다."와, 哀公 8년의 "군막 마당에서 세 번을 뛴다."와 같은 경우의 踊은 응당 足을 따라야 한다. 자리에 나아가 哭을 하고, ≪春秋左氏傳≫ 襄公 25년에 "세 번 발을 동동 구르고 나간다."고 할 때의 踊은 走를 따라야 한다. '擗(가슴 칠/벽)'이 徐鉉本에는 '辟'으로 되어 있다. ≪詩經≫ 〈邶風〉과 ≪爾雅≫ 등 諸家의 판본에는 대부분 擗으로 되어 있다. 가슴을 문지르는 것을 '擗'이라 하고, 발을 동동 구르며 뛰는 것을 '踴'이라 한다.

今禮經・禮記, 皆作踊. 足部曰, "踊, 跳也." 是二字義殊也. 左傳"曲踊三百", "三踊於幕庭"之類當从足. 若卽位哭, "三踊而出"之踊當从走. 擗, 鉉作辟. 詩邶風・爾雅諸家本多作擗. 撫心爲擗, 跳躍爲踴.

② 餘와 隴의 반절이다. 제9部에 있다.

餘隴切. 九部.

## 03-026-1011 (趩) 〔벽제할, 부엌 제사 이름/필〕

'길 가는 사람을 멈추게 하다'이다. 일설에는 '부엌 제사 이름'이라 한다. 走를 따르고 畢(필)이 소리이다.

**止行也.**① **一曰竈上祭名也.**② **从走畢聲.**③

① 지금의 ≪儀禮≫에는 모두 '蹕'로 되어 있다. 오직 ≪周禮≫ 〈秋官 大司寇〉의 ≪經傳釋文≫ 〈周禮音義〉에만 '趩'로 되어 있는데, "판본에 따라 蹕로도 되어 있는 곳도 있다."라고 하였다. 여기서 옛 경전을 후인들이 고친 것이 많고, 또 겨우 古字를 보존하고 있음을 엿볼 수 있다. ≪五經文字≫에 "趩은 '길 가는 사람을 멈추게 하다'이다."라고 하였다. ≪漢書≫ 〈梁孝王傳〉에 "나가는 것을 '警'이라 하고, 들어오는 것을 '趩'이라 한다."라고 하였다.

今禮經, 皆作蹕. 惟大司寇釋文作趩, 云"本亦作蹕." 是可見古經多後人改竄, 亦有僅存古字也. 五經文字曰, "趩, 止行也." 梁孝王傳"出稱警, 入言趩."

② ≪玉篇≫과 ≪廣韻≫에 모두 '趩'자가 있는데 "부엌 제사이다."라고 하였다.

篇・韻皆有趩字, 云"竈上祭."

③ 卑와 吉의 반절이다. 제12部에 있다.

卑吉切, 十二部.

## 03-026-1012 𧽩(趣)〔나아갈/잠〕

'나아가다'이다. 走를 따르고 斬(참)이 소리이다.

**進也.① 从走斬聲.②**

① 살펴보건대, 水部의 漸에 "漸水이다."라고 하였다. 그렇다면 '나아가다〔進〕'로 풀이한 것은 전적으로 趣이 되어야 한다. 許愼이 본 ≪周易≫의 卦 이름[57]이 이와 같았을 것이다.
   按水部漸云 "漸水也." 則訓進者, 當專作趣. 許所見周易卦名, 當如是矣.

② 藏과 濫의 반절이다. 제8部에 있다. ≪廣韻≫에는 𧼲으로 되어 있다. 慈와 染의 반절이다.
   藏濫切. 八部. 廣韻作𧼲. 慈染切.

## 03-026-1013 𧺼(趧)〔舞曲 이름, 四夷의 무곡/제〕

'趧婁'(제루)이니, 四夷의 춤에는 각자 曲이 있다. 走를 따르고 是(시)가 소리이다.

**趧婁,① 四夷之舞各自有曲.② 从走③ 是聲.④**

① 句讀이다.
   逗.

② '趧婁'는 지금의 ≪周禮≫ 〈春官 序官〉에는 "鞮鞻氏"로 되어 있다. 이에 대한 鄭玄 注에 "鞻는 屨(구)와 같이 읽는다. 鞮屨(제구)는 四夷의 무용수가 신는 신발〔屝〕이다. 지금 광대들이 큰 북 위를 걸을 때,[58] 행진하며 북을 치는 자는 본래 신는 신발〔屝〕이 있다."라고 하였다.
   살펴보건대, 지금의 ≪說文≫ 革部에 "鞮는 가죽신〔革履〕이다."라고 하였으니, 〈'鞮'자는 있지만〉 '鞻'자는 없다. ≪經傳釋文≫ 〈周禮音義〉에는 ≪說文≫의 "鞮는 신〔屨〕이다."와 ≪字林≫의 "鞮는 가죽신〔革屨〕이다. 鞻(구)는 靲屨(가죽끈이 달린 신발/금구)이다."를 인용하였다. 이것은 ≪字林≫에는 '鞻'자가 있지만 許愼과 鄭玄이 본 ≪周禮≫에는 없다는 것이다. 따라서 鄭玄 注에는 마땅히 본래 '婁는 屨와 같이 읽는다.'라고 되

---

57) 周易의……이름 : ≪周易≫의 漸卦를 가리킨다. 점괘의 序卦傳에 "漸은 나아간다는 뜻이다.〔漸者 進也〕"라 하였고, 또 彖傳에 "漸의 나아감은〔漸之進也〕"이라고 하여, 漸卦를 '나아간다〔進〕'는 뜻이 있는 괘로 설명하였다.

58) 큰……때 : 고대의 歌舞에서 가죽신을 신고 큰 북 위를 걷는 것이다.

어 있어야 한다.

革部의 鞮는 일상적으로 늘 신는 신발〔屨〕이고, 走部의 趧婁는 바로 四夷의 춤추는 자가 신는 신발〔屨〕이다. 〈四夷之舞各自有曲의〉 '曲'은 屨가 되어야 하니, 소리가 잘못 되었기 때문이다. 그러므로 〈四夷之舞各自有曲를〉 '四夷의 춤에는 각자 신발〔屨〕이 있다.〔四夷之舞各自有屨〕'라고 하면, 바로 鄭玄 注의 해설과 같게 된다. 許愼의 생각에는 마땅히 또한 '婁를 屨와 같이 읽는다'라고 여겼을 것이다.

趧婁, 今周禮作"鞮鞻氏." 注云 "鞻讀爲屨. 鞮屨, 四夷舞者屝也. 今時倡蹋鼓沓行者自有屝." 按今說文革部"鞮, 革履也." 無鞻字. 釋文引說文"鞮, 屨也." 字林"鞮, 革屨也. 鞻者, 軨屨." 是則字林乃有鞻字, 許鄭周禮所無. 鄭注當本作婁讀爲屨. 革部之鞮是常用之屨, 走部之趧婁, 乃四夷舞者之屨. 曲當作屨, 聲之誤也. 四夷之舞各自有屨, 正與鄭注說同. 許意當亦婁讀爲屨.

③ 신〔屨〕이기 때문에 走를 따랐다.
屨也, 故从走.

④ 都와 兮의 반절이다. 제16部에 있다.
都兮切. 十六部.

## 03-026-1014  (趒) 〔팔짝 뛸/조〕

'참새처럼 팔짝 뛰다'이다. 走를 따르고 兆(조)가 소리이다.

**雀行也.**① 从走, **兆聲.**②

① 지금 사람들은 대개 '跳'자를 쓴다.
今人槩用跳字.

② 徒와 遼(료)의 반절이다. 제2部에 있다.
徒遼切. 二部.

## 03-026-1015  (赶) 〔꼬리를 쳐들고 달릴/간〕

'꼬리를 쳐들고 달리다'이다. 走를 따르고 干(간)이 소리이다.

**舉尾走也.** 从走, 干聲.①

① 巨와 言의 반절이다. 제14部에 있다. 살펴보건대, 이 글자는 後人이 보탠 것으로, 許愼의 책에 본래 있었던 글자가 아니다. ≪衆經音義≫에 "≪通俗文≫에 '꼬리를 쳐들고

달리는 것을 「揵(들/건)」이라 한다.'고 하였다. 律文에는 '赶'으로 되어 있으니 '말이 달리는 것'이다."라고 하였다. 그렇다면 唐나라 초기의 ≪說文≫에는 '赶'이 없었으며, 따라서 赶이 있다 해도 '꼬리를 들고 달리다'로 풀이할 수 없다.

≪詩經≫ 〈小雅 都人士〉의 "말려 올라간 머리가 蠆와 같다.〔卷髮如蠆〕"에 대한 鄭玄 箋에 "蠆(채)는 독침으로 쏘는 벌레〔螫蟲〕이다. 꼬리 끝이 쳐들려 있는데, 婦人의 머리 끝이 위로 말려 올라간 모양과 같다."라고 하였다. ≪經典釋文≫ 〈毛詩音義〉에서 ≪漢書音義≫를 인용하여 "揵은 '드는 것'이다."라고 하였다. 이것이 '꼬리를 쳐들다'는 뜻에는 揵을 쓰지 赶을 쓰지 않는 증거이다.

巨言切. 十四部. 按此後人所增, 非許書本有也. 衆經音義曰, "通俗文曰 擧尾走曰揵. 律文作赶, 馬走也." 然則唐初說文無赶, 卽有赶亦不訓擧尾走. 都人士鄭箋"蠆, 螫蟲也. 尾末揵然, 似婦人髮末上曲卷然." 釋文引漢書音義, "揵, 擧也." 此擧尾用揵不用赶之證.

走部에서 다룬 표제자는 85자이고, 重文은 1자이다.

文八十五, 重一.

# 【027. 止部】

## 03-027-1016 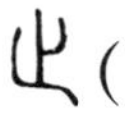(止)〔아래 터, 발/지〕補

'아래 터'이다. 草木의 싹이 나올 때 아래 터가 있는 것을 본떴다. 그러므로 止를 발〔足〕로 삼는다. 대체로 止에 속하는 글자는 모두 止를 따랐다.

**下基也.**① **象艸木出有**阯.② **故**曰**止爲足.**③ **凡止之屬皆**从止.

① 基는 丌(기)와 韻部가 같고 뜻이 같다.
與丌同部同義.

② 止는 草木의 싹이 터서 터 위에 있는 것을 본떴다. 屮(철)은 초목이 처음 움이 튼 모양을 본뜨고, 㞢(지)는 풀이 싹튼 상태를 지나 가지와 줄기가 더욱 자란 것을 본떴다. 出은 초목이 더욱 자라 위로 뻗어가는 모양을 본떴다.
止象艸木生有阯. 屮象艸木初生形. 㞢象艸過屮枝莖益大. 出象艸木益滋上出達也.

③ 止를 足이라 한 것이 引伸하고 假借하는 방법이다. 대체로 韋(서로 등질/위)를 皮韋(가죽/피위)의 韋로, 朋(봉황/봉)을 朋黨의 朋으로, 來(보리/래)를 行來(왕래)의 來로, 西(새가 둥지에 깃들/서)를 東西(동쪽 서쪽)의 西로, 子(번식할/자)를 '사람을 일컫는 칭호'로 삼는 것이 모두 이러한 예이다. 止를 '人足(사람의 다리)'이란 칭호로 삼은 것은 子를 '사람을 일컫는 칭호'로 삼은 것과 똑 같다.

許愼의 ≪說文≫에는 〈'발'이라는 뜻의〉 '趾'자가 없는데, 止가 바로 '趾'이다. ≪詩經≫ 〈周南 麟之趾〉에서는 "기린의 다리〔麟之止〕"[1)]라고 하고, ≪周易≫ 賁卦에서는 "그 다리〔止〕를 꾸민다.〔賁其止〕"[2)]라고 하고, ≪周易≫ 夬卦에서는 "발이 앞을 향해 가기를 健壯하게 하다.〔壯于前止〕"[3)]라고 하고, ≪儀禮≫ 〈士昏禮〉에서는 "발을 북쪽으로 가게 한다.〔北止〕"라고 하였는데, 이에 대한 鄭玄 注에 "止는 발〔足〕이다. 古文에는 止가 '趾'로 되어 있다."라고 하였다. 許愼이 鄭玄과 마찬가지로 今文을 따랐기 때문에, '趾'자를 수록하지 않은 것이다. 마치 今文인 名을 따르고 古文인 銘을 수록하지 않은 것과 같다.[4)]

---

1) 麟之止 : 지금의 ≪詩經≫ 〈周南〉에는 "麟之趾"로 되어 있다.
2) 賁其止 : ≪周易≫ 賁卦의 初九爻辭이다. 今本 ≪周易≫에는 "賁其趾"로 되어 있다.
3) 壯于前止 : ≪周易≫ 夬卦의 初九爻辭이다. 今本 ≪周易≫에는 "壯于前止"로 되어 있다.

어떤 사람이 의심하여 '銘・趾는 마땅히 今文이고, 名・止는 「古文」이라고 한다. 周나라 때에 文을 숭상하여, 본래 ≪蒼頡篇≫에 부합하지 않는 왜곡되고 번거롭고 중첩된 글자가 있었다. 그러므로 名과 止는 고문이고, 銘과 趾는 뒤에 나온 古文이다.'라고 한다. 古文으로 된 ≪儀禮≫와 今文으로 된 ≪의례≫는 古本과 今本을 말한다. 古本은 周나라 때에 나왔으며 뒤에 나온 古文을 따랐다. 今本은 漢나라 때에 성행하였으나 점차 처음의 古文을 따르게 되었다. 이는 隸書體와 楷書體에서 이따금 小篆을 버리고 古文體와 籀文體를 사용했던 것과 같다. 諸와 市의 반절이다. 제1部에 있다.

此引伸假借之法. 凡以韋爲皮韋, 以朋爲朋黨, 以來爲行來之來, 以西爲東西之西, 以子爲人之偁, 皆是也. 以止爲人足之偁與以子爲人之偁正同. 許書無趾字, 止卽趾也. 詩"麟之止", 易"賁其止"・"壯于前止. 士昏禮北止. 注曰, "止, 足也. 古文止爲趾." 許同鄭从今文, 故不錄趾字. 如从今文名, 不錄古文銘也. 或疑銘趾當爲今文, 名止當爲古文. 周尙文, 自有委曲煩重之字不合於倉頡者. 故名止者, 古文也. 銘趾者, 後出之古文也. 古文禮今文禮者, 猶言古本今本也. 古本出於周, 从後出之古文. 今本行於漢, 轉从冣初之古文. 猶隸楷之體, 時或有舍小篆用古籀體者也. 諸市切. 一部.

## 03-027-1017 (歱)〔발꿈치/종〕補

'발꿈치'이다. 止를 따르고 重(중)이 소리이다.

跟也.[①] 从止, 重聲.[②]

① 足部에 "跟(근)은 '발꿈치'이다."라고 하였는데, 跟과 歱은 雙聲이다. ≪釋名≫〈釋形體〉에 "발의 뒤쪽을 '跟'이라고도 하고, '踵'이라고도 한다. 踵은 '모이다〔鍾〕'의 뜻이니, 上體의 무게가 모이는 곳이다."라고 하였다. 살펴보건대, 劉熙[5]의 ≪釋名≫에는 踵으로 되어 있는데, 許愼은 歱과 踵의 뜻을 구별하였다.[6]

足部曰, "跟, 足歱也. 跟歱雙聲. 釋名曰, "足後曰跟, 或曰踵. 踵, 鍾也. 上體之所鍾聚也." 按劉熙作踵. 許歱・踵義別.

② 之와 隴(롱)의 반절이다. 제9部에 있다.

之隴切. 九部.

---

4) 今文인……같다 : ≪설문해자≫ '名(03-022-0798)'자에 대한 해설과 段玉裁 注를 참조.

5) 劉熙 : ?~?. 後漢 말기의 훈고학자로, 자는 成國이다. 저서로 훈고의 字書인 ≪釋名≫ 8권이 있다.

6) 歱과……구별하였다 : 여기의 "歱 跟也"와는 달리, ≪說文≫ 足部에서는 "踵은 '좇다'이다.〔踵 追也〕"라고 하여, 歱과 踵의 뜻을 다르게 해설하였다.

## 03-027-1018 𣥺(𣥺)〔지탱할/쟁〕 補

'지탱하다'이다. 止를 따르고 尙(상)이 소리이다.

歫也.① 从止, 尙聲.②

① 지금의 音은 丑과 庚의 반절이다. 古音은 堂이다. 지금 俗語의 音도 堂과 같다. ≪周禮≫ 〈冬官 考工記 下〉에 "〈활을 만드는〉 뿔을 지탱하다."라고 하였는데, 大鄭(鄭衆)은 "𣥺은 牚距(탱거)의 牚(탱)과 같이 읽는다."라고 하였다. 牚距는 바로 𣥺歫이니 글자체가 바뀐 것이다. 車𣥺(지탱하는 기둥/거쟁)은 ≪急就篇≫[7] 제18과 ≪釋名≫ 〈釋車〉에는 '車棠(거당)'으로 되어 있는데, ≪說文解字≫의 金部의 銴(세)자 해설에는 車樘(거탱)으로 되어 있다. ≪說文≫ 木部에 "樘(탱)은 '비뚫어진 기둥〔衺柱〕'이다."라고 하였다. 지금의 俗字는 𣥺을 '撐'으로 쓴다.

今音丑庚切. 古音堂. 今俗語亦如堂. 考工記"維角𣥺之." 大鄭曰, "𣥺讀如牚距之牚. 牚距卽𣥺歫, 字之變體. 車𣥺, 急就篇·釋名作車棠, 說文金部作車樘. 木部曰, "樘, 衺柱也. 今俗字𣥺作撐.

② 丑과 庚의 반절이다. 古音은 제10部에 있다.

丑庚切. 古音十部.

## 03-027-1019 歭(歭)〔머뭇거릴/치〕

'머뭇거리다'이다. 止를 따르고 寺(시)가 소리이다.

𨅖也.① 从止, 寺聲.②

① ≪說文≫ 足部에 "𨅖(저)는 '머뭇거리며〔歭𨅖〕 나아가지 못하는 것'이다."라고 하였는데, 歭와 𨅖는 雙聲 글자이다. 이렇게 𨅖를 '歭'의 뜻으로 풀이하는 것이 雙聲互訓이다. 心部의 籌(懤)자 해설에서 말한 "籌箸(주저)", 足部의 '蹢'자 해설에서 말한 "蹢躅(척촉)", ≪毛詩≫ 〈北風 靜女〉에서 말한 "踟躕(지주)", ≪廣雅≫ 〈釋訓〉에서 말한 "蹢躅(척촉)·跢跦(다주)"는 모두 쌍성첩운이며 뜻이 같다.

足部曰, "𨅖者, 歭𨅖不前也." 歭𨅖爲雙聲字, 此以𨅖釋歭者, 雙聲互訓也. 心部曰"籌箸",

---

7) 急就篇 : 西漢 元帝 때 黃門令 史游가 편찬한 책이다. 漢代에 아이들이 한자를 익히는 책으로는 ≪倉頡篇≫, ≪訓纂篇≫, ≪凡將篇≫, ≪滂喜篇≫ 등이 있었는데 지금은 모두 없어지고 ≪急就篇≫만 전한다. 이 책은 三言, 四言, 七言으로 구성되어 있는데, 三言과 四言은 隔句에 압운이 있고, 七言은 구마다 압운이 있어 외우기에 편리하다.

足部曰"蹢躅", 毛詩曰"蹢躅", 廣雅曰"蹢躅・跢跦", 皆雙聲疊韻而同義.

②〈寺는〉 直과 离의 반절이다. 살펴보건대, 离는 釐가 되어야 한다. 제1部에 있다. 峙를 가차하여 偫(기다릴/치)의 뜻으로 쓰고, 躇(저)를 가차하여 儲(쌓을/저)의 뜻으로 쓴다. ≪尙書≫ 〈柴誓〉에 "너의 말린 식량을 비축하라.〔峙乃糗糧〕"라고 하였는데, 峙가 바로 '峙'이다. 止를 바꾸어 '山'으로 썼으니, 마치 岐를 歧로 쓸 때 山을 止로 바꾸어 쓴 것과 같다. 실제 山을 따르는 '峙'가 있고 止를 따르는 '歧'가 있는 것이 아니다. '峙躇'(머뭇거릴/치저)의 峙는 平聲이다. '峙具(쌓아 갖추다/치구)'・'峻峙(높이 쌓다/준치)'의 峙를 '跱'로 쓰기도 하며, 上聲이다.

直离切. 按离當作釐. 一部. 假借以峙爲偫, 以躇爲儲. 柴誓"峙乃糗糧." 峙卽峙, 變止爲山, 如岐作歧, 變山爲止. 非眞有从山之峙, 从止之歧也. 峙躇之峙平聲. 峙具峻峙之峙亦作跱, 上聲.

## 03-027-1020 歫 (歫)〔저지할, 창, 뛰어오를/거〕

'저지하다'이다. 止를 따르고 巨(거)가 소리이다. 일설에는 '창〔槍〕'이라고도 하고, '뛰어오르다〔超歫〕'라고도 한다.

**止也.**① **从止, 巨聲.**② **一曰槍也.**③ **一曰超歫.**④

① 許愼의 ≪說文≫에는 '拒'자가 없으니, 歫가 바로 拒이다. 양쪽이 서로 맞서는 것을 '拒'라고 하니, 서로 맞서면 멈춘다. ≪尙書≫의 傳[8]에 "歫는 '이르는 것'이다."라고 하였으니, 이르면 저지한다. 〈'서로 맞서다'와 '이르다'는〉 그 의미가 동일하다.[9] 漢나라 때의 石經 ≪論語≫ 〈子張〉에 "〈사귀어서는〉 안 될 사람은 거절하라.〔其不可者 距之〕"[10]라고 하여, 글자가 '距'로 되어 있다. 그런데 許愼은 歫와 距의 뜻을 구별하였다.[11]

許無拒字, 歫卽拒也. 此與彼相抵爲拒, 相抵則止矣. 書傳云, "歫, 至也." 至則止矣. 其義一也. 漢石經論語"其不可者距之." 字作距. 許歫與距義別.

② 其와 呂의 반절이다. 제5部에 있다.

其呂切. 五部.

---

8) 尙書의 傳 : 僞古文 ≪尙書≫ 〈益稷〉의 "사해에 이르다〔距四海〕"에 대한 孔安國 傳을 가리킨다.

9) 의미가 동일하다 : ≪尙書≫ 〈益稷〉의 "내가 九州의 하천을 터서 사해에 이르게 하였다.〔予決九川 距四海〕"에 대한 正義에 "距는 '서로 맞서다는 것'을 말하므로 '이르다〔至也〕'라고 한 것이다.〔距者 相抵之名 故爲至也〕"라고 하였다.

10) 其不可者距之 : 저본에는 '距'로 되어 있으나, 今本 ≪論語≫에는 '拒'로 되어 있다.

11) 距의……구별하였다 : ≪說文≫ 足部의 '距'자 해설에서 許愼은 "距는 닭의 며느리발톱이다.〔距 雞距也〕"라고 하였다.

③ ≪說文≫ 木部에 "槍은 '막는 것〔歫〕'이다."라고 하였다. 槍과 歫 두 글자는 互訓한다. 槍은 '저촉함'을 이른다.

木部曰, "槍, 歫也." 兩字互訓. 槍者, 謂牴觸也.

④ ≪史記≫ 〈白起王翦列傳〉에 "돌을 던지며 뛰어오르다.〔投石超距〕"라고 하였는데, 여기의 '超'자가 拔로 쓰이기도 한다. ≪漢書≫ 〈甘延壽傳〉에 "감연수가 돌을 던지고 뛰어오르는 재주가 무리 중에 뛰어났다."라고 하였는데, 이에 대한 注에서 張晏이 "拔拒는 '뛰어오르는 것〔超距〕'이다."라고 하였고, 劉逵는 "拔拒는 두 사람이 손을 서로 당겨서, 뽑아낼 수 있는 것을 이른다."라고 하였다.

史記"投石超距." 超一作拔. 漢書"甘延壽投石拔拒, 絶於等倫." 張晏曰, "拔拒, 超距也." 劉逵曰, "拔拒謂兩人以手相按, 能拔引之也."

## 03-027-1021 歬(歬)〔나아갈/전〕補

'걷지 않은 채 〈배를 타고〉 나아가는 것'을 '歬(前)'이라 한다. 止가 舟 위에 있는 것을 따랐다.

**不行而進謂之歬. 从止在舟上.**①

① 昨과 先의 반절이다. 제12部에 있다. 살펴보건대, 後人이 '가지런하게 자르다'는 뜻의 '前'자를 '歬後(前後)'의 '歬'자로 썼고, 또 '깃털이 나다'는 뜻의 '翦'자[12]를 '前齊(깃털을 가지런하게 자르다)'의 '前'자로 썼다.

昨先切. 十二部. 按後人以齊斷之前爲歬後字, 又以羽生之翦爲前齊字.

## 03-027-1022 歷(歷)〔지날, 전할/력〕補

'지나다', '전하다'이다. 止를 따르고 厤(력)이 소리이다.[13]

12) 깃털이……翦자 : ≪說文≫ 羽部에 "翦은 '깃털이 나는 것'이다.〔翦 羽生也〕"라고 하였는데, 段玉裁 注에 "깃털이 처음 났을 때는 깃털을 가지런하게 자른 것 같다. 前은 翦의 古字이고 歬의 今字이다.〔羽初生如前齊也 前 古之翦字 今之歬字〕"라고 하였다.

13) 지나다……소리이다 : ≪六書尋源≫에서는 "이 '歷'자는 厤을 따르고 止를 따랐는데 止는 足(발/족)이다. 足跡이 지나가는 곳은 일일이 셀 수 있으니 예컨대 禾苗를 일일이 셀 수 있는 것을 歷이라고 하므로 일일이 셀 수 있는 것을 歷歷히 셀 수 있다고 한다.〔此从厤从止 止 足也 凡足跡所過之處 一一可數 如禾苗之一一可數者 謂之歷 故凡言一一可數者 謂之歷歷可數也〕"라고 하여, 會意로 설명하고 ≪說文≫의 形聲을 따르지 않았다.

**過也. 傳也.**① 从止, 厤聲.②

① 인신하여, '曆法을 제정하여 시기를 밝힌다.〔治曆明時〕'[14]라고 할 때의 '曆'으로 쓴다.
引伸爲治曆明時之曆.

② 郎과 擊의 반절이다. 제16部에 있다.
郎擊切. 十六部.

## 03-027-1023 (埱)〔이를/축〕

'이르다'이다. 止를 따르고 叔(숙)이 소리이다.

**至也.** 从止, 叔聲.①

① 昌과 六의 반절이다. 제3部에 있다.
昌六切. 三部.

## 03-027-1024 (躄)〔걸을 수 없을/벽〕

'사람이 걸을 수 없다'이다. 止를 따르고 辟(벽)이 소리이다.

**人不能行也.**① 从止, 辟聲.②

① ≪禮記≫ 〈王制〉에 "瘖聾(음롱)・跛躃(파벽)"[15]이라고 하였다. 살펴보건대, 跛(파)는 ≪說文≫ 尢部에 '尳(절뚝발이/파)'로 되어 있고 "〈尳는〉 '다리를 절뚝거리는 것〔蹇〕'이다."라고 하였다. 그리고 ≪說文≫ 走部의 趣(건)자 해설에 "趣은 '절뚝거리며 걷다.'이다.〔蹇行趣趣〕"라고 하였는데, 이는 걸을 수는 있으나 한쪽으로 기울어 바르게 걷지 못하는 것이다. 躃(앉은뱅이/벽)은 ≪說文≫에 '躄'으로 되어 있는데, 이는 발은 있지만 걸을 수 없는 것이니, 마치 눈동자가 있으나 보지 못하는 것을 '청맹과니〔矇〕'라고 하는 것과 같다. ≪荀子≫ 〈正論〉과 ≪漢書≫ 〈賈誼傳〉에서는 모두 辟을 가차하여 躄의 뜻으로 썼다. 服虔은 "辟은 앉은뱅이병을 앓아 걸을 수 없는 것이다."라고 하였다.
王制"瘖聾跛躃." 按跛說文作尳, "蹇也." "蹇行趣趣", 是能行而竵邪不正者也. 躃, 說文作

---

14) 治曆明時 : ≪周易≫ 革卦 〈象傳〉에 "군자가 이를 보고서 역법을 제정하여 시기를 밝힌다.〔君子以 治曆明時〕"라고 하였다.

15) 瘖聾(음롱)・跛躃(파벽) : 瘖聾은 '벙어리와 귀머거리'를 이르고, 跛躃은 '절름발이와 앉은뱅이'를 이른다.

躄, 有足而不能行者, 如有牟子而無見曰矇也. 荀卿書・賈誼傳, 皆假辟字爲之. 服虔曰, "辟, 病躃不能行也."

② 必과 益의 반절이다. 제16部에 있다.
必益切. 十六部.

## 03-027-1025 歸(歸) [시집갈/귀] 補 【重文 1】

'여자가 시집가다'이다. 止와 婦의 생략형을 따랐다. 自(퇴)가 소리이다. 帰(婦) 籒文은 歸의 생략형이다.

**女嫁也.**① **从止婦省.**② **𠂤聲.**③ **帰, 籒文省.**④

① ≪春秋公羊傳≫ 隱公 2년과 ≪詩經≫ 〈周南 葛覃〉의 毛亨 傳에는 모두 "婦人(여인)이 시집가는 것을 '歸'라 한다."라고 하였는데, 이는 婦人이 '歸'자를 가차한 것이 아니라, 대체로 '還家'의 家가 '婦嫁(부인이 시집간다)'의 '嫁'자를 가차한 것이다.
公羊傳・毛傳皆云, "婦人謂嫁歸." 此非婦人假歸名, 乃凡還家者假婦嫁之名也.

② 응당 '婦・止를 따랐으며, 婦의 생략형이다.[从婦止 婦省]'라고 해야 하는데, 傳寫하는 사람이 婦를 빼버린 것이다. 婦・止는 '부인이 여기에 머무르다'는 뜻이다.
當云'从婦止, 婦省.' 寫者奪之. 婦止者, 婦止於是也.

③ 擧와 韋의 반절이다. 제15部에 있다. 林罕[16]이 함부로 고쳐 "追의 생략형이 소리이다.[追省聲]"이라고 하였다.
擧韋切. 十五部. 林罕妄改爲追省聲.

④ 會意이다.
會意.

## 03-027-1026 疌(疌) [빠를/첩] 補

'빠르다'이다. 又를 따랐다. 又는 '손[手]'이다. 止를 따르고, 屮(철)이 소리이다.

**疾也.**① **从又. 又, 手也. 从止,**② **屮聲.**③

16) 林罕 : 897~?. 五代 때의 西江 사람으로, 字는 仲緘이다. 문자학에 뛰어나 ≪說文≫ 20편을 짓고 이를 지목하여 ≪林氏小說≫이라고 하였다. 經史에 널리 통달하였고, 太子洗馬를 지냈다. 저서로 ≪字源偏傍小說≫ 등이 있다.

① 便捷(민첩하다/변첩)의 '捷'자는 이 글자로 써야 한다. ≪說文≫ 手部에 "捷은 '사냥하다〔獵〕'이다."라고 하였는데, 그 뜻이 아니다. ≪周易≫ 豫卦의 九四爻辭에 "벗들이 모이는 것이 빠를 것이다."라고 하였는데, ≪子夏易傳≫[17]에는 "簪은 '빠르다〔疾〕'이다."라 하였고, 鄭玄 注에는 "〈簪은〉 '빠르다〔速〕'이다."라고 하였다. 晁說之[18]가 "陰弘道[19]가 살펴본 張揖의 ≪古今字詁≫에는 疌가 撍(잠)으로 되어 있고, ≪埤倉≫에는 '撍은 「빠르다〔疾〕」이다.'라고 하였다. 내〔說之〕가 조사해보니, 撍과 簪은 동일한 글자이다. 王原叔은 '바로 ≪詩經≫의 不寁[20]의 「寁」자이다. 祖와 感의 반절이다.'라고 하였다."라고 하였다. 내〔玉裁〕가 살펴보건대, ≪爾雅≫ 〈釋詁〉에 "寁은 '빠른 것〔速〕'이다."라고 하였는데, ≪經典釋文≫ 〈爾雅音義〉에 "寁은 판본에 따라 疌(잠)으로도 되어 있다."라고 하였다.

凡便捷之字當用此. "捷, 獵也." 非其義. 豫九四"朋盍簪." 子夏傳云, "簪, 疾也." 鄭云, "速也." 晁說之云, "陰弘道按張揖古今字詁, 疌作撍. 埤倉云 '撍, 疾也.' 說之案, 撍簪同一字. 王原叔謂'卽詩不寁字. 祖感反.'" 玉裁按, 釋詁"寁, 速也." 本或作疌.

② 徐鍇는 ≪說文解字繫傳≫ 通釋에서 "止는 '발〔足〕'이다. 손과 발을 함께 쓰기 때문에 빠른 것이다."라고 하였다.

鍇曰, "止, 足也." 手足共爲之故疾.

③ 疾과 葉의 반절이다. 살펴보건대, 屮聲은 제15部에 있고 疌聲은 제8部에 있으니, 合韻이다.

疾葉切. 按屮聲在十五部, 疌在八部, 合音也.

## 03-027-1027  (疌) 〔베틀 디딜판/녑〕

'베틀 밑 발로 밟는 부분'이다. 止를 따르고 又를 따르며, 入(입)이 소리이다.

**機下足所履者.**① 从止, 从又, 入聲.②

---

17) 子夏易傳 : ≪子夏易傳≫은 바로 다음에 보이는 '鄭玄 注'와 함께 豫卦의 釋文에 인용된 것이다.

18) 晁說之 : 1059~1129. 宋나라 사람으로 字가 以道이고, 自號는 景迂生이다. 문학가로 유명하며, 中書舍人 등을 역임하였다. 저서로 ≪易商瞿大傳≫, ≪晁氏詩傳≫, ≪晁氏書傳≫, ≪晁氏春秋傳≫ 등이 있다.

19) 陰弘道 : 574~640. 隋唐 때의 大臣이면서 학자로 자는 彦卿이다. 太常博士와 弘文館大學士 등을 지냈다. 저서로 ≪大唐新禮≫, ≪周易新傳疏≫ 등이 있다.

20) 詩經의 不寁 : ≪詩經≫ 〈鄭風 遵大路〉에 "나를 미워하지 말라. 옛사람을 빨리 끊어서는 안 된다.〔無我惡兮 不寁故也〕"에 대해 毛亨 傳에 "寁은 '빠르다'는 뜻이다.〔寁 速也〕"라고 하였다.

① 羍은 '밟다'는 뜻이다.
羍者, 蹋也.
② 尼와 輒의 반절이다. 제8部에 있다.
尼輒切. 八部.

### 03-027-1028  (㣥) 〔밟을/**달**〕

'밟다'이다. 止를 옆으로 뒤집은 것을 따랐다. **撻**(달)과 같이 읽는다.

**蹈也**. 从反止. **讀若撻**.[①]

① ≪廣韻≫ 入聲 12曷에 인용된 문자와 音義가 같다. 他와 達의 반절이다. 제15部에 있다.
廣韻引文字音義同. 他達切. 十五部.

### 03-027-1029  (歰) 〔껄끄러울/**삽**〕

'매끄럽지 못하다'이다. 네 개의 止를 따랐다.

**不滑也**. 从四止.[①]

① 色과 立의 반절이다. 제7部에 있다.
色立切. 七部.

止部에서 다룬 표제자는 14자이고, 重文은 1자이다.

**文十四, 重一**.

# 【028. 癶部】

## 03-028-1030 癶(癶)〔두 발이 어긋날/**발**〕

‘두 발이 서로 어긋나다’이다. 止・少(달)을 따랐다. 대체로 址에 속하는 글자는 모두 址을 따랐다. 撥(발)과 같이 읽는다.

**足刺癶也.**[①] 从止少. **凡址之屬皆从址.**[②] **讀若撥.**[③]

① 剌과 癶은 疊韻字이다. 剌은 盧와 達의 반절이다.
 剌癶疊韻字. 剌, 盧達切.
② 隷變을 거쳐 癶이 되었다.
 隸變作癶.
③ 北과 末의 반절이다. 제15部에 있다.
 北末切. 十五部.

## 03-028-1031 登(登)〔수레에 오를/**등**〕補【重文 1】

‘수레에 오르다’이다. 癶・豆을 따랐다. 수레에 오르는 모양을 본떴다. 𤼷(𤼷)은 登의 籀文이니, 収(廾(두 손 맞잡을/공))을 따랐다.

**上車也.**[①] 从癶豆. **象登車形.**[②] 𤼷, **籀文登**, 从収.[③]

① 인신하여, 대체로 ‘올라가는 것’을 ‘登’이라 한다.
 引伸之凡上升曰登.
② 都와 滕의 반절이다. 제6部에 있다.
 都滕切. 六部.
③ 살펴보건대, 籀文은 彝(제기/등)자의 肉이 생략되었다. 小篆은 肉과 収을 모두 생략하였다.
 按籀文省彝之肉. 小篆倂肉収省之.

## 03-028-1032 癹(癹)〔발로 짓밟아 풀을 죽일/발〕補

'발로 짓밟아서 풀을 죽이다'이다. 癶을 따르고 殳(살)을 따랐다. ≪春秋左氏傳≫에 "발로 밟아 모인 풀을 제거하다.〔癹夷薀崇之〕"[1)]라고 하였다.

曰**足蹋夷艸**.① 从癶, 从殳.② **春秋傳曰, "癹夷薀崇之."**③

① ≪周禮≫ 〈秋官 夷氏〉[2)]에 "夷氏는 풀을 죽이는 일을 관장한다."라고 하였는데, '夷氏'가 어떤 본에는 '雉氏'로 되어 있다.
周禮夷氏掌殺艸. 一作雉氏.

② '从癶'은 '발로 짓밟는 것'을 이른다. '从殳'의 殳은 殺의 생략형이다. 艸部의 芟(삼)도 殳을 따랐다. 癶은 또한 소리이다. 普와 活의 반절이다. 제15部에 있다.
从癶, 謂以足蹋夷也. 从殳, 殺之省也. 艸部芟亦从殳. 癶亦聲. 普活切. 十五部.

③ ≪春秋左氏傳≫ 隱公 6년에 보인다. 지금은 癹이 芟으로 되어 있으며, 音은 衫(삼)이다. 또한 班固의 〈答賓戱〉에 "음흉한 자들을 평정하고 거칠게 우거진 풀을 벤다.〔夷險發荒〕"라고 하였는데, 晉灼은 "發은 '열다〔開〕'이다. 지금 다른 판본들에는 대부분 芟으로 되어 있다."라고 하였다. 살펴보건대, 發은 또한 '癹'의 잘못이다.
隱六年左傳. 今癹作芟, 音衫. 又班固答賓戲"夷險發荒." 晉灼曰, "發, 開也. 今諸本多作芟." 按發亦癹之誤.

癶部에서 다룬 표제자는 3자이고, 重文은 1자이다.

**文三, 重一.**

1) 쌓여……제거하다〔癹夷薀崇之〕: 지금의 ≪春秋左氏傳≫ 隱公 6년에는 "芟夷蘊崇之"로 되어 있고, 이에 대한 杜預 注에 "芟은 '베다'이고, 夷는 '죽이다'이고, 薀는 '쌓이다'이고, 崇은 '모이다'이다.〔芟 刈也 夷 殺也 蘊 積也 崇 聚也〕"라고 하였다.

2) 夷氏 : 今本 ≪周禮≫ 〈秋官〉에는 '薙氏'로 되어 있다.

# 【029. 步部】

## 03-029-1033 步(步)〔걸을/보〕補

'걸어가다'이다. 止와 少이 서로 따르는 것을 따랐다.[1] 대체로 步에 속하는 글자는 모두 步를 따른다.

**行也.① 从止少相背.② 凡步之屬皆从步.**

① ≪說文≫ 行部에서 "行은 '사람이 걷다'이다."라고 하였는데, 步는 '천천히 가는 것'이고, 趨는 '빨리 가는 것'이다. ≪釋名≫ 〈釋姿容〉에 "천천히 가는 것을 '步'라고 한다."라고 하였다.
行部曰, "人之步趨也." 步徐, 趨疾. 釋名曰, "徐行曰步.

② 止와 少이 옆으로 나란한 것은 위로 오르는 모양이고, 止와 少이 서로 따르는 것은 걸어가는 모양이다. '相背'는 '서로 따른다〔相隨〕'는 것과 같다. 薄과 故의 반절이다. 제5部에 있다.
止少相竝者, 上登之象, 止少相隨者, 行步之象. 相背猶相隨也. 薄故切. 五部.

## 03-029-1034 歲(歲)〔목성/세〕補

'木星'이다. 28宿를 경과하며 陰陽을 두루 베푼다. 12개월에(12星次[2] 중에) 한 星

1) 걸어가다……따랐다 : ≪六書尋源≫에서는 "이 '步'자는 위가 止를 따르고 아래가 少을 따라서 서로 번갈아 교차하므로 의미를 '발을 두 번 든다'라고 하였다.〔蓋此字上从止下从少 而交互舛錯 故訓二擧足〕"라고 하여, 발을 두 번 떼는 것이 '步'라고 설명하였다.

2) 12星次 : 해・달・五星의 운행과 절기의 변환을 설명하기 위하여, 하늘을 西에서 東의 방향으로 12등분한 12자리〔次〕를 가리킨다. 12자리의 명칭은 星紀・玄枵・娵訾・降婁・大梁・實沈・鶉首・鶉火・鶉尾・壽星・大火・析木이다. ≪漢書≫ 〈律曆志〉에 "28수를 나누어 十二次로 한다.〔分二十八宿爲十二次〕"라고 하였는데, 여기의 十二次가 바로 12星次이다. 이 '十二次'는 천체에서 해와 달이 하늘에서 만나는 12자리로, 예컨대 11월에는 丑方의 星紀에서 해와 달이 만나는데 星紀는 28宿 가운데 斗宿・牛宿에 해당하며, 12월에는 玄枵(현효)에서 해와 달이 만나는데 玄枵는 28수 가운데 女宿・虛宿・危宿에 해당한다. 그리고 이 12자리를 木星이 1년에 한 자리씩 옮겨가는 것이다.

次를 간다. 步를 따르고, 戌(술)이 소리이다. 律曆書에 五星을 '五步'라 하였다.

**木星也.**① **越歷二十八宿,**② **宣徧陰陽.**③ **十二月一次.**④ **从步,**⑤ **戌聲.**⑥ **律曆書名五星爲五步.**⑦

① 五星에서 水星을 辰星, 金星을 太白, 火星을 熒惑, 木星을 歲星, 土星을 塡星이라 한다.
五星, 水曰辰星, 金曰太白, 火曰熒惑, 木曰歲星, 土曰塡星.

② 歲와 越은 첩운이다.
歲越疊韻.

③ 宣과 歲는 雙聲이다. 이 두 구절은 12년에 12星次를 도는 것을 이른다.
宣歲雙聲. 此二句謂十二歲而周十二次也.

④ ≪爾雅≫ 〈釋天〉에 "載는 '歲〔해(1년)/세〕'이다. 夏나라에서는 '歲'라 하고, 商나라에서는 '祀'라 하고, 周나라에서는 '年'이라 한다."라고 하였다. 孫炎[3]이 "歲星은 1년에 한 星次를 간다."[4]라고 하였다. 賈公彦이 〈星備〉를 인용하여 "歲星은 하루에 1/12度를 운행하며, 12년에 하늘을 한 바퀴 돈다."라고 하였다.[5]
釋天云, "載, 歲也. 夏曰歲, 商曰祀, 周曰年. 孫炎云, "歲星行一次也." 賈公彦引星備云, "歲星一日行十二分度之一, 十二歲而周天."

⑤ 하늘을 운행할 때 일정함이 있기에 步를 따랐다.
行於天有常, 故从步.

⑥ 戌은 '모두'라는 뜻이다. 이 또한 會意이다. 相과 銳의 반절이다. 제15部에 있다.
戌, 悉也, 亦是會意. 相銳切. 十五部.

⑦ 이는 步를 따르는 뜻을 풀이한 것이다. ≪漢書≫ 〈律曆志〉에 "五步이다."라고 하였다.
此釋从步之意. 漢書律曆志云五步.

步部에서 다룬 표제자는 2자이다.

文二.

---

3) 孫炎 : ?~?. 삼국시대 魏나라의 유학자로, 자는 叔然이며 樂安 사람이다. 鄭玄의 문하에서 수학하였으며 反切法을 만들었다. 저서로 ≪爾雅音義≫이 있다. ≪周易春秋例≫, ≪毛詩≫, ≪禮記≫, ≪國語≫, 春秋三傳 등에 주를 달았다.

4) 孫炎이……간다 : ≪春秋左氏傳≫ 昭公 7년 11월에 "公이 '무엇을 육물이라고 하는가?'라고 묻자, '세·시·일·월·성·신을 말합니다.'라고 대답하였다.〔公曰 何謂六物 對曰 歲時日月星辰是謂也〕"에 대한 孔穎達 疏에 "손염이 '四時를 한 번 마치는 것을 「歲」라고 하니, 歲星이 한 星次를 가는 뜻을 취한 것이다.'라고 하였다.〔孫炎曰 四時一終曰歲, 取歲星行一次也〕"라고 하였다.

5) 星備를……하였다 : ≪周禮≫ 〈春官 大宗伯〉의 "以實柴祀日月星辰"에 대한 賈公彦 疏에 보인다. 〈星備〉는 미상이다.

# 【030. 此部】

## 03-030-1035 (此)〔멈출/차〕補

'멈추다'이다. 止와 匕를 따랐다. 匕는 서로 나란히 멈춰 있는 것이다. 대체로 此에 속하는 글자는 모두 此를 따랐다.

**止也.① 从止匕.② 匕, 相比次也.③ 凡此之屬, 皆从此.**

① ≪爾雅≫ 〈釋詁〉에 "已(이)는 '此(이것)'이다."라고 하였으니, 바로 〈許愼의 "此는 '멈추는 것'이다."라는 해설과 함께〉 서로 뜻을 밝혀주는 것이다. 사물에서는 멈추는 곳이 되고, 글에서는 종결하는 말(종결사)이 된다.

釋詁曰, "已, 此也." 正互相發明. 於物爲止之處, 於文爲止之詈.

② 句讀이다.

句.

③ 이는 匕를 따르는 까닭을 풀이한 것이니, 서로 나란히 멈춰 있는 것이다. 雌와 氐의 반절이다. 제15部에 있다. 漢나라 사람들은 제16部에 넣었다.

此釋从匕之故, 相比次而止也. 雌氏切. 十五部. 漢人入十六部.

## 03-030-1036 (呰)〔비뚤어질/자〕

'비뚤어지다'이다. 비워 둔다.〔闕〕1)

**窳也. 闕.①**

① 將과 此의 반절이다. 제15部·제16部에 있다.

살펴보건대, 이것은 許愼이 쓴 글이 아니다. ≪史記≫ 〈貨殖傳〉에 "그럭저럭 되는대로 구차하고 게으르게 살아가고〔呰窳偸生〕, 모아놓은 것이 없다."라고 하고, ≪漢書≫ 〈地理志 下〉에서 "그럭저럭 되는대로 구차하고 게으르게 살아가고〔呰窳偸生〕, 모아놓

1) 비워 둔다〔闕〕: '(呰)'자에 대한 설명을 알지 못해 보류한다는 의미이다. ≪說文≫ 15권 許愼의 〈說文敍〉에 "모르는 것에는 설명을 비워둔다.〔於其所不知 蓋闕如也〕"라고 하였다.

은 것이 없다."라고 하였다. 〈이에 대한 ≪한서≫ 〈지리지 하〉의 注에서〉 應劭는 "呰는 '약한 것'이다."라고 하고, 晉灼은 "呰는 '아픈 것'이다. 窳(유)는 '게으른 것'이다."라고 하였다. 〈≪사기≫ 〈화식전〉의 集解에서〉 徐廣은 "呰窳는 구차하고 게으른 것을 이른다."라고 하였고, 〈≪한서≫ 〈지리지 하〉의 注에서〉 顔師古는 "呰(자)는 '짧은 것'이고, 窳는 '약한 것'이다. 〈呰窳는〉 힘이 적고 재주가 부족해 부지런히 움직일 수가 없음을 말한다."라고 하였다. 이처럼 모두 呰窳를 雙字(連綿語)로 보고 窳의 뜻으로 '呰'를 풀이하지 않았다. 小顔(顔師古)이 말한 "呰는 '짧은 것'이다."는 ≪方言≫에 근거한다.[2] 지금 ≪說文≫에서는 窳의 뜻으로 呰를 풀이하였으니, ≪史記≫와 ≪漢書≫에서의 뜻이 아니다.

또한 대체로 "闕"이라고 한 것은 그 字義를 빠뜨렸거나 그 字音을 빠뜨렸거나 字形을 빠뜨린 것이다. 즉 呰를 '窳'의 뜻으로 풀이하였다면, 字義를 빠뜨린 것이 아니다. 그 字音에 대해서는 如淳이 "音은 紫이다."라고 하였다.[3] 그 字形은 此를 따르고 吅(훤)을 따랐으며 此는 또한 소리이기도 하다. 그러니 모두 '闕'이라 해서, 말할 수 없는 것이 아니다.

許愼은 訾(자)를 言部에 넣고 呰를 口部에 넣었는데, 유독 '呰'자만 吅部에 넣지 않고 此部에 넣은 듯하다. 許愼은 반드시 글자에 대한 의미를 살펴 알았을 것이다. 지금 판본은 대체로 許愼의 해설이 없어진 뒤에 학식이 얕은 사람이 보충한 것이다. ≪爾雅≫ 〈釋詁〉에 "玆·斯·咨·呰·已는 '此(이것)'이다."라고 하였는데, 아마도 呰는 본래 '呰'로 되어 있었고 此의 뜻으로 字義를 풀이한 듯하다. 그러므로 許愼이 '呰'자를 "此는 '멈추다'이다.〔此 止也〕"라는 해설과 유사하게 여겨 此部에 넣은 것이다.

將此切. 十五十六部. 按此非許本文. 史記貨殖傳云, "呰窳偸生, 無積聚." 漢地理志"呰窳偸生而無積聚." 應劭曰, "呰, 弱也." 晉灼曰, "呰, 病也. 窳, 惰也." 徐廣曰, "呰窳, 苟且惰懶之謂也." 師古曰, "呰, 短也. 窳, 弱也. 言短力弱才不能勤作." 是皆呰窳爲雙字, 不以窳釋呰. 小顔云, "呰短"者, 本方言. 今說文以窳釋呰, 非史·漢文義. 又凡云"闕"者, 或闕其義, 或闕其音, 或闕其形. 卽釋爲窳, 則義非闕也. 其音則如淳"音紫", 其形則从此从吅, 此亦聲. 皆非蓋闕無可言者. 許以訾入言部, 以呰入口部, 惟呰不入吅部入此部, 許必審知其說. 今本蓋許說亡後, 淺人補之也. 釋詁曰, "玆斯咨呰已, 此也." 疑呰本作呰, 訓此. 故許類諸"此止也", 而入此部歟.

---

2) 方言에……근거한다 : ≪方言≫ 권10에 "呰은 '짧다'이다. 江水와 湘水가 만나는 지역에서는 짧은 것을 呰라고 말한다.〔呰 短也 江湘之會謂之呰〕"라고 한 것을 가리킨다.

3) 그……하였다 : ≪漢書≫ 〈地理志 下〉의 注에 "여순은 '呰는 간혹 紫(제)로 되어 있다. 音은 紫이다.〔如淳曰 呰或作紫 音紫〕"라고 하였다. 또한 ≪史記≫ 〈貨殖傳〉의 集解에서도 "徐廣曰 音紫"라고 하였다.

## 03-030-1037 (柴)〔알, 감출/취〕

'알다'이다. 此를 따르고 朿(자)가 소리이다. 일설에는 '감추다'의 뜻이라고도 한다.

**識也. 从此, 朿聲.**① **一曰藏也.**②

① 遵과 誄의 반절이다. 古音은 제16部에 있다.
遵誄切. 古音在十六部.

② 藏은 今字이며, 臧은 古字이다. ≪廣雅≫ 〈釋器〉에 "돌침〔石鍼〕을 '柴'라고 이른다."라고 하였으니, 識의 뜻과 서로 가깝다. 또 ≪광아≫ 〈釋詁 四〉에 "柴는 '弮(권)'이다."라고 하였으니, 藏의 뜻과 서로 가깝다.[4] 弮은 舒卷[5]의 卷과 같다.
藏, 今字也, 古作臧. 廣雅"石鍼謂之柴." 與識訓相近. 又"柴, 弮也." 與藏訓相近. 弮同舒卷之卷.

此部에서 다룬 표제자는 모두 3자이다.

文三.

---

4) 藏의……가깝다 : ≪說文≫ 臣部에 "臧은 '좋다'이다.〔臧 善也〕"에 대해 段玉裁 注에 "좋은 물건은 반드시 안에 숨긴다. 艸를 따르는 '藏'자를 '숨기다'는 '臧'자로 여기는 것은 漢末에 시작되었다.〔凡物善者 必隱於內也 以从艸之藏爲臧匿字始於漢末〕"라고 하였다. 그러므로 弮의 뜻이 藏의 뜻과 서로 가깝다고 말한 것이다.

5) 舒卷 : 펼치거나 오그림, 나아가거나 물러남, 숨거나 드러남을 뜻하는 말이다.

# 出土文獻 補註

## 凡 例

1. 본 字源 解說은 ≪說文解字注≫의 표제자 중 출토자료에서 찾을 수 있는 字形을 제시하고 주석과 解說을 부가한 것이다. ≪설문해자주≫ 본문의 표제자 중, 자원 해설이 추가된 표제자는 별도로 '補'로 표시하여 참고하는 데 편의를 제공하였다.
2. ≪說文解字注≫ 본문 비교의 편의를 위하여 표제자 뒤에 번역본의 일련번호를 표기하였다. 단 ≪설문해자주≫에는 실려 있지 않지만 徐鉉本 ≪說文解字≫에 新附字로 수록된 한자의 경우 일련번호 대신 '徐鉉本 新附字'로 표기하였다.
3. ≪說文解字≫ 小篆이 등장하기까지의 고문자를 商代文字, 西周春秋文字, 戰國文字, 秦文字로 분류하여 각각 그 字形을 표를 통해 제시하였다. 이때 '秦文字'는 戰國時代 秦의 문자를 포함한다. 전국시대 秦文字가 小篆으로 이어지기 때문에 따로 항목을 설정하였다.
4. 출토자료의 명칭은 학계에서 일반적으로 사용하는 약칭을 사용하였으며, '참고문헌 및 약칭일람'에 정식명칭을 명시하였다. 그 예는 다음과 같다.

| 약칭 | 정 식 명 칭 |
|---|---|
| 合7241 | ≪甲骨文合集≫(中國社會科學院歷史研究所, 1982)의 '7241'번 갑골탁본 |
| 郭店 老子甲 4 | ≪郭店楚墓竹簡≫(荊門市博物館 編, 文物出版社, 1998)의 ≪老子≫ 甲本 4호간 |

5. 기타 서술원칙 및 부호는 ≪說文解字注≫ 번역본을 따랐다.

# 참고문헌 및 약칭일람

| 분류 | 약칭 | 저록 문헌 |
|---|---|---|
| 甲骨 | 合(合集) | 中國社會科學院歷史研究所, ≪甲骨文合集≫, 1982 |
| | 屯 | 中國社會科學院考古研究所, ≪小屯南地甲骨≫, 1980~1983 |
| | 英 | 李學勤/齊文心/艾蘭 編, ≪英國所藏甲骨集≫, 1985 |
| | 花東 | 中國社會科學院考古研究所, ≪殷墟花園莊東地甲骨≫, 雲南人民出版社, 2003 |
| | 村中南 | 中國社會科學院考古研究所, ≪殷墟小屯村中村南地甲骨≫, 雲南人民出版社, 2012 |
| | 懷 | 許進雄, ≪懷特氏等收藏甲骨文集≫, 加拿大安大略博物館, 1979 |
| 金文 | 集成 | 中國社會科學院考古研究所, ≪殷周金文集成≫ 전18책, 1984~1994 |
| | 近出 | 劉雨/盧岩 編, ≪近出殷周金文集錄≫ 전4책, 中華書局, 2002 |
| 戰國竹簡 | 郭店 | 荊門市博物館, ≪郭店楚墓竹簡≫, 文物出版社, 1998 |
| | 上博 | 馬承源 主編, ≪上海博物館藏戰國楚竹書≫ 1~9권, 上海古籍出版社, 2001~2012 |
| | 清華簡 | 清華大學出土文獻研究與保護中心, 李學勤 主編, ≪清華大學藏戰國竹簡≫ 1~11권, 中西書局, 2010~2021 |
| | 包山 | 湖北省荊沙鐵路考古隊, ≪包山楚簡≫, 文物出版社, 1991 |
| | 新蔡 | 河南省文物考古研究所, ≪新蔡葛陵楚墓≫, 大象出版社, 2003 |
| | 九店 | 湖北省文物考古研究所 北京大學中文系 編, ≪九店楚簡≫, 中華書局, 2000 |
| | 信陽 | 河南省文物研究所, ≪信陽楚墓≫, 文物出版社, 1986 |
| | 秦家嘴 | 滕任生, ≪楚係簡帛文字編(增訂本)≫, 湖北教育出版社, 2008 |
| 秦簡 | 嶽麓 | 朱漢民・陳松長 主編, ≪嶽麓書院藏秦簡≫ 1~6권, 上海辭書出版社, 2010~2020 |
| | 里耶 | 湖南省文物考古研究所, ≪里耶秦簡≫ 1권, 文物出版社, 2012 |
| | 睡虎地 | 睡虎地秦墓竹簡整理小組, ≪睡虎地秦墓竹簡≫, 文物出版社, 1990 |
| 기타 | 貨系 | 汪慶正, ≪中國歷代貨幣大系≫(一), 上海人民出版社, 1988 |
| | 璽彙 | 故宮博物院, ≪古璽彙編≫, 文物出版社, 1981 |
| | 陶錄 | 王恩田, ≪陶文圖錄≫, 齊魯書社, 2006 |

## 小(03-015-0668)

| 商代文字 |  小子父己方鼎 |  合21805 |  合13679正 |  合15826 |
|---|---|---|---|---|
| 西周春秋文字 |  柞伯簋 |  農卣 |  散氏盤 |  江小仲母生鼎 |
| 戰國文字 |  八年亯令戈 |  先秦編 99 | | |
| 秦文字 |  里耶 8-1575 |  里耶 8-529背 | | |

許愼은 '小'를 形符 '八'과 '丨'으로 구성된 會意字로 분석하였다. '小'는 갑골문 단계부터 출현하였다. 小는 商代文字에서 '', '' 등으로 書寫한다. 이는 작은 점 세 개로 이루어진 것으로 '작다', 또는 '적다'는 개념을 나타내었다. 馬敘倫은 작은 모래 알갱이를 본뜬 것으로 沙의 初文으로 보기도 하였는데, 이 점들이 실제 사물을 본뜬 것인지는 알 수 없다. 추상적인 점들로 구성된 것으로 보아야 한다. 西周 金文도 기본적으로 甲骨文과 동일하다. ≪事作小旅鼎≫(集成 2078) ''가 그 예이다.

한편 중간에 긴 세로선이 중심에 자리잡기 시작하면서 지금의 '小'와 유사한 구조가 출현한다. ≪𦀚伯歸夆簋≫(集成 2078) ''의 중심에 긴 세로선이 자리잡은 것을 볼 수 있다. 春秋시기 이후로는 중심의 긴 세로선과 양쪽의 점으로 자형이 고정된다. 의미는 許愼의 정의대로 "사물이 작다.〔物之微也〕"는 뜻으로 쓰였으며 지명이나 인명의 姓氏로 쓰인 사례도 있다.

## 少(03-015-0669)

| 商代文字 |  合19772 | 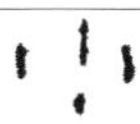 合20912 |  合21386 | |
|---|---|---|---|---|
| 西周春秋文字 | 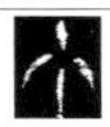 哀成弔鼎 |  蔡侯紐鐘 |  郐王盧 |  侯馬 98：21 |
| 戰國文字 |  包山213 |  上博 內禮 10 |  郭店 緇衣 9 |  清華簡 筮法 37 |

| 秦文字 | 秦律 180 | 里耶 8-156 | | |
|---|---|---|---|---|

許愼은 '尐'를 形符 '小'와 聲符 '丿'로 구성된 形聲字로 분석하였다. '少' 역시 甲骨文 단계부터 출현한 자형이다. 少는 小에서 분화된 글자이다. 商代文字부터 小에 점을 하나 더 추가한 少가 출현하는데, 분명하게 小와 少로 구분하여 사용되지 않았다. 즉 문맥에 따라서 구분하고, 글자 모양으로 구분하지 않았다. 秦漢시기 이후부터 세 개의 점으로 이루어진 小는 '작다'는 뜻으로 쓰이고, 아래 점이 필획으로 바뀐 少는 '적다〔少〕'는 뜻으로 쓰여 명확히 구분하기 시작하였다. 春秋시기부터는 '小'와 '少'가 분화되기 시작한다. 아래 '丿'에 따라 대략 3가지로 구분할 수 있다. 첫 번째로 ≪侯馬盟書≫ 98 : 21 '少'와 같이 아랫부분이 '丿'로 구성된 경우이다. 두 번째로 ≪䵼鎛≫(集成 2078) ''와 같이 '乀'로 구성된 경우이다. 세 번째로 아랫부분이 가로선이나 세로선 등으로 구성된 경우이다. ≪蔡侯紐鐘≫(集成 217) '', ≪哀成叔鼎≫(集成 2782) '' 등이 그 예이다.

'小'와 자형이 분리된 이후로도 '小'와 같은 의미를 표시하기도 했지만 '나이가 어리다'는 뜻을 표시하는 경우가 점차 증가하였다. 戰國시기는 '나이가 어리다'는 뜻을 강조하기 위해 '子'를 추가한 자형도 출현하였다. 上博楚簡 ≪內豊≫ 10호간 '', ≪中山王鼎≫(集成 2840) ''가 그 예이다.

## 八(03-016-0671)

| 商代文字 | 合14681 | 合16388 | 合27459 | 合37940 |
|---|---|---|---|---|
| 西周春秋文字 | 柞伯簋 | 不栺方鼎 | 小克鼎 | 齊大宰歸父盤 |
| 戰國文字 | 包山 19 | 清華簡 繫年 66 | 先秦編 573 | 貨系 90 |
| 秦文字 | 里耶 8-2004 | 周 138 | | |

‘’은 두 사선이 서로 등진 형태로 구성되었다. 이러한 자형은 甲骨文부터 줄곧 이어져 오고 있다. 八은 商代文字에서 보이듯 추상적인 필획 두 개가 나뉘어 갈라지는 모양을 표현한 것으로, ‘나뉘다’, ‘구별’의 의미로 쓰이는 글자이다. 그런데 숫자 8과 발음이 같아서 商代文字부터 이미 假借하여 숫자 ‘8’의 뜻으로 쓰였다. 八의 本義를 구별하기 위하여 分자가 분화되어 만들어졌다. 西周시기나 春秋시기 역시 갑골문과 동일한 구조를 유지하다가 戰國시기에 좌우 두 사선이 곡선으로 변형된 자형으로 구성되기도 하였다. 晉 陶文 ‘’(≪陶錄≫ 5.81.2), 齊 ≪私之十二杯≫(新收 1079) ‘’ 등이 그 예이다.

## 分(03-016-0672)

| 商代文字 | 花東391 | 合11398 | | |
|---|---|---|---|---|
| 西周春秋文字 | 夆分父甲觶 | 己侯貉子簋蓋 | 鬲攸比鼎 | |
| 戰國文字 | 郭店 窮達以時 1 | 上博 天子建州乙 10 | 中國錢幣 2007.2 | |
| 秦文字 | 睡虎地 答問 67 | 里耶 8-426 | | |

‘’은 ‘八’과 ‘刀’로 구성된 會意字이다. ‘分’은 ‘八’의 本義인 ‘나누다’는 뜻을 표시하기 위하여 ‘刀’를 추가하였다. 分은 추상적인 필획 두 개가 나뉘어진 모양을 표현한 八에 의미를 더욱 강조하는 刀를 추가하여 만든 글자이다. 八과 分은 발음으로 볼 때, 聲母가 동일하며 韻母에 있어서 八은 上古音이 質部에 속하고 分은 文部에 속하여 陽入對轉 관계에 있어 발음이 매우 유사하다.

따라서 分에서 八은 聲符로 분석할 수 있다. 西周시기 이후로도 甲骨文과 동일한 구조로 지속되었다. 戰國시기에 일부 지역에서 이체자를 사용하기도 하였다. 里耶秦簡 8-237호간 ‘’과 같이 戰國文字 ‘人’과 유사한 ‘刀’로 구성되기도 하였고, 淸華簡 ≪湯處於湯丘≫ 16호간 ‘’은 ‘刀’ 대신 ‘刃’으로 구성되기도 하였다. 許愼이 정의한

대로 "나누다〔別也〕"는 뜻 외에도 '분배', '분담', '일부분' 등의 의미로 쓰인다.

## 尒(03-016-0673)

| | | | | |
|---|---|---|---|---|
| 戰國文字 | 中山王鼎 | 上博 緇衣 16 | 淸華簡 金縢 4 | |
| 秦文字 | ≪說文≫小篆 | | | |

許愼은 '尒'를 '丨'과 '八'로 구성되고 聲符는 '入'인 形聲字라고 분석하였다. 尒(爾)는 爾자가 簡化된 형태의 글자이다. 爾는 본래 甲骨文에서 로 서사하는데, 아마도 나뭇가지가 여러 갈래로 갈라진 모양을 본뜬 것으로 추정된다. 따라서 '평평하게 이어지다'는 뜻의 瀰자와 '두루', '널리'의 뜻을 가진 彌자에 그 의미가 남아 있다. 가 점진적으로 簡化되어 戰國시기부터 尒 모양의 字形이 출현하기 시작한다. 형태별로 구분해보면 小篆과 동일한 上博楚簡 ≪緇衣≫ 2호간 '尒'가 있으며, 郭店楚簡 ≪緇衣≫ 16호간 ''와 같이 중간 세로선에 점이 추가된 경우도 있다. 또한 齊 ≪陳尒戈≫(新收 1499) ''와 같이 점이 가로선으로 변화하기도 하였다. 尒는 주로 2인칭 대명사로 사용되었다.

## 曾(03-016-0674)

| | | | | |
|---|---|---|---|---|
| 商代文字 | 合4064 | 合6536 | 合26015 | |
| 西周春秋文字 | 靜方鼎 | 小臣鼎 | 曾侯匿 | 曾伯霥匿 |
| 戰國文字 | 中山王方壺 | 上博 成王旣邦 14 | 上博 季庚子問於孔子 21 | |
| 秦文字 | 里耶 8-1495背 | 秦駰玉牘 甲.正 | | |

許愼은 '曾'자는 '八'과 '曰'로 구성되었으며 聲符가 '囮'인 形聲字로 해석하였다. '曾'은 '甑'의 初文으로 시루에서 김이 퍼져 나가는 모습을 본뜬 字形이다. 甲骨文 을 보면 아래가 시루〔甑〕에 해당하고, 위로 올라온 두 필획은 증기가 올라가는 모습에 해당한다. 西周시기부터 '' 혹은 ''이 구별부호로 추가되어 ≪小臣鼎≫(集成 2678) ''과 같은 구조로 변화하였으며 春秋시기부터 증기가 위로 퍼져 나가는 부분이 '八'로 변화하였다. 戰國시기는 西周시기부터 추가된 아랫부분이 모두 ''로 변화한다. 上博楚簡 ≪季庚子問於孔子≫ 21호간 ''이 그 예이다. 許愼이 聲符로 지목했던 '囮'는 시루를 본뜬 부분이 변화되었다.

## 尙(03-016-0675)

| | | | | |
|---|---|---|---|---|
| 商代文字 | <br>合6655 | | | |
| 西周春秋文字 | <br>西周 H11 : 23 | <br>尙方鼎 | <br>者尙余卑盤 | <br>侯馬盟書 67 : 22 |
| 戰國文字 | <br>中山王方壺 | <br>璽彙 0328 | <br>郭店 五行 22 | <br>淸華簡 耆夜 10 |
| 秦文字 | <br>官印 0009 | <br>睡虎地 效律 24 | | |

'尙'은 形符 '八'과 聲符 '向'으로 구성된 形聲字이다. 商代文字인 甲骨文에 '尙'자의 유래가 되는 字形이 출현하는데, 바로 의 일부인 이다. 은 堂의 初文으로 그 위에 장식성 필획이 추가되고, 구별부호인 口가 추가되면서 尙의 자형을 가지게 되었다. 尙의 가장 오래된 字形은 西周시기 周原 甲骨文과 靑銅器에서 볼 수 있다. H11 : 23의 ''이나 ≪尙方鼎≫(集成 1769) ''과 같다. 春秋시기부터 윗부분에 '八' 이외에도 侯馬盟書 67 : 22의 ''과 같이 가로선이 추가되거나 ≪者𣺵鐘≫(集成 197) ''과 같이 '八'이 '小'로 변화한다. 戰國시기도 春秋시기와 같은 양상이 지속되었으나 小篆을 비롯한 秦 문자는 주로 윗부분에 세로선이 추가된 '尙'의 자형이 다수를 차지한다.

## 㒸(03-016-0676)

| | | | | |
|---|---|---|---|---|
| 商代文字 | <br>合27598 | <br>合15147 | <br>合2496 | |
| 西周春秋文字 | <br>井侯簋 | <br>師寰簋 | <br>邾公華鐘 | |
| 戰國文字 | <br>望山 2.49 | | | |
| 秦文字 | <br>秦公鐘 | <br>陶彙 3.278.1 | | |

'㒸'는 形符 '八'과 聲符 '豕'로 구성된 形聲字이다. 이와 같은 구조의 자형은 갑골문에 등장하기는 하지만, '㒸'자가 아니다. '㒸'는 彘에서 분화된 글자이다. 본래 화살에 맞아 넘어진 돼지를 본뜬 글자로, 動詞로 사용될 때는 로 書寫하고, 名詞로 사용될 때는 생략형인 로 서사한다. 그래서 '墜'의 의미를 가진다. 西周春秋시기로 가면서 로 변형되었다가 이후 戰國시기 秦 陶文 ''(≪陶彙≫ 5.252), 望山楚簡 2-49호간 ''도 '㒸'로 隸定한다. 許愼은 이 자형을 "뜻을 따르다〔從意〕"로 해석하였다. 望山楚簡의 '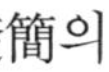'는 '繸'로 읽고 '인끈'의 뜻으로 쓰였다.

## 詹(03-016-0677)

| | | | | |
|---|---|---|---|---|
| 戰國文字 | <br>上博 緇衣 9 | <br>郭店 忠信之道 3 | <br>璽匯 5455 | |
| 秦文字 | <br>十七年太后漆盒 | | | |

許愼은 '詹'은 '言'과 '八', '厃'으로 구성된 자형이라고 하였다. 이 자형이 처음 출현한 시기는 戰國시기이다. 秦 ≪十七年太后漆盒≫ '', 上博楚簡 ≪緇衣≫ 9호간 '', 郭店楚簡 ≪忠信之道≫ 3호간 '', 燕 璽印 ''(≪彙彙≫ 5455) 등이 있다. 자형의 本義는 아직 밝혀진 것이 없다. 자형마다 차이가 많은데 그중 秦文字 구조가 小篆과

가장 비슷하다. 이 자형들은 주로 '詹事'와 같은 관직명을 표시하거나 上博楚簡 ≪緇衣≫와 같이 '瞻'으로 해석하기도 한다.

## 介(03-016-0678)

| 商代文字 | 合2164 | 合19027 | 合2344 | 合19028 |
|---|---|---|---|---|
| 戰國文字 | 上博 平王問鄭壽 5 | 上博 吳命 4 | | |
| 秦文字 | 詛楚文 亞駝 | 睡虎地 答問 206 | | |

許愼은 '介'를 '人'과 '八'로 구성된 자형으로 해석하였다. 商代文字인 甲骨文을 보면 또는 로 되어 있는데, 사람이 여러 점들 사이에 놓여 있는 모습을 하고 있다. 이에 대해 두 가지 설이 있는데, 하나는 여러 점들이 가죽을 나타내고 사람이 그 사이에 끼어 있어서 介가 되었으며, '갑옷'의 뜻을 나타내거나 '끼다'는 뜻을 나타냈다는 것이다. 다른 하나는 여러 점들이 질병의 하나인 옴〔疥疥〕을 나타내는 것으로 疥의 初文이라는 것이다. 두 가지 가운데 어느 것이 정확한지 현재로서는 판단하기 어렵다.

春秋시기 石鼓文 〈田車〉 ''로부터 戰國시기 上博楚簡 ≪吳命≫ 4호간 '', 睡虎地秦簡 ≪法律答問≫ 207호간 ''까지 자형의 중심에 '人'이 있으며 좌우 대칭 구조로 구성된 점은 동일하다. 許愼은 '介'를 '畫'으로 정의하였으나, 전래문헌에서 주로 親屬 관계를 나타내거나 '갑옷'의 뜻으로 사용되었다.

## 㒸(03-016-0679)

| 商代文字 | 合593 | 屯2009 | 合29400 | 合10968 |
|---|---|---|---|---|
| 秦文字 | ≪說文≫小篆 | | | |

'八八'는 두 개의 '八'로 구성된 字形으로 許愼은 '나누다〔分〕'로 정의하였다. 商代文字인 甲骨文을 보아도 두 개의 '八'로 구성된 字形이며, '구별'이라는 뜻이다. 古文字에서 두 글자를 중복하여 발음과 의미가 유사한 글자를 만드는 경우가 많은데, 이 역시 그러한 예로 이해할 수 있다.

## 公(03-016-0680)

| | | | | |
|---|---|---|---|---|
| 商代文字 |  合27149 |  合36545 |  𢦚公父丁卣 | |
| 西周春秋文字 |  大盂鼎 | 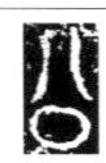 毛公鼎 |  子犯編鐘 |  溫縣盟書 T1K1：3216 |
| 戰國文字 |  清華簡 楚居 13 |  璽匯 3842 |  陶錄 3.209.1 |  銀盤 發現 75 |
| 秦文字 |  不其簋 |  嶽麓叁 62 | | |

'公'은 '八'과 '厶'로 구성된 자형이다. 商代文字인 甲骨文부터 출현하는데, '八'과 원형의 형태로 결합된 公으로 書寫한다. 이는 손잡이가 달린 항아리를 본뜬 것으로 '瓮'의 初文이며 '공적인 것', '공평'은 假借된 것이라는 설이 있고, '八'이 나뉘는 것을 의미하여 '공평함'을 뜻하고, 여기에 구별부호가 더해진 것이라는 주장도 있다. 그러나 무엇이 정확한지는 판단하기 어려운 상황이다. 西周시기 역시 甲骨文 자형 구조를 그대로 계승한다.

다만 ≪豐觥≫ '公'과 같이 '八'이 뒤집히거나 '厶' 안에 점이 찍힌 자형이 출현하기도 한다. 戰國시기는 지역과 서사 재료의 차이로 인해서 '厶'가 더욱 더 다양하게 변화한다. 晉 璽印 '公'(≪璽彙≫ 5558)과 같이 '厶'가 '八'과 결합한 용례도 있으며 齊 陶文 '公'(≪陶錄≫ 3.209.1)과 같이 아래 飾筆 '='이 추가된 용례도 있다. 齊 璽印 '公'(≪璽彙≫ 266)은 '厶'가 '巳'의 고문자 자형과 같이 변형되었다. 燕 璽印 '公'(≪璽彙≫ 3861)는 '厶'의 외형이 사각형으로 변하고 그 안에 찍힌 점이 선으로 변화되면서 전형적인 '公'과 차이가 발생하였다. '公'은 王朝 大臣이나 貴族에게 사용되었던 尊稱으로 많이 사용되다가 春秋시기 이후로 諸侯의 通稱으로 사용되었다. 이로부터 '公共', '共同'의 의미가 파생되었다.

## 必(03-016-0681)

| 商代文字 |  合14034正 |  合175 |  懷962 | |
|---|---|---|---|---|
| 西周春秋文字 |  王臣簋 |  南宮乎鐘 |  無叀鼎 | |
| 戰國文字 |  包山 127 |  郭店 六德 47 |  清華簡 筮法 63 |  集粹 347 |
| 秦文字 |  睡虎地 日乙 112 | 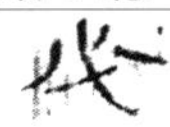 里耶 8-138正 | | |

許愼은 ''을 '八'과 '弋'으로 구성된 자형으로 분석하였다. 商代文字인 甲骨文을 보면 창을 본뜬 (戈)의 손잡이 부분인 으로 書寫한다. 따라서 '必'은 '柲'의 初文이며, '반드시'라는 의미는 假借된 것임을 알 수 있다. 나중에 양쪽에 장식성 필획이 추가되면서 의 형태가 되었다. ≪王臣簋≫(集成 4268) ''과 같이 중간 부분의 양쪽에 추가된 장식성 필획이 후에 '八'의 형태로 변화되고 이 부분이 聲化된 것이다.

戰國시기 이후로 이 자형의 핵심 부분인 ''이 '戈' 또는 '弋'과 비슷하게 변형되기 시작한다. 包山楚簡 127호간 ''은 '戈'와 '八'로 구성된 자형이나 '必'로 해석한다. 清華簡 ≪筮法≫ 63호간 ''는 '弋'과 '八'로 구성되었다. 秦代 이후로는 戰國시기 '戈', '弋' 등의 형태까지 모두 사라지고 周家臺秦簡 219호간 ''과 같이 獨體字 구조로 변화한다. '必'은 본래 '긴 자루'를 본뜬 字形이었으나 西周시기 金文부터 부사적 용법인 '꼭', '반드시'라는 뜻으로 사용하기 시작하였다.

## 余(03-016-0682)

| 商代文字 |  合19910 |  屯2240 | | |
|---|---|---|---|---|

| 西周春秋文字 | 何尊 | 大盂鼎 | 六年琱生簋 | 蔡侯紐鐘 |
|---|---|---|---|---|
| 戰國文字 | 清華簡 皇門 10 | 中山王方壺 | 書也缶 | 清華簡 筮法 41 |
| 秦文字 | 秦公簋 | 睡虎地 日乙 26 | | |

許愼은 '余'는 '八'로 구성되었으며 聲符는 '舍'의 생략형이라고 분석하였다. 商代文字 甲骨文은 로 서사하는데, 아직 무엇을 본뜬 것인지 명확하지 않다. '舍'의 初文이라는 견해가 있으나 확정하기는 어렵다. 西周시기 역시 甲骨文과 字形 구조가 일치한다. ≪呂服余盤≫(集成 10169) ''와 같이 아래쪽에 점 두 개를 추가한 字形도 출현하였다. 春秋시기 이후부터 ≪秦公簋≫(集成 4315) ''와 같이 아랫부분에 좌우 사선이 더해진다. 이 두 사선이 '八'과 유사한 형태로 구성되었으며 戰國文字, 隸書를 거쳐 楷書까지 이 형태를 유지한다. '余'는 이미 甲骨文 단계부터 1인칭 대명사로 假借되었고, 甲骨文 이후로 本義보다 1인칭 대명사로 사용되었다.

## 釆(03-017-0684)

| 商代文字 | 作父乙卣 | 釆作父丁卣 | | |
|---|---|---|---|---|
| 西周春秋文字 | 井叔釆鐘 | | | |
| 戰國文字 | 清華簡 祝辭 1 | 清華簡 祝辭 3 | | |
| 秦文字 | ≪說文≫小篆 | | | |

許愼은 '釆'의 의미를 "변별하다〔辨別也〕"라고 하였으며, "짐승들의 발톱이 분별되는 것〔象獸指爪分別也〕"을 본떴다고 하였다. 이 字形은 商代文字 金文에서 출현하고 甲骨文에는 출현하지 않는다. 金文 ''을 볼 때, 許愼의 설명이 맞다고 판단된다. ≪井叔釆鐘≫(集成 144) ''과 같은 西周 金文과 清華簡 ≪祝辭≫ 1호간 '' 등의 戰國文字

모두 갑골문과 구조상 동일하다. '釆'은 西周 金文부터 이미 部族名이나 姓氏로 쓰였다. 이후 전래본에서 姓氏 중 '番'이 바로 '釆'에서 비롯된다.

## 番(03-017-0685)

| 西周春秋文字 | <br>番匊生壺 | <br>丹弔番盂 | <br>番君匜 | <br>番君召簠 |
|---|---|---|---|---|
| 戰國文字 | <br>包山 52 | <br>璽彙 1658 | <br>郭店 緇衣 29 | |
| 秦文字 | <br>十鐘 3.39 下 | | | |

'番'은 '釆'과 '田'으로 구성된 자형이다. 許愼은 '田'을 "짐승의 발바닥〔獸足〕"을 본뜬 부분이라고 하였는데, 西周시기부터 출현하는 字形인 을 보면 위는 짐승의 발톱이고 아래는 짐승의 발바닥임을 알 수 있다. 후에 訛變되어 아래가 '田'으로 변형되었다. 後起字로 나중에 '蹯'자가 만들어졌다. 春秋시기는 西周시기와 자형 구조는 기본적으로 동일하지만 ≪番昶伯者君鼎≫(集成 2617) ''이나 ≪番君匜≫(集成 10271) ''과 같이 생략형으로 쓰이기도 하였다. 戰國시기는 이전시기의 자형이 그대로 계승되는 동시에 이체자가 출현하기도 하였다.

郭店楚簡 ≪緇衣≫ 29호간 ''는 '番'과 '月(肉)'으로 구성된 자형이며 上博楚簡 ≪緇衣≫ 15호간 ''는 '釆'이 '月(肉)' 안쪽으로 포함되기도 하였다. ≪說文解字≫에서 이 한자를 "짐승의 발〔獸足〕"로 해석하였으나 西周 靑銅器는 姓氏로 사용하였다. 戰國文字는 姓氏 용법 외에도 '審'을 생략한 자형으로 쓰이기도 하였다. 上博楚簡 ≪凡物流形≫ 甲 15호간 ''은 '番'으로 隸定하였지만 전후 맥락이 "천하를 보고 나라를 살피다.〔視於天下 番於國〕"인 점을 감안하여 '審'으로 해석한다.

## 宷(03-017-0686)

| 商代文字 | <br>合10678 | | | |
|---|---|---|---|---|

| | | | | |
|---|---|---|---|---|
| 西周春秋文字 |  五祀衛鼎 |  楚王酓審盂 | | |
| 戰國文字 |  上博 孔子見季𧎗子 12 |  上博 孔子詩論 21 | | |
| 秦文字 |  睡虎地 效律 50 |  嶽麓叄 105 | | |

'宷'은 '宀'과 '釆'으로 구성된 字形이다. 甲骨文에는 이 글자가 출현하는데, 구조가 일치하지 않는다. 宷으로 서사하는데, '宀'과 '米'로 구성된 글자이며, 본래 의미는 아직 알기 어렵다. 西周시기부터 출현하는 ≪五祀衛鼎≫(集成 2832) '審' 역시 '米'로 구성된 '宷'과 '口'로 이루어져 있다. 春秋시기 ≪楚王酓審盂≫(新收 1809) '審'과 같이 '口' 안에 점을 찍기도 하였다. 戰國시기도 春秋시기와 자형이 동일하지만 아래 '口' 대신 岳麓秦簡(叄)의 '審'과 같이 '日'로 구성된 자형이 출현한다. 한편 上博楚簡 ≪孔子詩論≫ 21호간 '審'처럼 '甘'으로 구성되기도 하였다. ≪說文解字≫에 수록된 篆文 '審'은 西周시기에 추가된 '口'가 春秋시기 이후로 '日'이나 '甘'으로 변천하고 '釆'과 연결되면서 '田'으로 변화하였을 것으로 추정한다.

## 悉(03-017-0687)

| | | | | |
|---|---|---|---|---|
| 戰國文字 |  璽彙 2290 | | | |
| 秦文字 |  睡虎地 爲吏之道 4 |  里耶 J116-6 | | |

'悉'은 '釆'과 '心'으로 구성된 자형으로 戰國시기 이후부터 출현하기 시작하였다. ≪詛楚文≫ 〈巫咸〉 '悉', 睡虎地秦簡 ≪爲吏之道≫ 4호간 '悉', 里耶秦簡 J116-6의 '悉', 楚 璽印 '悉'(≪璽彙≫ 2290)이 이와 동일한 자형이다. 윗부분은 본래 '釆'이지만 ≪詛楚文≫을 제외한 다른 자형은 모두 '米'와 유사하다. 許愼은 이 자형을 "상세히 살펴 모두 알다.〔詳盡也〕"로 해석하였다. 睡虎地秦簡 ≪爲吏之道≫와 ≪詛楚文≫ 〈巫咸〉은 ≪說文解字≫ 해석과 동일하며 楚 璽印은 人名으로 사용하였다.

## 釋(03-017-0688)

| | | | | |
|---|---|---|---|---|
| 商代文字 |  合5922 | | | |
| 戰國文字 |  璽彙 1873 | | | |
| 秦文字 |  ≪說文≫小篆 | | | |

‘釋’은 ‘釆’으로 구성되고 ‘睪’이 聲符인 자형이다. ‘釋’자는 商代文字인 甲骨文에 출현하는데, 으로 서사한다. 이는 죄인을 체포하기 위한 수갑의 모양을 본뜬 에서 두 손이 풀려난 상태인 으로 구성되어 ‘석방’, ‘해방’을 나타냈다. 후대로 가면서 다른 形聲字로 대체되어 갔다. 出土文獻에 쓰인 字形 중, 小篆과 동일한 字形은 戰國시기 璽印 ‘’(≪璽彙≫1873)이 있다. 또한 戰國시기 郭店楚簡 ≪成之聞之≫ 36호간 ‘’과 같이 ‘心’과 ‘臭’으로 구성된 ‘𢡟’과 같은 자형도 있고, 郭店楚簡 ≪窮達以時≫ 6호간 ‘’과 같이 ‘心’ 대신 ‘又’로 구성된 자형도 있다. 이 자형은 모두 ‘釋’의 通假字이다. ≪說文解字≫ 해석과 마찬가지로 이 용례들도 ‘解’로 해석이 가능하다.

## 半(03-018-0689)

| | | | | |
|---|---|---|---|---|
| 西周春秋文字 |  侯馬盟書 98：28 |  侯馬盟書 1：105 | | |
| 戰國文字 | 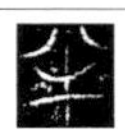 邵宮盉 |  璽彙 1270 |  璽彙 1276 | |
| 秦文字 |  秦公簋 |  睡虎地 日乙 56 | | |

‘半’은 ‘牛’와 ‘八’로 구성된 자형이다. 이 글자는 春秋시기부터 출현하는데, 두 가지 유형이 존재했다. 하나는 ‘八’과 ‘斗’로 이루어진 것이고, 다른 하나는 ‘八’과 ‘牛’로 이루어진 것이다. 둘 다 會意字로 斗의 절반인 ‘分斗’와 소의 절반인 ‘分牛’로서 의미가

결합된 것이다. 후대로 가면서 '分牛'로 결합된 '𠦒'이 고착되어 사용되었다. 春秋시대 ≪秦公簋≫의 뚜껑에 ''(集成 4315)가 새겨져 있는데, 이 자형은 '𠦒'으로 해석한다. 戰國시대 睡虎地秦簡 ≪日書≫乙 56호간 '', 晉 璽印 ''(≪璽彙≫1270), 齊 璽印 ''(≪璽彙≫1276) 역시 𠦒의 古文字 자형이다.

## 牛(03-019-0692)

| 商代文字 | <br>牛簋 | <br>合21120 | <br>合20530 | <br>合27619 |
|---|---|---|---|---|
| 西周春秋文字 | <br>牛鼎 | <br>叔簋 | <br>師寰簋 | <br>侯馬盟書 1：46 |
| 戰國文字 | <br>清華簡 繫年 122 | <br>璽彙 1205 | | |
| 秦文字 | <br>珍秦 387 | <br>睡虎地 日乙 70 | | |

'牛'는 소의 머리를 본뜬 자형으로 본뜻은 소이다. 商代와 西周의 金文에 매우 상형적 성격이 농후한 가 출현하는데, 이 소의 머리를 간략히 하여 가 되어 西周 青銅器 이후 지속적으로 계승되었다. 西周 ≪叔簋≫''(集成 4132), 春秋 ≪侯馬盟書≫1：46 '', 戰國時代 清華簡 ≪繫年≫ 122호간 '', ≪說文解字≫에 수록된 '' 등이 그 예이다. 이 글자가 지금과 같은 자형으로 변화한 것은 漢나라 이후부터이다.

## 牡(03-019-0693)

| 商代文字 | <br>合22467 | 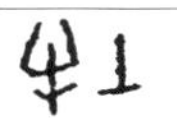<br>花446 | <br>合22214 | <br>合8233 |
|---|---|---|---|---|
| 西周春秋文字 | 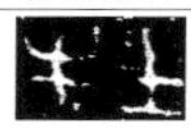<br>剌鼎 | <br>子犯編鐘 | | |
| 戰國文字 | <br>新蔡 甲一7 | <br>𧊒蚉壺 | <br>曾乙 199 | |
| 秦文字 | <br>睡虎地 日甲 11反 | | | |

'牡'는 許愼이 形符 '牛'와 聲符 '土'로 구성된 형성자라고 하였다. 그러나 甲骨文을 살펴보면 形聲字가 아니었음을 알 수 있다. 또한 '土'와 '牡'는 上古音에 있어서 거리가 멀었다. 본래 으로 서사하여 동물과 수컷의 생식기를 부각시킨 글자였는데, 후대로 갈수록 수컷의 생식기가 '土'로 訛變되었다. 그리고 甲骨文에서 '牡'자는 '豕', '牛', '羊', '鹿' 등 의미가 통하는 形符가 통용되었다. 西周 이후로는 '土'와 결합하는 形符는 '牛' 혹은 '馬'로 그 종류가 줄어든다. 西周 ≪刺鼎≫ ''(集成 2776)는 '牛'로 구성되었으며 春秋 ≪子犯鐘≫ ''(新收 1023)는 '馬'로 구성되었다. 戰國時代 출토자료는 지역에 따라 形符가 다르게 나타난다. 睡虎地秦簡 ≪日書≫甲 11호간 '牡'와 같이 秦 지역의 자료는 '牛'가 形符이며 ≪壺≫ ''(集成 9734)와 같이 晉 지역의 자료는 '馬'가 形符이다. 新蔡葛陵楚簡 甲一 7호간 '', 曾侯乙簡 199호간 ''와 같이 楚는 '牛'와 '馬'가 모두 나타난다.

## 犅(03-019-0694)

| | | | | |
|---|---|---|---|---|
| 西周春秋文字 | 犅劫尊 | 大簋 | | |
| 秦文字 | ≪說文≫小篆 | | | |

'犅'은 形符 '牛'와 聲符 '岡'으로 구성된 형성자이다. 小篆과 구조상 일치하는 자형은 아직 발견되지 않았다. 甲骨文에 구조가 동일한 이 출현하지만, 이는 '犅'과 전혀 무관한 글자였다. 西周시기에도 이와 동일한 자형을 볼 수 있다. ≪大簋≫ ''(集成 4165) 역시 '网', '刂', '牛'로 구성된 자형이다. 西周 青銅器는 주로 성씨 혹은 제후국 명칭으로 사용하였다. 西周 이후로는 이 자형이 출현하지 않았으며 小篆에서 '牛'와 '岡'으로 구성된 자형으로 변화하였다.

## 特(03-019-0695)

| | | | | |
|---|---|---|---|---|
| 秦文字 | 詛車 | 秦泥考 1095 | | |

'特'은 形符 '牛'와 聲符 '寺'로 구성된 형성자이다. 이 자형은 石鼓文 ≪避車≫ '特'이 가장 최초로 출현한 용례이다. 또한 秦 封泥 '特'(≪封泥考≫ 1094)가 있다. 秦 지역 외에는 '特'의 고문자가 출현한 경우는 없다.

## 牝(03-019-0696)

| | | | | |
|---|---|---|---|---|
| 商代文字 |  花3 |  合21269 |  合19869 |  合3411 |
| 戰國文字 |  淸華簡 筮法 2 |  郭店 老子甲 34 |  曾乙 160 | |
| 秦文字 |  睡虎地 日甲11反 | | | |

'牝'은 形符 '牛'와 聲符 '匕'로 구성된 형성자이다. 甲骨文을 보면 '牡'자와 마찬가지로 암컷의 생식기와 동물의 모습이 결합된 글자(牝)가 출현한다. 그런데 생식기 부분이 떨어져 나와 聲符 역할을 하는 '匕'로 변형되어 후대로 이어졌다. '牡'와 달리 이 자형은 西周, 春秋시대에는 출현하지 않고 戰國時代 출토자료부터 볼 수 있다. 秦 지역은 睡虎地秦簡 ≪日書≫ 甲 11호간 '牝'과 같이 形符가 '牛'이며 楚 지역은 淸華簡 ≪筮法≫ 2호간 '牝'과 같이 形符가 '牛'이거나 曾侯乙簡 160호간 '牝'과 같이 '馬'가 形符이다.

## 牟(03-019-0715)

| | | | | |
|---|---|---|---|---|
| 戰國文字 |  燕下都 241 | | | |
| 秦文字 |  ≪說文≫小篆 |  珍秦 116 | | |

'牟'는 '牛'와 '厶'로 구성된 자형이다. 許愼은 '厶'의 전서체는 소의 입에서 소리가 나오는 모습을 본떴다고 하였다. 甲骨文에 牟(合14313正), 牟(合18274) 등으로 출현하는 글자가 있는데, 문맥상 牟로 보기 어렵다. 실제 牟에 해당하는 글자는 戰國時代 이후로 나타난다. 牛에 짧은 가로획을 指事符號로 더한 자형이다. 小篆 단계에서

짧은 가로획이 '厶'로 변하였다. 戰國時代 秦과 燕 지역의 자료에서 牟를 볼 수 있다. ≪高奴禾石權≫ '牟'(集成 10384), ≪燕下都≫ 241 '牟'가 그 예이다. 戰國時代 이후로 '牟'는 주로 地名이나 姓氏로 사용하였다.

## 牲(03-019-0717)

| 西周春秋文字 | 小盂鼎 | 任鼎 | | |
|---|---|---|---|---|
| 戰國文字 | 新蔡 零 207 | 上博 周易 42 | | |
| 秦文字 | 詛楚文 巫咸 | 睡虎地 秦律 151 | | |

'牲'은 形符 '牛'와 聲符 '生'으로 구성된 형성자이다. 甲骨文에 '𦍋'(合5659)이 출현하는데, 이는 '羊', '糸', '生'으로 이루어진 글자로 '牲'자와는 무관한 글자이다. 西周 青銅器부터 '牛'와 '生'으로 구성된 글자가 출현한다. ≪任鼎≫ '牲'(近出 325)가 그 예이며 ≪子方鼎≫ '牲'(近出 318)과 같이 좌우가 바뀌어 있기도 하다. 戰國時代 楚簡 역시 같은 현상이 출현한다. 新蔡葛陵楚簡 零 207호간 '牲', 上博楚簡 ≪周易≫ 42호간 '牲' 역시 '牛'와 '生'으로 구성되었으며 위치가 바뀌어 있다. 小篆부터 좌측은 '牛', 우측은 '生'으로 구성되기 시작하였다.

## 牽(03-019-0719)

| 商代文字 | 合18475 | 合34677 | 懷156 | |
|---|---|---|---|---|
| 戰國文字 | 齊陶 23 | 齊陶 87 | | |
| 秦文字 | 睡虎地 日甲 55 | 陝西 681 | | |

'牽'은 形符 '牛'와 聲符 '玄'을 포함한 자형이다. 許愼은 "冂은 소를 끄는 고삐를 본

뜬 것이다.〔冂象引牛之縻也〕"라고 하였다. 商代文字 甲骨文에는 의 형태로 출현하는데, 소〔牛〕와 줄〔糸〕이 서로 연결되어 있는 모양으로 '소를 끌다'는 뜻을 표현하였다. 西周와 春秋시기는 牽의 고문자가 발견되지 않았으나 戰國時代 출토자료에서 확인할 수 있다.

睡虎地秦簡 ≪日書≫ 甲 55호간 '', 璽印 ''(陝西 681) 등의 秦 지역 문자는 '牛' 위에 관련 자형이 모여 있는 구조이다. 齊 陶文 ''(齊陶 23), ''(齊陶 87) 등은 '糸', '牛'와 '사람의 눈'을 본뜬 자형인 '臣'으로 변화된 자형으로 구성되어 있다. '臣'이 들어간 이유는 臣과 牽의 上古音 발음이 거의 유사하기 때문이다. 따라서 聲符로 들어간 것이다. 후대로 가면서 '糸'이 '玄'으로 변형되었는데, 이는 발음이 유사한 글자로 聲化된 것이다.

## 牢(03-019-0721)

| | | | | |
|---|---|---|---|---|
| 商代文字 |  合321 |  合20700 |  合899 |  合33292 |
| 西周春秋文字 |  貉子卣 |  呂伯簋 | | |
| 戰國文字 |  璽彙 2386 |  新蔡 乙一 11 |  新蔡 乙四 134 |  新蔡 甲三 261 |
| 秦文字 |  珍秦 69 |  睡虎地 日甲 103 |  里耶 8-2101 | |

許愼은 ''가 '牛'와 '冬'의 생략형으로 구성된 자형이라고 하였다. 하지만 甲骨文 자형을 살펴보면 許愼의 설명은 옳지 않다. 商代文字인 甲骨文을 보면 '', '' 등으로 서사하는데, 이는 제사에 사용하는 희생물이 특정 공간에 있는 모양을 본떴다. '牛'가 들어 있기도 하고, '羊'이 들어 있기도 하는데, 각각 '제사용 소', '제사용 양'을 나타낸다. 西周시기는 '牛'로 구성된 자형만 쓰인다. ≪呂伯簋≫ ''(集成 3979)가 그 예이다.

戰國時代에도 '牛'로 구성된 자형이 쓰인다. 대신 골짜기 형상이 '宀'으로 변화한다. 睡虎地秦簡 ≪日書≫ 甲 103호간 '', 包山楚簡 157호간 '', 晉 璽印 ''(≪璽彙≫ 2386) 등이 그 예이다. 예외적으로 新蔡葛陵楚簡에 '牢'의 다양한 이체자가 등장한다. 乙四 134호간 ''는 '牛'와 '口'로 구성되었으며 乙四 128호간 ''는 '牢'와 '攴'으로 구성되었으며 11호간 ''는 '羊'과 '宀'으로 구성되었다. 이와 다르게 '留'가 聲符로 구성된 자형도 있다. 甲三 209호간 ''는 '牛'와 '留'로 구성되었으며 甲三 304호간 ''는 '肉'과 '宀', '留'로 구성되었다.

## 犀(03-019-0733)

| | | | | |
|---|---|---|---|---|
| 西周春秋文字 |  弭弔𤰈 |  犀伯魚父鼎 |  郘公簠 | |
| 戰國文字 |  璽彙 3927 |  曾乙 123 | | |
| 秦文字 |  睡虎地 爲吏之道 17 | | | |

'犀'는 形符 '牛'와 聲符 '尾'로 구성된 형성자이다. 西周 청동기에서부터 실제 자형을 확인할 수 있다. ≪犀伯魚父鼎≫ ''(集成 2534)는 聲符 '尾'가 위쪽, 形符 '牛'가 아래에 구성된 자형이다. 그 이후에도 구조상 변화는 없다. 春秋 ≪郘公簠≫ ''(集成 4569)와 戰國時代 睡虎地秦簡 ≪爲吏之道≫ 17호간 '', 曾侯乙簡 123호간 '' 등도 역시 같은 구조이다. 이 자형의 본뜻은 코뿔소이지만 出土資料 중의 '犀'는 姓氏로 사용하였다.

## 物(03-019-0735)

| | | | | |
|---|---|---|---|---|
| 商代文字 |  合23217 | 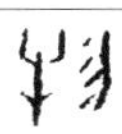 合24542 |  合37089 | |
| 秦文字 |  睡虎地 秦律 44 |  里耶 8-2088 | | |

''은 形符 '牛'와 聲符 '勿'로 구성된 형성자이다. 이 자형은 甲骨文과 戰國時代 秦簡에서만 볼 수 있다. 商代文字인 甲骨文에는 좌우구조인 ''과 상하구조인 '' 두 가지로 출현한다. 또한 睡虎地秦簡 ≪效律≫ 44호간 '', 里耶秦簡 8-2088호간 ''

도 '牛'와 '勿'로 구성된 자형이다. 戰國時代 이후로 '物'은 소의 종류나 희생물을 뜻하지 않고 '만물', '사물' 등의 의미로 쓰였다.

## 犧(03-019-0736)

| | | | | |
|---|---|---|---|---|
| 戰國文字 |  包山 248 |  新蔡 乙一 15 |  上博 鮑叔牙與隰朋之諫 3 | |
| 秦文字 |  ≪說文≫小篆 | | | |

'犧'는 形符 '牛'와 聲符 '羲'로 구성된 형성자이다. 戰國時代 출토자료의 '犧'가 현재까지 발견된 가장 이른 시기의 자형이다. 하지만 小篆과 구성 요소가 다르다. 包山楚簡 248호간 ''는 '義'와 '牛'로 구성되었다. 上博楚簡 ≪鮑叔牙與隰朋之諫≫ 3호간 ''는 '我'와 '牛'로 구성되었다. 包山楚簡 129호간 ''는 '我'와 '羊'으로 구성되었다.

## 犛(03-020-0737)

| | | | | |
|---|---|---|---|---|
| 秦文字 | 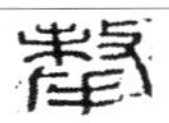 秦泥考 1307 | 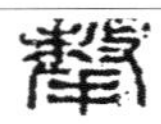 秦泥考 1308 | | |

'犛'는 形符 '牛'와 聲符 '𠩺'로 구성된 형성자이다. 현재까지는 戰國時代 秦封泥의 '犛'가 가장 이르면서도 다른 자료에서는 볼 수 없다. ''(≪秦泥考≫ 1307)의 자형 구조는 小篆과 일치한다.

## 斄(03-020-0739)

| | | | | |
|---|---|---|---|---|
| 西周春秋文字 |  趞鼎 | | | |
| 秦文字 |  珍秦 211 |  十鐘 3.29上 |  里耶 8-1526背 | |

許愼은 '斄'를 '犛'의 생략형과 聲符 '來'로 구성된 형성자라고 하였다. 西周 靑銅器

≪䣺鼎≫'[glyph]'(集成 2815)가 小篆과 일치하는 자형이다. ≪說文解字≫는 이 자형을 "빳빳하고 굽은 털〔彊曲毛也〕"이라고 해석하였으나 ≪䣺鼎≫에서의 '䉫'는 나라이름으로 쓰였다. 한편 戰國時代 秦의 출토자료 璽印 '[glyph]'(十鐘 3.29上), 里耶秦簡 8-1526호간 '[glyph]' 등에도 䉫를 볼 수 있다.

## 告(03-021-0740)

| | | | | |
|---|---|---|---|---|
| 商代文字 | 告田觥 | 合1859 | 合1167正 | 合補8726 |
| 西周春秋文字 | 祖乙告田簋 | 裘衛盉 | 司馬望戈 | |
| 戰國文字 | 包山 137反 | 清華簡 尹誥 2 | 璽彙 3375 | 上博 競建內之 10 |
| 秦文字 | 睡虎地 日乙 194 | 里耶 8-164正 | | |

'[glyph]'는 '牛'와 '口'로 구성된 자형이다. 許愼은 "소가 사람을 들이받으므로 뿔에 横木을 대어 사람에게 알리다.〔牛觸人 角箸橫木 所吕告人也〕"라고 해석하였는데, 甲骨文에서 '告'는 이와 다르다. 商代文字인 甲骨文을 보면 [glyph]로 서사하는데, 이는 '舌'자에서 분화된 것으로 이해할 수 있다. 입에서 혀가 나와 있는 모양을 본뜬 [glyph](舌)자를 변형시켜 '고하다'는 의미를 나타내었다. 西周 青銅器도 갑골문의 자형 구조를 그대로 계승하였다. ≪六年召伯虎簋≫ '[glyph]'(集成 4293)가 그 예이다.

春秋시기부터 '牛' 자형에 일부 변화가 생긴다. ≪司馬望戈≫ '[glyph]'(集成 11131)와 같이 '牛'의 세로선이 아래 가로선 밑으로 내려가지 않는 자형이 출현한다. 이로부터 戰國時代에 다양한 이체자가 등장한다. 특히 楚簡에서 '[glyph]'와 비슷하면서도 조금씩 변형된 이체자가 출현하는데 清華簡 ≪尹告≫ 2호간 '[glyph]', 包山楚簡 137호간 '[glyph]' 등이 이에 해당한다. 또한 上博楚簡 ≪競建內之≫ 10호간 '[glyph]'는 '告'와 '爻'로 구성된 雙聲字이다. '告'의 의미는 제사용어에서 파생되어 전국시대는 '소송하다', '알리다'는 뜻으로 사용하기도 하였다.

## 口(03-022-0742)

| | | | | |
|---|---|---|---|---|
| 商代文字 |  宁未口爵 |  合20627 |  合22269 | |
| 西周春秋文字 |  長子口尊 |  口父辛觚 | | |
| 戰國文字 |  郭店 五行 45 |  璽彙 0118 |  齊幣 426 | |
| 秦文字 | 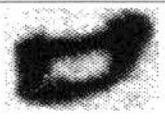 睡虎地 秦律 188 |  嶽麓一 質三 12 | | |

‘’는 사람의 입을 본뜬 자형이다. 甲骨文 이후로도 西周 ≪長子口方尊≫ ‘’(近出 564), 戰國時代 郭店楚簡 ≪五行≫ 45호간 ‘’, 里耶秦簡 8-92호간 ‘’와 같이 갑골문 자형이 그대로 계승되어 小篆까지 이어졌다. 의미 또한 본의 그대로 표시하였다.

## 嚨(03-022-0747)

| | | | | |
|---|---|---|---|---|
| 商代文字 |  合4659 |  懷811 | | |
| 秦文字 |  ≪說文≫小篆 | | | |

‘’은 形符 ‘口’와 聲符 ‘龍’으로 구성된 형성자이다. 商代文字인 甲骨文에 이와 동일한 구조의 글자가 출현하기는 하지만 甲骨文에서는 人名 또는 國族名을 나타낸다.

## 嗌(03-022-0752)

| | | | | |
|---|---|---|---|---|
| 西周春秋文字 |  夷伯簋 |  敱弔簋蓋 |  華季嗌鼎 |  侯馬盟書 85：7 |
| 戰國文字 |  清華簡 良臣 1 |  清華簡 說命下 3 | | |
| 秦文字 |  ≪說文≫小篆 | | | |

'嗌'은 形符 '口'와 聲符 '益'으로 구성된 형성자이다. 小篆과 같이 '口'와 '益'으로 구성된 자형은 없으나 ≪說文解字≫에 수록된 籒文 '䇪'과 일치하는 자형은 西周시기부터 출현한다. 西周 靑銅器 ≪夷伯簋≫ ''(近出 281), 春秋 侯馬盟書 85：7 '', 戰國時代 淸華簡 ≪良臣≫ 1호간 ''이 그 예이다. 許愼은 籒文을 "위는 口를 본뜨고 아래는 목줄기의 결을 본떴다.〔上象口 下象頸脈理也〕"라고 하였지만, 현재로서는 무엇을 본뜬 것인지 알기 어렵다. 출토자료 용례는 '賜' 또는 '益'의 通假字로 쓰거나 인명으로 사용되었다.

## 簭(03-022-0773)

''는 形符 '口'와 聲符 '筮'로 구성된 형성자이다. 小篆과 일치하는 자형은 아직 발견되지 않았으나 戰國時代 출토자료에 '噬'로 해석하는 자형이 다수 출현한다. 淸華簡 ≪良臣≫ 10호간 ''는 '[illegible]'로 예정한다. 郭店楚簡 ≪語叢四≫ 19호간 ''는 '[illegible]'과 '欠'으로 구성된 '[illegible]'로 隸定한다. 上博楚簡 ≪從政乙≫ 4호간 ''는 앞에 제시한 자형의 '[illegible]'이 '言'으로 訛變된 자형으로 '[illegible]'로 예정한다. 또한 淸華簡 ≪別卦≫ 7호간 ''와 같이 臼, 欠, 又로 구성된 '[illegible]'도 출현한다. 晉 璽印은 '食'으로 구성된 이체자도 쓰였다. ''(≪璽彙≫ 810)는 '[illegible]'으로 예정한다. 戰國時代 출토자료에서도 '먹다'는 뜻으로 쓰였으며, 淸華簡 ≪良臣≫ 용례에서는 人名으로 쓰이기도 하였다.

## 含(03-022-0777)

| 戰國文字 | 燕下都 215.11 | | | |
|---|---|---|---|---|
| 秦文字 | 里耶 8-2388 | | | |

'含'은 形符 '口'와 聲符 '今'으로 구성된 形聲字이다. 현재까지 발견된 含의 古文字는 戰國時代 출토자료가 가장 이르다. 里耶秦簡 8-2388호간 '', 燕下都 215.11 '' 또한 含과 구조가 동일하다.

## 味(03-022-0779)

| 戰國文字 | 陶錄 3.521.1 | 郭店 老子丙 5 | 上博 容成氏 21 | |
|---|---|---|---|---|
| 秦文字 | 睡虎地 日甲 53反 | | | |

'味'는 形符 '口'와 聲符 '未'로 구성된 形聲字이다. 이와 동일한 구조의 자형은 戰國時代 楚簡과 秦簡에서 볼 수 있다. 睡虎地秦簡 日書甲 33호간 '味'는 소전과 동일하며 郭店楚簡 ≪老子丙≫ 5호간 '味'와 같이 楚文字는 '未'와 '口'가 상하 구조를 이룬다. 또한 上博楚簡 ≪容成氏≫ 21호간 '味'와 같이 '口' 대신 '甘'을 形符로 추가하였다. 출토자료 용례는 '맛'을 뜻한다.

## 喘(03-022-0787)

| 戰國文字 | 璽彙 0444 | | | |
|---|---|---|---|---|
| 秦文字 | ≪說文≫小篆 | | | |

'喘'은 形符 '口'와 聲符 '耑'으로 구성된 형성자이다. 이와 동일한 고문자는 戰國時代 晉 璽印 '耑'(≪璽彙≫ 444)가 유일하다. 許愼은 '喘'을 "숨을 쉬는 것이 빠르다.〔疾息也〕"라고 하였으나 璽印은 人名으로 사용하였다.

## 吹(03-022-0791)

| 商代文字 | 合9359 | 英2674正 | 英2674正 | |
|---|---|---|---|---|
| 西周春秋文字 | 吹作妊鼎 | 叔䧿父卣 | 叔䧿父卣 | |
| 秦文字 | ≪說文≫小篆 | | | |

'吹'를 許愼은 形符 '口'와 聲符 '欠'으로 구성된 形聲字로 분석하였다. 그러나 聲符인 '欠'의 字體가 甲骨文으로 보면 입이 강조된 사람을 본뜬 글자이다. 따라서 甲骨文부터 會意字로서 입이 강조된 사람인 '欠'과 '口'로 구성되어 출현하고, '吹'처럼 입에서 나오는 공기 또는 침이 점으로 추가된 字形도 보인다.

## 喟(03-022-0792)

| | | | | |
|---|---|---|---|---|
| 戰國文字 | 璽彙 1844 | | | |
| 秦文字 | ≪說文≫小篆 | | | |

'喟'는 形符 '口'와 聲符 '胃'로 구성된 形聲字이다. 이와 동일한 고문자는 戰國時代 晉 璽印 '喟'(≪璽彙≫ 1844)가 유일하다. 이 용례 역시 人名을 표시하였다.

## 名(03-022-0798)

| | | | | |
|---|---|---|---|---|
| 商代文字 | 名爵 | 合2190正 | 合5118 | 合9503正 |
| 西周春秋文字 | 六年琱生簋 | 南宮乎鐘 | 少虡劍 | |
| 戰國文字 | 郭店 緇衣 38 | 郭店 老子甲 13 | 淸華簡 楚居 9 | 四十年左工耳杯 |
| 秦文字 | 里耶 8-198 | 睡虎地 日乙 137 | 秦駰玉版 | |

'名'은 '口'와 '夕'으로 구성된 자형이다. 商代文字인 甲骨文에도 이와 동일하게 출현하기 시작하는데, 造字原理는 아직 불분명하다. 許愼의 말대로 밤에는 어둡기 때문에 사람의 얼굴을 확인하기 어려워서 이름을 불러 확인을 한다는 것에서 '口'와 '夕'의 會意字로 만들어졌다고 보는 주장이 유력하다. 다만 확증하기 어려운 부분이 있다. 甲骨文 이후로 지속적으로 '夕'과 '口'로 구성된 자형이 출현한다. 西周 靑銅器 ≪六年召伯虎簋≫ '名'(集成 4293), 春秋 ≪盄和鐘≫ '名'(集成 270), 戰國時代 淸華簡

≪程寤≫ 2호간 '', 里耶秦簡 8-198호간 '' 등이 그 예이다. 戰國時代 楚簡에 '夕'이 아닌 '月'로 구성된 이체자가 나타나기도 한다. 郭店楚簡 ≪老子甲≫ 13호간 ''의 字形이 '月'로 구성되었다.

## 吾(03-022-0799)

| 西周春秋文字 |  商作父丁犧尊蓋 |  吾作滕公鬲 |  毛公鼎 |  攻吳王光韓劍 |
|---|---|---|---|---|
| 戰國文字 |  包山 248 |  上博 孔子見季恆子 5 |  璽考 314 | |
| 秦文字 |  秦駰玉版 |  睡虎地 日甲 33反 |  里耶 8-144背 | |

''는 形符 '口'와 聲符 '五'로 구성된 형성자이다. 西周 青銅器에도 ≪沈子它簋≫ ''(集成 4330)와 같이 갑골문과 동일한 자형이 나타난다. 한편 '五'가 두 개로 구성된 자형도 출현하는데 ≪毛公鼎≫ ''(集成 2841)가 그 예이다. 戰國時代 包山楚簡 248호간 '', 齊 璽印 ''(≪彙考≫ 314)도 같은 구조이며 齊 陶文 ''(≪陶錄≫ 3.530.5)와 같이 '五'가 아래 위로 겹쳐진 자형으로 구성되었다.

## 哲(03-022-0800)

| 西周春秋文字 |  史墻盤 |  曾伯霥簠 |  大克鼎 |  王孫遺者鐘 |
|---|---|---|---|---|
| 戰國文字 |  璽彙 5684 | | | |
| 秦文字 |  ≪說文≫小篆 | | | |

''은 形符 '口'와 聲符 '折'로 구성된 형성자이다. 이와 동일한 형태로 구성된 고문자는 아직 발견되지 않았으나 '口' 대신 '心'으로 구성된 자형이 西周 青銅器에 나타

난다. ≪史墻盤≫ ‘’(集成 10175), ≪大克鼎≫ ‘’(集成 2836)의 아랫부분이 ‘心’으로 구성된 것을 볼 수 있다. 이 자형은 ≪說文解字≫에 수록된 或體 ‘’과 형태상 일치한다. 한편 戰國時代 燕 璽印 ‘’(≪璽彙≫ 5684)도 ‘哲’로 해석한다. 許愼은 ‘哲’을 ‘知’로 해석하였다. ‘지혜롭다’, ‘밝은 지혜’로 풀이할 수 있는데 西周 青銅器의 용례 역시 같은 의미로 쓰였다.

## 君(03-022-0801)

| 商代文字 | 小子省卣 | 合24132 | 合24135 | 合24133 |
|---|---|---|---|---|
| 西周春秋文字 | 征人鼎 | 天君簋 | 豆閉簋 | 侯馬盟書 156 : 10 |
| 戰國文字 | 郭店 成之聞之 11 | 璽彙 5537 | 先秦編 122 | 璽彙 1598 |
| 秦文字 | 睡虎地 日乙 248 | 里耶 8-178正 | | |

‘’은 ‘口’와 ‘尹’으로 구성된 자형이다. ‘尹’은 으로 서사하는데, 본래 손으로 막대 같은 것을 들고 있는 모습을 본뜬 글자이다. 이는 우두머리가 권위를 나타내는 지팡이를 손에 들고 있는 것이며, 여기에 ‘호령’을 뜻하는 ‘口’를 추가하여 ‘君’자가 만들어졌다. 甲骨文에서 손으로 지팡이를 잡고 있는 모습을 본뜬 ‘尹’이 西周 青銅器 이후부터 두 가지 유형으로 나타난다.

첫 번째는 小篆과 같이 손 안으로 세로선이 들어간 형태이다. 西周 ≪縣妃簋≫ ‘’(集成 4269), 春秋 ≪晉姜鼎≫ ‘’(集成 2826), 睡虎地秦簡 ≪日書乙≫ 250호간 ‘’이 그 예이다. 두 번째로 세로선이 손과 연결되는 경우이다. 西周 ≪尹姞鼎≫ ‘’(集成 755), 侯馬盟書 194 : 1 ‘’ 등이 그 예이다. 戰國時代는 ‘君’의 윗부분이 秦을 제외한 다른 지역에서 손과 세로선이 따로 구분되지 않는 형태로 변형되어 나타났다. 清華簡 ≪耆夜≫ 12호간 ‘’, 晉 璽印 ‘’(≪璽彙≫ 4), 齊 璽印 ‘’(≪璽彙≫ 5537), 燕 璽印 ‘’(≪璽彙≫ 1598)은 손과 세로선이 결합되어 다른 형태로 변형된 사례이다.

## 命(03-022-0802)

| 商代文字 | 小子𧶠卣 | | | |
|---|---|---|---|---|
| 西周春秋文字 | 命作寶彝甗 | 卽簋 | 小克鼎 | 侯馬盟書 85：10 |
| 戰國文字 | 上博 昭 4 | 清華簡 祭公 21 | 璽彙 3986 | 璽彙 0481 |
| 秦文字 | 睡虎地 雜抄 4 | 關沮 251 | 里耶 8-1234 | |

'命'은 '口'와 '令'으로 구성된 자형이다. 商代文字로 보면 '命'과 '令'은 한 글자에서 분화되었다. 본래 명령하는 입을 뜻하는 '口'와 무릎을 꿇고 명령을 듣는 사람인 '卩'로 이루어진 令에서 다시 '口'를 더하여 '命'이 파생되었다. 자형은 ≪利鼎≫ '命'(集成 2804)과 같다. 이후에도 이 자형을 통해 '명령하다'는 뜻으로 쓰였다. 春秋 ≪秦公簋≫ '命'(集成 4315), 睡虎地秦簡 ≪秦律雜抄≫ 4호간 '命', 上博楚簡 ≪昭王毁室≫ 4호간 '命'이 그 예이다. 한편 字形 아래 가로선이 추가된 上博楚簡 ≪吳命≫ 3호간 '命'이나 상단에 '皿'이 추가된 ≪燕王職壺≫ '命'(新收 1483) 등도 있는데, 의미는 모두 동일하다.

## 咨(03-022-0803)

| 戰國文字 | 陳侯因咨戈 | 陶錄 3.492.6 | 陶錄 3.398.1 | |
|---|---|---|---|---|
| 秦文字 | ≪說文≫小篆 | | | |

'咨'는 形符 '口'와 聲符 '次'로 구성된 형성자이다. 戰國時代 齊 青銅器 ≪陳侯因咨戈≫ '咨'가 가장 이른 시기의 '咨'이다. 또한 같은 지역 陶文 '咨'(≪陶錄≫3.492.6)도 '咨'로 해석한다. '咨'의 본뜻은 '상의하다', '자문을 구하다'이지만 출토자료에는 人名으로 쓰였다.

## 召(03-022-0804)

| | | | | |
|---|---|---|---|---|
| 商代文字 | 四祀𠨘其卣 | 合33181 | 合33030 | |
| 西周春秋文字 | 伯害盉 | 召仲卣 | 敔簋 | 者減鐘 |
| 戰國文字 | 陶錄 2.1.1 | | | |
| 秦文字 | 珍秦 251 | 睡虎地 日甲 25反 | 嶽麓 質二 34 | |

'召'는 形符 '口'와 聲符 '刀'로 구성된 형성자이다. 商代文字인 甲骨文에도 역시 이와 같이 출현한다. 다만 商代文字와 西周春秋文字 가운데 주로 金文에서 으로 서사하는 자형이 있는데, 召가 聲符이고 나머지는 '臼', '酉', '皿'으로 이루어진 글자이다. 두 사람과 '酉'로 이루어진 의 생략형이 ()이고, 甲骨文에서 '詔'의 의미로 사용된다. 商周시기에 召는 주로 지명으로 사용되었는데, 발음이 같아 召와 가 통용되었다. 西周 이후로도 '刀'와 '口'로 구성된 자형이 지속적으로 출현한다. 西周 青銅器 ≪逆鐘≫ ''(集成 61), 春秋 青銅器 ≪召叔山父簋≫ '', 里耶秦簡 8-1312호간 '' 등이 있다. '召'는 '불러내다', '소환하다'의 뜻으로 쓰였다. 또한 地名과 姓氏로도 사용되기도 한다.

## 問(03-022-0805)

| | | | | |
|---|---|---|---|---|
| 戰國文字 | 四年咎奴令 | 璽彙 3187 | | |
| 秦文字 | 睡虎地 日乙 239 | 里耶 8-2088 | 嶽麓 數 213 | |

'問'은 形符 '口'와 聲符 '門'으로 구성된 형성자이다. 睡虎地秦簡 ≪日書乙≫ 239호간 ''도 '口'와 '門'으로 구성되었다. 갑골문의 뜻은 아직 명확하지 않으나 戰國時代 '問'은 '물어보다', '방문하다' 등의 뜻이며 '聞'과 통용되기도 한다.

## 唯(03-022-0806)

| | | | | |
|---|---|---|---|---|
| 商代文字 | 小子𠭯卣 | 合29696 | 懷1465 | |
| 西周春秋文字 | 明公簋 | 弔趯父卣 | 宰獸簋 | 浮公之孫公父宅匜 |
| 戰國文字 | 新蔡零 207 | 清華簡 說命下 4 | 郭店 老子乙 4 | 璽彙 0863 |
| 秦文字 | 集粹 849 | 睡虎地 日乙 146 | 嶽麓 數 179 | |

'唯'는 形符 '口'와 聲符 '隹'로 구성된 형성자이다. 甲骨文부터 이와 같은 형태로 출현한다. 西周 청동기 이후로도 이 구조는 지속적으로 출현한다. 西周 ≪毛公旅方鼎≫ '唯'(集成 2724), 春秋 ≪伯氏始氏鼎≫ '唯'(集成 2643), 里耶秦簡 8-1252호간 '唯', 郭店楚簡 ≪尊德義≫ 28호간 '唯' 등이 그 예이다. 전래문헌의 '唯'는 질문에 대한 응답의 뜻으로 쓰였으나 출토자료에서는 虛辭 용법으로 사용되었다. 문장 앞에서 화제를 표시하는 역할을 담당하거나 西周 青銅器에서는 시간 용례 앞에 쓰이기도 한다.

## 和(03-022-0808)

| | | | | |
|---|---|---|---|---|
| 西周春秋文字 | 仳夫人嫼鼎 | 吳王光殘鐘 | | |
| 戰國文字 | 郭店 五行 29 | 上博 孔子詩論 4 | 清華簡 三壽 28 | 璽彙 1043 |
| 秦文字 | 珍秦 377 | 里耶 8-1221 | 嶽麓 數 69 | |

'咊'는 形符 '口'와 聲符 '禾'로 구성된 형성자이다. 이와 동일한 자형은 春秋시기부터 나타난다. ≪郘公䤵父鎛≫ '咊'(商圖 2409)와 같이 '口'와 '禾'과 좌우로 배열되었다. 戰國時代 출토자료 역시 秦을 제외한 다른 지역에서 이와 같은 구조를 보인다. 郭店楚簡 ≪五行≫ 29호간 '咊', 晉 璽印 '咊'(≪璽彙≫ 5107) 등이 그 예이다. 里耶秦

簡 8-1221호간 ‘’처럼 秦文字는 반대로 구성되었다. 해서 ‘和’는 秦文字에서 비롯된 자형이다.

## 哉(03-022-0818)

| 西周春秋文字 |  余贎逐兒鐘 |  鼄公華鐘 | | |
|---|---|---|---|---|
| 戰國文字 |  燕侯載簋 |  新蔡 甲三 23 |  清華簡 楚居 3 |  上博 柬 13 |
| 秦文字 |  ≪說文≫小篆 | | | |

‘哉’는 形符 ‘口’와 聲符 ‘𢦏’로 구성된 형성자이다. 가장 이른 자형은 西周 青銅器 ≪孟𢦏父壺≫ ‘’(集成 9571)이며 ‘口’ 대신 ‘言’으로 구성되었다. 春秋 이후로 ‘口’로 구성되기 시작한다. ≪鼄公華鐘≫ ‘’(集成 245)가 그 예이다. 戰國時代는 清華簡 ≪楚居≫ 3호간 ‘’와 같이 왼쪽 윗부분이 ‘才’로 변화하였다. ‘才’와 ‘哉’는 발음이 같으므로 ‘哉’의 일부를 변화하여 소리를 표시한 사례이다.

## 咠(03-022-0820)

| 戰國文字 |  上博 曹沫之陣 16 |  清華簡 琴舞 11 |  郭店 魯穆公問子思 2 | |
|---|---|---|---|---|
| 秦文字 | 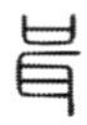 ≪說文≫小篆 | | | |

‘咠’은 ‘口’와 ‘耳’으로 구성된 자형이다. 甲骨文에 사람이 무릎을 꿇고 손을 앞으로 늘어뜨린 모양인 ‘’자가 있는데, 趙平安은 이 글자와 을 연결시켜 ‘揖’의 初文이라고 주장하였다. 甲骨文의 과 연계할 수 있는지는 아직 의문이지만, 을 ‘揖’의 初文으로 보는 견해는 매우 설득력이 있다고 생각된다.[1] 戰國時代 楚簡에 쓰인 자료

1) 趙平安, 〈從“咠”字的釋讀談到甲骨文的“巴方”〉, ≪世界漢字學會第七屆年會論文集≫, 2019년, 513~545쪽.

가 가장 이른 시기의 고문자 자형이다. 上博楚簡 ≪曹沫之陣≫ 16호간 ‘’, 33호간 ‘’ 등과 같으며 郭店楚簡 ≪魯穆公問子思≫ 2호간 ‘’는 우측에 ‘=’이 추가되기도 하였다.

## 台(03-022-0830)

| | | | | |
|---|---|---|---|---|
| 西周春秋文字 |  㝬父丁 |  余贎逐兒鐘 |  齊大宰歸父盤 |  侯馬盟書 195 : 1 |
| 戰國文字 |  郭店 緇衣 21 |  上博 容成氏 25 |  璽彙 4029 | |
| 秦文字 |  睡虎地 日甲 26 | | | |

‘’는 形符 ‘口’와 聲符 ‘㠯’로 구성된 형성자이다. 西周 靑銅器 ≪㝬父鼎≫ ‘’(集成 2141), 春秋 侯馬盟書 195 : 1 ‘’, 郭店楚簡 ≪曹沫之陣≫ 21호간 ‘’, 睡虎地秦簡 ≪日書甲≫ 112호간 ‘’ 등이 그 예이다. 또한 西周 靑銅器 ≪卲智簋≫ ‘’(集成 4197), 上博楚簡 ≪容成氏≫ 25호간 ‘’와 같이 ‘[illegible]’로 隸定하는 자형도 있다. 이 자형은 기본적으로 ‘始’로 해석하지만 문맥에 따라 ‘詞’, ‘治’, ‘怠’ 등으로 해석하기도 한다.

## 启(03-022-0832)

| | | | | |
|---|---|---|---|---|
| 商代文字 |  合8923 |  合4113 | | |
| 秦文字 |  ≪說文≫小篆 | | | |

‘启’는 ‘口’와 ‘戶’로 구성된 자형이다. 商代文字인 甲骨文에 손으로 문을 여는 모양을 형상화 하고, 구별부호로 ‘口’를 추가한 ‘’자가 이미 출현하는데, 이는 啓자의 初文이다. 그리고 启는 이 글자의 생략형이다. 戰國時代 秦 璽印에 ‘攴’이 추가된 ‘’(秦風 135)도 있다. 이 자형은 人名으로 쓰였다.

## 咸(03-022-0834)

| | | | | |
|---|---|---|---|---|
| 商代文字 |  咸妹子作祖丁鼎 |  合19957正 |  合1248正 |  合32164 |
| 西周春秋文字 |  我方鼎 |  趩觶 |  晉公盆 |  叔夷鐘 |
| 戰國文字 |  郭店 緇衣 5 |  清華簡 封許之命 3 | | |
| 秦文字 |  秦公鐘 |  北大 泰原 |  嶽麓 爲 47正 | |

'咸'은 '口'와 '戌'로 구성된 자형이다. 商代文字부터 출현하는데, 도끼를 본뜬 '戌'과 구별부호 '口'로 구성되었다. 본래 의미는 '죽이다'인데, 여기서 '이미', '모두' 등의 의미로 引伸되었다. 西周 青銅器 이후로는 갑골문의 도낏자루 부분이 '戈'로 변형되었다. ≪班簋≫ ''(集成 4341), ≪咸簋≫ ''(近出 395)가 그 예이다. 春秋 이후로는 도끼의 형상은 거의 사라진다. ≪叔夷鐘≫ ''(集成 276)과 같이 '戈'만 쓰인 용례도 있다. 戰國時代 秦 璽印 ''(≪璽彙≫ 182), 清華簡 ≪保訓≫ 6호간 '' 등이 기본 형태이며 清華簡 ≪尹至≫ 3호간 ''과 같이 안쪽의 가로선이 없는 경우도 있다. '咸'의 본뜻은 아직 밝혀지지 않았다. 출토자료 중에서 人名, 地名을 뜻하기도 하며 부사 용법으로 쓰여 '모두'를 뜻하기도 한다.

## 呈(03-022-0835)

| | | | | |
|---|---|---|---|---|
| 西周春秋文字 |  侯馬盟書 3：19 |  侯馬盟書 1：97 | | |
| 戰國文字 |  璽彙 4519 |  璽考 174 | | |
| 秦文字 |  ≪說文≫小篆 | | | |

‘’은 形符 ‘口’와 聲符 ‘王’로 구성된 형성자이다. 이 자형의 최초 기원은 아직 밝혀진 것이 없다. 가장 이른 시기의 자형은 春秋 侯馬盟書에서 볼 수 있다. 侯馬盟書 1 : 97의 ‘’, 3 : 19의 ‘’이 그 예이다. 戰國時代는 ‘口’ 아랫부분이 楚 璽印 ‘’(≪璽彙≫ 4519), ‘’(≪璽彙≫ 4523)처럼 휘어지면서 ‘王’으로 변화한다. 동시에 ‘王’이 聲符가 된다.

## 右(03-022-0836)

| 商代文字 |  合20567 | | | |
|---|---|---|---|---|
| 西周春秋文字 |  利鼎 |  師酉簋 |  宰獸簋 |  溫縣盟書 5 : 11 |
| 戰國文字 |  上博 陳 13 |  曾乙 146 |  璽彙 4514 |  右使車工鼎 |
| 秦文字 |  集錄 1255 |  睡虎地 答問 52 | | |

‘’는 ‘口’와 ‘又’로 구성된 자형이다. 본래 오른손을 본뜬 글자이다. 商代文字에서는 로 서사하는데, ‘돕다’는 뜻의 ‘佑’를 나타냈다. 나중에 구별부호 ‘口’을 더하여 ‘右’가 되었다. ≪庚鼎≫ ‘’(集成 2786)가 그 예이다. 戰國時代는 다양한 이체자가 출현한다. ≪右使車工鼎≫ ‘’(集成 2089)와 같이 ‘口’ 대신 ‘工’으로 구성되기도 하고 齊 璽印 ‘’(≪璽彙≫ 149)와 같이 ‘口’가 원형으로 변화하기도 한다. 또한 晉 璽印 ‘’(≪璽彙≫ 4514)와 같이 ‘土’로 구성되기도 하였다. ‘右’는 ‘오른쪽’이라는 뜻 외에도 ‘돕다’라는 의미로 쓰이기도 한다.

## 啻(03-022-0837)

| 西周春秋文字 |  鮮盤 |  大簋 |  師酉簋 | |
|---|---|---|---|---|

| | | | | |
|---|---|---|---|---|
| 戰國文字 |  清華簡 芮良夫 8 |  望山 2・49 |  貨系 153 |  先秦編 154 |
| 秦文字 |  陝西 571 |  睡虎地 日乙 134 | | |

'啻'는 形符 '口'와 聲符 '帝'로 구성된 形聲字이다. 본뜻과 기원은 아직 밝혀진 바 없다. 가장 이른 시기의 자형은 西周 青銅器에서 볼 수 있다. ≪大簋≫ ''(集成 4165)와 같다. 戰國時代는 지역에 따라 '帝'의 형태가 제각각 다르다. 秦은 睡虎地 秦簡 ≪日書≫乙 134호간 ''와 같이 '帝'의 기본형으로 구성되었다. 楚는 上博楚簡 ≪周易≫ 38호간 ''와 같다.

## 吉(03-022-0838)

| | | | | |
|---|---|---|---|---|
| 商代文字 |  合809正 |  合28203 | | |
| 西周春秋文字 |  旂鼎 |  耆簋 |  御正衛簋 |  樊君盆 |
| 戰國文字 |  清華簡 尹至 1 |  璽彙 5595 |  齊幣 049 | |
| 秦文字 |  詛楚文 巫咸 |  睡虎地 日乙 37 | | |

'吉'은 '口'와 '士'로 구성된 자형이다. 商代文字인 甲骨文에는 두 가지 字形으로 출현한다. 하나는 화살촉과 구별부호 '口'로 이루어진 '', 다른 하나는 도끼날과 구별부호 '口'로 이루어진 '' 두 가지인데, 모두 강한 무기를 가지고 '견고함'을 나타냈다고 볼 수 있다. '吉'의 본래 의미는 '건장하다'로 '佶'의 初文이다. '상서롭다', '길하다'는 뜻으로 引伸된 것으로 보아야 한다. 西周 이후로 '士'로 구성되기 시작한다. ≪敔鼎≫ ''(集成 3827), ≪戴簋≫ ''(集成 4099)은 도끼 형상을 본뜬 '士'의 원형이 일부 남아 있는 자형이다. ≪追夷簋≫ ''(近出 428)은 지금의 '士'와 상당히 유사하게 변화하였다.

한편 ≪格伯簋≫ ''(集成 4262), ≪伯家父簋≫ ''(集成 4156)는 '士' 대신 '王'으로 구성되어 있다. '王' 역시 도끼로부터 비롯된 자형이므로 同源字로 구성된 자형으로 볼 수 있다. 春秋 이후로는 '士' 또는 '士'의 생략형으로 구성된다. ≪陳公子甗≫ ''(集成 947)은 지금의 '吉'과 거의 일치한다. 또한 ≪上鄀公簠≫ ''(新收 401)은 '士'의 생략형으로 구성되었다. 戰國時代 역시 春秋와 같은 양상을 보인다. '吉'의 본의는 '견고하다', '단단하다'이다. 西周 青銅器의 '吉金'이 이와 같은 의미를 반영한 용례이다. 이와 더불어 '길하다', '이롭다'라는 뜻이 春秋시기부터 일반적으로 사용되기 시작하였다.

## 周(03-022-0839)

| | | | | |
|---|---|---|---|---|
| 商代文字 | 周兕爵 | 合1086正 | 合6825 | 合32885 |
| 西周春秋文字 | 德方鼎 | 㝬簋 | 禽簋 | 周王孫戈 |
| 戰國文字 | 包山 184 | 璽彙 1196 | | |
| 秦文字 | 睡虎地 日甲 58反 | | | |

'周'는 '口'와 '用'으로 구성된 자형이다. 許慎은 이 자형을 "빽빽하다〔密〕"로 해석하였으나 출토자료에 쓰인 용법은 이와 다르다. 商代文字인 甲骨文과 金文을 보면 밭을 뜻하는 '田'의 빈공간에 점이 찍혀있는 모습으로 되어 있다. 아마도 밭에 심어진 곡식들이 빽빽한 모습을 통하여 '周密'을 나타낸 것 같다. 西周 青銅器에 쓰인 '周'는 갑골문처럼 ≪德方鼎≫ ''(集成 2661)인 유형과 구별부호 '口'를 더한 ≪小臣鼎≫ ''(集成 2678)가 있다. 春秋 이후부터 '口'가 추가된 자형만 출현한다. 春秋 青銅器 ≪齊伯里父匜≫ ''(商圖 14966), 戰國時代 包山楚簡 184호간 '' 등은 모두 '口'가 추가되면서 윗부분도 '用'으로 변형되었다. 한편 晉 璽印 ''(≪璽彙≫ 1186), 清華簡 ≪周公之琴舞≫ 1호간 ''와 같이 '口' 대신 '甘'으로 구성된 자형도 있다.

## 唐(03-022-0840)

| 商代文字 |  唐子祖乙觶 |  合952 |  合28114 | |
|---|---|---|---|---|
| 西周春秋文字 |  伯唐父鼎 |  宋公䜌簠 | | |
| 戰國文字 |  貨系 2261 |  集成 11661 | | |
| 秦文字 |  珍秦 312 |  珍秦 353 |  嶽麓叄 126 | |

‘唐’은 形符 ‘口’와 聲符 ‘庚’으로 구성된 形聲字이다. 商代文字 역시 이와 같은 형태로 출현한다. 西周와 春秋시기는 윗부분이 좌우 대칭 구조였다. ≪伯唐父鼎≫ ‘’(近出 356)과 ≪叔夷鐘≫ ‘’(集成 275)이 각각 西周, 春秋시기의 청동기이다. 戰國時代 ‘唐’은 좌우가 대칭을 이루지 않게 된다. 秦 璽印 ‘’(珍秦 353)은 지금의 ‘唐’과 같이 한 쪽이 길어진 것을 볼 수 있다. 또한 晉 青銅器 ≪三年鈹≫ ‘’(集成 11661)도 기존의 ‘唐’과는 많이 다른 구조를 보인다. 한편 齊 璽印 ‘’(≪璽彙≫ 149)는 ≪說文解字≫에 수록된 ‘唐’의 古文 ‘啺’과 일치한다.

## 𠷎(03-022-0841)

| 商代文字 |  無𠷎觚 | | | |
|---|---|---|---|---|
| 西周春秋文字 |  不𠷎簋 |  九年衛鼎 | | |
| 秦文字 |  ≪說文≫小篆 | | | |

‘𠷎’는 形符 ‘口’, ‘𠃬’와 聲符 ‘又’로 구성된 형성자이다. 이 자형은 商代 青銅器 ≪無𠷎觚≫ ‘’가 가장 이른 시기의 자형이다. 西周 青銅器는 ≪不壽簋≫ ‘’(集成 4060)처럼 ‘口’, ‘𠃬’로만 구성된 商代 자형을 그대로 계승한 유형과 ≪九年衛鼎≫ ‘’(集成 2831)와 같이 小篆과 동일한 유형 두 가지로 구분한다. 西周 이후로는 관련 자형이

출현하지 않았다. 許愼은 '誰'로 풀이하였으나 청동기에서는 '壽'와 같은 의미로 쓰이거나 人名을 표기하기도 하였다.

## 吃(03-022-0850)

| | | | | |
|---|---|---|---|---|
| 戰國文字 | 陶錄 3.540.6 | | | |
| 秦文字 | ≪說文≫小篆 | | | |

'　'은 形符 '口'와 聲符 '气'로 구성된 형성자이다. 이와 관련된 고문자 자형은 齊陶文 '　'(3.540.6)이 유일하다.

## 叴(03-022-0866)

| | | | | |
|---|---|---|---|---|
| 西周春秋文字 | 之乘辰鐘 | | | |
| 戰國文字 | 郭店 窮達以時 3 | 上博 容成氏 34 | 璽彙 2713 | |
| 秦文字 | ≪說文≫小篆 | | | |

'　'는 形符 '口'와 聲符 '九'로 구성된 형성자이다. 春秋 青銅器 ≪之乘辰鐘≫ '　'(新收 1409)가 가장 이른 시기의 자형이다. 戰國時代에도 上博楚簡 ≪容成氏≫ 34호간 '　', 燕 璽印 '　'(≪璽彙≫ 2713)와 같이 '口'와 '九'로 구성된 구조로 출현한다. 주로 地名이나 人名을 표기한다.

## 啐(03-022-0873)

| | | | | |
|---|---|---|---|---|
| 戰國文字 | 上博 周易 42 | | | |
| 秦文字 | ≪說文≫小篆 | | | |

''는 形符 '口'와 聲符 '卒'로 구성된 형성자이다. 小篆과 동일하게 구성된 고문자는 아직 발견되지 않았다. 그러나 戰國時代 上博楚簡 ≪周易≫ 42호간 ''는 '卒' 대신 '爪'와 '衣'로 구성되었다. '卒'은 '衣'로부터 분화된 자형이며 위에 '爪'가 추가된 것은 楚文字의 전형적인 특징이다. 따라서 ''의 왼쪽 편방은 ''으로 볼 수 있으며 실질적으로 '卒'과 의미가 같다.

## 吁(03-022-0875)

| 西周春秋文字 | <br>吳王光鐘 | | | |
|---|---|---|---|---|
| 戰國文字 | <br>郭店 語叢二 16 | <br>清華簡 楚居 14 | <br>璽彙 5280 | |
| 秦文字 | <br>≪說文≫小篆 | | | |

''는 形符 '口'와 聲符 '于'로 구성된 형성자이다. 春秋 青銅器 ≪吳王光鐘≫ ''(集成 224)이 가장 이른 시기의 자형이다. 戰國時代의 '吁'는 郭店楚簡 ≪語叢二≫ 16호간 ''와 같이 좌우 구조인 유형과 清華簡 ≪楚居≫ 14호간 ''와 같이 상하 구조인 유형이 있다. 출토자료에서도 許愼의 해석과 동일하게 감탄사를 표기하며 人名으로 쓰이기도 한다.

## 吝(03-022-0894)

| 商代文字 | <br>合25216 | | | |
|---|---|---|---|---|
| 西周春秋文字 | <br>司馬楙編鎛 | | | |
| 戰國文字 | <br>上博 容成氏 53 | <br>帛書乙 | | |
| 秦文字 | <br>睡虎地 日甲 130 | | | |

‘’은 形符 ‘口’와 聲符 ‘文’으로 구성된 형성자이다. 甲骨文에도 이와 동일한 字形이 출현하기는 하나 어떤 의미인지 아직 모른다. 戰國時代 楚簡과 秦簡에 小篆과 동일한 자형이 나타난다. 睡虎地秦簡 ≪日書甲≫ 130호간 ‘’, 上博楚簡 ≪容成氏≫ 53호간 ‘’ 등이 그 예이다. 許愼은 “한스럽고 애석하다〔恨惜〕”로 해석하였다. 출토자료에도 ‘閔’, ‘㱰’의 가차자로 쓰이거나 上博楚簡 ≪周易≫에서도 ‘인색하다’로 해석하였다.

## 各(03-022-0895)

| 商代文字 | 合21021 | 宰椃角 | 合10405反 | |
|---|---|---|---|---|
| 西周春秋文字 | 耳尊 | 同簋 | 兮甲盤 | 庚嬴卣 |
| 戰國文字 | 郭店 語叢一 107 | 璽彙 3355 | 信陽 1.01 | 溫縣盟書 17 : 129 |
| 秦文字 | 睡虎地 效律 29 | 里耶 8-2200 | | |

‘’은 ‘口’와 ‘夊’으로 구성된 자형이다. 商代文字인 甲骨文을 보면 거꾸로 된 발이 穴居를 향하여 들어오는 모양인 으로 서사한다. 본래 의미는 ‘이르다’, ‘도달하다’이다. 甲骨文에서 혈거를 본뜬 부분을 ‘口’로 바꾸기도 하는데, 西周시기부터 이러한 형태로 유지되기 시작한다. ≪㚇簋≫ ‘’(集成 4121), ≪應侯見工鐘≫ ‘’(集成 107)은 甲骨文에 비해서 아랫부분이 현저하게 작아진 것을 볼 수 있다. 이 구조가 楷書까지 지속된다. 春秋시기에 石鼓文 ≪田車≫ ‘’과 달리 윗 자형 ‘夊’의 위 아래 두 선이 만나 溫縣盟書 WT1K17 : 129 ‘’과 같은 형태를 보이기도 한다. 戰國時代 역시 기본적으로는 西周 青銅器의 자형과 일치한다. 다만 지역별로 조금씩 다른 이체자가 나타나는데 信陽楚簡 1-01호간 ‘’은 ‘各’이 상하로 겹쳐 있는 형태이다. 晉 璽印 ‘’(≪璽彙≫ 3355)은 春秋 溫縣盟書와 일치한다. 燕 璽印 ‘’(≪璽彙≫ 5308)은 ‘口’ 대신 ‘山’으로 구성되어 있다. 甲骨文, 青銅器 金文에서는 주로 本義인 ‘이르다’, ‘도착하다’는 뜻으로 쓰였고 戰國時代 출토자료부터 ‘각자’, ‘각각’의 의미로 사용되기 시작하였다.

## 否(03-022-0896)

| 西周春秋文字 | <br>班簋 | <br>毛公鼎 | | |
|---|---|---|---|---|
| 戰國文字 | <br>中山王鼎 | <br>上博 周易 31 | | |
| 秦文字 | <br>≪說文≫小篆 | | | |

''는 形符 '口'와 聲符 '不'로 구성된 형성자이다. 西周 ≪班簋≫ ''(集成 4341), ≪毛公鼎≫ ''(集成 2841) 등이 가장 이른 시기의 자형이다. 戰國時代의 '否'도 기본적으로 이와 동일하다. 上博楚簡 ≪周易≫ 31호간 '', ≪中山王鼎≫ ''(集成 2840) 등과 같다. '否'는 '不'과 마찬가지로 부정을 나타내는 부정부사이다.

## 哀(03-022-0898)

| 西周春秋文字 | <br>沈子它簋蓋 | <br>禹鼎 | <br>哀成弔豆 | 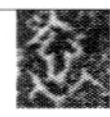<br>哀鼎 |
|---|---|---|---|---|
| 戰國文字 | <br>清華簡 繫年 23 | <br>郭店 老子丙 10 | <br>清華簡 說命中 7 | <br>上博 民之父母 4 |
| 秦文字 | <br>睡虎地 爲吏之道 31 | | | |

''는 形符 '口'와 聲符 '衣'로 구성된 형성자이다. 가장 이른 시기의 자형은 西周 靑銅器 ≪禹鼎≫ ''(集成 2833)이다. 小篆의 구조와 일치한다. 春秋 이후로 이체자가 출현하는데 ≪哀鼎≫ ''(商圖 2311)는 '口' 대신 '心'으로 구성되었으며 ≪晉公盤≫ ''는 '言'이 추가되었다. 戰國時代에도 다양한 이체자가 출현한다. 睡虎地秦簡 ≪爲吏之道≫ 31호간 '', 清華簡 ≪繫年≫ 23호간 '', 晉 ≪哀成叔鼎≫ ''(集成 2782) 등이 '哀'의 기본 구조라면 郭店楚簡 ≪老子丙≫ 10호간 ''는 '衣'와 '心'이 상하로 구성된 이체자이다. 또한 清華簡 ≪說命中≫ 7호간 ''는 '心'이 '衣' 안으로 들어간 구조이다. 上博楚簡 ≪民之父母≫ 4호간 ''는 '哀'와 '心'이 상하로 구성되었다. '哀'는 기본적으로 '슬프다'는 뜻을 나타내는 것 외에도 西周 靑銅器에 '愛'와 통용되기도 하였으며 人名을 표기하기도 하였다.

## 嗀(03-022-0900)

| | | | | |
|---|---|---|---|---|
| 西周春秋文字 | <br>噩侯鼎 | | | |
| 秦文字 | 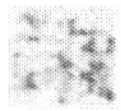<br>放馬灘 志怪故事 5 | | | |

'嗀'은 形符 '口'와 聲符 '㱿'으로 구성된 형성자이다. 西周 青銅器 ≪噩侯鼎≫ ''(集成 2810)이 가장 이른 시기의 자형이다. 이 자형 외로도 放馬灘秦簡 ≪志怪故事≫ 5호간 ''이 있다. 許愼은 이 자형을 "구토하는 모양〔歐皃〕"으로 해석하였으나 青銅器 중의 '嗀'은 '그릇〔𣪊〕'으로 해석한다.

## 咼(03-022-0901)

| | | | | |
|---|---|---|---|---|
| 戰國文字 | <br>璽彙 3009 | | | |
| 秦文字 | <br>睡虎地 日甲 27 | | | |

'咼'는 形符 '口'와 聲符 '冎'로 구성된 형성자이다. 戰國時代 睡虎地秦簡 ≪日書甲≫ 27호간 ''와 晉 璽印 ''(≪璽彙≫ 3009)가 '咼'의 가장 이른 시기의 자형이다. 秦簡의 '咼'는 '過'로 해석한다.

## 昏(03-022-0904)

| | | | | |
|---|---|---|---|---|
| 西周春秋文字 | <br>姑馮昏同之子句鑃 | | | |
| 戰國文字 | <br>口舌睘小器 | | | |
| 秦文字 | <br>≪說文≫小篆 | | | |

許愼은 ‘𠯑’을 形符 ‘口’와 ‘氏’의 생략형으로 구성된 자형이라고 분석하였다. 이 자형은 단독으로 사용된 사례가 적어 용례가 드물다. 春秋 靑銅器 ≪姑馮昏同之子句鑃≫ ‘𠯑’(集成 424), 戰國時代 燕 ≪口舌睘小器≫ ‘𠯑’(集成 10436)만이 단독으로 사용된 용례이다. 이 자형은 주로 형성자의 聲符로 쓰이는데 ‘舌’로 변형되어 ‘活’, ‘括’ 등으로 변화하였다. 출토자료는 주로 人名으로 쓰였다.

## 吠(03-022-0906)

| 戰國文字 | 璽彙 3785 | 璽彙 1645 | | |
|---|---|---|---|---|
| 秦文字 | ≪說文≫小篆 | | | |

‘吠’는 ‘口’와 ‘犬’으로 구성된 자형이다. 戰國時代 晉 璽印 ‘吠’(≪璽彙≫ 1645), ‘吠’(≪璽彙≫ 3785)도 小篆과 일치한다. 許愼은 이 자형을 “개가 짖는다.〔犬鳴〕”로 해석하였으나 출토자료에서는 人名으로 사용되었다.

## 唬(03-022-0916)

| 西周春秋文字 | 善鼎 | 郐醯尹征城 | | |
|---|---|---|---|---|
| 戰國文字 | 郭店 老子甲 5 | 淸華簡 命訓 3 | 璽彙 1376 | |
| 秦文字 | 盄和鐘 | | | |

‘唬’는 ‘口’와 ‘虎’로 구성된 자형이다. 西周 靑銅器 ≪善鼎≫ ‘唬’(集成 2820), 春秋 靑銅器 ≪盄和鐘≫ ‘唬’(集成 270)는 小篆과 같이 좌우로 구성되었으나 戰國時代는 상하 구조로 변화한다. 郭店楚簡 ≪老子甲≫ 5호간 ‘唬’, 晉 璽印 ‘唬’(≪璽彙≫ 1376) 등이 그 예이다. 西周 靑銅器는 ‘號’로 해석하며 戰國時代 출토자료에서는 ‘號’ 외에도 文末 語氣詞 ‘乎’로도 해석한다.

## 局(03-022-0920)

| 秦文字 | <br>睡虎地 爲吏之道 1 | | | |
|---|---|---|---|---|

許愼은 '局'을 '尺' 밑에 口가 있는 구조라고 설명하였다. '局'의 고문자 자형은 현재까지 戰國時代 睡虎地秦簡 ≪爲吏之道≫ 1호간 '局'이 유일하다. 고문자 자형을 통해 본다면 '局'은 '尸'와 '句'로 구성된 形聲字이다. ≪說文解字≫는 이 자형을 '국한하다〔促〕'로 해석하고, 일설에 "바둑 놀이에 바둑돌을 놓는 것〔博所目行棊〕"이라고도 하였다. 睡虎地秦簡의 '局'도 '바둑판'으로 해석한다.

## 㕣(03-022-0921)

| 商代文字 | <br>合21114 | <br>合762 | 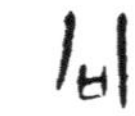<br>合27494 | |
|---|---|---|---|---|
| 戰國文字 | <br>上博 周易 49 | <br>鑒印 70 | <br>璽彙 5437 | |
| 秦文字 | <br>≪說文≫小篆 | | | |

許愼은 '㕣'을 形符 '口'와 '水'가 어그러진 모양으로 구성되었으며 "산간의 질펀한 진흙땅〔山間陷泥地〕"이라고 해석하였다. 商代文字인 甲骨文부터 출현하는데, '口'와 '八'로 구성되었으며, 본래 의미는 아직 알 수 없다. 戰國時代 晉 璽印 '㕣'(鑒印 70)이며 燕 璽印 '㕣'(≪璽彙≫ 5437)은 '口'가 '山'으로 변화하였다. 문장 속에 단독으로 사용한 용례가 없어 의미를 확인하기 어렵다. 주로 人名으로 사용되었다.

## 𠙴(03-023-0922)

| 商代文字 | 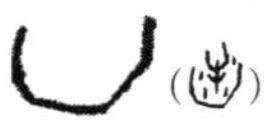<br>合14610 | | | |
|---|---|---|---|---|

| | | | | |
|---|---|---|---|---|
| 戰國文字 |  包山 271 |  陶錄 4·45·1 | | |
| 秦文字 |  ≪說文≫小篆 | | | |

'凵'은 입을 벌린 모습을 본뜬 상형자이다. 이 자형은 甲骨文에서 단독으로 출현한 적은 없으며 合體字의 구성 요소로만 사용되었다. 甲骨文에 사람 또는 동물이 구덩이에 빠진 모습을 본뜬 (合14610), (合19800) 등의 字形이 출현하는데, '坎', '陷'의 初文이다. 이 글자들에 들어간 '구덩이'를 본뜬 이 후대로 이어져 '凵'이 된 것이다. 戰國時代 包山楚簡 271호간의 '', 燕 陶文 ''(≪陶錄≫ 4.45.3) 등이 단독으로 출현한 예이다. 包山楚簡 용례의 정확한 의미는 해석하지 못하였고 燕 陶文의 용례는 人名으로 사용되었다.

## 㲋(03-024-0924)

| | | | | |
|---|---|---|---|---|
| 西周春秋文字 |  薛侯盤 |  散氏盤 |  欒子裏豧簠 | |
| 戰國文字 |  清華簡 命訓 11 |  璽彙 0309 |  璽彙 5375 |  璽彙 5294 |
| 秦文字 |  ≪說文≫小篆 | | | |

'㲋'은 '爻', '工', '交(己)', '皿'로 구성되었다. 가장 이른 시기의 '㲋'은 西周 青銅器에서 볼 수 있다. ≪㲋父丁方鼎≫ ''(集成 1593)이 가장 초기의 자형이다. 이로부터 ≪薛侯盤≫ ''(集成 10133)과 같이 '土', '攴'을 추가한 자형이 나타난다. 이 자형은 春秋시기 그대로 유지되다가 戰國時代부터 각 구성 요소가 訛變되기 시작한다. 清華簡 ≪命訓≫ 11호간 ''은 윗부분이 분석하기 어려운 자형으로 변형되었으며 楚 璽印 ''(≪璽彙≫ 309)는 '土', '攴'를 제외한 사람 형상 부분이 '皿', '于'와 유사한 자형으로 변화하였다. 晉 璽印 ''(≪璽彙≫ 5375)은 '土', '攴'이 '王'으로 변형되었다. 결국 小篆과 비교하였을 때 '土'는 '工'으로, '攴'은 '爻'로 변형되며 '交(己)' 관련 부분은

사람 형상이 변형된 것으로 추정된다.

## 嚴(03-024-0925)

| | | | | |
|---|---|---|---|---|
| 西周春秋文字 |  㾮鐘 |  虢弔旅鐘 |  輿兵壺 | |
| 戰國文字 |  郭店 五行 22 |  清華簡 楚居 6 |  中山王方壺 | |
| 秦文字 |  秦公簋 |  睡虎地 爲吏之道 4 | | |

''은 形符 '吅'과 聲符 '厰'으로 구성된 형성자이다. 西周 靑銅器 ≪梁其鐘≫ ''(集成 188)이 '嚴'의 초기 자형이다. 한편 ≪虢叔旅鐘≫ ''(集成 240)과 같이 윗부분에 두 개의 '口'로 구성된 자형도 있다. 春秋시기에 이 두 자형과 더불어 '心'이 추가된 ≪曾侯與鐘≫ ''이 출현하기도 한다. 戰國時代 '嚴'은 대부분의 자형이 '吅'으로 구성되기 시작한다. 또한 지역별로 다양한 이체자가 나타난다. 郭店楚簡 ≪五行≫ 22호간 ''은 '厂'이 없다. 晉 ≪中山王方壺≫ ''(集成 9735)은 西周의 자형 특징을 그대로 계승하였다.

## 咢(03-024-0926)

| | | | | |
|---|---|---|---|---|
| 戰國文字 |  清華簡 祝辭 5 | | | |
| 秦文字 |  ≪說文≫小篆 | | | |

''은 '吅'와 '屰'으로 구성되었다. 이 자형은 '喪', '噩'과 관련이 깊다. 西周 靑銅器는 '噩'과 거의 유사한 자형으로 쓰이다가 戰國時代 이후부터 분화된다. 清華簡 ≪祝辭≫ 5호간 ''이 小篆과 직접적으로 관계 있는 자형이다. 국가의 명칭이나 姓氏로 사용되었다.

## 單(03-024-0927)

| 商代文字 | 南單冓觚 | 合10615 | 合9527 | 合137正 |
|---|---|---|---|---|
| 西周春秋文字 | 𧈢作父甲卣 | 單子伯盤 | 蔡侯匜 | 曾子單鬲 |
| 戰國文字 | 清華簡 繫年 64 | 璽彙 0297 | 璽彙 3632 | |
| 秦文字 | 睡虎地 日乙 62 | 里耶 8-92 | | |

'單'은 '吅'와 '𠀠'으로 구성되었다. 商代文字인 甲骨文과 金文부터 출현하는데, 또는 으로 서사한다. 이는 들짐승을 사냥하기 위한 도구를 본뜬 것으로, 사냥을 뜻하는 '狩', 그리고 들짐승을 뜻하는 '獸'의 初文이다. 西周 青銅器 역시 甲骨文 자형 구조를 계승하였다. 한편으로 선이 추가된 자형이 나타나는데 ≪王盉≫ ''(集成 9438)은 아래 부분에 선이 추가되었으며 ≪應侯簋≫ ''(商圖 5311)은 위 아래로 선이 추가되기도 하였다.

戰國時代 이후로 이 구조를 유지한 지역은 秦나라 뿐이다. 睡虎地秦簡 ≪日書乙≫ 62호간 '', 里耶秦簡 8-92 ''이다. 나머지 지역의 자형은 일부 변형이 발생한다. 郭店楚簡 ≪六德≫ 16호간 ''은 중간의 '田' 부분이 생략되고 아래 '口'가 추가되었다. 清華簡 ≪繫年≫ 64호간 ''은 春秋까지의 '單'에 사선이 추가되고 아래 '口'를 추가하였다. 晉 青銅器 ≪令狐君壺≫ ''(集成 9720)도 또 다른 유형으로 변형된 자형이 이 자형은 모두 '罒吕'으로 隸定한다. 燕 璽印 ''(≪璽彙≫ 3632)은 아랫부분이 '九'로 변형되었다.

## 哭(03-025-0929)

| 商代文字 | 合7815 | 英1996 | | |
|---|---|---|---|---|
| 戰國文字 | 郭店 性自命出 30 | 上博 三德 1 | 上博 性情輪 18 | |

| 秦文字 | 睡虎地 日乙 191 | 睡虎地 日甲 155反 | | |
|---|---|---|---|---|

許愼은 '哭'을 '吅'와 '獄'의 생략형으로 분석하였다. 商代文字인 甲骨文에 사람과 여러 개의 'ㅁ'로 이루어진 의 字形이 출현하는데, 머리카락이 헝클어진 사람이 곡을 하는 것으로 추정된다. 小篆과 구조상 관련성이 큰 자형은 전국문자에 출현한다. 睡虎地秦簡 ≪日書乙≫ 191호간 '', 上博楚簡 ≪三德≫ 1호간 '' 등이 그 예이다.

## 喪(03-025-0930)

| 商代文字 | 合58 | 合19197 | 合22537 | 合18120 |
|---|---|---|---|---|
| 西周春秋文字 | 量侯簋 | 毛公鼎 | 小臣鼎 | |
| 戰國文字 | 包山 92 | 郭店 語叢一 98 | 郭店 老子丙 8 | 上博 武王踐阼 1 |
| 秦文字 | 官印 0075 | 睡虎地 日乙 57 | | |

'喪'은 '哭'과 '亡'으로 구성되었다. 甲骨文은 으로 서사하는데, 이는 '桑'자에 區別符號인 'ㅁ'를 추가한 것이다. 즉 뽕나무를 본뜬 '桑'자를 假借하여 '喪'을 표기하고, 다시 분화시킨 것이다. 西周 靑銅器에 쓰인 '喪'은 甲骨文과 비교하였을 때 아랫부분이 소리를 표시하는 亡으로 변형되었다. ≪毛公鼎≫ ''(集成 2841B)의 하단부 ''이 바로 '亡'이다. '亡'이 추가된 구조는 戰國時代까지 지속된다. 秦文字 중 이 구조가 그대로 반영된 자형들이 대다수이다. 睡虎地秦簡 ≪日書乙≫ 57호간 ''이 그 예이다. 楚文字는 上博楚簡 ≪周易≫ 44호간 ''과 같이 '亡' 외에 다른 자형을 아주 간단히 생략한 자형도 있으며 郭店楚簡 ≪老子丙≫ 9호간 ''과 같이 '亡' 대신 '死'로 구성되기도 하였다. 上博楚簡 ≪昭王毁室≫ 1호간 ''은 '歺'과 '亡'으로 구성되기도 하였다. 또한 소리를 표시하는 '亡'과 'ㅁ'로 구성된 자형도 있다. 上博楚簡 ≪武王踐阼≫ 1호간 ''은 ㅁ가 2개이며 上博楚簡 ≪孔子見季桓子≫ 25호간 ''은 ㅁ가 4개이다.

## 走(03-026-0931)

| | | | | |
|---|---|---|---|---|
| 商代文字 | 合17993 | 合27939 | 合17994 | |
| 西周春秋文字 | 令鼎 | 㷱作周公簋 | 自作其走鐘 | |
| 戰國文字 | 曾侯乙戈 | 包山 122 | 上博 志書乃言 2 | |
| 秦文字 | 傳 1542 | 睡虎地 日甲 13反 | 嶽麓叁 242 | |

'走'는 '夭'와 '止'로 구성되었다. 甲骨文을 보면 로 書寫하는데, 본래 사람이 양팔을 흔들면서 달리는 모습을 본뜬 것이다. 西周시기부터 달리는 사람 아래 形符가 추가된다. ≪大盂鼎≫ ''(集成 2837)는 하단부에 '止'가 추가되었으며 ≪走簋≫ ''(集成 4244)는 '彳'과 '止'가 추가되었다. 春秋시기 역시 '走'는 두 가지 유형으로 구분된다. 戰國時代부터 지역과 관련 없이 '止'로 구성된 자형만 출현한다. 睡虎地秦簡 ≪日書甲≫ 13호간 '', 包山楚簡 122호간 '' 등이 그 예이다.

## 趨(03-026-0932)

| | | | | |
|---|---|---|---|---|
| 西周春秋文字 | 趨子作父庚器 | | | |
| 秦文字 | 傳 1509 | 傳 1512 | | |

'趨'는 形符 '走'와 聲符 '芻'로 구성된 형성자이다. 西周 青銅器 ≪趨子作父庚器≫ ''(集成 10575)가 가장 이른 시기의 자형이며 그 이후로는 戰國時代 秦 封泥의 용례가 전부이다. ''(傳 1512) 등이 그 예이다.

## 赴(03-026-0933)

| | | | | |
|---|---|---|---|---|
| 西周春秋文字 | <br>郙子赼缶 | | | |
| 戰國文字 | <br>曾侯硤缶 | <br>上官豆 | <br>曾乙 156 | |
| 秦文字 | <br>嶽麓三 103 | | | |

'赴'는 形符 '走'와 聲符 '卜'으로 구성된 형성자이다. 현재까지 발견된 '赴'의 고문자 중 가장 이른 시기의 자형은 春秋시기이다. 두 가지 유형으로 구분한다. 첫 번째로 '走'와 '攴'으로 구성된 ≪郙子赼缶≫ ''(集成 9995)가 있다. 두 번째로 '辵'과 '卜'로 구성된 ≪伽夫人孎鼎≫ ''(商圖 2425)가 있다. 小篆과 동일한 자형이 출현한 시기는 戰國時代이다. 岳麓秦簡 3권에 수록된 103호간 ''는 '走'와 '卜'으로 구성된 자형이다. 楚文字는 모두 '辵'과 '卜'으로 구성된 자형이다. 曾侯乙簡 156호간 ''가 그 예이다. 한편 晉 青銅器 ≪上官豆≫ ''(集成 4688)는 '辵'과 '攴'으로 구성된 자형이며 '赴'로 해석한다.

## 趣(03-026-0934)

| | | | | |
|---|---|---|---|---|
| 西周春秋文字 | <br>鄦侯少子簋 | | | |
| 戰國文字 | <br>上博 志書乃言 2 | <br>璽彙 3222 | | |
| 秦文字 | <br>睡虎地 答問 199 | | | |

'趣'는 形符 '走'와 聲符 '取'로 구성된 형성자이다. 春秋 青銅器 ≪鄦侯少子簋≫ ''(集成 4152)는 小篆과 같은 구조이다. 戰國時代는 秦文字에서만 春秋시기와 같은 자형이 출현한다. 그밖에 다른 지역은 '走'가 아니라 '辵'으로 구성된 자형을 볼 수 있다. 上博楚簡 ≪昭王毁室≫ 6호간 '', 齊 璽印 ''(≪璽彙≫ 3222), 燕 璽印 ''(≪璽彙≫ 4106) 등이 모두 '辵'과 '取'로 구성된 자형이다.

## 趫(03-026-0936)

| | | | | |
|---|---|---|---|---|
| 西周春秋文字 | <br>齊趫父鬲 | | | |
| 秦文字 | <br>≪說文≫小篆 | | | |

''는 形符 '走'와 聲符 '喬'로 구성된 형성자이다. 春秋 靑銅器 ≪齊趫父鬲≫ ''(集成 685)가 현재까지 발견된 '趫'의 가장 오래된 고문자 자형이다. 戰國時代는 秦文字 ''가 동일한 구조의 자형이다. 다른 지역에서는 발견된 사례는 아직 없다.

## 赳(03-026-0937)

| | | | | |
|---|---|---|---|---|
| 西周春秋文字 | <br>芮公簋甲 | | | |
| 秦文字 | <br>≪說文≫小篆 | | | |

''는 形符 '走'와 聲符 'ㄐ'로 구성된 형성자이다. 西周 靑銅器 ≪芮公簋甲≫ ''(商圖 4825)가 현재까지 발견된 '赳'의 초기 자형이자 유일한 고문자 용례이다. 小篆과 달리 좌측이 'ㄐ'이며 우측이 '走'이다.

## 越(03-026-0942)

| | | | | |
|---|---|---|---|---|
| 戰國文字 | <br>越王勾踐劍 | <br>淸華簡 尹至 1 | <br>仰天湖 23 | <br>璽彙 2218 |
| 秦文字 | <br>秦風 135 | <br>睡虎地 雜抄 25 | | |

''은 形符 '走'와 聲符 '戉'로 구성된 형성자이다. 戰國時代부터 '越'이 출현하는데 지역별로 유형이 다르다. 秦文字는 小篆과 동일하다. 陶文 ''(≪陶錄≫ 6.159.1)이 그 예이다. 楚文字는 '越'에 '止'가 추가된 유형과 '邑'과 '戉'로 구성된 유형으로 구분

한다. 淸華簡 ≪尹至≫ 1호간 ''이 첫 번째 유형이며 璽印 ''(≪璽彙≫ 3748)은 두 번째 유형이다. 齊文字는 '邑'과 '戉'로 구성된 자형만 출현한다. 璽印 ''(≪璽彙≫ 1147)이 그 예이다.

## 趞(03-026-0945)

| | | | | |
|---|---|---|---|---|
| 西周春秋文字 | <br>七年趞曹鼎 | | | |
| 戰國文字 | <br>包山 6 | | | |
| 秦文字 | <br>卄七年上守趞戈 | <br>珍秦 314 | | |

''은 形符 '走'와 聲符 '昔'으로 구성된 형성자이다. 西周 靑銅器가 가장 이른 시기의 용례이다. ≪七年趞曹鼎≫ ''(集成 2783)은 小篆과 동일한 구조이다. 戰國時代 또한 이와 동일한 구조가 지속적으로 출현한다. 包山楚簡 6호간 '', 秦 璽印 ''(≪珍秦≫ 314)이 그 예이다.

## 起(03-026-0969)

| | | | | |
|---|---|---|---|---|
| 戰國文字 | <br>新蔡 甲三 | <br>郭店 老子甲 31 | <br>郭店 語叢三 10 | <br>淸華簡 繫年 98 |
| 秦文字 | <br>高陵君弩機 | <br>珍秦 320 | | |

''는 形符 '走'와 聲符 '巳'로 구성된 형성자이다. 戰國時代 이후로 출현하였다. 小篆과 동일한 자형은 新蔡葛陵楚簡 109호간 ''가 있다. '己' 대신 '巳'로 구성된 睡虎地秦簡 ≪日書甲≫ 138호간 '', 淸華簡 ≪繫年≫ 98호간 ''도 있다. 또한 郭店楚簡 ≪老子甲≫ 31호간 ''와 같이 '辵'과 '己'로 구성된 자형과 더불어 淸華簡 ≪繫年≫ 25호간 ''와 같이 '辵'과 '巳'로 구성된 자형도 있다.

## 趛(03-026-0972)

| 西周春秋文字 | <br>師趛鬲 | <br>善夫克盨 | | |
|---|---|---|---|---|
| 秦文字 | <br>≪說文≫小篆 | | | |

'趛'은 形符 '走'와 聲符 '金'으로 구성된 형성자이다. 西周 青銅器에 처음으로 용례가 출현한다. ≪師趛鬲≫ ''(集成 745)은 小篆과 구조상 일치한다. 이 밖에 春秋戰國時代의 용례는 아직 발견되지 않았다.

## 趙(03-026-0982)

| 西周春秋文字 | <br>弔趙父爯 | <br>侯馬盟書 200 : 10 | | |
|---|---|---|---|---|
| 戰國文字 | <br>趙孟庎壺 | | | |
| 秦文字 | <br>珍秦 137 | <br>秦風 109 | <br>里耶 8-140正 | |

'趙'는 形符 '走'와 聲符 '肖'로 구성된 형성자이다. '趙'는 고문자 용례로는 姓氏나 국가의 명칭으로 많이 사용되었다. 西周 青銅器 ≪叔趙父爯≫ ''(集成 11719.1), 春秋 侯馬盟書 152 : 2 '', 戰國時代 里耶秦簡 8-140 '' 모두 小篆과 일치한다.

## 趠(03-026-0985)

| 西周春秋文字 | <br>厚趠方鼎 | <br>侯馬盟書 156 : 1 | | |
|---|---|---|---|---|
| 秦文字 | <br>珍展 153 | <br>陶錄 6 · 17 · 4 | | |

'趠'은 形符 '走'와 聲符 '卓'으로 구성된 형성자이다. 西周 青銅器 ≪厚趠方鼎≫ ''

(集成 2730)이 현재까지 발견된 '趡'의 가장 오래된 용례이다. 春秋 侯馬盟書 156 : 1 '' 역시 자형 구조가 동일하다.

## 趯(03-026-0998)

| 西周春秋文字 |  弔趯父卣 |  弔多父簋 | | |
|---|---|---|---|---|
| 秦文字 |  高陵君鼎 | | | |

'趯'은 形符 '走'와 聲符 '翟'으로 구성된 형성자이다. 西周 靑銅器에 두 가지 유형으로 나타난다. 첫 번째로 小篆과 일치하는 경우인데, ≪叔趯父卣≫ ''(集成 5428)이 그 예이다. 두 번째로 '彳'이 추가된 유형이다. ≪叔多父簋≫ ''(集成 4004)의 중간 부분에 ''이 추가된 것을 볼 수 있다. 이 자형은 '彳'으로 隸定한다. 그 이후의 용례는 戰國時代 秦 靑銅器 ≪高陵君鼎≫ ''(秦文圖 22) 뿐이다.

## 趌(03-026-1002)

| 西周春秋文字 |  侯馬盟書 92 : 1 | | | |
|---|---|---|---|---|
| 秦文字 |  珍秦 153 |  陶錄 6.17.4 | | |

'趌'는 形符 '走'와 聲符 '圭'로 구성된 형성자이다. 春秋 侯馬盟書 92 : 1 ''가 가장 오래된 용례이다. 戰國時代는 秦의 출토자료에서만 볼 수 있다. 璽印 ''(珍展 153), 陶文 ''(≪陶錄≫ 6.18.1)도 小篆과 일치한다.

## 趄(03-026-1008)

| 商代文字 |  亞豈父丁鼎 |  合4931 | | |
|---|---|---|---|---|

| | | | | |
|---|---|---|---|---|
| 西周春秋文字 | 亞䇂鼎 | 史墻盤 | 封中簋 | 仲姜簋 |
| 戰國文字 | 清華簡 繫年 111 | 郭店 窮達以時 6 | | |
| 秦文字 | 秦景公石磬 | | | |

'⿺走亘'은 形符 '走'와 聲符 '亘'으로 구성된 형성자이다. 商代文字인 甲骨文과 商代金文에 의 형태로 출현한다. '止'와 '亘'으로 구성된 形聲字로 추정된다. 西周 청동기에 쓰인 '⿺走亘'은 세 가지 유형으로 구분한다. 첫 번째로 갑골문 구조를 그대로 계승한 구조이다. ≪亞䇂鼎≫ ''(集成 827)과 같다. 두 번째로 '亘'과 形符 '辵'으로 구성된 구조이다. ≪史墻盤≫ ''(集成 10175)이 그 예이다. 세 번째로 '亘'과 形符 '走'로 구성된 구조이다. ≪封中簋≫ ''(集成 4124)이 그 예이다. 春秋시기는 甲骨文과 동일한 유형은 사라진다. 形符 '辵'과 '走'로 구성된 유형만 남게 된다. 戰國時代는 楚文字 중 郭店楚簡 ≪窮達以時≫ 6호간 ''과 같이 形符 '辵'으로 구성된 경우 외로는 모든 지역에서 形符 '走'로 구성된 자형이 출현한다.

## ⿺走甬(03-026-1010)

| | | | | |
|---|---|---|---|---|
| 西周春秋文字 | 侯馬盟書 3 : 6 | 侯馬盟書 156 : 19 | 侯馬盟書 16 : 35 | 侯馬盟書 96 : 9 |
| 秦文字 | ≪說文≫小篆 | | | |

''은 形符 '走'와 聲符 '甬'으로 구성된 형성자이다. 春秋시기 侯馬盟書의 용례가 가장 오래된 용례이다. 그리고 이 자료 안에 '⿺走甬' 관련 이체자를 확인할 수 있다. 3 : 6의 ''은 小篆과 동일한 구조이다. 156 : 19의 ''은 '走'와 '用'으로 구성된 자형이다. '甬'과 '用'은 발음이 같으므로 聲符로 사용된 것이다. 16 : 35 ''은 '甬'과 '走'로 구성된 자형이다. '走' 대신 形符를 '止'로 사용하였다. 96 : 9 ''은 '用'과 '止'로 구성되었다.

## 止(03-027-1016)

| | | | | |
|---|---|---|---|---|
| 商代文字 |  亞竇止鼎 |  合20233 |  合20293 |  合35242 |
| 西周春秋文字 |  五年琱生簋 |  蔡簋 | | |
| 戰國文字 |  郭店 語叢三 53 |  郭店 五行 10 |  璽彙 0906 | |
| 秦文字 |  ≪說文≫小篆 | | | |

許愼은 ''를 "草木의 싹이 나올 때 밑받침 있는 모습을 본떴다.〔象艸木出有阯〕"라고 설명하였다. 商代文字인 甲骨文을 보면 로 서사하여 사람의 발을 본뜬 글자임을 알 수 있다. '발'을 본떠서 '멈추다'는 뜻의 '止'와 '가다'는 뜻의 '之'를 나타냈고, 후대로 가면서 둘이 분화되어 '止'와 '之'가 된 것이다. '之'가 구조조사, 주격조사, 지시대명사를 나타내는 것은 모두 假借된 것이다. 西周 青銅器의 용례부터 이미 小篆과 유사한 자형이 출현한다. 사람의 발을 본뜬 甲骨文의 형상은 대부분 소멸된다.

西周 ≪蔡簋≫ ''(集成 4340), 春秋 石鼓文 ≪吾水≫ '', 戰國時代 清華簡 ≪繫年≫ 15호간 '' 등과 같이 일정한 구조가 지속적으로 유지된다. 한편 戰國時代 출토자료에 '之'와 '止'가 결합된 이체자도 출현한다. 郭店楚簡 ≪五行≫ 10호간 '', 晉 璽印 ''(≪璽彙≫ 906) 등이 그 예이다.

## 踵(03-027-1017)

| | | | | |
|---|---|---|---|---|
| 西周春秋文字 |  毛公鼎 | | | |
| 秦文字 |  嶽麓二 數 64 |  里耶 8-1210 | | |

''은 形符 '止'와 聲符 '重'으로 구성된 형성자이다. 西周 ≪毛公鼎≫ ''(集成 2841)이 가장 이른 시기의 고문자 용례이다. 戰國時代 里耶秦簡 8-1210호간 '' 역

시 小篆과 동일한 구조의 '踵'은 고문자 용례이다.

## 堂(03-027-1018)

| 西周春秋文字 | <br>㦸方鼎 | | | |
|---|---|---|---|---|
| 戰國文字 | <br>璽彙 3560 | <br>璽彙 3666 | | |
| 秦文字 | <br>≪說文≫小篆 | | | |

''은 形符 '止'와 聲符 '尚'으로 구성된 형성자이다. 가장 이른 시기의 고문자는 西周 青銅器 ≪㦸方鼎≫ ''(集成 2789)이다. 戰國時代 齊 璽印 ''은 堂의 戰國文字이나 小篆과 비교하였을 때 '口'가 없다.

## 歬(03-027-1021)

| 西周春秋文字 | <br>追簋 | <br>兮仲鐘 | | |
|---|---|---|---|---|
| 戰國文字 | <br>郭店 老子甲 3 | <br>陶錄 2.180.2 | | |
| 秦文字 | <br>睡虎地 日乙 238 | | | |

''은 '止'와 '舟'로 구성된 자형이다. 西周 青銅器부터 출현하는데, ≪追簋≫ ''(集成 4220)이 그 예이다. 戰國時代 이후로 두 가지 유형으로 구분할 수 있다. 秦시기에 지금 楷書의 초기 형태가 출현한다. 睡虎地秦簡 ≪日書乙≫ 238호간 ''과 같이 '刀'가 추가되었다. 그 밖의 다른 지역은 小篆과 동일하다. 郭店楚簡 ≪老子甲≫ 3호간 '', 齊 陶文 ''(≪陶錄≫2.180.2)이 그 예이다.

## 歷(03-027-1022)

| | | | | |
|---|---|---|---|---|
| 商代文字 |  合10425 |  屯1224 | | |
| 西周春秋文字 |  禹鼎 |  四十三年逑鼎 |  曾伯陭鉞 | |
| 秦文字 |  嶽麓一 爲吏治官及黔首 77 | | | |

'歷'은 形符 '止'와 聲符 '厤'으로 구성된 형성자이다. 商代文字인 甲骨文은 으로 서사하여 발〔止〕이 '秝'을 향한 형태로 되어 있다. 會意兼形聲字로서 발〔止〕이 곡식 사이〔秝〕를 지나가는 모습을 형상화 한 것임과 동시에, '秝'이 聲符 역할을 하고 있는 것이다. 西周 이후로는 甲骨文 구조에 '厂'이 추가된다. ≪禹鼎≫ ''(集成 2833)이 그 예이다. 이후의 '歷'은 모두 이 구조를 유지한다. 실제 자형은 春秋 ≪曾伯陭鉞≫ ''(新收 1203), 岳麓秦簡 ≪爲吏治官及黔首≫ 77호간 '' 등과 같다.

## 歸(03-027-1025)

| | | | | |
|---|---|---|---|---|
| 商代文字 |  毓祖丁卣 |  合21644 |  合21655 | |
| 西周春秋文字 |  令鼎 |  應侯見工鐘 |  齊大宰歸父盤 | |
| 戰國文字 |  清華簡 繫年 86 |  清華簡 繫年 69 |  上博 周易 50 |  望山 1.63 |
| 秦文字 |  睡虎地 秦律 104 |  里耶 8-135正 | | |

許愼은 '歸'를 '止'와 '婦'의 생략형으로 구성되었으며 '𠂤'는 소리를 표시한다고 하였다. 商代文字인 甲骨文을 보면 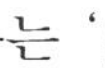로 서사하는데, 이는 군대를 의미하는 '𠂤'와 빗자루를 뜻하는 '帚'로 구성된 것이다. 甲骨文에서 군대가 귀환하는 것을 의미하는데, '帚'가 들어간 것은 아마도 적을 소탕하고 돌아오는 것과 관련이 있을 것이다. 西周

시기는 甲骨文 구조가 그대로 계승되거나 '止'가 추가되기도 한다. ≪令鼎≫ ''(集成 2803)는 甲骨文과 구조가 동일하다.

≪應侯見工鍾≫ ''(近出 10)는 좌측 아랫부분에 '止'가 추가되었다. 이 두 가지 유형은 戰國時代 이후로 더 다양하게 변화한다. 秦文字는 현재까지 두 가지 유형으로 나타난다. 睡虎地秦簡 ≪秦律十八種≫ 104호간 ''는 '止'가 추가된 구조이며 里耶秦簡 6-35호간 ''는 '辵'과 '帚'로 구성되었다. 楚文字는 秦文字에서 나타난 두 가지 유형 외에도 세 가지 유형이 더 출현한다. 清華簡 ≪繫年≫ 69호간 ''는 甲骨文부터 출현한 자형구조이다. 清華簡 ≪繫年≫ 86호간 ''는 앞의 자형에 '辵'이 추가된 경우이다. 望山楚簡 1.63호간 ''는 '邑'이 추가된 유형이다.

## 疌(03-027-1026)

| | | | | |
|---|---|---|---|---|
| 商代文字 | <br>合3353 | <br>合35273 | | |
| 秦文字 | <br>秦風 174 | | | |

許慎은 ''을 '止'와 '又'로 구성되었으며 '屮'이 소리를 표시한다고 하였다. 甲骨文은 으로 서사하여 손으로 화살을 잡고 있는 모습을 하고 있다. 아마도 '빠르다[疾]'는 의미와 관련이 있는 듯하지만, 구체적인 造字原理는 알기 어렵다. 甲骨文 이후로는 戰國時代 秦 璽印 ''(≪秦風≫ 174)이 유일하다. 이 용례는 人名으로 사용되었다.

## 登(03-028-1031)

| | | | | |
|---|---|---|---|---|
| 商代文字 | <br>登串父丁觶 | <br>合8564 | <br>合30974 | <br>合36318 |
| 西周春秋文字 | <br>登鼎 | <br>御父簋 | <br>者減鐘 | |
| 戰國文字 | <br>包山 129 | <br>包山 15 | <br>璽彙 1931 | |

| | | | | |
|---|---|---|---|---|
| 秦文字 | <br>文物 1986.8 | | | |

‘’은 ‘癶’과 ‘豆’로 구성된 자형이다. 商代文字부터 출현하는데, 으로 서사하여 두 손으로 제사용 그릇을 들고 올라가는 모습을 본떴다. 西周 이후로는 두 손으로 ‘豆’를 받치는 자형이 다수 출현한다. 이 구조는 ≪說文解字≫에 수록된 籒文 ‘’과 일치한다. 西周 ≪康伯簋≫ ‘’(集成 3720), 春秋 侯馬盟書 3 : 20 ‘’, 包山楚簡 15호간 ‘’이 그 예이다. 전국시대는 아래 두 손 부분이 반영되지 않은 자형이 더 많이 출현하였다. 앞의 包山楚簡 용례와 같이 楚文字 외에 다른 지역에서는 찾아볼 수 없다. 里耶秦簡 8-429호간 ‘’, 清華簡 ≪良臣≫ 10호간 ‘’ 등의 자형에 두 손을 본뜬 구성 요소는 찾아볼 수 없다.

## 癹(03-028-1032)

| | | | | |
|---|---|---|---|---|
| 商代文字 | <br>合18239 | <br>合8006 | | |
| 西周春秋文字 | <br>侯馬盟書 156 : 20 | | | |
| 戰國文字 | <br>包山 2710 | <br>包山 70 | <br>清華簡 程寤 1 | <br>郭店 忠信之道 2 |
| 秦文字 | 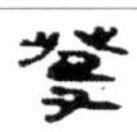<br>青川木牘 | | | |

‘’은 ‘癶’과 ‘殳’로 구성된 자형이다. 甲骨文은 로 서사하는데, 역시 ‘癶’과 ‘殳’로 구성된 글자이며, ‘癶’이 聲符인 形聲字이다. 春秋 侯馬盟書 156 : 20 ‘’ 역시 갑골문의 기본 구조를 계승하였다. 戰國時代는 지역별로 다양한 이체자가 출현한다. 包山楚簡 268호간 ‘’은 아래 ‘攴’이 생략되고 ‘癶’만 남은 자형이다. 郭店楚簡 ≪老子甲≫ 7호간 ‘’는 그 아래 ‘又’가 추가된 자형이다. 그 아래 ‘止’를 추가한 자형이 清華簡 ≪程寤≫ 1호간 ‘’이다. 郭店楚簡 ≪忠信之道≫ 2호간 ‘’은 ‘聿’을 추가한 자형이다.

## 步(03-029-1033)

| | | | | |
|---|---|---|---|---|
| 商代文字 | 子祖辛步尊 | 步卣 | 合20375 | 合67正 |
| 西周春秋文字 | 晉侯穌鐘 | | | |
| 戰國文字 | 璽彙 1643 | 陶錄 2·139·1 | 新蔡 甲三 76 | 兆域圖版 |
| 秦文字 | 睡虎地 日乙 106 | | | |

許愼은 '步'는 '止'와 '少'로 구성된 자형이라고 하였다. 商代文字부터 출현하며, 두 발을 위 아래로 겹쳐 쓴 것으로 되어 있으며, 이로써 '걸음'을 나타냈다. 西周 이후로 '止'와 유사한 자형이 상하 구조로 배치된다. 西周 靑銅器 ≪晉侯蘇編鐘≫ ''(近出 35), 新蔡葛陵楚簡 甲三 76호간 '', 齊 陶文 ''(≪陶錄≫ 2.139.3)가 그 예이다.

## 歲(03-029-1034)

| | | | | |
|---|---|---|---|---|
| 商代文字 | 合9659 | 合32456 | 合27400 | 合13475 |
| 西周春秋文字 | 利簋 | 曶鼎 | 敬事天王鐘 | |
| 戰國文字 | 楚王酓忓鼎 | 新蔡 乙四 122 | | |
| 秦文字 | 珍秦 383 | | | |

'歲'는 形符 '止'와 聲符 '戌'으로 구성된 형성자이다. 甲骨文을 보면 로 서사하는데, 본래 도끼를 본뜬 글자임을 알 수 있다. 즉 鉞의 初文이다. 假借하여 '越'을 나타내기 때문에 '步' 또는 '止'가 形符로 들어가기도 하였다. 西周 靑銅器 ≪利簋≫ ''(集成 4131)는 '止'를 포함하지 않은 자형이며 ≪毛公鼎≫ ''(集成 2841)는 '止'를 포

함한다. 春秋시기부터 '月'이 추가된 자형이 출현한다. ≪敬事天王鐘≫ ' '(集成 79)와 같이 아래 '月'이 있다. 이와 같은 자형을 더 간단하게 생략한 것이 ≪臧孫鐘≫ ' '(集成 99)이다. '月'과 '戈'로 구성된 자형이다. '歲'가 1년 주기를 표시하는 시간명사이므로 그와 관련된 形符 '月'을 추가한 것이다. 戰國時代는 春秋시기까지의 자형과 더불어 시간 관련 形符 '日'이 추가된 자형도 출현한다. 望山楚簡 2-01호간 ' '는 '月'과 마찬가지로 하단부에 '日'이 추가된 것을 볼 수 있다.

## 此(03-030-1035)

| 商代文字 |  此父丁鼎 |  合27389 |  合30831 | |
|---|---|---|---|---|
| 西周春秋文字 |  亞此犧尊 |  侯馬盟書 67：6 | | |
| 戰國文字 |  郭店 老子甲 11 |  郭店 五行 26 | | |
| 秦文字 |  睡虎地 封診 83 | | | |

' '는 '止'와 '匕'로 구성된 자형이라고 하였다. 商代文字로 봐도 匕와 止로 구성된 것을 볼 수 있다. 본래 의미는 아직 알기 어렵다. 西周 이후로도 마찬가지로 '人'과 '止'로 구성된 자형이 지속적으로 출현한다. 西周 青銅器 ≪此簋≫ ' '(集成 4305), 春秋 侯馬盟書 67：6 ' ', 戰國時代 上博楚簡 ≪吳命≫ 2호간 ' '가 그 예이다.

# 附錄

〔附錄 1〕 – 索引



〔附錄 2〕 – 參考資料

# 索 引

# 1. 索 引 凡 例

## 1. 색인의 대상

본 색인은 ≪譯註 說文解字注≫ 제3책(小部~此部, 370字)에 해당하는 許愼(後漢)의 본문과 段玉裁(淸)의 注 및 出土文獻 補註와 譯者注를 대상으로 하였다.

## 2. 색인의 종류

1) 색인은 〈目次 標題字 音順索引〉과 〈綜合索引〉을 작성하였다.
   (1) 〈目次 標題字 音順索引〉은 目次에 있는 표제자의 讀音을 한글 가나다 순으로 배열하였다.
   (2) 〈綜合索引〉은 표제자를 제외한 모든 항목을 포함한 색인이다.
2) 색인어는 ≪譯註 說文解字注 3≫의 本文과 原注, 出土文獻 補註와 譯者注에서 추출하였다.
3) ≪譯註 說文解字注 3≫의 本文과 原注에서 추출한 색인어 중 해당 색인어가 포함된 핵심 語句 등을 종속항목으로 추출하여 참조할 수 있도록 하였다.

## 3. 색인 작성 방법

1) 索引語
   (1) 〈目次 標題字 音順索引〉은 각 표제자의 음순을 音價대로 정리하였다. 또한 해당 漢字 讀音을 (　) 안에 표기하고 卷數, 部首, 標題字와 冊面은 아라비아숫자로 표기하였다.
      예) 玨(각) 01-007-0201　　玕(간) 01-006-0193
      玪(감) 01-006-0152　　玒(강) 01-006-0087
   (2) 〈綜合索引〉은 해당 색인어의 변별력을 높이고 내용을 전달하기 위해 부가정보를 (　) 안에 표기하였다.

예) 古文字 284(補) 葛湍(宋) 81(注)
賈公彦(唐) 179(注) 國語 魯語(篇名)

(3) 索引語의 출처가 出土文獻 補註인 경우, ( ) 안에 '補', 譯者注인 경우 '注'라고 구분하여 표기하였다.

예) 庚壺 325(補) 景帝(漢) 188(注)

(4) 해당 색인어의 변별력을 높이고 書名, 篇名, 人名, 國名, 地名 등에는 내용을 정확하게 전달하기 위하여 부가정보를 ( ), →, ← 등으로 표기하였다.

2) 人名

(1) 人名은 일반적으로 통용되는 名稱을 정하고 異稱, 略稱, 別稱 등을 추출하고 색인어의 옆에 →로 표기하여 상호 참조하도록 하였다. 특히 韓·中·日에 해당하는 인명일 경우 ( ) 안에 韓國·中·日의 형식으로 표기하였다.

예) 伋→姜伋(齊) 棄→后稷 大戴→西漢 戴德
權丙勳(韓國) 郭沫若(中) 尾崎雄二郎(日)

(2) 人名은 ( ) 안에 時代와 國名을 부기하여 인물 구별이 용이하도록 하였다.

예) 蕭何(漢) 陽虎(春秋 魯) 王肅(三國 魏)

3) 地名

(1) 地名일 경우 색인어 옆 ( ) 안에 표기하여 밝혔다.

예) 越巂(地名) 會無縣(地名)

4) 書名과 篇名

(1) 書名과 篇名의 경우 색인어 옆 ( ) 안에 표기하였다.

예) 高注淮南(書) 大戴禮(書) 孔子閒居(篇名) 大傳小記(篇名)

5) 종속항목

(1) 색인어가 문장이나 구절에 포함된 경우에는 생략된 표시인 —를 표시하였다.

예) 古文 145, 195, 202, 238
—— 奇字 55

—— 禮作𠙴 64
—— 四聲韻 196
—— 尙書(書) 94
—— 尙書咎繇謨文 202
—— 上作二 62
—— 示作𠙴 64
—— 已聲異聲同在一部 92
—— 諸丄字 皆從一也 70

## 4. 항목 배열 및 표시

1) 색인어의 배열은 한글 가나다 순서로 하였으며 두음법칙을 적용하였다. 漢字音이 같은 경우 漢字의 배열은 ≪康熙字典≫ 部首의 순서를 따랐다.

2) 색인어의 위치는 아라비아숫자로 책의 面數를 표기하였다.

예) 五經文字(書) 86, 134, 147
篆文 55, 62, 119, 162, 164, 172, 197, 251
正義(書) 119, 219, 234

3) 색인에 사용한 부호는 다음과 같다.

—— : 동일한 색인어 생략 표시
→ : 대표 색인어로 가는 표시
← : 대표 색인어로 모아주는 표시
( ) : 색인어에 대한 부가정보 표시
, : 面數와 面數의 구분

# 2. 目次 標題字 音順索引

## 【015. 小部】-【030. 此部】

**【ㅎ】**

# 3. 綜 合 索 引

## 【015. 小部】-【030. 此部】

### 【ㄱ】

## 【ㄴ】

## 【ㄷ】

## 【ㅁ】

## 【ㅂ】

## 【ㅅ】

## 【ㅇ】

## 【ㅈ】

**【ㅊ】**

【ㅋ】



【ㅌ】



【ㅍ】

**【ㅎ】**

〔附錄 2〕 - 參考資料

# 1. 參考書目

## ◇ 底本


• ≪說文解字注≫(段注本), 上海古籍出版社, 上海, 1995. 7次印刷.


## ◇ 주요 참고자료


• ≪說文解字詁林正補合編≫(12冊), 鼎文書局, 臺北市, 民國72年. 2版.
• ≪字典彙編≫(30冊), 于玉安・孫豫仁, 國際文化出版公司, 北京, 1993. 1版.
• ≪六書尋源≫(30冊), 權丙勳・崔奎東, 中東學校, 京城府, 昭和 15年.
• ≪說文解字翼徵≫, 朴瑄壽(鮮), 光文社, 1912.
• ≪段注說文聲符辭典≫, 금하연・오채금 엮음. 일월산방. 2009.
• ≪訓讀說文解字注≫(金), 尾崎雄二郎編, 東海大學出版會, 東京, 1985. 3刷.
• ≪訓讀說文解字注≫(石), 尾崎雄二郎編, 東海大學出版會, 東京, 1989. 2刷.
• ≪訓讀說文解字注≫(絲), 尾崎雄二郎編, 東海大學出版會, 東京, 1989. 1刷.
• ≪訓讀說文解字注≫(竹), 尾崎 雄二郎編, 東海大學出版會, 東京, 1991. 1刷.
• ≪訓讀說文解字注≫(匏), 尾崎 雄二郎編, 東海大學出版會, 東京, 1993. 1刷.


## ◇ 字典 및 辭典


• ≪康熙字典≫, 文化圖書公司, 臺北市, 民國 67年. 再版.
• ≪正中形音義綜合大字典≫, 高樹藩, 正中書局, 臺北市, 民國18年, 增訂3版.
• ≪中華大字典≫(2冊), 中華書局, 北京, 1995. 第7次印刷.
• ≪漢韓大辭典≫(16冊), 檀國大學校東洋學研究所, 檀國大學校出版部, 서울, 2008. 初版.
• ≪中文大辭典≫(10冊), 中文大辭典編纂委員會, 中國文化學院華岡出版有限公司, 臺北市, 民國68年. 4版.
• ≪中華字海≫(1冊), 冷玉龍 等, 中國友誼出版公司, 北京. 1994.
• ≪漢語大辭典≫(13冊), 漢語大辭典編輯委員會漢語大辭典編纂處, 漢語大辭典出版社, 上海, 1993. 1版.
• ≪漢語大字典≫(9冊), 漢語大字典編輯委員會, 湖北辭書出版社・四川辭書出版社, 湖北省・四川省, 1990. 1版.
• ≪大漢和辭典≫(13冊), 諸橋轍次, 大修館書店, 東京, 昭和 43年. 縮寫版第2刷.
• ≪佩文韻府≫(6冊), 上海書店上海發行所, 1983.

- ≪全韻玉篇≫, 庚戌 中秋, 重刊.
- ≪字典釋要≫, 池錫永, 亞細亞文化社, 1976.
- ≪新字典≫, 朝鮮光文會, 新文館, 1915.
- ≪新字海≫, 民衆書林, 1993. 19刷.
- ≪漢韓大字典≫, 民衆書林, 1997.
- ≪言語學辭典≫, 陳新雄 等 編著, 三民書局股份有限公司, 臺北市, 民國87年. 4版.
- ≪言語文字詞典≫, 何立, 學苑出版社, 北京市, 1999.
- ≪中國文字訓詁學辭典≫, 全廣鎭編譯, 東文選, 1993.
- ≪訓蒙字會≫, 崔世珍, 단대출판부, 1983.
- ≪新增類合≫, 단국대학교출판부, 1984.


### ◇ 文字學


- ≪文字學初步≫, 徐敬修, 五洲出版社, 臺北市, 民國60年.
- ≪今字解剖≫, 王有宗, 臺灣商務印書館股份有限公司, 臺北市, 民國61年, 2版.
- ≪文字蒙求≫, 王筠, 藝文印書館, 臺北市, 民國 63年, 4版.
- ≪文字學≫, 衛聚賢, 黎明文化事業公司, 臺北市, 民國68年, 初版.
- ≪文字學綱目≫, 杜學知, 臺灣商務印書館股份有限公司,臺北市, 民國73年, 4版.
- ≪文字學論叢≫, 杜學知, 正中書局, 臺北市, 民國 63年, 2版.
- ≪辭典部首淺說≫, 蔡信發, 漢光文化事業股份有限公司, 臺北市, 民國76年. 3版.
- ≪說文解字硏究法≫, 馬叙倫, 太平書局, 香港, 1976. 重印.
- ≪中國文字學史≫(2冊), 胡樸安, 臺灣商務印書館股份有限公司, 臺北市, 民國 68年. 8版.
- ≪中國文字學通論≫, 謝雲飛, 學生書局, 臺北市, 民國69年. 7版.
- ≪中國文字學通論≫, 謝雲飛, 學生書局, 臺北市, 民國69年, 7版.
- ≪六書今議≫, 杜學知, 正中書局, 臺北市, 民國70年, 2版.
- ≪六書辨正≫, 弓英德, 臺灣商務印書館股份有限公司, 臺北市, 民國75年, 8版.
- ≪字辨≫, 陳兆桓, 文光圖書有限公司, 臺北市, 民國66年.
- ≪中國文字學≫, 潘重規, 東大圖書有限公司, 臺北市, 民國 66年. 初版.
- ≪中國文字學槪說≫, 權宅龍, 螢雪出版社, 서울, 1991. 2刷.
- ≪中國文字學槪要文字形義學≫, 楊樹達, 上海古籍出版社, 上海, 1988. 1版.
- ≪中國文字學史≫(2冊), 胡樸安, 臺灣商務印書館股份有限公司, 臺北市, 民國68年. 8版.
- ≪漢字部首字典≫, 王延林, 上海書畵出版社, 上海, 1990. 1版.
- ≪漢字學≫, 王鳳陽, 吉林文化出版社, 長春市, 1989. 1版.
- ≪說文解字通論≫, 金槿 譯, 계명대학교출판부, 대구. 1986.
- ≪漢字學總論≫, 李敦柱, 博英社, 서울, 1992. 全訂增補版.

- ≪簡明實用漢字學≫ , 李大逵, 北京大學出版社, 北京, 1993. 1版.
- ≪漢字部首解說≫, 李忠九, 傳統文化硏究會, 1998.
- ≪千字文字解≫, 李忠九 등 편역. 도서출판 다운샘, 2012.
- ≪중학교900한자해설≫, 이충구 등 편역. 도서출판 다운샘, 2016.


## ◇ 音韻學


- ≪中國聲韻學通論≫, 林尹, 黎明文化事業公司, 臺北市, 民國77年, 7版.
- ≪漢語音韻學通論≫, 崔羲秀・李義活, 中文出版社, 대구, 1990.
- ≪聲韻學大綱≫, 葉光球, 正中書局, 臺北市, 民國68年. 4版.
- ≪漢語音韻≫, 吳世畯, 中文出版社, 대구, 1993. 초판.
- ≪漢語音韻學通論≫, 崔羲秀・李義活, 中文出版社, 대구, 1990.


## ◇ 訓詁學


- ≪訓詁學≫, 徐善同, 臺灣商務印書館股份有限公司, 臺北市, 民國75年, 3版.
- ≪訓詁學概論≫, 齊佩瑢, 漢京文化事業有限公司, 臺北縣, 民國74年. 初版.
- ≪古漢語通論≫, 王力, 中外出版社, 香港, 1976.
- ≪古漢語綱要≫, 周秉鈞, 湖南人民出版社, 1978.
- ≪爾雅注疏≫(6책), 이충구・임재완・김병헌・성당제 번역, 소명출판, 2004.
- ≪訓詁學大綱≫, 胡楚生, 蘭臺書局有限公司, 臺北市, 民國74年, 4版.
- ≪中國訓詁學≫, 馮浩菲, 山東大學出版社, 1997.
- ≪簡明訓詁學≫, 白兆麟, 學生書局, 臺北市, 民國85年.
- ≪훈고학의 이해≫, 정명수・장동우 옮김. 동과서, 1997.


## ◇ 논문


- ≪說文解字注에 나타난 段玉裁의 古今字觀 硏究≫, 문수정, 서울대학교대학원 박사논문, 2014.
- ≪說文解字 篆文 硏究≫, 徐權, 제주대학교대학원 박사논문, 2010.
- ≪說文解字翼徵 硏究≫, 金玲敬, 華東師範大學博士論文, 2004.
- ≪說文解字翼徵解說者 譯解≫, 文準彗, 서울대학교대학원 박사논문, 2008.
- ≪說文解字注 部首字 譯解≫, 廉丁三, 서울대학교대학원 박사논문, 2003.
- ≪六書尋源 硏究≫, 羅賢美, 부산대학교대학원 박사논문, 2005.
- ≪惺臺 權丙勳의 六書尋源 硏究≫, 河水用, 부산대학교대학원 박사논문, 2005.
- ≪朝鮮 後期 文字訓詁 學究≫, 楊沅錫, 고려대학교대학원 박사논문, 2006.
- ≪說文解字에 나타난 漢字字源 硏究≫, 李忠九, ≪漢字漢文敎育≫제 17집, 2006.
- ≪中國字書史の硏究≫, 福田襄之介, 明治書院, 昭和 57年, 3版.

## 2. ≪說文解字≫ 학술회의 자료

### 1) 영상

• QR코드를 스캔하면 2021년 전통문화연구회 국제학술대회 - 出土文獻 研究의 回顧와 跳躍 : ≪說文解字注≫ 연구번역에 즈음하여- 영상을 볼 수 있습니다.

### 2) 자료집

• QR코드를 스캔하면 2021년 전통문화연구회 국제학술대회 - 出土文獻 研究의 回顧와 跳躍 : ≪說文解字注≫ 연구번역에 즈음하여- 자료집을 볼 수 있습니다.

## 3. 영문 소개

### ≪*Annotated Translation of Shuowenjiezizhu*(說文解字注)≫
### - with the Supplementary Notes of Unearthed Texts -

This book is an annotated translation of "*Shuowenjiezizhu*(說文解字注) or Annotated *Shuowenjiezi*(說文解字)", written by Duan Yucai(段玉裁, 1735~1815) of the Qing Dynasty in which he made extensive annotations to *Shuowenjiezi*, writtten by Xu Shen(許愼, ?~?) of the Later Han Dynasty. Prior to this, it had only been partially translated in China and Japan, and even it that case, they translated only Xu Shen's *Shuowenjiezi*, made notes to *Shuowenjiezizhu*, or read Chinese characters in Japanese way. This is why it is not an exaggeration to state that *Annotated Translation of Shuowenjiezizhu* published at this time is the first copy of full translation with notes of all time in the world.

As a result of the discovery of the oracle bone inscriptions(甲骨文) in Yinxu(殷墟) in 1899, a number of errors were discovered in the *Shuowenjiezi*, which had been based on Qin Script(小篆). Even so, it is undeniable fact that *Shuowenjiezi* is still very valuable in studying graphonomy, phonology, and exegetical studies. Almost all of the limitations of the times have been corrected with the supplementary notes of unearthed text in this edition of *Annotated Translation of Shuowenjiezizhu*.

Based on the graphotactic basision that they have investigated, planned and researched over the past four years until the publication of this book, Dr. Lee Chung-gu(李忠九), Dr. Kim Gyu-seon(金奎璇), Seong-jeongje(成啨濟), and Lim Jae-wan(林在完), Dr. Seong-deok Cho(趙成德), all of whom are professional translator, devoted themselves to the translation of this book.

The professors Won Yong-jun, Kim Jeong-nam, Kim Hyuk, and Park Jae-bok, all of whom specialize in Chinese paleography, formed a collaborative research & translation team with the translators as research committee members, and underwent detailed verification to review the excavated materials and translated manuscripts every week. Through these efforts, the characters used in each era were included in the Supplementary Notes of Unearthed Texts by classifying them into Letter in Shang period(商代文字), Letter in West Zhou & Spring Autumn period(西周春秋文字), Letter in Warring States period(戰國文字), and Letter in Qin Dynasty(秦文字).

Nearly 2,000 years have passed since Xu Shen(許愼) completed *Shuowenjiezi*, and more than 200 years have already passed since Duan Yucai(段玉裁), the person who wrote *Shuowenjiezizhu*, passed away. There has been a large volume of materials published about *Shuowenjiezi*, but by this time no research has compiled so many materials as *Annotated Translation of Shuowenjiezizhu*published at this time. So it can be claimed to be the most faithful research material over the past 2000 years. From now on, it is planned to be published annually and completed early in a total of 20 books by 2030.

March 2022

Park Hong-sik(朴洪植), chairman of the Institute of Traditional Culture

Song Jae-so(宋載卲), head of the Institute for Translation of the Oriental Classic

## 협동번역 연구팀 약력

### 責任飜譯

#### 李忠九

秀松 梁大淵, 龍田 金喆熙 先生 師事
中央大學校 教育學科 國語國文學科 副專攻
成均館大學校 大學院 國語國文學科 碩士, 博士
民族文化推進會 國譯硏修院
檀國大學校 韓中關係硏究所 硏究員(現)
傳統文化硏究會 講師(現)

論著 및 譯書
〈經書諺解 硏究〉〈說文解字에 나타난 漢字字源 硏究〉등
譯書 ≪東山先生奏議≫, ≪선비 安潚 日誌≫, ≪小學集註≫, ≪註釋 千字文≫ 등
共譯 ≪國譯 治平要覽≫, ≪增補四禮便覽 譯註本≫, ≪譯註 國語≫, ≪譯註 貞觀政要集論≫, ≪爾雅註疏≫ 등

### 共同飜譯

#### 林在完

東亞大學校 哲學科 學士
成均館大學校 漢文學科 碩士, 博士
翰林大學校 泰東古典硏究所 修了
三星美術館 리움 首席硏究員
翰林大學校 泰東古典硏究所 硏究教授
國史編纂委員會 講師

論著 및 譯書
譯書 ≪세 분 선생님의 편지글≫, ≪조선시대 문인들의 초서 편지글≫, ≪정조대왕의 편지글≫, ≪초서로 쓴 구양수·소동파·황산곡·원굉도의 편지글≫, ≪白沙 李恒福 遺墨帖과 北遷日錄≫, ≪國譯 燕行錄 鈔≫, ≪大覺登階集≫ 등
共譯 ≪國譯 三經淺見錄≫, ≪爾雅註疏≫, ≪朝鮮時代 名賢 簡札帖≫, ≪省齋集≫, ≪剛齋集≫, ≪思齋集≫, ≪明谷集≫ 등

**成塘濟**

成均館大學校 漢文學科 學士, 碩士, 博士
韓國古典飜譯院 國譯硏修院 修了
成均館大學校 漢文學科 講士
서울大學校 奎章閣 韓國學硏究院 責任硏究員
傳統文化硏究會 講士

論著 및 譯書
〈藥泉 南九萬 文學硏究〉
譯書 ≪譯註 景宗春宮日記≫ 등
共譯 ≪爾雅註疏≫, ≪譯註 昭顯分朝日記≫, ≪國譯 思齋集≫, ≪國譯 村家救急方≫ 등

**金奎璇**

兼山 安秉坼, 松潭 李栢淳, 龍田 金喆熙 先生 師事
韓國外國語大學校 中國語科 學士, 碩士, 博士
鮮文大學校 敎養學部 敎授(現)

論著 및 譯書
〈王士禛의 文學批評 硏究〉
譯書 ≪歷代詩話≫, ≪秋史派의 글씨≫ 등
共譯 ≪譯註 貞觀政要集論≫, ≪日省錄≫, ≪毅菴集≫, ≪秋史 金正喜 硏究≫ 등

**趙成德**

大邱韓醫大學校 漢文學科 學士
成均館大學校 漢文學科 碩士, 博士
金熙鎭 先生 師事
民族文化推進會 古典情報센터
韓國古典飜譯院 朝鮮王朝實錄硏究팀 專任硏究員
成均館大學校 漢文學科 招聘敎授
檀國大學校 漢文敎育硏究所 先任硏究員(現)

論著 및 譯書
〈韓國 文集 所在 異體字 硏究〉
譯書 ≪武陵雜稿≫ 등
共譯 ≪愚潭全集≫ 등

## 責任研究

### 元勇準

成均館大學校 東洋哲學科 學士, 碩士
東京大學 人文社會系研究科 博士
成均館大學校 儒教文化研究所 研究員
成均館大學校 東洋哲學科 BK사업단 研究教授
誠信女子大學校 時間講師
忠北大學校 哲學科 教授(現)

論著 및 譯書
論著 〈中國 古代 신화자료의 儒教的 전개〉, 〈馬王堆帛書 '易傳'의 道器論 研究〉 등
共譯 ≪중국고전명언사전≫ 등

## 共同研究

### 朴載福

北京大學 考古文博學院 碩士, 博士
儒道會 漢文研修院 修了
成均館大學校 儒教文化研究所 先任研究員
京東大學校 韓國語教員學科 教授(現)

論著 및 譯書
論著 ≪先秦卜法研究≫, 〈尙書에 보이는 갑골점복 고찰: 최근 발견된 출토자료와의 비교분석을 중심으로〉 등
譯書 ≪中國 文明의 起源을 새롭게 탐구한 區系類型論≫ 등

### 金 赫

高麗大學校 中語中文學科 學士
延世大學校 中語中文學科 碩士
復旦大學 中國語言文學系, 博士
延世大學校 中語中文學科 講士
慶尙國立大學校 中語中文學科 教授(現)

論著 및 譯書

論著〈殷墟文字丙編〉,〈중국 出土文獻의 새로운 세계〉 등

著書 ≪한자, 그것이 알고 싶다≫ 등

金正男

漢陽大學校 中語中文學科 學士

서울大學校 中語中文學科 碩士, 博士

復旦大學 中國語言文學系, 博士

檀國大學校 일본연구소 HK연구教授

慶尚國立大學校 국제지역연구원 학술연구교수(現)

論著 및 譯書

論著 〈≪詩經≫〈關雎〉新解釋 - 安徽簡〈詩經〉을 중심으로〉,〈清華簡 ≪金縢≫을 통해 본 ≪尚書≫ '詰屈聱牙' 현상의 유형적 고찰 -출토문헌과 통행본의 대조를 중심으로〉

著書 ≪중국 出土文獻의 새로운 세계≫ 등

東洋古典譯註叢書 203

譯註 說文解字注 3　　32,000원

2022년 12월 30일 초판 발행
2023년 02월 28일 초판 2쇄

企劃編輯　東洋古典飜譯編輯委員會
著者　許愼　注　段玉裁
責任飜譯　李忠九
共同飜譯　金奎璇 成啑濟 林在完 趙成德
責任硏究　元勇準
共同硏究　金正男 金　赫 朴載福
飜譯硏究管理　南賢熙 朴相水
潤　　文　南賢熙 朴相水
校　　訂　朴相水
出　　版　白俊哲
裝　　幀　김진디자인

發 行 人　朴洪植

發 行 處　社團法人 傳統文化硏究會
등록 : 1989. 7. 3. 제1-936호
서울시 종로구 삼일대로 428 낙원빌딩 411호
전화 : (02)762-8401　전송 : (02)747-0083
전자우편 : juntong@juntong.or.kr
홈페이지 : juntong.or.kr
사이버書堂 : cyberseodang.or.kr
온라인서점 : book.cyberseodang.or.kr

인쇄처 : 한국법령정보주식회사(02-462-3860)
총　판 : 한국출판협동조합(070-7119-1750)

ISBN 979-11-5794-556-6 94710
978-89-85395-71-7 (세트)

※ 이 책은 2022년도 교육부 고전문헌 국역지원사업 지원비에 의해 초판(비매품) 간행.

# 전통문화연구회 도서목록

### 新編 基礎漢文教材

新編 四字小學·推句 고전교육연구실 編譯 11,000원
新編 啓蒙篇·童蒙先習 고전교육연구실 編譯 11,000원
新編 明心寶鑑 李祉坤·元周用 譯註 15,000원
新編 擊蒙要訣 咸賢贊 譯註 12,000원
新編 註解千字文 李忠九 譯註 13,000원
新編 原文으로 읽는 故事成語 元周用 編譯 15,000원
新編 唐音註解選 權卿相 譯註 22,000원

### 漢文讀解捷徑시리즈

漢文독해 기본패턴 고전교육연구실 著 15,000원
四書독해첩경 고전교육연구실 著 20,000원
한문독해첩경 文學篇 朴相水 李和春 李祉坤 元周用 著 15,000원
한문독해첩경 史學篇 朴相水 李和春 李祉坤 元周用 著 15,000원
한문독해첩경 哲學篇 朴相水 李和春 李祉坤 元周用 著 15,000원

### 東洋古典國譯叢書

大學·中庸集註 – 개정증보판 成百曉 譯註 10,000원
論語集註 – 개정증보판 成百曉 譯註 27,000원
孟子集註 – 개정증보판 成百曉 譯註 30,000원
詩經集傳 上·下 成百曉 譯註 各 35,000원
書經集傳 上·下 成百曉 譯註 各 35,000원
周易傳義 上·下 成百曉 譯註 各 40,000원
小學集註 成百曉 譯註 30,000원
古文眞寶 後集 成百曉 譯註 32,000원

### 五書五經讀本

論語集註 上·下 鄭太鉉 譯註 各 25,000원
孟子集註 上·下 田炳秀·金東柱 譯註 各 30,000원
大學·中庸集註 李光虎·田炳秀 譯註 15,000원
小學集註 上·下 李忠九 外 譯註 各 25,000원
詩經集傳 上·中·下 朴小東 譯註 各 30,000원
書經集傳 上·中·下 金東柱 譯註 各 30,000원
周易傳義 元·亨·利·貞 崔英辰 外 譯註 各 30,000원
詳說古文眞寶大全後集 上·下 李相夏 外 譯註 各 32,000원
春秋左氏傳 上·中·下 許鎬九 外 譯註 各 36,000원~38,000원
禮記 上·中·下 成百曉 外 譯註 各 30,000원

### 東洋古典譯註叢書

〈經部〉

十三經注疏
周易正義 1~4 成百曉·申相厚 譯註 各 30,000원~40,000원
尙書正義 1~7 金東柱 譯註 各 25,000원~36,000원
毛詩正義 1~7 朴小東 外 譯註 各 32,000원~37,000원
禮記正義 1~2, 中庸·大學 李光虎 外 譯註 各 20,000원~30,000원
論語注疏 1~3 鄭太鉉·李聖敏 譯註 各 25,000원~40,000원
孟子注疏 1~3 崔彩基·梁基正 譯註 各 30,000원
孝經注疏 鄭太鉉·姜珉廷 譯註 35,000원
周禮注疏 1~3 金容天·朴禮慶 譯註 各 29,000원~34,000원
春秋左傳正義 1 許鎬九 外 譯註 27,000원
春秋左氏傳 1~8 鄭太鉉 譯註 各 18,000원~35,000원
禮記集說大全 1~4 辛承云 外 譯註 各 25,000원~40,000원
東萊博議 1~5 鄭太鉉·金炳愛 譯註 各 25,000원~35,000원
韓詩外傳 1~2 許敬震 外 譯註 各 29,000원~33,000원
說文解字注 1~3 李忠九 外 譯註 各 32,000원~38,000원

〈史部〉

思政殿訓義 資治通鑑綱目 1~22 辛承云 外 譯註 各 18,000원~35,000원
通鑑節要 1~9 成百曉 譯註 各 18,000원~40,000원
唐陸宣公奏議 1~2 沈慶昊·金愚政 譯註 各 35,000원~45,000원
貞觀政要集論 1~4 李忠九 外 譯註 各 25,000원~32,000원
列女傳補注 1~2 崔秉準·孔勤植 譯註 各 30,000원~38,000원
歷代君鑑 1~4 洪起殷·全百燦 譯註 各 32,000원~35,000원

〈子部〉

孔子家語 1~2 許敬震 外 譯註 各 35,000원/36,000원
管子 1~3 李錫明·金帝蘭 譯註 各 30,000원~32,000원
近思錄集解 1~3 成百曉 譯註 各 25,000원/35,000원
老子道德經注 金是天 譯註 30,000원
大學衍義 1~5 辛承云 外 譯註 各 26,000원~30,000원
墨子閒詁 1~6 李相夏 外 譯註 各 32,000원~38,000원
說苑 1~2 許鎬九 譯註 各 25,000원
世說新語補 1~5 金鎭玉 外 譯註 各 29,000원~40,000원
荀子集解 1~7 宋基采 譯註 各 25,000원~38,000원
心經附註 成百曉 譯註 35,000원
顔氏家訓 1~2 鄭在書·盧暻熙 譯註 各 22,000원/25,000원
揚子法言 1 朴勝珠 譯註 24,000원
列子鬳齋口義 崔秉準·孔勤植·權憲俊 共譯 34,000원
二程全書 1~5 崔錫起·姜導顯 譯註 各 30,000원~38,000원
莊子 1~4 安炳周·田好根 共譯 各 25,000원~30,000원
政經·牧民心鑑 洪起殷·全百燦 譯註 27,000원
韓非子集解 1~5 許鎬九 外 譯註 各 32,000원~38,000원
武經七書直解
孫武子直解·吳子直解 成百曉·李蘭洙 譯註 35,000원
六韜直解·三略直解 成百曉·李鍾德 譯註 26,000원
尉繚子直解·李衛公問對直解 成百曉·李蘭洙 譯註 26,000원
司馬法直解 成百曉·李蘭洙 譯註 26,000원

〈集部〉

古文眞寶 前集 成百曉 譯註 30,000원
唐詩三百首 1~3 宋載卲 外 譯註 各 25,000원~36,000원
唐宋八大家文抄 韓愈 1~3 鄭太鉉 譯註 各 22,000원/28,000원
〃 歐陽脩 1~7 李相夏 譯註 各 25,000원~35,000원
〃 王安石 1~2 申用浩·許鎬九 共譯 各 20,000원/25,000원
〃 蘇洵 李章佑 外 譯註 25,000원
〃 蘇軾 1~5 成百曉 譯註 各 22,000원
〃 蘇轍 1~3 金東柱 譯註 各 20,000원~22,000원
〃 曾鞏 宋基采 譯註 25,000원
〃 柳宗元 1~2 宋基采 譯註 各 22,000원
明淸八大家文鈔 1 歸有光·方苞 李相夏 外 譯註 35,000원
〃 2 劉大櫆·姚鼐 李相夏 外 譯註 35,000원
〃 3 梅曾亮·曾國藩 李相夏 外 譯註 38,000원

### 東洋古典新譯

당시선 송재소·최경렬·김영죽 편역 22,000원
손자병법 성백효 역주 14,000원
장자 안병주·전호근·김형석 역주 13,000원
고문진보 후집 신용호 번역 28,000원
노자도덕경 김시천 역주 15,000원
고문진보 전집 上·下 신용호 번역 각 22,000원
신식 비문척독 박상수 번역 25,000원

### 동양문화총서

동양사상 해설과 원전 정규훈 外 저 22,000원
화합의 길 《중용》 읽기 금장태 저 20,000원
호설과 시장 신용호 저 20,000원

### 문화문고

경전으로 본 세계종교 그리스도교 이정배 편저 10,000원
〃 도교 이강수 편역 10,000원
〃 천도교 윤석산·홍성엽 편저 10,000원
〃 힌두교 길희성 편역 10,000원
〃 유교 이기동 편저 10,000원
〃 불교 김용표 편저 10,000원
〃 이슬람 김영경 편역 10,000원
논어·대학·중용 / 맹자 조수익·박승주 공역 각 10,000원
소학 박승주·조수익 공역 10,000원
십구사략 1~2 정광호 저 각 12,000원
무경칠서 손자병법·오자병법 성백효 역 10,000원
〃 육도·삼략 성백효 역 10,000원
〃 사마법·울료자·이위공문대 성백효 역 10,000원
당시선 송재소·최경렬·김영죽 편역 10,000원
한문문법 이상진 저 10,000원
한자한문전통교재 조수익·이성민 공역 10,000원
士小節 선비 집안의 작은 예절 이동희 편역 12,000원
儒學이란 무엇인가 이동희 저 10,000원
동아시아의 유교와 전통문화 이동희 저 13,000원
현대인, 동양고전에서 길을 찾다 이동희 저 10,000원
100자에 담긴 한자문화 이야기 김경수 저 12,000원
우리 설화 1~2 김동주 편역 각 10,000원
대한민국 국무총리 이재원 저 10,000원
백운거사 이규보의 문학인생 신용호 저 14,000원